사회적 신뢰와
한국 경제

사회적 신뢰와 한국 경제

권오율 O. Yul Kwon
조영석 · 이석인 옮김

KU PRESS
고려대학교
출판문화원

▌본 저서는 2020학년도 목포대학교 교내연구과제 지원에 의하여 연구되었음.

서문

이 책은 사회적 신뢰와 경제발전의 상호 영향에 대한 역동적인 관계를 분석한다. 그 관계의 논리적 고리는 양방향으로 진행된다. 한편, 한 나라의 경제가 발전함에 따라 시민들의 생활 수준, 교육 성취도, 사회적 지위는 물론, 국가의 제도, 도시화, 산업화 단계도 변화한다. 이러한 발전과 변화는 사람들의 인식과 다른 사람들과의 관계에 변화를 가져와서 그들 사이의 신뢰를 변화시킨다. 그리고 한 나라의 경제발전은 사회 구조와 조직을 포함한 그 사회를 변화시켜, 사회에서의 사람들의 관계와 그들의 사회적 신뢰에 영향을 미친다. 다른 한편으로, 사회적 신뢰는 경제 주체들 간의 신뢰와 협력 그리고 경제 거래를 수행하는 데 드는 비용에 영향을 미침으로써 국가의 경제성과에 영향을 미친다. 사회적 신뢰는 행복의 중요한 요소인 사회 구성원들 간의 상호관계를 뒷받침하기 때문에 사회복지에 매우 중요하다. 따라서 사회적 신뢰는 경제발전의 수단일 뿐만 아니라 그 자체가 목적이기도 하다.

경제발전을 위한 사회적 신뢰의 중요성은 여러 문헌에서 강조되어 온 반면, 경제발전이 사회적 신뢰에 미치는 영향에 대해서는 거의 관심을 기울이지 않았다. 이 책은 지속 가능한 사회 및 경제발전을 위해 경제정책이 사회적 신뢰에 미치는 영향과 역으로 사회적 신뢰가 경제발전에 미치는 상호 역할을 명시적으로 고려해야 함을 보여 준다. 물론, 사회적 신뢰와 경제발전과의 역동적이고 복잡한 관계를 보다 심도 있게 탐구하기 위해서는 추가적인 작업이 필요하다.

이 책에서는 하나의 전초적인 분석으로 이 복잡한 과제의 대표적인 사례로 한국에서 나타난 구체적인 결과를 제시하고 분석한다. 이 책은 기존 문헌 상의 이론, 실증 연구와 비교하여, 한국의 사회적 신뢰와 경제발전의 상호 관계에서 발생하는 구체적인 문제를 탐구하고 예증한다.

한국은 이러한 주제의 핵심적인 사례이다. 한국의 경제발전은 세계에서 가장 가난한 나라 중 하나에서 단 한 세대 만에 부유한 나라 대열에 합류할 수 있다는 증거다. 1963-1996년까지 한국 경제는 연평균 8.9%의 성장률을 기록하며 급상승했다. 그 결과 1인당 국내총생산(GDP)은 1963년 100달러에서 1996년 13,000달러로 증가했고 한국은 경제협력개발기구(OECD) 회원국이 되었다.

한국의 경제 기적은 1997년에 한국 경제를 마비시킨 IMF 외환위기로 끝이 났다. 이 위기에 대응하여 한국 정부는 국가 경제제도의 심오한 신자유주의적 개혁을 강력하게 추진하였다. 그 결과, 최근의 다른 나라 경제위기와는 달리, 한국 경제는 1999년에 빠르게 회복되었고, 2003년에 세계 11위의 경제 대국이 되었다. 제2차 세계대전 이후 한국은 해외 원조 수혜국에서 해외 원조 지원 국가로 전환할 수 있었던 전 세계의 유일한 사례였다.

한국의 기적적인 경제발전의 장막 뒤에는 다양한 유형의 사회 부조리와 변칙 등의 문제점들이 축적되어 가고 있었지만, 한국 사회에 대한 관심을 거의 끌지 못하였다. 오늘날의 한국 사회는 자살률, 위증, 명예훼손, 사기 범죄, 소득불평등, 노인 빈곤율, 부패 수준 등이 OECD 국가 중 가장 높은 수준이다. 한국의 사회적 신뢰도는 OECD 국가 중 가장 낮은 수준이며, 다양한 형태의 사회적 갈등이 만연해 있다. 한국인의 행복지수와 생활만족도는 OECD 국가 중 최하위 수준이다. 간단히 말해서, 기적적인 경제 성공에도 불구하고, 한국 사회는 기능장애를 겪고 있다. 기능장애 사회는 결국 그 나라의 경제발전을 방해하는 요인이 되었다.

1997년 외환위기에 대응하여 이루어진 제도의 대대적인 신자유주의적 개혁과 빠른 회복에도 불구하고 한국 경제는 21세기 초부터 저성장 국면에 접어들었다. 경기부진의 분명한 신호는 각계 각층에서 침체된 국가경제의 결과와 선진경제 지위로의 문턱을 못 넘을 것이라는 어두운 전망에 대한 우려를 불러일으켰다. 최근 한국 정부가 연이어 경제 활성화를 위해 각종 경제정책을 시행했지만 모두 별 소용이 없었다. 최근의 경제 침체와 앞으로도 좋지 않은 경제 전망을 어떻게 설명할 것인가? 전통적인 경제정책이 침체된 경제를 활성화시키지 못한 이유는 무엇인가? 경제에 활력을 불어넣고 강화하고, 사회복지 수준이 높은 선진국에서 살고자 하는 한국인의 대중적 열망을 이루기 위해서는 누가 무엇을 해야 하고, 그리고 어떻게 해야 하는가? 이 책은 한국의 사회적 신뢰와 경제발전의 상호 역학관계를 분석함으로써 이러한 중대한 문제를 해결하려는 최초의 시도라고 자부할 수 있다.

이 책은 다음과 같은 독특한 특징을 가지고 있다 첫째, 지속 가능하고 공평한 사회 및 경제발전 전략 수립에 없어서는 안 될 정보가 되는 사회적 신뢰와 경제발전의 상호 역학관계에 초점을 맞춘다. 이러한 상호 역학관계는 급변하는 세계화와 정보화 시대에 점점 더 중요해지고 있다. 한편, 이 시대의 경제 경쟁력과 번영을 유지하기 위해서는 국가의 시장 효율성과 전문화, 경제 주체 간의 협력, 창의성, 혁신의 향상이 절실하다. 경제적 번영을 위한 이러한 여러 요건 중에서 사회적 신뢰는 경제 거래비용과 국내 및 국제 경제 주체 간의 협력에 영향을 미치기 때문에 점점 더 중요한 변수로 되어 간다.

반면, 경제발전은 사람들의 관점과 타인과의 관계를 변화시켜 사회적 신뢰를 변화시킨다. 사회적 신뢰는 또한 경제발전 과정에서 확립된 공식적 규칙과 규제는 물론 경제 시스템을 포함한 경제제도의 영향도 받아 변화한다. 물론 이러한 경제제도는 사회적 신뢰뿐만 아니라 경제적 번영을 위해서도 매우 중요하다. 세계가 사회주의 붕괴를 통해 목격한 것처럼 국가 간 경제발전의 차이는 주로 경제제도의 질적 차이에서 비롯된다. 동시에 법 위반이 많거나 부패와 같은 제도적 비효율성을 지속하는 것은 사회적 신뢰가 낮은 주요한 원인이 되는 경우가 많다. 그러므로 이 책은 경제발전 그 자체뿐만 아니라 사회 경제 제도의 다양한 관점을 통해 한국의 사회적 신뢰를 고찰한다.

둘째, 이 책의 포괄적인 접근방식을 통해 9개 장에 걸쳐 다양한 관련 주제들을 탐색한다. 이 주제들을 크게 두 부분으로 나누어 한국의 사회적 신뢰와 경제발전 사이의 역동적인 관계에 대하여 유익하고 포괄적인 그림을 제시한다. 각 장에서 분석하는 한국의 모든 주제들은 기존 문헌에서 도출된 개념적, 실증적 분석에 기반을 두고 있다. 5개의 장으로 구성된 이 책의 제1부는 거시적 관점에서 사회적 신뢰뿐만 아니라 사회적 진보와 경제발전 사이의 역동적인 관계도를 탐구한다. 제2부에서는 대인관계 신뢰와 정부, 기업, 노동에 대한 신뢰를 포함하여 최근 한국의 경제발전과 사회적 신뢰 사이의 미시적인 관계를 탐구한다. 각 장에서 분석하는 관련 주제는 한국의 사회·경제 정책의 목표와 선진 OECD 국가들과 비교해서 분석하고 평가한다.

이 책은 먼저 사회적 신뢰에 관한 기존 문헌을 조사하여 분석하는 제1장으로 시작하여, 사회적 신뢰에 대한 실용적인 정의와 이 책의 밑바탕에 깔려 있는 개념 체계 등을 제시한다. 그런 다음, 제1부는 지난 40년 동안 한국 경제와 사회의 발전과 그들의 거시적 관계를 살펴본다. 이 연구는 경제발전을 위한 여러 상호 보완적인 요인들을 인정하며, 그 중 하나로 사회적 신뢰의 역할을 분석한다. 이 사회적 신뢰의 경제발전에 대한 역할은 이른바 아시아 네 마리 호랑이로 불렸던 싱가포르, 홍콩, 대만, 한국의 사회적 신뢰 수준과 경제발전을 비교하여 추리한다. 또한, 제1부에서는 최근 심화되고 있는 사회경제적 양극화 현상을 집중 분석한다. 이는 한국의 기능장애 사회의 근본 원인이자 사회적 신뢰 수준이 낮은 것과도 밀접한 관련이 있다.

제2부에서는 한국의 사회적 신뢰가 선진국과 아시아의 다른 세 호랑이에 비해 현저하게 낮은 것을 인정하면서, 사회적 신뢰가 낮은 원인을 대인관계와 제도적 측면 두 가지 범주로 나누어 분석한다. 이 책은 한국 사회에서 대인관계 신뢰도가 낮은 이유로 사회적 계층화, 경제적 양극화, 사회적 갈등, 사회적 비리 등을 고찰한다. 이어서 중요한 형태의 제도적 신뢰로 정부와 기업, 노동에 대한 사회적 신뢰도가 낮은 원인을 분석한다. 사회적 신뢰 수준을 포함한 한국의 사회경제적 발전 사례를 평가하는 데

있어 OECD 국가들을 주요 벤치마크로 활용한다. 한국인들은 경제 및 사회복지 측면에서 선진국의 문턱을 넘고자 하는 강한 열망을 가지고 있기 때문이다.

셋째, 이 책은 전자 및 출판물을 포함한 영어와 한국어 자료뿐만 아니라, 50여 년간 경제학자 및 컨설턴트로 활동한 저자의 경험과 기고문, 출판물 등에서 광범위한 자료를 분석하여 도출된다. 저자는 한국의 기업, 경제, 사회에 대해 가르치고 컨설팅을 수행한 수십 년간의 풍부한 경험을 가지고 있다. 20대 후반에 해외로 이주한 이후에도 한국과 긴밀한 관계를 유지하면서 거의 매년 수차례 한국을 방문하여 대학 강의, 연구 및 컨설팅을 수행해 왔다. 또한 해외에서 본 객관적인 시각으로 한국의 여러 신문에 사회경제 문제에 관한 칼럼을 많이 기고해 왔다. 18년 동안 호주 그리피스대학교(Griffith University)에서 한국학연구소 소장을 맡아 한국 경제와 국제 비즈니스 관련 강의를 진행하였고, 고려대학교 국제하계대학에서 10년간 같은 주제의 강의를 하였다. 최근 20여 년간 한국 경제에 대한 연구와 강의를 통해 저자는 바람직한 경제발전을 유지하는 데 있어 전통적인 경제정책의 한계를 깨달았다. 외국인의 관점에서 한국 사회의 비리를 지속적으로 관찰하고 신문 칼럼을 통해 논평함으로써 저자는 한국의 경제발전에 있어 사회적 신뢰를 포함한 사회적 문제의 중요성을 확신하게 되었다.

2014-2016년에 진행된 성균관대학교 국제하계학기에서 '세계화 속의 한국 경제와 사회' 라는 강의를 진행하면서 이 책의 필요성이 더욱 명백해졌다. 한국 경제와 사회에 대한 포괄적인 분석은 한 권으로 존재하지 않았다. 관련 정보의 출처는 여러 군데에 흩어져 있었기에 한국 경제와 사회의 최근 발전과 상호관계를 포

괄적으로 연구하고 제시하는 데 불충분하다는 것을 절감하였다. 가난에 허덕이던 농경국가에서 한 세대 만에 세계 11위의 경제대국이자 G20 회원국으로 도약한 한국 경제와 사회는 물론 그 상호관계는 독특한 양상으로 발전되었다. 이러한 한국의 경제 사회의 특성은 한국뿐만 아니라 다른 개발도상국들에게 자체 발전을 위해 한국을 벤치마킹하는 데 있어서 매우 귀중한 정보를 제공할 수 있는데도 불구하고 세심한 검토를 하지 않았다. 따라서 이 책은 기존의 이론적인 실증적인 연구에 기반을 두고 관련 주제에 대한 엄격한 분석을 제공함으로써 기존 문헌의 공백을 메우기 위해 심혈을 기울인 결과물이다.

이 책이 출간되기까지 많은 사람들과 단체의 귀중한 도움을 받았다. 먼저 이 책은 사회적 신뢰와 경제발전에 관하여 기존 문헌에 나오는 수많은 이론과 실증 연구들을 바탕으로 하고 있다. 또한 이 책에서 논쟁의 증거로 쓰이는 사회신뢰지표를 포함한 사회지표의 모든 통계자료를 측정하는 한국과 세계의 여러 기관의 자료에 큰 도움을 받았다. 인터넷을 통해 쉽게 접근할 수 있는 국내 다수의 공공 및 민간 연구기관의 자료와 한국의 국가통계포털(KOSIS) 통계 데이터도 귀중한 정보원이었다. 이러한 기존의 연구 결과와 통계 정보 자료들이 없었다면 이 책을 저술하는 아이디어는 상상되지 못했을 것이다. 개인적으로는 초안에 대해 귀중한 논평을 해 준 김·장 법률사무소의 김헌수 박사님께 감사드린다. 아마도 가장 중요한 것은 저자가 이 책을 연구하고 쓰는 동안 인내와 배려심이 각별했던 저자의 아내에게 깊은 감사를 표하는 것이다. 또한 이 저술 작업뿐만 아니라, 먼저 간 아내가 병원에 입원해 있는 동안 물심 양면으로 헌신적으로 간호해 준 딸과 아들, 그리고 그 가족들에게 특별한 감사를 전한다. 끝으로 마감 기한을 연기하면서까지 저자의 원고를 끈기 있게 기다려 준 에드워드 엘가(Edward Elgar) 출판사와 원고를 완벽하게 교정하여 준 출판사 임직원에게 깊은 감사를 드린다.

2019년 12월

권오율

차례

제2부 · 최근 한국의 사회적 신뢰 변화와 사회경제적 영향

약어 목록

ACRC	Anti-Corruption and Civil Rights Commission	국민권익위원회
BIS	Bank for International Settlements	국제결제은행
BLSP	Basic Livelihood Security Programme	기초생활보장제도
BPS	Basic Pension System	기초연금제도
CCI	Control of Corruption Indicators	부패통제지표
CPI	Corruption Perception Index	부패인식지수
CSAT	College Scholastic Ability Test	대학수학능력시험
ECEC	Early Childhood Education and Care	영유아교육보육
ESLC	Economic, Social and Labour Council	경제사회노동위원회
FDI	Foreign Direct Investment	외국인직접투자
FKI	Federation of Korean Industries	전국경제인연합회
GMI	Governance Metrics International	국제지배구조메트릭스
GWP	Gallup World Poll	갤럽세계여론조사

HF	Heritage Foundation	헤리티지 재단
HRI	Hyundai Research Institute	현대경제연구원
ICT	Information and Communication Technologies	정보통신기술
IMD	International Institute for Management Development	국제경영개발원
IMF	International Monetary Fund	국제통화기금
KCCI	Korea Chamber of Commerce and Industry	대한상공회의소
KEDI	Korean Educational Development Institute	한국교육개발원
KFTC	Korea Fair Trade Commission	공정거래위원회
KIPA	Korea Institute for Public Administration	한국행정연구원
KIET	Korea Institute for Industrial Economics and Trade	산업연구원
KIHASA	Korea Institute for Health and Social Affairs	한국보건사회연구원
KLI	Korea Labor Institute	한국노동연구원
KOF	Swiss Economic Institute	스위스경제연구소
KOSIS	Korea Statistical Information Services	국가통계포털
KOSPI	Korea Composite Stock Price Index	코스피지수
KRW	Korean won	한국 원
KRX	Korea Exchange	한국거래소
LMC	Labor-Management Council	노사협의회
LRC	Labor Relations Commission	노동위원회
M&A	Mergers and Acquisitions	인수합병
MOEL	Ministry of Employment and Labor	고용노동부
MOLIT	Ministry of Land, Infrastructure and Transport	국토교통부
MSS	Ministry of SMEs and Start-ups	중소벤처기업부
NEET	Youth Not in Education, Employment or Training * 일하지 않고 일할 의지도 없는 청년 무직자	니트족
NPS	National Pension Scheme	국민연금제도

OECD	Organisation for Economic Co-operation and Development	경제협력개발기구
PCNC	Presidential Committee for National Cohesion	국민대통합위원회
PISA	Programme for International Student Assessment	국제학생평가프로그램
PPP	Purchasing Power Parity	구매력평가지수
R&D	Research and Development	연구개발
SERI	Samsung Economic Research Institute	삼성경제연구소
SMEs	Small and Medium-sized Enterprises	중소기업
SNU	Seoul National University	서울대학교
TI	Transparency International	국제투명성기구
TULRAA	Trade Union and Labour Relations Adjustment Act	노사관계조정법
UNDESA	United Nations Department of Economic and Social Affairs	유엔경제사회국
UNDP	United Nations Development Programme	유엔개발기구
VET	Vocational Education and Training	직업교육훈련
WBG	World Bank Group	세계은행그룹
WEF	World Economic Forum	세계경제포럼
WGI	Worldwide Governance Indicators	세계거버넌스지수
WID	World Inequality Database	세계 불평등 데이터베이스
WVS	World Values Survey	세계가치조사
WTO	World Trade Organization	세계무역기구

서설

1. 책의 목적

이 책은 사회적 신뢰와 경제발전 사이의 역동적인 관계뿐만 아니라 시간이 지남에 따라 서로 영향을 미치는 경로를 분석한다. 한 나라의 사회가 경제성장과 함께 발전함에 따라 그 상호관계의 논리적 고리는 양방향으로 모두 진행된다. 사회적 신뢰는 경제 주체들 간의 신뢰와 협력 그리고 경제 거래 수행에 관련된 비용에 영향을 미침으로써 국가의 경제발전에 영향을 미친다. 다른 한편으로, 한 나라의 경제발전은 국민들의 생활 수준, 교육 수준, 사회적 지위를 높인다. 이것은 사람들의 타인에 대한 관념의 변화를 가져오고, 그들 사이의 신뢰의 변화로 이어진다. 한 나라의 경제발전은 또한 사회 구조, 제도 및 조직을 포함한 그 사회를 변화시켜 사회생활 속에서 사람들의 관계와 상호 신뢰에 영향을 미친다.

사회적 신뢰가 경제발전에 미치는 영향에 대해서는 광범위하게 연구된 반면, 경제발전이 사회적 신뢰에 미치는 영향에 대해서는 거의 관심을 기울이지 않은 것으로 보인다. 위에서 언급한 바와 같이, 경제발전은 사회적 신뢰의 변화를 가져오고, 이 사회적 신뢰의 변화는 다시 경제적 성과에 영향을 미친다. 따라서, 경제개발 정책은 사회적 신뢰가 경제발전에 미치는 영향뿐만 아니라, 역으로 경제정책이 사회적 신뢰에 미치는 영향도 분명히 동시에 고려해야 한다. 세계은행은 경제정책의 효과와 이에 따른 제도적 변화가 사회적 신뢰에 미치는 영향을 주목하면 경제성장의 궤적이 개선된다고 지적한다.[1]

사회적 신뢰는 경제발전의 수단일 뿐만 아니라 그 자체가 목적이다. 2,400년 전 아리스토텔레스(Aristoteles)와 현대의 달라이 라마(Dalai Lama)를 포함한 많은 철학자들과 인도주의 지도자들은 인간 존재의 궁극적인 목적이 행복이라고 주장했으며, 인간은 본질적으로 사회적 생명체라고 강조했다. 대인관계에 관여하는 사람들의 집단으로서 사회는 그 자신의 사회 구조, 제도 및 조직을 가지고 있기 때문에 개인 구성원들의 합계와 다르며, 이러한 구성 요소를 통해 사회는 하나의 시스템으로 운영된다. 사회 시스템이 얼마나 잘 운영되는지에 따라 사회는 구성원들로 하여금 개별적으로는 불가능한 것을 해결해 주는 혜택을 누릴 수 있다. 그러므로 사회 시스템의 운영에 대한 충분한 이해가 없으면 인간 행복의 궁극적인 목적을 제대로 추구할 수 없다. 사회 시스템의 운영 결정요인의 핵심요소는 사회적 신뢰이다. 따라서 이 책에서는 사회적 신뢰는 개인과 사회의 요소 사이의 상호관계를 고려해서 정의된다. 이런 의미에서 사회적 신뢰는 대인관계 신뢰뿐만 아니라 정부, 기업, 노동에 대한 사회적 신뢰를 포함한 제도적 신뢰도 포함한다. 사회적 신뢰는 사회 시스템의 원활한 운영을 향상시킬 뿐 아니라 사람들의 행복과 건강에 기여한다. 따라서 사회적 신뢰가 높은 사회는 높은 사회행복수준을 나타내는 지표이며, 사회적 신뢰의 향상 그 자체가 목적이 된다.

사회적 신뢰와 경제발전 상호 간의 역동적인 관계는 그 전형적인 사례로 발전한 한국의 사례를 통해 분석하고 설명될 것이다. 한국의 사례는 문헌에 있는 기존의 이론 및 실증적 연구와 비교하여 사회적 신뢰와 경제발전 사이의 상호 관계에서 발생하는 구체적인 문제를 탐구할 것이다. 한국의 경제적 성공은 잘 기록되어 있다. 그것은 한 나라가 단 한 세대 만에 세계에서 가장 가난한 나라 중 하나에서 가장 부유한 나라로 도약할 수 있다는 증거이다. 1963년부터 1996년까지 연평균 8.9%의 경제성장률을 기록했고, 1인당 GDP는 100달러에서 13,000달러로 100배 이상 증가했으며, GDP는 23억 달러에서 5,980억 달러로 증가했다.[2] 1996년 한국은 OECD의 29번째 회원국이 되었다. UNDP의 인간개발지표에서 한국은 1975년부터 2000년 사이에 연평균 1.03%의 성장률을 기록했는데, 이는 전 세계의 0.78% 성장률에 비해 높은 실적으로 한국의 순위를 1980년 45위에서 2000년 27위로 끌어올렸다(UNDP, 2014).[3]

1997년 동아시아의 대부분을 집어삼킨 IMF 외환위기는 한국 경제를 일시적으로 마비시켰다. 지정학적 및 글로벌 경제 환경에서의 위기와 변화에 대응하여, 한국 정부는 국가 경제제도의 심오한 신자유주의적 개혁을 강력하게 추진하였다. 이러한 대대적인 제도 개혁은 결국 한국 경제가 시장원리에 근거한 자유화된 지식기반경제로 이행하는 원동력이었다. 그 결과, 최근의 다른 위기에 처한 국가들의 경제와는 달리, 한국 경제는 1998년 1년 동안의 심각한 후퇴를 겪은 후 1999년에 빠르게 회복되었고,

2003년에는 세계 11위의 경제 대국이 되었다. 제2차 세계대전이 끝난 이후 한국은 해외 원조 수혜국에서 해외 원조 지원국으로 가는 유일한 나라였다. 그러므로 한국은 1960년대 초반 이후 30년 동안 명백히 기적적인 성공을 거두었으며, 1997년 격동의 금융 위기, 전면적인 제도 개혁을 통한 신속한 회복, 그리고 21세기에 들어설 때까지 괄목할 만한 경제적 전환 경험을 가진 국가경제의 진화에 대해 분석하는 매력적인 사례를 제시한다.

그러나 21세기 초부터 한국 경제의 부진한 실적에 대한 분명한 신호가 나타나 경제가 저성장 국면에 접어들었음을 보여준다. 21세기 첫 10년간 연평균 경제성장률은 4.5%를 기록했으며, 2011-2017년 기간 동안 3.0% 미만에 머물렀다(국가통계포털, 2018a). 한국은행은 연평균 잠재성장률이 2001-2005년 5.0%에서 2011-2015년 3.4%로 점차 감소하다가, 2016-2020년 2.8%로 더 낮아진 것으로 추정했다(한국은행, 2017). 이로 인해 국내의 각계각층에서 침체된 국가경제의 결과와 선진국 경제로의 진입에 대한 전망이 어두워지고 있다는 우려가 제기되고 있다. 경제를 활성화하고 강화하기 위해 지난 10년간 연이은 정부들이 다양한 유형의 경제정책을 펼쳤지만 별 소용이 없었다.

한국 사회는 지난 반세기 동안 기적적인 경제발전이라는 장막의 뒤에 가려져 거의 관심을 끌지 못했다. 실제로 최근 몇 년간 한국 사회는 증가하는 사회 부조리와 부조화, 갈등으로 인해 점점 더 기능장애가 되고 있다. 지난 수십 년간 긴밀한 정부-기업간 협력을 통한 경제발전 과정은 부패와 편협성을 낳았으며, 은행과 대기업(재벌)의 도덕적 해이를 초래하였다. 잦은 언론 보도에서 입증되듯이 부정부패와 정실주의가 여전히 만연하고 있다. 이로 인해 법과 사회규범에 대한 시민들의 준법 수준이 저하되었고, 특히 정부, 재벌, 노동조합을 포함한 단체에 대한 사회적 불만과 불신이 증가하였다. 1997년 외환위기에 대응하여 도입된 제도적, 법적 개혁은 노동시장에 신속한 변화를 가져왔다. 새로운 근로기준법은 경영자들이 역사상 처음으로 근로자들을 해고할 수 있도록 허용했으며, 은행과 기업들은 위기 이후의 생존 전략으로 많은 직원들을 해고하였다. 이로 인해 인사관리에서 종신고용의 개념과 연공서열 체계는 축소되었고, 노사관계에 대한 신뢰도 낮아졌다. 1997년 외환위기 이후, 많은 고용주들은 생산비를 낮추고 노동 유연성을 향상시키기 위해 정규직에서 비정규직으로 고용형태를 바꾸었다. 그들의 보상과 다른 고용 조건에서 두 근로자 집단 사이의 차이는 시간이 지남에 따라 정규직 노동자들에게 유리하게 확대되었다. 이러한 고용 관행의 부당성은 사회 갈등과 사회의 대립적 태도를 불러일으켰다.

한국 사회의 이러한 모든 발전은 기능장애 사회의 다양한 측면에 반영되어 있다. 한국인은 그들의 생활수준으로 볼 때 다른 나라들에 비해 불행하다. UN 세계행복보고서에 따르면 한국의 행복지수는 2010-2012년 156개국 중 41위에서 2018년 57위로 악화되었다. OECD 34개국 가운데 한국은 2018년 행복도 29위에 올랐다. UN 세계행복보고서가 제시한 국민 행복수준의 6가지 핵심 결정요인은 1인당 GDP, 사회적 지원, 건강한 기대수명, 삶의 선택권, 관대함, 부패에 대한 인식 등이다. 즉, 국민 행복은 경제 변수(즉, 1인당 GDP)뿐만 아니라, 어쩌면 더 중요한 것은 사회적 이슈에 의해 결정된다는 점에 유의해야 한다. OECD의 '삶의 만족도' 지표에서 한국은 지난해 34개 OECD 국가 중 26위를 차지했다. 그 나라의 또 다른 불행은 자살률에 반영될 수 있다. OECD에 따르면 한국은 2014년 인구 10만 명당 자살률이 29명

으로 OECD 국가의 평균 12명에 비해 가장 높은 자살률을 기록하고 있다.[4]

기능장애 사회의 또 다른 측면은 사회적 신뢰의 결여에 반영될 수 있다. 세계가치조사(World Values Survey, 1981-2008)에 따르면 한국의 대인관계 신뢰도가 31.7점으로 1위인 노르웨이의 68.1점에 비해 크게 낮은 것으로 나타났다.[5] 제7장에서 제9장까지에서 더 자세히 논의한 바와 같이 한국에서는 정부, 기업, 노동조합과 같은 기관들에 대한 사회적 신뢰는 다른 나라들에 비해 현저히 낮다. 예를 들어, 한국이 국가 정부에 대한 신뢰도에서 OECD 국가들 중 최하위에서 3위를 차지했다.

마지막으로 박근혜 정부(2013-2017)에서 2014년 2월 발표된 '경제혁신 3개년 계획'에서 알 수 있듯이 경제발전을 위한 사회적 이슈의 중요성을 인식하고 인정한 것으로 보인다. 사회의 모든 영역에서 '비정상' 관행의 정상화, 창조경제 추진, 내수 진작이라는 세 가지 전략을 목표로 닻을 올렸다. 특히, 첫 번째 전략은 경제 활성화를 위한 기존 경제정책 도구의 한계를 인정하고 경제발전을 뒷받침하는 사회 기초체력 강화를 꾀하고자 했다. 박근혜 정부가 우려했던 한국 사회의 비정상성은 2014년 4월 세월호 참사로 절정에 이르렀다. 이 참사 이후 몇 달 동안 한국 경제는 전반적인 경기순환 지수가 크게 하락하면서 심각한 경기 침체를 겪었다.[6] 이것은 경제발전에 대한 사회적 신뢰를 포함한 사회적 문제의 중요성을 잘 보여주는 사례이다.

세월호 참사 이후에도 한국 사회의 눈에 띄는 변화를 파악하기가 어려웠다. 사회적 이상 현상의 정상화와 관련된 정책이 뒷전에 걸린 것으로 보인다. 최근 공공영역에서 논의된 경제정책 수단은 대부분 재래식이다. 아이러니하게도 '부패 방지와 사회적 비정상화 방지'라는 기치 아래 임기를 시작한 박근혜 대통령은 2016년 부패와 정실인사 스캔들로 인해 탄핵을 당했으며 한국에서 민주적 절차로 탄핵된 최초의 대통령이었다. 박근혜 전 대통령은 24년 징역형을 선고받았다. 박근혜 탄핵 이후 문재인은 2017년 한국의 제 19대 대통령으로 선출되어 취임했다. 문재인 정부는 '국민의 나라, 정의로운 대한민국'을 만들겠다는 비전에 착수했다. 이러한 비전을 달성하기 위해, 향후 5년간 국민의 정부 수립, 일자리 창출, 공동번영 추구, 사회 안전망 개선, 지역 간 균형성장 촉진, 부정부패 척결, 한반도 평화와 번영 추구 등 주요 정책과제가 발표되었다. 문재인 정부의 성과를 평가하기에는 아직 이르지만, 주된 정책 초점은 기존의 정책 수단을 통한 전통적인 형평성 추구 및 일자리 창출 정책에 초점을 맞추고 있으며 사회적 문제와 과제에 대한 관심은 부족한 것으로 보인다.

끊임없는 부패 스캔들로 인한 정치적 혼란과 함께 오랜 저성장, 지속적인 사회적 불안과 부정부패가 야기된 이 역사에서 많은 핵심적인 문제가 제기되었다. 앞으로 수십 년 동안 한국 경제의 둔화와 부적절한 전망은 무엇으로 설명할 것인가? 왜 전통적인 경제정책은 침체된 경제에 활력을 불어넣는 데 실패했는가? 세월호 참사와 같은 사회적 재난 후에도 한국 사회는 왜 변하지 않는가? 세월호 사건, 대통령 탄핵을 통해 이처럼 불명예스럽게 발가벗겨진 사회 부조리와 비정상이 왜 아직도 만연하고 있는가? 경제를 활성화하고 선진국으로 진입하여 살고자 하는 한국인의 대중적 열망을 달성하기 위해서는 무엇을 해야 하고, 누가 어떻게 해야 하는가? 이 책은 한국의 사회적 신뢰와 경제발전 사이의 역동적인 관계를 분석함으로써 이러한 중요한 문제를 해결하려는 시도이다.

1997년 IMF 외환위기 이후 국가 경제 및 사회 드라마가 전개되면서 비판적인 해석이 시작되었다. 한국 경제와 사회에 대한 초기 문헌은 21세기 초에 시작된 경기 침체가 확인되기 전에 행해진 연구들이기 때문에 재평가되어야 한다. IMF 외환위기에 대응한 한국의 제도적, 구조적 개혁과 그에 따른 경제적 변화에 따른 갑작스럽고 예기치 못한 경기 침체는 한국 경제와 사회에 대한 지식이 여전해 개발의 초기단계에 있음을 의미한다. 일부 분석에서는 이 흥미로운 분야의 일부 측면을 탐색하려고 시도했다.[7] 그러나 어떤 연구도 한국 경제와 사회의 병행된 발전이나 이들이 서로 어떠한 영향을 미쳤는지에 대한 연구는 없었다. 장하성(2014)은 그의 책《한국 자본주의》에서 한국 경제와 사회 발전의 관계에 대해서는 논의하지 않았다. OECD(2013)의 보고서에는 사회적 통합의 강화라는 도전적인 문제를 논의했지만, 그 분석은 불평등한 소득분배, 노동시장 이원론, 사회복지 프로그램 부족 등과 같은 경제적 사회적 불평등에서 비롯된 사회적 통합의 잠식에 국한되었고, 사회적 통합력의 잠식으로 인하여 경제에 미치는 영향을 고려하지 않았다. 사회적 문제에 관한 한 OECD의 분석은 몇 년 후까지 OECD(2013)의 분석을 넘지 않았고, 사회적 신뢰와 경제발전 사이의 관계에 주목하지 않았다. 권오율(Kwon, 2010)은《한국경제의 전환(The Korean Economy in Transition)》에서 경제적 성과에 대한 한국의 경제제도 및 구조개혁 평가에 초점을 두어 선진국과 비교해 보았지만 이러한 개혁의 사회적 결과에 대해서는 크게 관심을 기울이지 않았다.

기존 문헌에서 주목하지 않았던 중요한 한 가지 측면은 세계화와 정보화 시대에 한국의 사회적 신뢰와 경제발전의 상호 역학 관계이다. 이 두가지의 상호 의존성을 명시적으로 고려하지 않고서는 경제발전도 사회발전도 지속될 수 없다. 지속 가능한 경제 및 사회적 발전을 위해서는 이들의 광범위한 상호 역학관계에 대한 구체적인 정보가 필요하다. 이러한 정보 요구에 대한 직접적인 부응으로 그 상호 역학관계라는 주제를 포괄적으로 다루는 것이 이 책의 특성이다.

2. 연구 방법

이 책은 한국의 사회적 신뢰와 경제발전 사이의 역동적인 관계에서 발생하는 문제들을 분석하고 다루는 데 있어 제도적인 접근법을 사용한다. 본 연구에서 채택한 제도적 접근법은 경제 분석을 위한 통합적이고 개념적으로 포괄적인 연구방법이다. 그것은 경제학뿐만 아니라 정치학, 사회학, 인류학 등에서의 깊은 연구들을 인정하는 공공연한 학문간 접근법이기도 하다. 또 제도적 접근법은 사회, 정치, 경제제도의 전환을 논의할 뿐만 아니라, 한 나라의 경제와 사회에 미치는 제도적 전환의 영향도 분석한다.

이 책은 신제도학파 경제학자들이 제안한 제도의 개념을 사용하는데, 제도는 사회에서 '게임의 법칙'으로 본다.[8] 이와 같이 정의된 제도는 비공식적 제도(불문율 또는 문화)와 공식적 제도(헌법 및 법률을 포함한 성문법)을 포함한다. 각종 제도는 개인, 기업, 정부 등 경제 주체들의 행동 패턴에 크게 영향을 미치기 때문에 경제 내에서 중요한 역할을 한다. 각국의 경제 시스템은 오랜 시간에 걸쳐 국가마다 갖게 되는 특정한 제도적 틀에 따라 다르게 된다. 한국 경제는 한국의 독특한 제도적 틀 때문에 고유한 특성을 유지한다. 세계가 사회주의의 붕괴를 통해 목격한 것처럼, 제도는 재산권 보호의 수준과 시장의 특성을 결정함으로써 경제적 성과를 결정하도록 한다. 이런 점에서 국가별 1인당 국민소득의 차이는 주로 제도의 질적 차이로 인한 것이라고 주장되고 있다. 또한 제도의 상대적 비효율성이 지속되는 것이 장기적인 경기 침체의 원인이라고 주장되고 있다. 따라서 이 책은 역사, 사회, 문화, 정치의 복합적인 렌즈를 통해 한국의 제도적 맥락을 살펴보고, 제도의 기능장애 측면을 분석함으로써 한국 경제의 현 침체 상태의 주요 원인과 가능한 해결방안을 탐구한다.

신제도학파 경제학에 따르면 제도와 경제발전의 연관성은 그 핵심 개념인 거래비용에 의해 이루어진다. 거래비용은 경제 주체 간의 협상 과정, 교환할 재화와 용역의 평가, 시장경제에서 계약된 거래의 수행 과정을 통해 발생한다. 한 계량적 측정에 의하면 거래비용은 경제 운용 비용의 상당 부분을 차지한다.[9] 신제도학파 경제학은 한 나라의 거래비용 수준이 제도에 의해 결정된다고 주장한다. 따라서 각국의 제도의 차이는 국가 간 경제발전의 차이를 발생시킨다.

국가의 제도는 여러 경로를 통하여 거래비용에 영향을 미칠 수 있다. 이 책에서는 국가의 제도는 사회적 신뢰를 통하여 거래비용에 영향을 미친다고 본다. 즉, 이 책 전반에 걸쳐 논의된 바와 같이, 한 국가의 제도(공식 및 비공식 모두)는 개인 간의 신뢰와 정부, 기업 및 노동과 같은 사회의 다른 요소에 대한 신뢰를 포함하여 사회적 신뢰의 주요 결정요인이다. 한편, 사회적 신뢰는 여러 통로를 통해 거래비용에 영향을 미쳐 한 나라의 경제성과에 영향을 미친다.[10]

이 책은 한국 경제의 전반적인 성과와 전망을 결정하는 데 있어 사회적 신뢰와 마찬가지로 제도 자신의 중요성도 인정하지만,

실질적, 운영상의 이유로 사회적 신뢰에 초점을 맞추고 있다. 제도는 개념이 너무 광범위하고 측정하기 어려운데 비하여, 사회적 신뢰는 세계의 여러 기관에서 여러 나라의 사회적 신뢰를 일관된 방식으로 시계열적 측정과 분석을 하고 있다.

비록 사회적 신뢰가 경제 운영에 미치는 영향의 논리적 고리가 무시되지는 않지만, 이 책은 경제발전이 사회적 신뢰에 미치는 영향에 중점을 둔다. 경제발전 과정에서 한국 사회는 특히 최근 몇 년 간 점점 더 기능장애가 심해지고 있다. 소득분배와 노동시장의 양극화가 심화되었고 부패와 정실주의가 만연했다. 따라서 시민들은 정부, 기업, 노동시장에 대한 사회적 신뢰와 준법정신 및 사회적 관례의 준수정신은 감소되었고, 사회적 정의와 국민통합 정신도 저하되었다. 이 책은 이러한 사회적 기능장애의 여러 측면들이 어떻게 형성되어 사회적 신뢰에 영향을 미쳤는지를 분석한다.

이 책은 또 다른 실증적 연구를 추가하려고 시도하지 않는다. 그러나, 실증분석에 입각한 논의를 제공하기 위해, 한국의 사회경제적 문제를 설명하는 데 관련된 실증적 관찰과 통계적 측정들을 가능한 한 많이 활용하고 있다. 이 책에 사용된 데이터는 주로 2차 통계자료, 언론 보고서 및 출판된 학술 연구에서 발췌된 것이다. 예를 들어, 이 책은 한국에서 사회적 신뢰를 측정하려고 시도하는 대신에, 한국뿐만 아니라 세계 여러 기관들이 측정한 많은 사회적 신뢰 지표를 활용한다. 이러한 사회신뢰지표를 통해 한국의 사회적 신뢰 수준과 다른 국가와 비교하여 상대적 수준의 변화를 잘 보여준다. 또한 사회적 신뢰가 경제발전에 미치는 영향에 관한 실증적 연구는 여러 문헌에서 쉽게 찾아볼 수 있다.[11] 한국의 사례를 이러한 실증적 결과와 비교하고 대조하여 한국에 시사점을 도출하는 데 도움이 될 것이다.

영어와 한국어로 제시된 문헌에 대한 광범위한 조사는 한국의 사회적 신뢰와 경제발전 사이의 역동적인 관계에 대한 다음의 여섯 가지 명제(proposition)를 제안하게 되었다.

1) 1960년대 초부터 1990년대 중반까지 한 세대에 걸쳐 한국 경제는 기적적인 발전을 이루었다. 그러나 20세기가 끝나면서 세계화와 정보화 시대의 출현, 국제 금융시장의 자유화, 국제 지정학의 변화 등 한국 경제의 대외적 상황이 크게 바뀌었다. 이러한 세계적 추세에 맞춰 경제구조와 제도를 조정하지 못함으로써 한국 경제는 1997년에 치명적인 금융위기를 겪었다. 이러한 대외적 변화와 1997년 IMF 외환위기로 인해 발생한 국내 상황에 대응한 심오한 제도 개혁은 한국 경제의 전환 경로를 국가 주도의 산업경제에서 시장 중심의 자유화, 지식기반경제로 이행하는 주역이 되었다.
2) 한국의 급속한 경제발전 시기에 발생했던 산업화와 도시화는 한국 사회를 전통적인 농업사회에서 도시 및 산업 기반의 현대사회로 현저하게 변화시켰다. 세계화 과정과 함께 금융위기와 제도개혁의 충격은 한국 사회에 더 많은 변화를 가져왔다. 문화를 포함한 사회 구조와 제도는 신자유주의적 경제 패러다임에 맞추어 변화했다. 소득, 기회, 권력관계 측면에서 사회적 불평등이 심화되었다. 국가에 대한 애국심과 충성심이 퇴색하고, 집단주의가 약해지면서 개인주의가 부상했다. 이러한 모든 변화들은 국내에서 사회적 갈등을 증가시켰다.
3) 한국 사회와 문화, 경제 시스템의 현저한 변화로 인해 공정성에 대한 사회의 시각과 공정성의 필요성이 변화되었다. 따라서 개선된 복지 시스템은 더욱 높이 평가되고 적극적으로 요구되고 있다.

4) 한국의 제도 개혁과 함께, 완전히 성숙한 다원화된 정치적 민주화가 전개되었다. 이로 인해 국내의 정치적 이해당사자들의 활동과 활동 범위가 넓어져 정치 프로세스를 더욱 복잡하게 만들었다. 그러나 문화의 영향을 많이 받는 한국 정치는 신흥 정치환경에 제대로 적응하지 못하고 있다. 이러한 정치 환경의 모든 변화는 정치와 정부 운영에 대한 시민들의 관념을 악화시켰다.
5) 제도 개혁으로 인한 한국 경제의 자유화와 국제화로 인해 기업들은 더 치열해진 세계 경쟁에 직면하게 되었다. 생존을 위해 회사는 운영을 간소화하고 축소하면서 고용의 이중구조(정규직과 비정규직)를 만들었다. 그리고 해외 직접투자와 아웃소싱에 착수하면서 한국에서 저숙련 일자리가 사라지기 시작했다.
6) 한국 사회의 노동시장 개혁과 인구통계학적 변화는 노동시장의 특성을 변화시켰는데, 이는 결국 여러 가지 방식으로 노동시장을 세분화하게 되었다. 이 세분화된 노동시장 내에서 노동조합원과 비조합원, 정규직과 비정규직, 대기업과 중소기업 근로자 간의 갈등이 증가하고 있다.

3. 책의 주요 내용

이 책은 위의 명제를 지침으로 삼아 한국의 사회적 신뢰와 경제발전과의 관계와 관련된 다양한 주제를 탐구하는 9개 장의 내용을 2부로 나누어 구성하였다. 제1부의 다섯 장은 거시적 관점에서 경제발전과 사회 진보 사이의 역동적인 관계와 그들이 사회적 신뢰에 미치는 영향에 대해 탐구한다. 한 나라의 경제와 사회는 서로 영향을 끼치면서 발전하는 것은 명백하다. 경제발전은 사회적 신뢰에 강한 영향을 미치고, 그 반대도 마찬가지이다. 사회적 신뢰는 일반적으로 대인관계 신뢰와 제도에 대한 사회적 신뢰 두 가지 형태로 구분된다. 제2부는 대인관계 신뢰와 정부, 기업, 노동에 대한 사회적 신뢰라는 미시적 관점에서 한국의 사회적 신뢰의 최근 발전을 탐구하는 4개의 장으로 구성되어 있다.

제1장에서는 이 책에서 사회적 신뢰가 가장 중요한 점이라는 것을 고려하여, 사회적 신뢰의 개념, 결정요인 및 효과에 대한 검토를 통해 제1부를 시작한다. 주요 초점은 경제적, 사회적, 문화적 관점에서 사회적 신뢰의 결정요인에 있다. 그런 다음, 이 장에서는 사회적 신뢰도 측정 및 사용 가능한 측정에 관한 문제에 대해 설명한다. 문헌에서 사회적 신뢰의 결정요인과 이용 가능한 측정들을 기반으로 사회적 신뢰의 실용적인 정의와 본 연구의 기초가 되는 개념적 프레임워크를 개발한다. 그리고 이 책에서 다루는 사회적 신뢰의 유형은 측정된 신뢰도의 유무에 근거를 두고 정한다. 마지막으로, 사회적 신뢰에서 경제발전에 이르는 인과관계의 연결고리를 탐구한다.

제2장에서는 1960년대부터 지난 50년간 한국의 경제발전이 사회에 미치는 영향에 대해 살펴본다. 그것은 1960년대부터 현재까지 한국의 경제 정책과 그에 관련된 경제 제도에 대한 비판적인 조사를 수행한다. 특히 이 장에서는 한국의 경제정책이 30년 동안 성공했지만, 1997년 IMF 외환위기의 원인을 뒷받침하는 이유를 제공하게 되었다. 이어서 금융위기 이후 한국 사회에 미칠 수 있는 영향에 대응하여 수행된 제도적 개혁을 비판적으로 검토한다. 이 장에서는 경제개혁과 함께 수행된 정부 주도의 경제정책에서 자유화되고 시장 지향적이며 지식기반경제로 국가 경제정책 패러다임의 전환에 대해 논의한다. 이 장에서는 최근

경제발전이 부진한 이유 등 새로운 경제 이슈를 평가한다. 마지막으로, 이 장은 지속 가능하고 공정한 사회 및 경제발전이라는 국가의 목표와 일치하는 정책의 프레임워크를 제안한다.

제3장은 사회학의 4대 연구 영역인 사회 구조, 사회적 불평등과 이동성, 사회 제도(공식 및 비공식적), 사회단체 등에 맞추어 한국 사회의 발전을 살펴본다. 한국 사회는 지난 50년 동안 경제발전과 함께 전통적인 농업사회에서 도시 및 산업 기반의 현대사회로 현저하게 변화해 왔다. 1997년 외환위기에 대응한 제도적 개혁과 세계화와 시장원리를 바탕으로 한 지식기반경제는 한국 사회에 더 많은 변화를 가져왔다. 이 장에서는 대한민국 국민의 생활수준과 교육, 도시화, 산업화, 인구통계학적 변화, 세계화, 정보기술의 발전 등이 사회에 미치는 영향을 분석한다. 마지막으로, 이 장에서는 최근 한국의 경제 및 사회 발전이 사회적 신뢰에 미치는 영향을 조사한다.

제4장에서는 경제발전을 이끄는 여러 요인의 상호 보완성을 인식하면서 한국의 중요한 발전 요인 중 하나로써 사회적 신뢰의 역할을 분석하고자 한다. 이것은 이른바 아시아 네 마리 호랑이(싱가포르, 홍콩, 대만, 한국)와 관련시켜 이루어진다. 이들 인접 4개국은 경제적 배경(경제적 도약 시간 및 개발 과정), 세계화 및 혁신 기반 발전을 포용하는 경제 전략, 전통적인 유교 문화적 배경 등 여러 면에서 상당히 비슷하기 때문에 선정된다.[12] 이러한 모든 유사점들은 그들 사이에서 사회적 신뢰의 결정요인들의 개별적 특성을 상당히 유사하게 만든다. 이 장의 질문(즉, 사회적 신뢰가 한국의 경제발전에 미치는 영향)을 다루는 데 있어서, 다수의 세계적 기관에서 측정한 일련의 사회신뢰지표를 이용한다. 이러한 지표는 설문조사를 통해 측정되므로 시간이 지남에 따라 불안정해진다.

따라서 일정 기간의 평균치는 단기 변동을 평준화하므로 국제 비교를 위하여 더 나은 정보를 제공한다. 한국에 대해 선택된 어떤 기간의 사회신뢰지표의 평균치는 다른 세 마리 호랑이의 평균치와 비교된다. 사회적 신뢰의 결정요인이 되는 개별적 특성은 네 호랑이들 사이에서 상당히 유사하기 때문에, 그들 사이의 사회적 신뢰의 차이는, 만약 있다면, 대체로 제도적 신뢰의 차이에 크게 기인할 것이다. 사회적 신뢰에서 경제발전에 이르는 인과관계의 메커니즘을 식별하기 위해 널리 알려진 존 스튜어트 밀(J. S. Mill)의 '상반변량법(method of concomitant variation; 어떤 현상이 특정한 방향으로 변화할 때마다 또 하나의 현상이 일정한 방향으로 변화하면 두 현상은 인과관계가 있음을 설명하는 방법)'과 '과정 추적(process tracing)' 방법을 이용한다.[13] 이들 국가의 1인당 GDP의 차이를 각각의 사회적 신뢰 수준의 차이와 비교하고, '상반변량법'과 '과정 추적' 방법을 활용함으로써, 이 장에서는 사회적 신뢰가 경제발전에 미치는 영향에 대한 결론을 도출한다.

제5장에서는 한국의 낮은 사회적 신뢰의 핵심 원인 중 하나인 심화되고 있는 사회경제적 양극화에 초점을 맞추고 있다. 첫째, 이 장에서는 소득 양극화의 심각성과 중산층 감소와 같은 그 특수성을 평가한다. 둘째, 임금 불평등, 고령화 인구, 부의 불평등, 재분배 시스템의 결함 등 경제 양극화의 원인을 조사한다. 셋째, 경제 양극화가 경제성장, 사회 정의, 교육 및 건강 불평등에 미치는 영향 등 여러 가지 경제 및 사회 문제에 대한 다양한 부작용에 대해 논의한다. 소득 불평등과 경제성장 관계에 관한 문헌을 검토하여 소득 불평등이 성장에 미치는 상당한 부정적인 영향을 설득력 있게 보여주는 실증적 증거를 제시한다.

사회적 불의(social injustice)는 수많은 사회적, 정치적, 경제적 요인에 의해 결정되지만, 이 장에서는 소득과 부의 공정한 분배에 맞추어 경제적 관점에서 사회적 불의를 탐구한다. 롤스(Rawls)의 평등주의(Rawlsian ethics; 최소 수혜자 이익의 원칙) 윤리에 일관되게, "사회 구성원들을 위한 비교적 괜찮은 생활수준의 제공과 시장에서의 노력 및 능력에 따라 분배되는 기초 생활수준을 넘어서는 잉여"라는 두 가지 실질적인 지침이 제안된다. 그러나 결과의 분배적 공정성을 나타내는 이 두 가지 지침은 공정한 출발점 또는 기회와 시장에서의 공정한 경쟁이라는 두 가지 절차적 공정성을 전제로 한다. 이러한 절차적 공정성의 전제가 한국에서는 충족되지 않기 때문에, 시장 세력에 의해 결정되는 소득분배에 대한 진보적인 재분배는 사회정의를 위해 정당화된다. 이런 점에서 한국의 재분배 범위가 평가된다.

마지막으로, 소득 양극화가 교육과 건강 양극화를 가져오는 과정에 대해서도 논의한다. 충분한 이론적, 실증적 연구에서 입증된 바와 같이, 소득의 양극화 심화와 그에 따른 사회적 양극화는 한국의 사회적 신뢰(대인관계 및 제도)를 떨어뜨렸을 것이다. 이 장은 사회-소득 양극화의 다양한 측면에 대한 연구를 바탕으로 이러한 양극화를 최소화하고 사회적 통합을 강화하는 방법을 제안한다.

제4장에서 한국의 사회적 신뢰 수준이 현저히 낮고, 제5장에서 소득 불평등과 그 영향이 한국 사회의 다양한 영역에 미치는 영향에 대한 분석에 이어 제2부의 첫 장인 제6장에서는 1980년대 초부터 다른 나라에 비해 감소하고 있고, 상당히 낮은 수준에 머물러 있는 한국의 대인관계 신뢰를 고려한다. 세계가치조사(World Values Survey)에 따르면 1981-2008년 동안 한국은 대인관계 신뢰에서 31위를 차지했다. 이러한 정보를 바탕으로 이 장에

서는 역사적, 문화적 관점에서 한국의 대인관계 신뢰가 낮은 이유를 조사한다. 대인관계 신뢰가 낮은 주요 원인에 대한 분석을 바탕으로 대인관계 신뢰를 향상시키는 방법에 대한 제안을 제시한다.

제7장에서는 제도적 신뢰의 핵심이 되는 정부에 대한 사회적 신뢰를 고려한다. 분석적 틀을 설정하기 위해 정부에 대한 신뢰의 개념, 결정요인 및 측정, 그리고 경제와 사회에 미치는 영향에 대해 문헌을 검토한다. 그런 다음, 한국의 정부에 대한 신뢰의 정도는 시간이 지남에 따라 OECD 국가들과 비교하여 측정된다. 이는 한국의 정부에 대한 신뢰가 떨어지고 있으며, 상대적으로 낮다는 것을 설득력 있게 보여 준다. 이 정보를 바탕으로 공공부문의 낮은 효율성, 효과 및 투명성을 포함한 주요 원인을 조사 분석한다. 한국에서 가장 심각한 사회 문제 중 하나는 지속적으로 높은 부패인데, 이는 정부에 대한 낮은 신뢰의 핵심 원인일 뿐만 아니라 규칙, 법률, 사회 규범에 대한 대중의 낮은 준수와 같은 많은 유형의 사회적 비리의 근본 원인이기도 하다. 이 장에서는 높은 부패에 대한 문화적, 정치적, 경제적 원인을 조사하고 한국의 부패를 근절하는 방안을 제시한다.

제8장에서는 기업에 대한 낮은 사회적 신뢰와 한국의 사회경제적 영향을 검토한다. 이를 위해 먼저 한국 기업부문의 발전을 검토한다. 한국의 기업부문은 한정된 수의 대기업(재벌)과 다수의 중소기업으로 구성된 독특한 특성을 띠고 있다. 대기업(재벌)의 경제적 지배력은 시간이 지남에 따라 증가한 반면, 중소기업의 지배력은 정체되어 결국 전자의 투입 공급업체가 되었다. 분석적 틀을 확립하기 위해, 기업에 대한 신뢰의 개념과 결정요인, 그리고 문헌을 통해 그것이 경제와 사회에 미치는 영향에 대해

검토한다. 이어서 다수의 국내 및 국제기구가 측정한 상대적으로 낮은 기업의 신뢰 수준을 조사 분석한다. 이 장에서는 문헌에 나타난 기업 신뢰의 결정요인을 바탕으로 재벌의 경제력 집중, 부실한 기업지배구조, 불공정한 재벌-중소기업 관계, 높은 수준의 기업 부패 등 기업 신뢰도가 낮은 주요 원인을 규명한다. 이러한 분석을 바탕으로 한국에서의 기업에 대한 신뢰를 높이기 위한 공공정책을 제안한다.

마지막 제9장에서는 노동시장, 노동조합, 노사관계 등 노동에 대한 사회적 신뢰가 낮은 원인을 조사한다. 한국의 노동은 경제발전에 중요한 역할을 해왔다. 그러나 1980년대 말까지 정부의 개입으로 인해 노사관계는 여전히 저개발 상태에 머물러 있었다. 1987년 정치 민주화 이후 노사관계는 놀랄 만큼 변모했다. 그러나 노동조합은 종종 그들의 대의명분을 위해 전투적인 전술을 사용했고, 노동비용은 이웃 국가들보다 훨씬 더 빠르게 상승했다. 회사는 경영난에 직면했을 때에도 노동력을 축소할 수 없었다. 노동력의 경직성과 높은 임금률은 1997년 IMF 외환위기의 한 원인이 되었다.

비록 외환위기 이후 노동시장에서 실질적인 개혁이 이루어졌지만, 노동력의 유연성은 거의 개선되지 않았다. 이러한 상황에서 기업은 정규직 근로자와 비교할 때 여러 측면에서 차별을 받는 비정규직 근로자 고용을 확대하여 이중 고용구조를 만들었다. 노동조합원과 비조합원, 정규직과 비정규직, 대기업과 중소기업의 근로자 간의 분열된 노동시장 내에서 갈등이 발생했다. 게다가 끊임없는 노동쟁의와 노동조합의 호전적 전술(법적 또는 불법적)은 노동에 대한 사회적 불만과 불신을 초래하였다.

이 장에서는 이러한 노동시장의 갈등과 노동에 대한 낮은 사회적 신뢰의 원인에 기여한 한국의 인적자원 개발 정책을 조사한다. 이 장의 구조는 앞의 세 장과 같다. 노동에 대한 신뢰와 그 신뢰가 사회와 경제에 미치는 영향에 대한 개념, 결정요인 및 측정에 관한 문헌을 간략히 검토한다. 한국의 노동에 대한 낮은 신뢰의 심각성은 한국의 노동신뢰지표를 OECD 전체 평균과 비교함으로써 평가된다. 이 장에서는 문헌상 노동에 대한 신뢰의 결정요인에 기초하여, 한국의 노동에 대한 신뢰가 낮은 여러 가지 주요 원인을 파악하고, 노동에 대한 신뢰도를 높이기 위한 일련의 공공정책을 제안한다.

전반적으로, 이 책의 분석은 한국의 사회적 신뢰와 경제발전 및 경제발전 정책 간의 역동적인 상호 관계에 대한 유익하고 포괄적인 그림을 제시하기 위해 9개의 장에 걸쳐 다양한 주제들을 엮어서 설명하였다. 이 분석을 위해 택한 제도적 접근법에 따라 제도적 변화가 경제발전으로 이어지는 인과관계와 경제발전에서 사회적 신뢰로 가는 인과관계를 중심으로 거시적 관점에서 공식적 및 비공식적 제도의 분석을 제1부에서 다루었다. 제2부는 사회경제적 발전과 사회적 신뢰의 상호 역학관계를 미시적인 관점에서 분석한다. 이 분석의 대상은 사회경제 발전에 따른 제도적 변화의 규모와 성격에 준하여 선택되었다. 총 9개의 장에서 다루어진 관심사와 주제는 각 장을 독립적으로 읽을 수 있지만 책 전체에 걸쳐 연속성을 위한 토대를 제공한다.

이 책은 세계화와 정보기술의 끊임없는 발전과 그것이 세계의 여러 국가 경제와 사회에 미치는 영향에 대한 저자의 깊은 통찰에 의해 완성되었다. 일부 전문가들은 정보와 기술을 쉽게 접할 수 있는 세계화 과정이 한국 경제와 사회에 더 많은 변화를 촉발시켜 한국이 선진국의 경제 및 사회와 융합하는 경로를 유지할 것이라고 주장할 수 있다. 그러나 이 책은 한국의 독특한 문화와 제도적 틀이 한국 경제와 사회의 특성을 계속 보존할 것이라고 주장한다. 한국 사회와 경제의 근간을 이루는 문화와 제도의 느린 조정은 최근 온갖 사회적 부조리와 비정상을 초래하였다. 이로 인해 무엇보다도 한국에 대한 사회적 신뢰가 상대적으로 낮아 경제발전이 저해되고 있다.

이 책이 수행하려고 하는 한국 경제와 사회의 놀라운 발전에 대한 분석 결과는 한국 경제와 사회의 최근 발전과 사회적 신뢰의 상호 역동적인 관계를 이해하고자 하는 사람들에게 귀중한 정보를 제공할 것이다. 이 책이 전하고자 하는 중요한 메시지는 경제발전과 사회발전, 나아가서 사회적 신뢰 사이의 상호관계 때문에 경제개발 정책이 사회적 신뢰에 미치는 영향과 사회적 신뢰가 경제발전에 미치는 상호 역할을 분명히 고려해야 한다는 것이다. 그렇게 하지 않으면 한국에서 증명하듯이 경제발전도 사회발전도 지속 가능하지 않다.

주

1 World Bank(2015) 참조.

2 한국경제의 통계자료는 국가통계포털(KOSIS, 2018a) 참조.

3 UNDP의 인간개발지수는 장수와 건강한 삶, 지식 및 생활수준의 세 가지 요소를 결합한 것이다. UNDP(2014) 참조.

4 UN 세계행복보고서는 Helliwell et al.(2018) 참조. OECD의 '삶의 만족도'는 OECD(2017a)를, 자살률은 OECD(2016a) 참조.

5 세계가치조사(World Values Survey, 1981–2008)의 통계는 Algan and Cahuc(2013)에서 발췌.

6 2014년 4월 세월호 참사 직후 전체 경기순환지수, 경기심리지수, 경기순환에 대한 소비자의 인식 등은 모두 수개월 동안 상당한 후퇴를 보였다(국가통계포털, 2018b).

7 이와 관련된 연구로는 장하성(2014), OECD(2013), Kwon(2010) 등이 있다.

8 경제에는 두 가지 제도적 접근법이 존재한다. 바로 구 제도 경제와 신 제도 경제이다. 이 책이 채택한 제도적 접근법은 후자다. 이들 사이의 차이점에 대한 간략한 설명은 Nee(2005)를 참조.

9 North(1993)는 1970년 미국 국민총생산(GNP)의 45%가 거래비용에 의존했다는 실증적 연구를 발표했다.

10 이 점에 관하여 Fukuyama(1995) 참조.

11 실증적 연구를 위해 Putnam(2000: 205), Delhey and Newton(2005) 참조.

12 홍콩은 국가가 아닌 중국의 특별행정구(SAR)라는 점에 유의해야 한다. 이 장에서는 언어를 단순화하기 위해 다른 호랑이들과 함께 '나라'로 포함되어 있다. 같은 이유로 대만은 대만성(省)으로 부르는 대신 국가로 지칭된다.

13 상반변량법과 과정 추적 개념은 정치학 및 사회학에서 광범위하게 활용된다.

제1부

한국의 경제사회 발전과 사회적 신뢰

제1장 사회적 신뢰의 개념, 결정요인, 역할 및 제고 방법

1.1 머리말

2,400여 년 전 아리스토텔레스가 관찰한 바와 같이 인간은 본질적으로 사회적 동물이다. 사회적 신뢰(social trust)는 한 사회의 개인, 집단 및 기타 사회 구성요소들 간 관계의 기초가 된다. 사회적 신뢰에 관하여 저명한 두 학자인 낵과 작(Knack and Zak, 2003)은 "시민사회의 무수한 측면에서 신뢰는 필수적"이라고 주장한다. 사람들은 다른 사람을 대할 때 어느 정도의 신뢰를 갖고 있으며 이를 바탕으로 어떤 종류의 대응을 기대한다. 다른 사람의 행동에 대한 신뢰가 없다면, 사람들은 행동을 취하기 위해 너무 많은 우발상황과 불확실성을 고려해야 하고, 따라서 공동체와 사회의 기반을 파괴할 수도 있다. 사회적 신뢰가 없다면 한 나라의 경제는 좋은 성과를 낼 수 없다. 왜냐하면 거래비용, 즉 경제 주체의 경제 거래를 수행하는 데 드는 비용이 너무 비싸기 때문이다. 따라서 사회적 신뢰는 인간의 행복(well-being)뿐만 아니라 사회적,

경제적 발전의 주요 결정요인이다.

사회적 신뢰는 최근 한국에서 심각한 사회경제적 이슈가 되었다. 한국의 사회적 신뢰는 생활수준과 또 다른 나라의 사회적 신뢰 수준에 비해 현저히 낮은 것으로 나타났다. 세계가치조사(WVS, World Values Survey)가 측정한 사회적 신뢰의 구성요소인 '대인관계 신뢰'에서 한국은 1981−2008년까지의 기간 동안 31.7점으로 31위에 올랐다.[1] 이는 한국인의 31.7%만이 "대부분의 사람들을 신뢰할 수 있다"고 응답했다는 것을 의미한다. 한국의 점수는 같은 기간 동안 가장 높은 노르웨이의 68.1점과 비교된다. 더욱 심각한 것은 지난 40년 동안 사회적 신뢰가 지속적으로 떨어지고 있다는 점이다. WVS 1차 조사(1981-1984)에서 36.0점을 받은 한국은 6차 조사(2010-2014)에서 26.5점으로 떨어졌다. 총 6차례의 조사에서 여러 나라가 조사되었다는 점을 고려하여, 한국은 전체 조사에서 평균 38번째 백분위수를 기록했다. 제6차 조사에 따르면 북유럽 국가는 물론이고 일본, 중국, 홍콩, 대만, 싱가포르 등 아시아 이웃 국가들도 한국보다 대인관계 신뢰도가 높은 것으로 나타났다.[2]

한국의 대인관계 신뢰에 대한 전망은 밝지 않다. 2014년 중학생과 고등학생을 대상으로 실시한 설문조사에 따르면 12.4%만이 "대부분의 사람을 신뢰할 수 있다"고 생각한다고 응답했다(동아일보, 2014). 제7, 8, 9장에서 더 자세히 논의한 바와 같이, 사회적 신뢰의 또 다른 요소인 제도적 신뢰는 이웃 아시아 국가들 및 북유럽 국가들과 비교하여 한국은 매우 낮다. 제도적 신뢰와 대인관계 신뢰가 장기간 낮게 지속되면 불신의 사회적 문화를 발전시키며 그런 문화는 성격상 여러 세대에 걸쳐 전파된다.

한국 사회의 낮은 사회적 신뢰는 잠재적으로 한국의 경제와 사회에 심각한 영향을 미칠 수 있다. 이러한 상황을 감안하여 이 장에서는 먼저 사회적 신뢰의 개념, 유형, 결정요인 및 측정에 대해 논의한다. 그런 다음 사회적 신뢰가 경제적, 사회적 발전에 어떤 영향을 미치는지 분석한다. 이 장은 사회적 신뢰에 관한 방대한 문헌에 대한 광범위한 조사를 시도하지 않으며, 사회적 신뢰라는 개념의 복잡성을 분석하지도 않는데, 이 두 가지 모두 이 책이 한국 경제와 사회에 초점을 맞추는 범위를 벗어난다. 오히려 이 장의 주된 목적은 이 책 전반에 걸쳐 사회적 신뢰에 대한 실용적 정의를 고안하고 이 책의 연구 및 논의를 위한 개념적 틀을 개발하는 것이다. 이것들은 국가적 맥락에서 사회적 신뢰를 높이는 방법에 대한 몇 가지 공공정책 제안을 도출하기 위한 근거를 제공한다.

개념적으로 사회적 신뢰는 다차원적이다. 많은 연구자들이 특정 측면을 강조하면서 사회적 신뢰를 다양한 방식으로 정의했다. 이 책에서는 사회적 신뢰의 개념은 개인 간의 신뢰를 의미하는 '대인관계 신뢰'를 넘어서는 좀 더 포괄적인 것이다. 사회는 개인보다 더 많은 사람들로 구성되어 있다; 사회는 자신의 고유한 구조, 제도, 조직을 가지고 있다. 따라서 사회 내에서는 상호간에 대한 신뢰(대인관계 신뢰)뿐만 아니라 제도와 조직(정부, 경찰, 기업, 노동조합 등)에 대한 개인의 신뢰도 존재한다. 후자를 제도적 신뢰라고 한다.

사회적 신뢰의 두 구성 요소는 한 사회에서 확실히 서로 영향을 미친다.[3] 이 책은 사회적 신뢰와 경제발전에 대한 제도적 영향을 강조하는 제도학파의 접근방식과 일관성을 위해 개인간의 사회적 신뢰와 제도적 신뢰관계를 별도로 조사한다. 한국에 대한 대인관계 신뢰는 제6장에서 논의한다. 제도적 신뢰로 정부, 기업 및 노동에 대한 신뢰를 선정하여 각각 7장, 8장, 9장에서 분석한다. 국가 간 사회적 신뢰를 비교할 때 특히 제도적 신뢰가 중요하다. 제도와 그 시행이 나라마다 상당히 다르므로 사회적 신뢰의 국가 간 차이는 제도적 신뢰에서 발생한다. 따라서 이 책은 사회적 신뢰가 경제발전에 미치는 영향을 분석하는 데 있어 한국과 이웃 국가들 간의 포괄적인 사회적 신뢰의 차이를 탐구한다(4장).

1.2 사회적 신뢰 vs 사회적 자본

이 책에서는 사회적 자본이 아니라 사회적 신뢰에 초점을 맞춘다. 사회적 자본은 일반적으로 사회 내에서 협력과 협업을 촉진하는 개인들 사이의 관계에 내재된 자원의 한 종류로 정의된다.[4] 사회적 자본은 물리적 자본, 인적 자본에서와 같이 '자본'이라는 용어는 미래의 이익을 위해 현재의 의도적인 희생을 한다는 함축미를 갖고 있다. 그러나 일반적으로 사람들은 사회적 관계를 추구할 때 현재의 이익을 희생하여 미래의 이익을 꾀하는 것이 아니라, 사회적 관계의 본질적인 가치를 위해서 하고 있다. 문헌을 살펴보면, 물리적 자본과 인적 자본은 시장에서 가격 메커니즘을 통해 배분되지만, 사회적 자본을 배분하는 메커니즘은 없다는 연구결과에 주목하지 못한 것으로 보인다. 배분 메커니즘이 없다면 자원으로서의 사회적 자본은 운영상의 문제에 직면한다. 여기서 간단히 언급된 이러한 차이점은 사회적 자본과 물리적 자본, 인적 자본이 동등하다는 주장은 다소 빈약하다는 것을 분명히 알 수 있다.

사회적 자본을 창출하는 관계의 구체적인 구성요소에 대해서는 논란이 있지만, 이러한 구성요소에는 사회적 신뢰, 소셜 네트워크, 자발적 협회의 회원권 등이 포함된다.[5] 사회적 자본의 모든 구성요소는 사회에 이익을 가져다줄 것으로 기대되지만, 사회적 자본의 가장 중요한 구성요소는 사회적 신뢰인 것으로 여러 문헌에서 주장되고 있다.[6] 더구나, 특히 사회적 자본이 국가 간에 비교될 때, 소셜 네트워크와 그 구성원의 혜택은 명확하지 않다. 소셜 네트워크의 의미는 나라마다 다를 수 있다. 한국과 같은 단체(또는 집단주의) 사회에서는 많은 소셜 네트워크 또는 자발적인 협회에서 회원들 간의 신뢰는 상당히 제한적(또는 그룹 내)이다. 제한된 신뢰는 낯선 사람들과의 대인관계 신뢰에 부정적인 영향을 미친다. 그룹 구성원들이 그룹 내 구성원들 간의 대인관계의 상호작용에 대한 욕구를 충족시키면, 그룹 외부의 사람들을 상대할 동기와 경험이 제한된다. 따라서 소셜 네트워크의 회원자격을 통한 제한된 신뢰의 증가는 일반화된 신뢰를 낮추기 때문에 사회 내에서의 협력과 협업을 촉진하지 못할 수 있다.

실질적인 문제로, 많은 국제기구에서 시간이 지남에 따라 일관된 방식으로 국가 간의 사회적 신뢰를 측정해 왔다. 이 책은 이런 국제기구들의 연구에서 측정한 데이터를 활용한다. 그러나 사회적 자본을 측정하는 국제기구는 거의 없으므로 국가별 사회적 자본에 대해 이용 가능한 데이터가 부족하다. 삼성경제연구소(SERI)는 사회적 신뢰, 규범, 네트워크, 사회구조를 포함한 사회적 자본의 구성요소로 2008년에 72개국의 사회적 자본 수준을 추정했다.[7] 그러나 삼성경제연구소의 2008년 추정치는 싱가포르와 홍콩이 제외되었으며, 삼성경제연구소는 1차 추정 이후 사회적 자본을 추정하지 않았다. 이는 본 연구에 대한 삼성경제연구소 데이터의 효용성을 감소시킨다.

1.3 대인관계 신뢰—개념 및 결정요인

1.3.1 대인관계 신뢰의 개념

사회적 신뢰에 관하여 저명한 콜먼(Coleman, 1990)의 정의를 따라서, 이 책에서는 대인관계 신뢰는 "본인에게 사회의 다른 구성원이 유익하거나 적어도 해롭지 않은 방식으로 행동하고 처신할 것이라는 기대"로 정의된다. 대인관계 신뢰는 법적 구속없이 타인의 신뢰성에 대한 사람들의 주관적인 관점을 반영하고 있으며, 어느 정도의 위험과 불확실성을 수반한다. 따라서 신뢰는 '기대'와 '기대에 따라 위험한 행동을 취하려는 의지'라는 두 가지 요소를 포함한다.

대인관계 신뢰에는 두 가지 유형이 있다. 가족 구성원, 친구 및 그룹 또는 협회의 회원에 대한 신뢰와 낯선 사람에 대한 신뢰이다. 전자를 제한적(또는 그룹 내, 또는 두터운) 신뢰라고 하고, 후자를 일반화된 신뢰라고 한다. 그룹 내 회원은 회원이 허용 가능한 행동 지침으로 준수해야 할 규범과 가치를 개발한다. 단체 내 규범을 위반한 회원은 단체로부터 제재를 받거나 배척당할 수 있다. 따라서, 그룹 구성원 간의 행동 적합성이 높고, 그들 사이의 대인관계 신뢰는 강하거나 두텁다.

그러나 낯선 사람들 사이의 일반화된 신뢰는 문헌에서 일반적으로 사용되는 대인관계 신뢰의 개념이다. 대인관계 신뢰는 WVS, 유럽사회조사(European Social Survey), 일반사회조사(General Social Survey)와 같은 국제기구에서 종종 측정한다. 이들 기관은 잘 알려진 신뢰 조사 질문인 "일반적으로 말하면, 당신은 대부분의 사람들을 신뢰할 수 있다고 말할 수 있는가, 아니면 다른 사람들을 대할 때 아무리 조심해도 지나치지 않다고 하는가?"라는 질문을 사용하여 개인이 갖고 있는 대인관계 신뢰에 대한 인식을 조사한다. 응답자에게 제시된 두 가지 대답은 "대부분의 사람들은 신뢰할 수 있다(Most people can be trusted)" 또는 "매우 주의할 필요가 있다(Need to be very careful)"이다. 조사 응답자의 비율은 한 국가의 대인관계 신뢰 수준을 나타내는 것으로 간주된다. 그러나 이 설문조사의 본질적인 한계에 주목해야 한다: 이러한 질문을 사용하여 일반화된 신뢰를 측정하려고 할 때, 이런 설문조사들이 '신뢰' 자체를 정의하려고 시도하는 것은 아니다. 왜냐하면 '신뢰'를 사용하여 '신뢰'라는 용어를 정의하는 것은 분명히 유사어의 반복이기 때문이다.

위에서 언급한 바와 같이, 제한된 신뢰와 일반화된 신뢰는 부정적인 관계가 있을 가능성이 상당히 높다. 그룹 내 신뢰가 제한적인 강한 집단 정체성을 가진 사람들은 외부인과의 신뢰의 필요성을 느끼지 않으며, 외부인과 교류한 경험도 많지 않다. 그룹들은 또한 그들 사이의 불화와 경쟁을 증가시켜 그들 사이의 갈등을 야기하고 일반화된 신뢰를 떨어뜨릴 수 있다. 이 점에 대하여 최근의 한 정량분석으로 《리더스 다이제스트(Reader's Digest)》(2015)에 인용된 최근 연구는 지인들과 함께 보낸 시간이 많아질수록 다른 사람들에 대해 공감대가 떨어질 수 있다는 것을 보여준다. 이 연구는 후자에 초점을 맞추고 있으며, 달리 명시되지 않는 한, 지인과 보낸 시간이 많을수록 타인에 대한 일반화된 대인관계 신뢰가 떨어지는 것을 의미한다.[8]

1.3.2 대인관계 신뢰의 결정요인

대인관계 신뢰의 개인중심이론

대인관계 신뢰와 제도적 신뢰를 모두 포함한 한 나라의 사회적 신뢰 수준은 여러 가지 요인에 의해 시간이 흐름에 따라 형성된다. 〈그림 1〉은 이 장에서 살펴본 사회적 신뢰의 유형과 결정요인에 대한 그래픽 개요를 제공한다. 대인관계 신뢰의 결정요인에 대한 두 가지 학파가 있다.[9] 개인중심이론이라고 불리는 첫 번째 이론은 대인관계 신뢰는 개인의 성격상의 특성(도덕성 포함)과 그의 연령, 사회적 지위, 성별, 교육, 소득, 종교와 같은 사회적, 인구학적 특성을 포함한 개인의 고유한 특성에 의하여 결정된다는 견해이다. 사회기반이론으로 일컬어지는 두번째 이론은 대인관계 신뢰는 개개인의 특성이 아니라 체계적으로 나타나는 사회적인 특성에 의해서 결정된다는 견해이다. 아래에서 자세히 살펴본 바와 같이, 사회기반이론에서 대인관계 신뢰는 개인의 특성에 의해서가 아니라 역사, 문화, 경제, 제도, 지리, 공공정책 등과 같은 사회적 국가적 특성에 의해 결정된다고 주장한다.

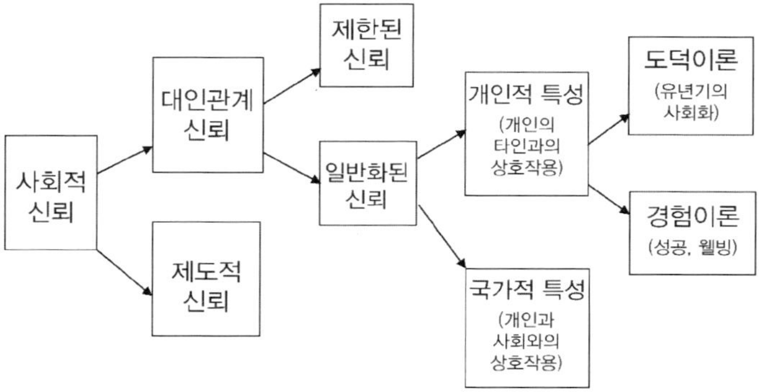

그림 1 사회적 신뢰의 유형과 결정요인

(i) 도덕적 가치로서의 대인관계 신뢰 대인관계 신뢰의 개인중심 이론은 대인관계 신뢰가 발전하는 두 가지 경로를 제시한다. 하나는, 대인관계 신뢰를 사람들이 일찍부터 부모에게서 배우는 도덕적 가치에 의하여 결정된다고 본다. 사람들은 또한 자선 기부나 자원봉사와 같은 선행을 수행하거나 관찰함으로써 도덕적인 신뢰를 발전시킨다. 심리학의 오랜 전통은 사람들이 어린 시절과 인격 형성기에 신뢰하는 기본적인 성향을 배운다고 주장한다. 이와 관련하여, 청소년 신뢰 수준 변화의 75%가 부모의 대인관계 신뢰 성향에 의해 결정된다는 것을 보여주는 실증분석도 있다.[10] 도덕적 가치로서의 신뢰는 사람이 어린 시절부터 발전시키는 것으로 낙관주의, 정직, 협력, 상호주의, 존중, 자비심 등 그들의 성격적 특성을 반영한다. 성격은 쉽게 변하지 않기 때문에 성격 특성에 기초한 대인관계 신뢰는 사람들의 생활 전반에 걸쳐 안정적이다. 사람들이 위에 열거한 여러 성격상의 특성을 사회적인 문화로 공유한다면 그들 사이의 대인관계 신뢰가 더 높아질 것이다. 따라서 동일한 문화를 공유하는 같은 민족적 배경을 가진 사람들 사이에 대인관계 신뢰가 높을 것으로 기대된다. 이것은 나아가서 대인관계 신뢰의 수준이 한 국가 내의 민족 집단들 간에 다를 가능성이 높다는 것을 시사하며, 따라서 한 국가 내의 민족 동질성 수준이 높을수록 그 나라의 대인관계 신뢰 수준이 더 높다는 것을 의미한다.[11]

(ii) 타인과의 상호작용 경험에 의한 대인관계 신뢰 개인중심이론에 의한 대인관계 신뢰의 다른 하나의 이론은 사람들이 유년기의 사회화에서가 아니라 타인과의 상호작용을 통해 그들의 성인 생활 경험에서 대인관계 신뢰를 발달시킨다고 주장한다. 좋은 대우를 받는 것과 같은 타인과의 긍정적인 경험을 가진 사람은 타인

에 대한 신뢰감을 높인다. 경험에 기초한 대인관계 신뢰는 몇 가지 특별한 특징을 가지고 있을 것이다. 사람들이 그들의 개인적인 경험에 반응하여 신뢰의 감정을 수정하고 갱신하기 때문에 그런 신뢰는 쉽게 변할 것이다. 좋은 대우를 받는 사람들은 일반적으로 사회에서 승리자들이다. 따라서 성공하여 부유하고 더 나은 교육을 받은 사람들과, 사회적 정치적 경제적 지위가 높은 사람들은 다른 사람들이 그들을 잘 대했기 때문에 다른 사람들을 신뢰하는 경향이 더 높을 것이다. 앞에서 언급한 바와 같이 신뢰는 어느 정도의 위험을 수반하며, 부유한 사람들은 가난한 사람들보다 더 많은 위험을 감수할 여유가 있기 때문에 그들은 더 많은 것을 신뢰할 수 있을 것이다. 성공한 사람들은 일반적으로 인생에서 더 낙관적이고 만족하고 행복하며, 이러한 연장선 상에서 다른 사람들에게 더 잘 대우받아서, 다른 사람들을 신뢰하는 경향이 높을 것이다. 이에 비해 사회에서 '패배자'인 사람들은 남을 신뢰하는 경향이 낮을 것이며, 빈곤, 차별, 착취, 실업, 사회적 소외, 사기 및 사기 피해자 등이 이들이다. 이런 대인관계 경험의 과정을 통해 상호 신뢰(또는 불신) 행동을 강화하는 선순환(혹은 악순환)이 전개될 것이다. 사회의 승자들은 다른 사람들을 잘 대우하고 신뢰하는데, 그들은 차례로 존경과 더 나은 대우로 보답하는 반면, 패배자들은 푸대접을 받으며 그런 방식으로 다른 사람들을 대하게 되기 때문이다.[12]

대인관계 신뢰의 사회기반이론

사회기반이론은 사람들이 사회 참여에서 신뢰하는 태도와 행동을 형성한다고 주장한다(Putnam, 1993). 이 이론에서 대인관계 신뢰를 결정하는 주요 원인은 역사, 문화, 생활수준, 형평성, 제도,

민족 구성, 지리와 같은 사회국가적 특성이나 상황을 포함한다.[13] 우리는 여러 선진국과 신흥국의 개인 차원의 개인적 특성(예: 정직, 협력, 상호성, 존중)이 매우 유사하다는 것을 쉽게 관찰할 수 있다. 그러나 일반적으로 신뢰 수준은 상당히 다르다. 이는 국가별 고유한 특성이 국가 간 신뢰 수준 차이의 결정적 원인이 될 것임을 시사한다.[14]

(i) 역사 한 나라의 국민들이 갈등과 격동의 역사적 시기를 경험했다면, 우리는 그러한 경험에 따른 국가의 대인관계 신뢰 수준은 낮을 것이라고 예상할 수 있다(Newton, 2013). 예를 들어 제1차 세계대전과 제2차 세계대전 등 20세기 전반의 상당 부분을 통해 독일 사람들, 그리고 일본의 강점기(1910-1945)에 이어 한국전쟁(1950-1953)을 겪은 한국 국민에 대한 인식이 그렇다. 일단 어떤 이유로든 사회에서 신뢰가 상실되면 신뢰의 부족, 즉 적극적인 불신이 사람들의 사고방식에 뿌리를 내리고 그들의 문화에 내재되어 있기 때문에 회복하기 어렵다.[15]

(ii) 사회의 생활 수준, 평등, 공정성 경제발전은 국민들의 경제적 안정과 경제 복지 개선을 통해 대인관계 신뢰에 기여하며, 이는 결국 신뢰를 감소시키는 인식을 감소시킨다. 많은 실증 연구들이 경제성장과 대인관계 신뢰 사이의 긍정적인 관계를 제시한다. 전 세계적으로 경기 침체기 동안 지대 추구 이익집단의 출현을 목격했으며, 이는 공공정책을 비효율적으로 만들고 사회적 갈등을 증가시킨다. 소득, 사회적 지위, 권력 측면에서 불평등이 높은 나라에서는 상위 계층과 하위 계층 간의 공감대를 형성하기가 어렵다. 실제로 불평등은 갈등과 질투심을 증가시키고 대인관계 신뢰를 떨어뜨린다. 델헤이와 뉴턴(Delhey and Newton, 2003)에서

는 이런 갈등의 사회적 상태가 대인관계 신뢰 수준의 중요한 결정요인 중 하나라는 것이 지적되었다. 많은 종류의 불평등 중에서, 특히 소득 불평등은 낮은 대인관계 신뢰와 관련된 핵심 변수 중 하나로 보인다. 제6장의 탐구에서 알 수 있듯이, 대인관계 신뢰는 불공평(injustice)에 대한 인식과 순환적인 관계를 가지고 있다. 인식된 불공평은 불신으로 이어지며, 이는 결국 불공평이 심한 미래를 인식하는 것으로 발전하게 된다.[16]

(iii) **국가 문화** 이는 많은 연결고리를 통해 대인관계 신뢰에 상당한 영향을 미친다. 퍼트넘(Putnam, 1993)은 그의 유명한 연구에서 이탈리아 남쪽과 북쪽 사람들간 신뢰의 차이가 문화와 역사에 기인한다고 주장했다. 예를 들어, 앞에서 언급한 것처럼 집단주의는 개인주의에 비해 대인관계 신뢰가 낮아진다. 또한, 대인관계 신뢰가 제한적인 사회에서는 많은 유형의 단체나 협회들이 서로 경쟁하며 자신의 이익 또는 심지어 생존을 위해 서로 견제하고 있어 대인관계 신뢰가 낮아진다. 문화는 또한 윤리, 정직, 협력, 상호주의, 존중 및 자선의 기초가 되기 때문에 대인관계 신뢰에 영향을 미친다. 대인관계 신뢰의 중요한 요소 중 하나는 기꺼이 위험(risk)을 감수하려는 의지이다. 위험을 감수하려는 의지가 문화에 뿌리를 두고 있다는 것은 경영학 문헌에서 잘 알려져 있다. 이와 관련하여 호프스테더(Hofstede, 1991)는 국가 간 불확실성 회피(위험 회피), 즉 사회가 불확실성을 받아들이고 대처하는 정도를 국가 문화의 차원에서 측정하였다. 호프스테더가 발견한 것처럼 불확실성 회피의 차이는 국가 간 대인관계 신뢰의 차이로 이어진다.

문화의 기초가 되는 종교는 대인관계 신뢰와 깊은 관계가 있다. 가톨릭, 이슬람교, 유교와 같은 계층적 종교는 역사적으로 개신교보다 신도들 사이의 대인관계 신뢰도가 낮은 경향이 있다. 종교단체는 주로 자기 집단에 속한 사람을 신뢰하는 반면, 다른 사람을 불신하기 때문에 집단주의처럼 종교 자체가 대인관계 신뢰에 부정적인 영향을 미치는 것으로 나타났다. 나아가 종교는 광범위한 인구에서 분열과 갈등을 유발한다고 주장되었다.[17]

(iv) 공식적인 제도(법률 및 거버넌스 시스템) 공식적인 제도의 질과 집행은 사회 내의 대인관계 신뢰에 중요한 역할을 한다. 민주주의 국가에서는 시민들이 자유롭게 사회와 정치 활동에 참여하며, 덜 억압적인 규제 조치, 더 나은 사유재산 보호, 그리고 정치권력의 격차가 작기 때문에 민주주의 국가들은 권위주의 체제보다 대인관계 신뢰가 더 높은 것으로 밝혀졌다. 법률제도(규칙과 규정)는 대인관계 신뢰를 함양하는데 중심적인 역할을 한다. 제6장에서 탐구한 바와 같이, 법치주의를 확고히 준수하면 사람들이 부적절한 행위로부터 보호받고 있다고 느끼고 공공 안전에 만족하고 있기 때문에 타인을 신뢰하는 태도와 행동의 발달로 이어진다. 이를 위해서는 법률제도가 정의롭고 공정하며 효율적이어야 할 것이다. 대인관계 신뢰와 법률제도의 이행은 순환적인 관계를 발전시킨다. 사람들은 다른 사람들이 공식적인 규칙을 준수하지 않는다고 인식한다면, 그것은 불의에 대한 인식을 높이고 동료 시민에 대한 그들의 신뢰를 떨어뜨린다. 규칙과 규정의 준수는 문화적 뿌리에 달려 있으며 나라마다 다르다. 따라서 한 나라의 문화와 공식적인 제도는 신뢰와 관련하여 서로를 강화시킨다.[18]

(v) 도덕적 해이(Moral hazard) 놀랍게도, 도덕적 해이는 사회적 불신(대인관계 및 제도적 불신 모두 포함)의 근원으로 문헌에서 규명되지 않은 것 같다. 도덕적 해이는 한 사람이 위험을 감수하여 그 위험 감수가 실패할 경우 다른 사람이 그 위험 부담을 감당한

다는 것을 알기 때문에 그 사람이 더 많은 위험을 감수할 때 발생한다. 따라서 도덕적 해이에 처한 사람들은 해이에 처하지 않았을 때보다 더 많은 위험 감수를 하여 다른 사람이나 사회에 폐해를 끼치게 된다. 최근 들어 많은 도덕적 해이 사례가 있었다. 예를 들면, 미국의 서브프라임(subprime) 모기지 대출기관들은 정보의 비대칭성 때문에 구매자와 사회가 적절하다고 생각하는 범위를 초과하여 대출을 판매하였다. 미국 정부에 의한 대출기관(서브프라임 대출기관 포함)에 대한 구제금융은 위험한 대출을 장려하고 잠재적인 도덕적 해이를 증가시켰다. 이 경우, 도덕적 해이는 주인-대리인 문제에서 비롯되었다. 한국의 대기업인 재벌들은 '대마불사(大馬不死, 너무 중요해서 실패할 수 없다)'라는 착각에 빠져 재정난으로 위협을 받으면 정부에 의하여 구제될 것이라는 기대 하에서 위험한 경제활동(예: 부채자본으로 사업 제국을 확장하는 것)을 벌여 왔다. 이것이 1997년 한국 금융위기의 주요 원인 중 하나였다. 도덕적 해이는 불법이 아니며, 사업 운영이 나쁘게 진행되지 않는 한 도덕적 해이 활동은 발견되지 않는다. 그러나 일단 부실경영이 드러나면 국민들은 이를 불공정하고 사회정의에 부합하지 않는 것으로 간주하여 대인관계 신뢰를 떨어뜨린다. 또한, 국민들은 법률 체계의 미비로 인하여 도덕적 해이 활동이 추구될 수 있다고 생각하며, 이는 제도에 대한 국민들의 신뢰를 떨어뜨린다.

(vi) 지리 날씨와 지형은 사람들이 형성하는 사회의 유형을 발전시키기 때문에 지리는 대인관계 신뢰와 관련이 있다. 지리적 위도가 높아질수록 질병의 유병률이 낮아지고 소득 불평등이 줄어들며, 인종적 언어적 이질성이 줄어 사회적 신뢰가 높아진다고 한다. 또한 더 험준한 지형이 많을수록 사회적 신뢰도를 떨어뜨

린다고 지적하는데, 아마도 이런 지형에서는 보통 소규모 집단이 발달하고 집단들 간에 의사소통이 잘 되지 않기 때문일 것이다.[19]

(vii) 민족 구성 사회의 인종적 구성도 대인관계 신뢰와 관련이 있다. 데브린(DeBruine, 2002)은 대인관계 신뢰를 높이는 한 가지 요인이 얼굴의 유사성이라고 주장한다. 동일한 민족적 배경과 얼굴 생김새를 가진 사람들은 규범과 가치관을 포함한 비슷한 문화적 배경을 가지고 있다. 이것은 그들 사이의 인종 친화력과 높은 신뢰로 이어진다. 그러나 민족 지향적 집단은 민족 집단 간의 더 큰 인종적 긴장을 조성할 수 있고, 집단주의 사회의 집단과 같은 전반적인 대인관계 신뢰에 손상을 줄 수 있다. 미국에서는 흔히 인종 간에는 서로 믿지 못하는 상호 불신이 일반적이다.[20]

1.4 제도적 신뢰—개념 및 결정요인

1.4.1 제도적 신뢰의 개념

제도적 신뢰는 제도에 대한 국민의 신뢰 또는 신임(confidence)을 의미한다. 국민들은 제도가 법과 사회적 규범에 따라 부여된 기능이나 역할을 효율적이고, 효과적이며, 공정하고, 윤리적으로 수행할 것을 기대한다. 제도에 대한 국민의 신뢰는 개인과의 대인관계 신뢰와는 다르다. 대인관계 신뢰는 다른 개인의 즉각적인 직접 접촉하는 경험에 기초하는 반면, 제도적 신뢰는 일반적으로 미디어와 사회적 관계를 통해 간접적으로 그리고 먼 거리에서 학습된다. 대인관계 신뢰는 신뢰하는 상대의 근본적인 특징을 표현하는 반면, 제도적 신뢰는 제도적 기능의 수행에 대한 평가에 기초한다. 평가는 제도 또는 제도 담당자를 대상으로 실시할 수 있다. 예를 들어, 정부에 대한 신뢰는 직무를 수행하는 정치인과 관료들에 대한 대중의 인식에서 비롯될 수 있다. 대인관계 신뢰는 사회 내에서의 시민의식과 협력에 기여하기 때문에 긍정적인 것으로 간주된다. 한편, 제도적 신뢰는 제도의 기능을 향상시키고 담당자의 신뢰도를 높이며 직무를 좀 더 쉽게 수행할 수 있다는 점에서 긍정적인 것으로 평가된다.[21]

대인관계 신뢰와 제도적 신뢰는 서로 밀접한 관련이 있다. 대인관계 신뢰가 문명사회에 필수적인 것처럼 제도적 신뢰도 필수적이다. 제도에 대한 국민들의 신뢰는 타인에 대한 관찰에 의해 크게 좌우된다. 그들은 다른 사람들도 그렇게 한다고 믿는다면 제도를 신뢰한다.[22] 따라서 높은 제도적 신뢰는 국민들로 하여금 제도를 지지하고 준수하도록 동기를 부여한다. 반대로, 제도적 신뢰가 낮으면 사람들은 제도를 불신하게 된다. 예를 들어, 범죄율이 높아서 경찰에 대한 국민들의 신뢰가 낮다면, 법을 준수하려는 시민의식은 떨어진다. 정치인들이 약속을 지키지 않아 정치인에 대한 국민들의 신뢰가 낮다면, 사회의 규칙과 규정 준수도 마찬가지일 것이다. 사회에서 부패가 만연하면 국민들은 자신도 부패를 저지르고 싶은 유혹에 더 쉽게 빠질 수 있다. 이 모든 것은 제도적 신뢰가 방치될 경우 불신이 불신을 낳는 악순환의 고리로 이어질 가능성이 높다는 것을 의미한다. 이것은 제도에 대한 불신의 문화로 연결되어 결국 기능장애 사회로 이어진다. 불신이 사회적 문화로 정착되면 불신에서 신뢰로 가는 길을 바꾸는 것은 매우 어렵고, 오랫동안 사회와 제도적 신뢰에 악영향을 미치게 된다.

또한 제도적 신뢰는 대인관계 신뢰가 제도에 내재되어 있기 때문에 중요하다. 제도, 특히 법치주의는 국민들에게 신뢰할 수 없고 예측할 수 없는 타인 행동에 대한 안전장치를 제공함으로써 대인관계 신뢰도를 높일 것으로 기대된다. 사회가 점점 복잡해지면서 집단행동으로 인해 발생하는 여러 문제를 국가가 해결해야 할 것으로 기대한다. 이러한 집단행동 문제가 올바른 제도 운영으로 적절하게 해결되면 개인들은 자발적으로 집단행동에 참여하게 되고, 이는 결국 대인관계를 신뢰하게 된다. 높은 제도적 신뢰는 국민들로 하여금 제도의 필수 구성요소인 규칙과 규범을 사회 구성원들이 공유한다는 것을 깨닫게 하여 대인관계 신뢰를 강화시킨다. 따라서 제대로 작동하는 공공기관을 통해 구현되는 제도적 신뢰는 대인관계 신뢰의 필수조건이다. 이 모든 요소들은 제도적 신뢰와 대인관계 신뢰가 서로 영향을 주어 그들 사이에 선순환 구조를 형성한다는 것을 의미한다. 1959년 리콴유(Lee Kuan Yew) 수상이 취임한 이후 싱가포르에서 증명된 바와 같이, 시간이 지남에 따라 제도적 신뢰와 대인관계 신뢰의 사회 문화가 발전한다.[23]

대인관계 신뢰와 제도적 신뢰의 밀접한 관계를 이해하면, 대인관계 신뢰는 시간이 지남에 따라 상당히 안정적으로 유지되고 공공정책에는 잘 적응하지 않기 때문에 사회적 신뢰를 높이는 것은 공공정책으로 제도적 신뢰를 높여서 달성해야 된다는 것을 알 수 있다. 따라서 사회적 신뢰를 높이기 위해서는 주로 제도 변화와 정책 추진을 통한 공공정책으로 달성해야 된다. 그러므로 이는 사회적 신뢰의 두 요소에 대한 별도의 조사를 필요로 한다. 이 연구를 위해 공공기관뿐만 아니라 기업이나 노동조합 등 민간단체에 대한 신뢰도 제도적 신뢰에 포함된다.

1.4.2 제도적 신뢰의 결정요인

제도에 대한 국민들의 신뢰나 확신은 그들의 기대에 비하여 제도의 실행 성과를 비교 평가하는 데서 결정된다. 이를 통해 국민들은 제도의 신뢰성에 대한 인식을 확립한다. 국민들은 제도가 합리적이고 윤리적으로 운영될 것으로 기대하기 때문에 제도적 신뢰의 두 가지 광범위한 차원 또는 결정요인은 법이나 사회 규범에 의해 부여된 제도적 기능을 수행하는 역량(competence)이며, 제도적 운영의 기초가 되는 가치(윤리)이다.[24] 역량 차원에는 기관의 효율성(efficiency)과 실효성(effectiveness)이 포함되며, 가치 차원에는 경제 및 사회 전반에 대한 진실성(integrity, 무 부패)과 공정성(fairness)이 포함된다.

실제로 제도적 신뢰는 여러 객관적인 측정으로 표시되는 제도의 성과에 달려있다. 이와 관련하여 코치안(Kotzian, 2010)은 한 나라의 모든 제도에 대해 객관적인 경제성과(GDP, 인플레이션, 실업에 준해서)가 전체 제도의 신뢰에 가장 중요한 요소라고 주장한다. 따라서 경제 실적이 저조한 나라에서는 전체 제도에 대한 신뢰가 낮아질 것이다. 소득과 기회의 형평성은 경제적 성과의 또 다른 중요 지표이자 제도적 신뢰의 원동력이다. 마지막으로, 제도적 성과의 중요한 핵심 지표 중 하나는 부정부패(비윤리적 행동)에 대한 인식으로 선진국과 개발도상국 모두 제도적 신뢰를 낮추게 된다.[25]

문화, 규칙 및 규정, 대인관계 신뢰 등 일부 국가별 고유한 특성도 제도적 신뢰의 밑바탕이 되기도 한다. 그 중에 문화는 국가의 제도를 만들고 이행하는 데 중요한 역할을 한다. 규칙이나 규정과 같은 공식적인 제도는 도덕과 윤리의 체계화인데, 도덕과 윤리는 다분히 문화에 기반을 두고 있다. 문화는 형식적인 제도의 기초가 될 뿐만 아니라, 시민의식과 법규 준수에도 영향을 미친다. 또 문화는 정부기관의 기능과 직원의 성과와도 밀접한 관련이 있다. 궁극적으로, 사람들은 정부 제도의 성과를 감시하고 통제할 책임이 있으며, 국민들이 이러한 제도에 대한 그들의 책임을 이행하는 것은 문화에 깊이 내재되어 있다. 정부 제도의 성공은 시민들의 감시와 통제뿐만 아니라, 공무원들도 사리사욕이 아니라 애국심과 전문성에 의해 정직하고 의욕적으로 행동해야 한다. 이러한 행동 패턴은 문화에 뿌리를 두고 있다. 이 모든 것은 문화가 제도적 신뢰에서 장기간에 걸친 국가간 차이의 중요한 결정요인 중 하나가 되어야 함을 나타낸다.[26]

법치주의는 한 나라의 다른 모든 제도의 기초가 되기 때문에 필수적인 제도이며, 따라서 제도적 신뢰의 중요한 핵심 결정요인 중 하나이다. 법치주의의 적절하고 공정한 기능은 기관과 특히 공공 안전에 대한 시민들의 신뢰를 높이며, 그 결과 기관에 대한 신뢰도가 높아진다. '깨진 유리창 이론(Broken Windows Theory)'은 시민들이 다른 사람들의 행동이나 사회에서 법의 지배가 얼마나 잘 지켜지고 있는지를 관찰함으로써 법을 준수할 용의가 있음을 암시한다. 따라서 어떤 나라에서든 사소한 것이든 심각한 것이든 상관없이 모든 법률의 적절한 기능은 법치와 높은 제도적 신뢰를 유지하는 데 매우 중요하다. 법치주의를 제대로 이행하지 않으면 다른 기관도 제대로 운영될 수 없다.

대인관계 신뢰는 제도적 신뢰의 중요한 요소이다. 제도적 신뢰는 제도에 대한 국민의 신뢰나 확신이 바탕이 되고, 일편 제도적 신뢰는 제도적 역량과 가치관을 평가하는 데서 결정되는 것이기 때문에 제도적 평가는 제도에 대한 국민 신뢰의 핵심 변수이다. 따라서 우리는 신뢰하는 사람들이 제도를 더 긍정적으로 평가하기 때문에, 대인관계 신뢰가 높은 나라에서 제도적 신뢰가 높을 것으로 기대할 수 있다. 앞서 설명했듯이, 사회의 '승자'들은 대인관계 신뢰가 높고, 같은 이유로 그들은 더 긍정적으로 제도를 바라보면서 제도적 신뢰를 더 높인다. 이것은 위에서 논의한 바와 같이, 대인관계 신뢰와 제도적 신뢰 사이의 쌍방향 인과관계를 더욱 뒷받침한다. 또한 WVS 자료를 통해 국가 차원에서 대인관계와 제도적 신뢰 사이의 밀접한 양의 상관관계가 발견되었다. 이러한 모든 관찰과 연구 결과는 사회적 신뢰의 두 요소가 서로 긍정적 또는 부정적으로 강화되고 있음을 재삼 강조하고 있다.[27]

최근 많은 선진국에서 관찰된 바와 같이, 경제발전은 제도적 신뢰, 특히 정부에 대한 신뢰에 부정적인 영향을 미칠 수 있다는 주장이 있다. 경제가 발전하고 사람들의 물질적 복지가 향상됨에 따라, 사람들은 더 이상 생존을 걱정할 필요가 없으며 정부에 매달릴 필요가 없다. 이것은 특히 정치 제도와 정부에 대한 국민들의 신뢰를 떨어뜨린다. 경제발전과 함께 교육수준이 향상됨에 따라, 국민들은 정부와 그 지도자들을 좀 더 까다로운 기준으로 평가하기 시작하거나 신뢰의 조건에 대해 점점 더 정교해질 수 있다. 제도적 신뢰에 미치는 경제성과의 긍정적, 부정적 주장의 순효과를 추정하는 것은 실증적 문제이지만, 객관적인 경제성과의 급격한 변화에 따른 제도적 신뢰에 대한 단기적 영향은 한국에서처럼 같은 방향으로 진행되는 것으로 분석된다. 즉 경제성과가 좋아지면 사회적 신뢰도 향상된다.[28]

1.5 사회적 신뢰의 측정

1.5.1 대인관계 신뢰의 측정

사회적 신뢰의 두 요소인 대인관계 신뢰와 제도적 신뢰는 다르게 측정된다. 본 연구는 WVS에 의한 대인관계 신뢰 측정치를 활용한다. 앞에서 언급한 바와 같이, "대부분의 사람들은 신뢰할 수 있다"라는 질문에 동의하는 국가의 인구 비율은 그 나라의 대인관계 신뢰 수준으로 간주된다. WVS는 1981년부터 6차례의 조사를 실시했으며, 2019년 현재 2010-2014년 기간 동안 마지막 조사가 실시되었다. 비록 WVS가 이웃, 개인적으로 아는 사람, 처음 만나는 사람 등 여러 그룹의 사람들에게 신뢰에 관한 일련의 질문을 하지만, 본 연구의 대인관계 신뢰는 친구나 친척이 아닌 사람들에 대한 신뢰 또는 일반적인 신뢰로 간주된다.[29]

일부 사람들은 WVS 질문이 신뢰 그 자체보다는 다른 사람이 신뢰할 만한가(trustworthy)를 측정한다고 주장해 왔다. 신뢰의 개념을 "A가 X를 하기 위해 B를 신뢰한다"로 정의한다. 이 때 X는 행동의 한 유형이다. WVS가 사용하는 질문은 B가 누구인지(친구 또는 낯선 사람, A에게 알려지거나 알려지지 않은 사람)를 확인하지도 않고, A가 기대하는 B의 행동유형(X)을 명시하지도 않는다. 이러한 WVS 측정의 단점을 보완하기 위해 갤럽세계여론조사(Gallup World Poll)에서 사용하는 것처럼 "떨어뜨린 지갑의 반환을 기대할 수 있는지" 등 서로 다른 질문을 사용하여 대인관계 신뢰를 측정하려는 시도가 몇 차례 있었다. 그럼에도 불구하고, WVS와 다른 기관의 이러한 질문들 사이에 많은 중복이 발견된다. 그리고 서로 다른 조직에서 파악한 신뢰 수준은 높은 상관관계를 갖는다. 이것이 바로 이 책의 대인관계 신뢰에서 WVS 측정이 사용되는 이유이다. 제6장에서는 대인관계 신뢰의 WVS 측정을 바탕으로 한국에서 대인관계 신뢰가 낮은 원인과 해결책에 대해 살펴본다.[30]

1.5.2 제도적 신뢰의 측정

앞에서 정의한 바와 같이, 제도적 신뢰는 제도에 대한 국민의 신뢰를 나타낸다. 이 연구를 위해 제도에는 공공기관(예: 정부, 행정, 정치인, 관료, 정당, 군대, 경찰, 사법 시스템, 교육 시스템)뿐만 아니라 민간기관과 조직(기업, 노동조합, 언론, 교회)도 포함된다. 제도적 신뢰는 일반적으로 개인에게 제도와 조직에 대한 신뢰도를 평가하도록 요청하는 설문조사를 통해 측정된다. 전형적인 질문은, 비록 일부 조사에서는 조금 다르게 공식화된 질문을 할 수도 있지만, "당신의 나라에서 운영되는 제도에 대해 얼마나 신뢰하고 있는가?"이다. 세계경제포럼(WEF), 국제경영개발원(IMD), 국제투명성기구(TI), 세계은행그룹(WBG) 등의 여러 유명한 국제기구에서 국가 전체의 제도적 신뢰의 특정 측면을 측정한다. WVS에서도 설문조사를 통해 여러 유형의 제도적 신뢰도를 측정한다. WVS는 가장 오랫동안 제도적 신뢰를 측정했지만, 이 데이터는 연간으로 측정하지 않고 약 4-5년간 주기적(파동이라 함)으로 측정한다. 이로 인해 WVS 조사 데이터의 일관성이 떨어지고 다른 조직의 연간 측정치와 비교하기가 어렵다. 갤럽의 세계 여론조사는 또한 매년 여러 나라의 '제도적 신뢰'를 측정한다. 갤럽의 국가간 측정치는 쉽게 이용할 수 없지만 OECD 국가들에 대한 관련 자료는 OECD의 한 출판물(Government at a Glance)에서 쉽게 볼 수 있다.[31] 제4장에서는 여러 국제기구의 제도적 신뢰에 대한 수많은 측정치에 근거하여 한국의 경제발전에 대한 제도적 신뢰의 영향을 추정한다. 그리고 7, 8, 9장은 한국에 대한 제도적 신뢰가 낮은 원인과 해결책을 탐구한다.

1.6 경제 및 사회 발전에 미치는 사회적 신뢰의 역할

1.6.1 사회적 신뢰가 사회 진보에 미치는 영향

사회 진보는 사회의 지속 가능하고 공평한 복지의 개선을 말한다. 사회의 진보를 측정하기 위한 다양한 시도가 이루어지고 있다. 사회 진보는 확실히 사회적, 경제적, 정치적, 문화적, 환경적 현상을 포함하여 다차원적이다. 이 장의 초점인 사회적 통합은 지속 가능하고 공평한 사회 발전을 위한 중요한 요소 중 하나로 OECD가 강조하고 있으며, 특히 한국에서 그렇다고 강조하였다. OECD는 사회적 통합은 사회적 포용, 사회적 자본, 사회적 이동성의 세 가지 구성 요소를 포함하고 있다고 주장한다.[32]

사회적 통합의 세 가지 구성 요소 중 하나인 사회적 포용은 고용, 네트워크, 사회적 지원 프로그램에 대한 접근과 같은 수단을 통해 개인과 사회 집단이 사회에 포함되는 방식을 의미한다. 또한, 사회적 포용은 사회 지원 프로그램(건강, 교육 및 주택)의 혜택을 모든 국민들이 평등하게 이용할 수 있도록 하는 정부 정책과 시스템을 요구한다. 신뢰하는 사람들이 사회 지원 프로그램에 참여하는 태도와 행동이 더 강하기 때문에 사회적 신뢰는 사회적 포용을 촉진한다. 그런 사람들은 일반적으로 다른 사람들에 대해 더 관대하고 공감한다. 이와 관련하여 대인관계 신뢰는 특히 신뢰의 반경을 넓히는 데 도움이 되는 긍정적인 외부성을 갖고 있다고 강조한다. 또한, 높은 사회적 신뢰는 시민들 간의 의사소통을 향상시켜 사회적 포용력을 높인다.[33]

사회적 신뢰는 사회적 통합의 또다른 구성 요소인 사회적 자본의 제일 중요한 구성 요소로서 그것에 직접적으로 기여한다. 사회적 신뢰는 사회적 자본의 다른 두 요소인 사회규범과 네트워크와도 긍정적인 관계를 맺고 있다. 사회적 신뢰는 사회적 계층과 차별에 대한 사람들의 인식을 감소시킴으로써 사회적 통합의 또다른 요소인 사회적 이동성에 기여한다. 또한 가족 구성원들의 높은 신뢰(또는 높은 제한적 신뢰)는 자녀와 형제자매 교육에 대한 투자를 증가시켜 결국 그들의 사회적 이동성을 높인다. 이와 관련해 대인관계 신뢰가 높은 국가는 교육뿐 아니라 보건, 공공 안전, 사회 및 경제적 평등의 수준도 높다고 주장한다.[34] 이러한 사회적 신뢰의 특징과 결과는 그것이 확실히 사회적 통합과 사회 진보에 기여한다는 것을 의미한다.

OECD는 사회적 통합의 척도로 삶의 만족도, 관용, 제도에 대한 신뢰, 안전과 범죄, 봉사활동 등 5가지 지표를 사용한다. 사회적 신뢰는 이것들 각각에 기여한다. 실제로, OECD가 측정한 사회적 통합 지표의 각 구성 요소와 사회적 신뢰(대인관계 및 제도적 신뢰) 사이에는 강하고 긍정적인 연관성이 있다.[35] 특히 대인관계 신뢰는 삶의 만족도나 주관적인 행복에 긍정적인 영향을 미친다. 이는 많은 실증적 연구에서 잘 뒷받침되고 있다. 대인관계 신뢰와 두 가지 주요 사망원인인 자살과 교통사고 사망 사이의 강한 연관성을 제시함으로써 사회적 신뢰와 삶의 만족도 사이의 연관성을 지지한다.[36]

특히 긍정심리학자들은 주관적인 복지나 행복의 결정요인으로서 신뢰, 낙관론, 사회 친화력과 같은 심리적 요인의 역할에 대해 더 많은 연구를 수행해 왔다. 위에서 논의한 것처럼, 낙관적인 사람들은 다른 사람을 신뢰하는 경향이 더 높으며 더 행복하다. 행복하고 신뢰하는 사람은 더 이타적이고, 다른 사람들과 더 공감하며, 도움이 필요한 사람들에게 더 기꺼이 기부하려고 한다. 이것은 사회적 신뢰가 관용에 기여하고 타인을 돕고 사회적 통합을 향상시킨다는 것을 의미한다.[37]

앞에서 살펴본 바와 같이 대인관계 신뢰가 높은 사람은 법률제도에 대한 신뢰가 높고, 대인관계 신뢰와 제도적 신뢰를 상호강화하면서 법률의 규칙을 준수하도록 다른 사람들에게 동기를 부여한다. 대인관계 신뢰는 사회적 갈등을 낮추고 평화적인 방법으로 문제를 해결하는 데 도움을 줌으로써 범죄를 줄이는 효과가 있다는 것을 발견했다. 이러한 연구결과는 대인관계 신뢰가 제도와 안전에 대한 신뢰에 긍정적인 영향을 미친다는 것을 의미한다. 따라서 사회적 신뢰는 사회적 통합의 세 가지 구성 요소와 긍정적인 관계를 가지면서 사회발전에 긍정적으로 기여한다.

1.6.2 사회적 신뢰가 경제발전에 미치는 영향

방대한 문헌에서 사회적 신뢰와 경제발전 사이의 긍정적인 관계를 입증했으며, 그 관계를 뒷받침하는 많은 실증 연구들이 있다.[38] 제4장에서 더 자세히 조사한 바와 같이, 사회적 신뢰는 서로 연관되어 있는 수많은 경로를 통해 경제발전에 영향을 미친다. 첫째, 사회적 신뢰는 경제 주체들 간의 조정과 협력을 향상시킬 뿐만 아니라 기회주의에 대한 동기를 줄임으로써 경제활동을 촉진한다. 경제활동은 실제로 하나의 행위자에 의해서 이루어지는 것이 아니라, 사회나 조직 내에서 경제주체들 간에 행해지는 것이다. 경제활동을 효율적으로 수행하기 위해서는 관련 주체들 간의 조정, 협력 및 협업이 필요하다.

둘째, 사회적 신뢰는 거래비용을 줄임으로써 경제적 성과를 촉진한다(North, 1990). 거래비용은 경제주체 간의 협상, 교환할 재화와 용역의 가치평가, 계약 실행 등의 과정을 통해 발생한다. 사회적 신뢰 수준이 높으면 거래비용이 낮아진다. 왜냐하면 사람들은 일반적으로 다른 사람들이 정직하고 규칙에 따라 행동할 것이라고 믿기 때문이다. 규칙과 법률을 준수하려는 강한 성향도 계약 이행 비용을 감소시킨다.[39] 금융부문(은행, 증권 포함)은 특히 신뢰에 민감하거나 거래비용에 민감하기 때문에 경제발전의 중요한 요소인 금융부문의 발전을 위해서는 사회적 신뢰가 더 요구된다. 사회적 신뢰는 거래비용을 낮춤으로써 교육과 사업에 투자할 수 있는 빈곤층의 신용에 대한 접근성을 향상시킨다.[40] 거래비용은 경제적 비용의 일부로서 경제에 직접적인 영향을 미칠 뿐만 아니라, 시장이 얼마나 잘 작동하는지를 결정하는 중요한 요소로 작용한다. 공식적인 제도(사유재산권 보호 포함)를 적절하게 확립하여 이행되고, 사회적 신뢰가 높으면 시장은 최소한의 거래비용으로 잘 작동한다. 원활하게 제대로 작동하는 시장은 경제에서 고도의 전문화와 경제 분업을 가져오고, 이는 다시 생산성과 경제발전의 수준을 높인다.

셋째, 사회적 신뢰는 경제정책과 법치주의의 성공적인 수행에 기여한다. 신뢰가 높은 사회는 정직한 관료와 정치인의 공급을 늘린다. 정부와 공직자에 대한 신뢰가 높으면 정책에 대한 사회적 신뢰도 높아질 것이다. 정책에 대한 높은 신뢰는 사람들이 정부 정책에 따라 투자 및 소비와 같은 그들의 경제활동을 수행하고, 그 정책을 성공으로 이끈다. 마찬가지로 앞서 지적했듯이 높은 사회적 신뢰는 법치주의의 더 나은 이행을 통해 경제성장을 높인다. 결과적으로, 더 나은 법치주의는 사람들이 위에서 언급한 거래비용을 낮출 뿐만 아니라 위험한 투자와 경제활동을 하는데 있어서 안정감을 느낄 수 있도록 할 것이다.

넷째, 사회적 신뢰는 위에서 지적한 바와 같이 교육에 대한 높은 투자를 통해서뿐만 아니라, 성과주의(basis of meritocracy, 실력, 능력중심으로 운영되는 사회 및 국가 형태)나 교육 자격증(educational credentials)에 근거하여 주로 채용하므로 인적자원 개발을 촉진한다. 사회적 신뢰가 높으면 기업은 지원자의 교육 자격증이나 장점을 바탕으로 직원을 채용한다. 그러나 사회적 신뢰가 낮은 경우에 기업들은 혈연, 학연, 지연 등 지원자의 신뢰할 수 있는 개인적 속성을 근거로 채용한다. 따라서 신뢰도가 높은 국가일수록 개인은 교육 자격증을 이용하기 위해 교육에 더 많은 투자를 한다.[41]

다섯째, 세계화 시대에는 경제발전을 위해 사회적 신뢰가 더 중요해지고 있다. 세계화가 심화되면서 생산과 마케팅 방식이 달라졌다. 치열한 경쟁의 결과, 국가 간 필수 불가결한 상호의존으로 인해 어떤 기업도 가치사슬 전체에 걸쳐 관련된 모든 가치창출 활동을 독립적으로 수행할 수 없다. 오히려 기업의 일반적인 관행은 연구개발, 전략마케팅, 브랜드 등과 같은 경쟁우위를 가진 핵심 활동에 집중하고, 나머지 가치창출 활동은 전 세계적으로 아웃소싱과 협업을 통해 조달하는 것이다. 일단 제품이 국제적인 협업 과정을 통해 생산되면, 그것은 또한 국제적인 협업을 통해 전세계로 판매된다. 따라서 세계화 시대에 경쟁력을 갖추기 위해서 기업들은 생산과 마케팅 양쪽 모두에 대해 전세계적인 노동력과 전문화를 이용해야 한다. 국제 전문화와 협업의 범위는 거래비용에 따라 달라지는데, 이는 결국 사회적 신뢰 수준에 따라 달라진다. 또한 국제 시장에서 한 나라의 제품을 마케팅할 때, 그 제품이 생산되는 국가에 대한 외국인의 이미지가 중요하다. 국가의 이미지가 높게 평가된다면 그 제품들은 국제 시장에서 더 좋은 평가를 받을 가능성이 높다. 한 나라의 국제적 이미지는 그 나라의 문화에 대해 외국인들이 가지고 있는 인식, 국민들 사이의 사회적 신뢰 수준, 그리고 외국 문화에 대한 관용과 수용을 포함한 많은 요인에 의해 형성된다.

여섯째, 외국인직접투자(FDI)는 사회적 신뢰가 높은 나라에 매력을 느낀다. FDI는 유치국(host countries)에 자본, 기술, 경영 노하우와 마케팅 기술을 제공한다. 또한 네트워킹, 경쟁, 제도 및 투명성 제고를 통해 유치국의 경쟁력을 높이는 데 도움이 된다. 그러므로, FDI는 유치국의 경제발전에 매우 중요하다. 많은 아시아 국가들이 FDI를 유치하여 급속한 수출주도 산업화와 높은 경제성장을 달성하였다.[42] FDI를 도입하기 위해 유치국들은 서로 비슷한 수준으로 FDI 제도를 자유화하고 FDI 절차를 간소화하고 능률화하였다. 따라서 유치국의 사회적 신뢰는 서로 모방하기가 어렵기 때문에 FDI를 유치하는 데 점점 더 중요한 변수로 떠올랐다. 외국인들은 사회적 신뢰가 낮은 국가에서 국제합작투자를 포함한 FDI를 착수하는 데 꺼릴 것이다.

일곱째, 사회적 신뢰는 위에서 논의한 바와 같이 교육과 노동 분업뿐만 아니라 사업협력 및 협업에도 영향을 미침으로써 조직의 창의성과 혁신에 영향을 미친다. 현대에는 선진국 경제뿐만 아니라 한국 경제를 포함한 많은 신흥국들도 생존을 위해 끊임없는 혁신을 요구하는 지식기반 구조로 나아가고 있다. 창의성과 혁신은 대개 소비자의 기질에 맞추기 위해 기존의 기술, 역량, 아이디어 및 디자인을 연결함으로써 소비자들에게 보다 새롭고 가치 있고 편리한 것을 창조하는 작업에 달려 있다.[43] 따라서 창의성과 혁신은 이러한 창의성의 요소들로 국내외 사람들 간의 다양한 사회적 관계와 협업을 필요로 하며 이를 위하여 사회적 신뢰의 기반이 있어야 한다. 이러한 맥락에서 대내외적으로 혁신적 요소들의 광범위한 탐구 및 통합을 지칭하는 '개방형 혁신(open innovation)'의 개념이 도입되었다. 이 개념은 성공을 위해서는 개방형 혁신이 가능한 파트너 간의 신뢰, 협력 및 협업을 필요로 한다. 창의적 활동에 참여하는 사람들은 그들의 창의성을 위해 자율성을 요구한다는 것은 잘 알려져 있다. 그러나 신뢰 수준이 낮은 고용 상황에서는 일반적으로 자율성이 허용되지 않는다.[44]

여덟째, 첨단기술 연구개발과 진화하는 디지털 경제에서는 사회적 신뢰가 더욱 필요하다. 후쿠야마(Fukuyama, 2010)는 "공식적인 교류는 과도한 거래비용을 수반하여 교류의 속도가 느려지기 때문에 많은 첨단 연구개발이 지적재산권의 비공식적 교류에 의존하고 있다"고 지적했다. 경제활동이 점점 더 디지털화됨에 따라 인터넷을 통한 전자상거래와 같은 전자경제거래는 신뢰에 더욱 민감하게 된다. 이것은 디지털상거래에 관련하는 경제 주체(파트너, 공급업체, 고객 등)는 직접 대면하거나 연락하지 않기 때문이다. 이는 디지털 경제거래에서 사회적 신뢰를 더욱 중요하게 만든다.

아홉째, 높은 사회적 신뢰는 기업의 조직을 고도로 분화시킬 수 있게 함으로써 기업의 생산성을 높이는 데 도움이 된다. 기업이 그들의 조직을 분화시키는 한 가지 방법은 특정 업무를 작업자 팀에 할당하는 것이다. 1930년대에는 실질적인 그룹 자율성을 가진 소규모 그룹으로 노동자를 조직하는 것이 회사 생산성에 더 크고 긍정적인 영향을 미친다는 사실이 밝혀졌다. 그룹 또는 팀은 팀의 지정된 업무에 필요한 전문지식을 갖춘 많은 사람들로 구성된다. 그러나 팀원들 간의 신뢰는 성공적인 팀워크를 위해 필수적이다. 사회적 신뢰가 낮은 나라에서는 회사 차원의 높은 신뢰를 기대할 수 없다. 높은 신뢰가 없다면 팀이 자율성을 남용할 우려가 있기 때문에 기업은 팀에 자율성을 제공하는 것을 꺼리고, 팀 구성원들은 서로 공유하고 회사와 공유하는 목표를 위해 서로 협력하고 협업할 것으로 기대하기 어렵다.[45]

요약하면, 위에서 설명한 바와 같이, 경제발전에 대한 사회적 신뢰의 긍정적 영향에 대한 모든 주장은, 자국민들 사이에 사회적 신뢰 수준이 높은 국가에서 더 나은 경제성과를 낼 것이라는 것을 강력하게 시사한다. 아래에서 논의된 실증 연구들은 이러한 논리에 대한 유용한 확증과 예시를 제공한다.

사회적 신뢰와 경제성장의 관계를 계량적으로 추정하고자 했던 실증 연구들이 많다. 문헌에서 널리 알려진 실증분석 중 시기적으로 첫번째 실증 연구는 대인관계 신뢰가 10% 포인트 상승하면 0.8%의 경제성장이 나타난다는 것을 보여주었다. 두번째 실증분석은 한 나라의 대인관계 신뢰가 15% 포인트 상승하면 그 후 1인당 생산증가율이 연간 1% 포인트씩 올랐다고 추정했다.[46] 또 대인관계 신뢰(또는 사회적 자본)가 최소한 인적자본이나 교육만큼이나 경제성장에 영향을 미친다는 주장도 있다.[47] 경제성장이 높은 사회에 대한 높은 신뢰와 관련된 이러한 연구와 일관되게, 사회적 신뢰의 영향을 받는 사회적 통합과 경제발전 사이의 양적 관계를 추정한 연구도 있다.[48]

이러한 실증적 연구는 어떤 면에서는 가치가 있지만, 한국의 경제발전에 대한 사회적 신뢰의 영향을 측정하는 데 한계가 있는 것으로 보인다. 문헌에 있는 계량적 추정치는 대개 WVS에 의해 측정된 대인관계 신뢰 수준과 경제성장률을 연계하여 계산되었다. 그것들은 일반적으로 시계열분석에 의한 것이 아니고 여러 국가간 횡단면 분석(cross-country)에 따른 측정치이다. 따라서, 시간이 지남에 따른 사회적 신뢰의 변화가 경제의 성장에 미치는 영향은 추정되지 않는다. 더욱이 제도적 신뢰가 대인관계 신뢰에 완전히 반영되지 않기 때문에, 이러한 결과는 사회적 신뢰가 경제발전에 미치는 영향의 일부분만을 보여준다.

1.7 사회적 신뢰 제고 방안

이 장에서는 사회적 신뢰의 개념과 결정요인을 검토하고 한 국가의 사회경제적 발전을 위한 사회적 신뢰의 중요성에 대해 논의했다. 그렇다면 가장 중요하고 어려운 문제는 한 국가 내에서, 특히 공공정책을 통해 사회적 신뢰를 어떻게 높일 것인가 하는 것이다. 아래에서 논의되는 정책 방안은 먼저 대인관계 신뢰를 높이는 정책을 고려하고 그 다음에는 제도적 신뢰를 높이는 쪽으로 전환된다. 그런 다음, 사회적 신뢰의 두 구성 요소를 동시에 높이기 위해 공통 결정요인에 중점을 둔 공공정책을 고려한다. 이 장의 이론 및 기타 논의에서 도출한 것으로, 특히 한국에서 대인관계 신뢰와 제도적 신뢰를 높이는 방법은 이 책의 후반부인 제6장과 7장-9장에서 각각 체계적으로 심층 탐구된다.

1.7.1 대인관계 신뢰를 높이는 방법

대인관계 신뢰를 구축하기 위해 도덕기반이론(morality-based theory)에서는 도덕적 규범과 가치뿐만 아니라 법치의 준수에 대해서도 가정과 학교에서 부모로부터의 아동교육을 강조한다. 교육의 양도 물론 중요하지만, 그들 스스로 대인관계의 신뢰를 높이는 데 있어 교육방법 또한 매우 중요하다. '수직적 교수법(vertical teacher lectures)'과 '학생들 간의 그룹 교수법(horizontal student work in groups)'이라는 전형적인 두 가지 교수법 중 전자가 대인관계 신뢰 향상에 다소 부정적인 영향을 미치는 반면, 후자는 특히 학생들의 대인관계 신뢰에 상당히 긍정적인 영향을 미친다고 주장한다.[49] 아이들은 어른들의 행동을 관찰하고 모방하며 배우기 때문에 부모와 학교 당국은 도덕의 역할 모델이 되어야 한다. 도덕 교육은 학교 교육에만 국한되는 것이 아니라, 윤리적 행동을 알리고 장려하기 위해 사회, 기업, 전문 집단으로 확대되어야 한다. 경험기반이론(experience-based theory)에 입각한 대인관계 신뢰 이론은 한 나라의 대인관계 신뢰를 구축하기 위해서는 경제발전은 물론 소득 평등을 향상시키고, 사회적 계층화와 차별을 최소화하기 위해 사회경제 정책이 확대 추진되어야 한다고 제안한다.

사회기반이론(society-based theory)에서는 신뢰의 반경이 좁은 집단은 대인관계 신뢰에 악영향을 미치는 부정적 외부효과를 강하게 만든다는 것을 지적하였다. 예를 들어, 한국에서는 결혼식, 장례식과 같은 많은 종류의 의식들이 집단 구성원들 사이에서 부를 과시하고 그들 간의 제한된 신뢰를 공고히 하기 위해 호화롭게 행해진다. 정치인들은 선거에서 지역주의를 이용한다. 이러한 집단 기반 활동은 사회에서 질투, 갈등, 분노를 유발하고 대인관계 신뢰를 떨어뜨린다. 따라서 정부가 공공연하고 사치스러운 단체 활동을 자제하도록 사회 캠페인을 장려해야 할 것이다.

사회기반이론은 또한 대인관계 신뢰를 높이기 위해 전반적인 경제발전뿐만 아니라 소득과 사회적 지위의 형평성을 향상시키는 공공정책을 주장한다. 한 실증적 연구에서 사회 양극화와 소득 불균형을 줄이는 것이 사회적 신뢰를 높이는 핵심 방법이라고 강조한다. 또 다른 한 광범위한 실증 연구는 사회적 갈등과 공공안전이 대인관계 신뢰의 두 가지 핵심 변수라는 것을 잘 보여준다.[50] 이런 점에서 공공정책의 모든 영역은 모든 사람을 위해 공정하게 운영되는 양질의 법률 제도와 함께 갈등 예방 및 공공안전 보장의 중요성을 이해하는데 기초를 두어야 한다. 특히 최근 몇 년간 소득과 부의 불평등은 저조한 경제성과뿐 아니라 여러 유형의 사회문제와 사회적 불신의 결정적 근원으로 강조되어 왔다. 따라서, 이 책의 전반에 걸쳐 여러 가지 맥락에서 한국의 불평등을 고찰한다.

1.7.2 제도적 신뢰를 높이는 방법

대인관계 신뢰와 제도적 신뢰가 밀접한 관련이 있고 상호 보완적이기 때문에 대인관계 신뢰를 높이기 위한 공공정책은 직간접적으로 제도적 신뢰를 높이는 데 적용할 수 있다. 제도적 신뢰는 이러한 제도의 윤리적이고 효과적인 성과와 직원의 신뢰에서 비롯되는 제도나 기관에 대한 공신력을 통해 창출된다. 제도적 신뢰를 강화하기 위해, 국가의 공공정책은 (i) 공정하고 효과적인 법률 제도의 이행, (ii) 사회정의의 강화, (iii) 고용을 통한 경제발전, (iv) 소득 및 경제적 기회에 대한 형평성 강화 등과 같은 몇 가지 구체적인 과제를 수행해야 한다. 법률 시스템의 공정하고 효과적인 이행은 제도적 신뢰의 핵심요소 중 하나임을 강조해야 한다. 법률 시스템의 비효율적인 성과를 나타내는 범죄, 사기, 신용 사기 등의 발생은 제도적 신뢰를 떨어뜨린다. 그러나 무엇보다도 공무원, 기업 경영진 및 노조 간부들의 부패와 부정 행위가 가장 중요한 요인으로 보인다. 부패에 대한 대중의 인식은 정부에 대한 국민들의 신뢰와 법 체계의 공정하고 효과적인 이행에 대한 국민의 신뢰를 떨어뜨려 일부 국민들로 하여금 규칙과 규정에 대한 준수를 낮추어 더 많은 부패를 낳게 한다. 이런 점에서 기업 경영진과 노조 간부들이 저지른 불법 행위에 대한 엄정한 법 집행이 민간단체에 대한 제도적 신뢰의 전제조건임이 명백하다.

사회적 갈등과 불신을 조장하거나 심화시킬 수 있는 사회적 불공평은 다양한 요소에서 발생할 수 있다. 법률 시스템과 그 실행의 공정성은 사회 정의에 필수적이다. 예를 들어, 한국의 경우에서 보듯 정치인, 고위 공무원, 기업 및 노조 간부에게 유리한 불공정한 법 집행에 의해 야기된 부당함에 대한 대중의 인식은 법률 시스템 및 기타 제도에 대한 국민의 불신을 초래할 수 있다. 성별, 인종적 배경 또는 기타 개인적 자질에 근거한 노동시장에서의 불공정한 관행은 사회에서 심각한 부정의 원천이며, 이를 종식시키기 위한 강력한 공공정책을 정당화한다. 언론의 자유는 공공기관의 적절한 기능과 사회정의를 위해 필수적이다. 왜냐하면 언론은 공공기관을 감시하고 통제하는 데 중요한 역할을 하기 때문이다. 또한, 사회정의를 향상시키기 위해서는 사회 프로그램과 그에 따른 혜택을 모든 해당 국민들에게 제공하는 사회적 포용 정책이 필요하다.

경제정책은 전체 공공기관의 신뢰를 나타내는 지표이기 때문에 경제발전과 고용을 촉진하는 방향으로 추진되어야 한다. 소득과 경제적 기회의 형평성은 제도의 적절한 운영을 위한 또 다른 중요 지표이다. 사회정책을 통해 소득과 기타 사회적 혜택이 필요한 사람들에게 이전되어 소득과 경제적 기회 전반에 걸쳐 공평성을 창출하는 데 도움이 되기 때문에 이러한 점에서 사회정책도 제도적 신뢰를 높이기 위하여 중요한 역할을 할 수 있다.

1.7.3 두 구성 요소를 통해 사회적 신뢰를 높이는 방법

사회적 신뢰의 두 가지 구성 요소인 대인관계 신뢰와 제도적 신뢰는 밀접하게 연관되어 있으며 많은 결정요인을 공통적으로 가지고 있기 때문에 이러한 공유 결정요인을 염두에 둔 일련의 공공정책은 사회적 신뢰의 두 구성 요소를 동시에 높이는데 가장 유용하다. 위의 논의에서 알 수 있듯이, 사회적 신뢰의 두 요소를 촉진하는 결정요인과 방법 모두 상당히 중첩된다. 이러한 중첩을 염두에 두고 대인관계 및 제도적 신뢰를 통해 사회적 신뢰를 동시에 높이기 위한 네 가지 중요한 조치가 여기서 제안되고 반복된다. 첫째, 아이들이 법치주의뿐만 아니라 사회규범과 가치관을 준수하도록 가정과 학교에서 윤리와 사회화 교육을 제공하는 것이다. 도덕 교육은 사회 전체의 윤리적, 법적 수준을 높이기 위해 사회 전반으로 확대되어야 한다.

둘째, 시간이 지남에 따라 사회적 신뢰 향상의 안정적인 추세를 확립하기 위해 공공정책은 단기적으로는 제도개선을 통해 대인관계 신뢰와 제도적 신뢰를 끌어올리는 방안을 모색해야 한다. 그러한 개선을 고안함에 있어서, 모든 사회에서 사회적 신뢰는 법에 따른 평등과 정의의 토대에 달려 있다는 것을 이해할 필요가 있다. 법적 평등주의 즉, "법 앞에 모든 사람은 평등하다"는 신념은 실제로 법적 평등과 정의를 뒷받침하는 중요한 기반이다. 실제로 법치주의는 법에 규정된 대로 공정하고 적절하며 일관성 있게 시행되어야 한다.

셋째, 사회적 신뢰에 크게 영향을 미치는 평등과 정의의 측면은 불평등과 불공평이 사회적 갈등을 일으키고 사회적 신뢰를 낮추게 되는 경제적 차원이다. 경제정책은 경제발전뿐만 아니라 소득, 부 및 기회의 평등을 촉진하도록 설계되어야 한다. 제5장에서 탐구한 바와 같이 소득 불평등의 증가는 경제 생산성과 경제성장 모두를 저해한다는 증거가 늘어나고 있다. 이것은 효율성-균등 상충관계(trade off)에 대한 전통적인 주장을 무효화하고, 국가들이 국가 경제개발 정책의 일부로 구체적이고 적극적인 재분배 정책을 포함시켜야 한다는 개념을 뒷받침한다. 최근 몇 년간 세계적인 추세는 국가 내에서 빈부 격차의 지속적인 증가를 보여왔다. 그러나 이러한 분열적인 상황을 개선하기 위해, 세계화로 인해 국가 간 경쟁이 심화되었기 때문에 다른 국가에서도 똑같이 하지 않는 한 어떤 단일국가도 자국의 재분배 정책을 시행하는 것을 꺼릴 것이다. 따라서 이러한 재분배 정책을 설계하고 구현하려면 국가 간 또는 최소한 OECD와 같은 제도화된 그룹 내의 국가 간 조정이 필요할 것이다.

넷째, 대인관계 신뢰와 제도적 신뢰를 높이기 위해 여기에서 확인된 조치는 사회경제적 발전을 위한 공공정책 수립에 있어 조직적인 다차원적 접근방식의 필요성을 강조한다. 사회적 신뢰의 특정 영역에 관한 공공정책은 이 책의 후속 장에서 더 자세히 탐구된다.

1.8 결론

이 장에서는 한국의 낮은 사회적 신뢰의 심각성을 설명했다. 그것은 인간의 행복뿐만 아니라 경제적, 사회적 발전을 위하여 사회적 신뢰의 중요성을 개념적으로 탐구했다. 이와 관련하여 이 장의 주요 목적은 이 책 전반에 걸쳐 기초가 되는 사회적 신뢰와 개념적 프레임워크에 대한 실용적 정의를 개발하는 것이다. 이를 통해 사회적 신뢰를 제고하기 위한 구체적인 공공정책을 제안하였다.

이 장에서는 사회적 신뢰의 두 가지 구성 요소로서 대인관계 신뢰와 제도적 신뢰에 대해 별도로 논의하였다. 이들의 상호보완적 관계를 인정하면서, 사회는 개인뿐만 아니라 사회 집단, 제도, 조직과 같은 사회적 요소들로 구성되어 있기 때문에 사회적 신뢰는 대인관계 신뢰를 넘어서는 것이라고 주장한다. 제도적 신뢰와 대인관계 신뢰의 개념과 결정요인이 서로 다르기 때문에 두 가지의 신뢰를 하나로 통합하는 것은 실용적이지도 실현 가능하지도 않다. 또한 여러 국제기구에서 별도로 구분하여 측정된다. 특히 한국의 대인관계 신뢰와 제도적 신뢰는 선진국뿐 아니라 이웃 국가들에 비해 현저히 낮다. 나아가 다른 국가들과 비교했을 때, 한국의 제도적 신뢰는 대인관계 신뢰보다 상대적으로 더 낮다. 그러므로 이 책의 탐색적 틀은 사회적 신뢰의 두 구성 요소를 별도로 검토하는데, 이것은 이 책이 채택한 사회경제적 발전 문제에 대한 제도학파적 접근법과 일치한다.

사회적 신뢰와 경제발전은 밀접한 관련이 있다. 이 장에서는 사회적 신뢰가 경제발전에 직접적이고 중요하게 미치는 영향과, 경제성장, 고용, 형평성을 포함한 경제발전이 사회적 신뢰에 미치는 영향에 대하여 논의했다. 이는 한국의 낮은 사회적 신뢰가 한국의 경제정책이 너무 오랫동안 경제성장에만 초점을 맞추어 좁게 유지한 결과라는 것을 시사하며, 사회적 신뢰가 낮으면서도 여전히 감소하는 것은 이제 한국의 사회적 진보뿐만 아니라 경제성장에도 장애가 되고 있다는 것을 시사한다.

이 장에서 분석된 대인관계 신뢰와 제도적 신뢰에 대한 일반적인 결정요인에 비추어 사회적 신뢰를 높이기 위한 몇 가지의 공공정책이 제안되었다. 이러한 정책은 사회적 신뢰가 스스로 강화된다는 원리에 따라 고안된 것이다. 사회적 신뢰가 높아지면 사람들이 서로를 더 신뢰하도록 유도한다. 일관성 있게 사회적 신뢰가 오랫동안 낮은 수준에 있었던 경우에는 사회에서 신뢰를 구축하거나 재건하는 것이 어렵다. 따라서 여기서 중요한 점은, 사회적 신뢰의 수준이 정책 입안자들에게 지속적인 관심사가 되어야 한다는 것이다. 특히 사회적 신뢰는 경제발전과 함께 선순환 또는 악순환 속에서 진전되기 때문이다. 한국의 사례를 살펴보는 다음 장들에서 분명히 밝히고 있듯이 사회적 이익뿐만 아니라 경제적 이익을 위해서도 사회적 신뢰를 유지하는 것은 국가정책의 중요한 토대가 되어야 한다.

주

1 이 자료는 Algan and Cahuc(2013)에서 참조.

2 World Values Survey(WVS)의 6차례 조사에서 한국의 점수는 제1차(1981–1984) 36.0점, 제2차(1989–1993) 33.6점, 제3차(1994–1998) 30.3점으로 점차 낮아졌다. 제4차(1999–2004)는 27.0, 제5차(2005–2009)는 28.0점, 제6차(2010–2014)는 26.5점으로 나타났으며, 전체 평균 점수는 30.3점이다. 제7차 조사결과(2017–2020)는 이 책의 영문 원본이 발간된 훨씬 이후인 2020년 7월에 발표되었는데 한국의 신뢰지수는 32.9점으로 과거의 측정치와 일관성을 비교적 유지하고 있는 것으로 해석된다. 따라서 이 책의 여러 곳에서 WVS가 측정한 대인관계 신뢰에 관련하여 언급된 논의와 주장은 그대로 유지된다.

3 문헌에서 사회적 신뢰의 두 요소 사이의 인과관계의 방향을 파악하려는 시도가 있었다. 그러나 개념적으로 이 두 유형은 상호영향을 미치고 상호 보완적이다. 이에 대해서는 Morrone et al.(2009), Kotzian(2010)을 참조.

4 사회적 자본의 정의에 관해서는 Coleman(1988), Putnam(1993) 참조.

5 사회적 자본의 이 세 요소는 Coleman(1988), Putnam(1993)이 주장하였고, 문헌에서 널리 택해지고 있다.

6 이 점에 대해서 Fukuyama(1995), Paldam and Svendsen(2000), Newton(2013) 참조.

7 이동원, 정갑영(2009) 참조.

8 이 정량분석은 2015년에 Reader's Digest에 인용되었다.

9 대인관계 신뢰의 결정요인에 관한 두 그룹에 대하여 Delhey and Newton(2003), Newton(2013), Algan and Cahuc(2013) 참조.

10 Katz and Rotter(1969) 참조.

11 도덕적 가치를 대인관계 신뢰의 주 원인이라고 여러 사람이 주장하고 있다. Uslaner(2008), Newton(2013), Larzelere and Huston(1980), Fukuyama(1995), Uslaner(2008), DeSteno and Valdesolo(2011), Delhey and Newton(2003) 등 참조.

12 타인과의 상호작용을 대인관계 신뢰의 주요 원인이라고 주장하는 학자들은 Offe(1999), Warren(1999), Newton(2013) 등을 포함한다.

13 사회기반이론은 경험기반이론과 서로 다르다. 전자의 경우 경험이 사회적 변수와 함께 사회 내에서 일어나고, 후자의 경우는 경험이 다른 개인과의 사이에서 일어난다는 점이다.

14 한국의 경우, 1981–2008년 WVS에 의해 측정된 한국의 일반화된 대인관계 신뢰의 한국 수치와 세계 최상인 노르웨이 수치(31.8점 대 68.1점)의 차이의 48%를 국가 고정 특성으로 설명한다(Algan and Cahuk 2013). 이는 그 기간 동안 한국보다는 노르웨이에서 거주했던 한국인의 평균 신뢰 수준이 31.7이 아닌 49.2가 되거나 신뢰 수준이 55.2%나 증가함을 의미한다.

15 역사적 배경을 중시하는 학자는 케네스 뉴턴(Kenneth Newton)이다. 그에 의하면 독일은 예외적인 국가로 제2차 세계대전 직후 사회적 신뢰가 상실되었지만, 1948년 9%에서 1993년 45%로 현저한 회복세를 보였다(Newton 2013).

16 생활수준, 평등, 공정성과 신뢰에 관하여 많은 이론적, 실증적 연구가 있다. Knack and Keefer(1997), Knack and Zak(2003), Algan and Cahuc(2013), Delhey and Newton(2003), Rothstein and Uslaner(2005), Bjornskov(2006), DeConick(2010) 등 참조.

17 문화 및 종교와 대인관계 신뢰 간의 관계에 관해서 Zak and Knack(2001), Delhey and Newton(2005), Bergren and Bjornskov(2009) 등 참조.

18 공식적 제도와 대인관계 신뢰에 관해서는 많은 연구가 문헌에 있다. Zak & Knack(2001), Alesina and La Ferrara(2002), Rothstein and Stolle(2008), Delhey and Newton(2003), DeConick(2010), Algan and Cahuc(2013), Fukuyama(1995) 등 참조.

19 지리와 신뢰관계에 관해서는 Le(2013) 참조.

20 민족구성과 신뢰관계에 관해서는 DeBruine(2002), Warren(1999) 참조.

21 제도적 신뢰의 개념에 관하여 Newton(2006), Kelleher and Wolak(2007), Warren(1999), Newton(2013), Newton(2013) 등 참조.

22 이는 개념적으로 '조건적 협력'과 유사한 '조건적 신뢰'라고 한다. 전자는 Kotzian(2010), 후자는 Gachter(2007)를 참조.

23 제도적 신뢰와 대인관계 신뢰 관계의 이론적, 실증적 분석은 각각 Warren(1999)과 Zak and Knack(2001) 참조.

24 이 평가기준은 OECD(2017)에서 제시되었다.

25 제도적 신뢰를 위하여 경제성과, 소득 형평성, 부정부패의 중요성을 여러 문헌들이 강조한다. Kotzian(2010), Warren(1999), Uslaner and Brown(2003), Rotstein and Uslander(2005), Chanley et al.(2000), Warren(2006), Blind(2007) 참조.

26 제도적 신뢰를 위하여 문화의 중요성을 강조하는 연구들은 Fukuyama(1995), Whiteley(2000), Spolaore and Wacziarg(2013), Tabellini(2010), Fukuyama(2004), Doney et al.(1998) 등 참조

27 대인관계 신뢰가 사회적 신뢰를 위해서 중요하다는 실증적 연구는 Kotzian(2010), Morrone et al.(2006) 참조.

28 Warren(1999)과 Chanley et al.(2000)은 경제발전이 정부에 대한 신뢰에 부정적이라고 했다. Roth(2006)는 경제성장이 선진국의 대인관계 신뢰 변화에 부정적인 영향을 미치는 반면, 개발도상국에서는 긍정적으로 연관되어 있다는 것을 발견했다.

29 대인관계 신뢰에 대한 여러 가지 다른 측정 결과가 문헌에 있다. Morrone et al.(2009)을 참조.

30 WVS의 대인관계 신뢰 측정 방법에 회의를 제기하는 연구는 Newton(2001) 참조. 신뢰의 개념을 "A가 X를 하기 위해 B를 신뢰한다"라고 정의한 것은 Morrone et al.(2009) 참조. 갤럽세계조사(Gallup World Poll)에서 사용하는 "떨어뜨린 지갑의 반환을 기대할 수 있는지"의 질문은 다음과 같이 실시된다. 도시 어딘가에서 100달러와 신분증이 든 지갑을 잃어버렸다고 가정해 보자. 누가 그 지갑을 찾으면 그 지갑이 반환될

것이라고 생각하는가? 그럴 것이라고 생각하는 사람들의 비율을 신뢰도로 한다. 서로 다른 기관에서 측정한 여러 신뢰 수준이 비슷하다는 정보는 Zak and Knack(2001) 참조.

31 비록 The European Union와 Edelman Trust 같은 기관들이 제도적 신뢰를 측정하고 있지만, 본 연구에는 그다지 유용하지 않다. 이 두 기관의 제도적 신뢰 측정은 서로 다른 설문조사 질문, 기관, 표현 및 신뢰 수준, 기간, 조사빈도 등을 사용하므로 서로 쉽게 비교할 수 없다.

32 사회진보의 측정에 관해서는 Stiglitz et al.(2009), Hall et al.(2010), Porter et al.(2017) 참조. 사회적 통합의 세 요소와 그 중요성에 대해서는 OECD(2011), OECD(2013), OECD(2014) 참조.

33 이 점에 대해서는 Fukuyama(2010) 참조.

34 이 점에 대해서는 Putnam(2000) 참조.

35 사회적 통합의 5가지 지표와 사회적 신뢰와 이들 지표 간의 관계는 OECD(2014) 참조. Hall et al.(2010)은 사회적 신뢰가 생태계, 인간의 행복, 경제 및 지배구조 등 여러 사회발전 요인들과 관계가 있다고 주장한다. 그러나 사회적 차원에 관해서는 OECD(2014)의 사회적 통합 구성요소와 Hall et al.(2010)이 크게 중복되어 있다. 비록 OECD(2016)가 사회적 통합 지표를 OECD(2014)에서 사용된 것과 약간 다른 지표를 사용하지만, 이들 지표는 본질적으로 거의 동일하다.

36 대인관계 신뢰와 삶의 만족도, 행복, 자살 등과의 관계를 위해서 Helliwell and Putnam(2004), Helliwell and Wang(2011), Han et al.(2011) 참조. 제6장에서 살펴본 바와 같이, 한국은 OECD 국가들 중에서 사회적 신뢰도가 낮고, 자살률과 교통사고 사망률이 가장 높다(국가통계포털, 2018). 이는 Helliwell and Wang(2011)의 연구 결과를 지지한다.

37 여기서 언급하는 긍정심리학 연구는 Seligman(2002), Lyubomirsky et al.(2005) 참조.

38 여기에 관한 중요한 연구로는 Fukuyama(1995), Knack and Keefer(1997), Whiteley(2000), Zak and Knack(2001), Knack and Zak(2003), Tabellini(2010), Bjornskov(2012) 등이 있다.

39 North(1993)는 1970년 미국 GNP의 45%가 거래 부문에서 발생한다고 밝혀진 실증연구를 인용하고 있다. 거래비용에 대한 사회적 자본(또는 사회적 신뢰)의 영향에 관한 연구로는 Putnam(1995)과 Dyer and Chu(2002)가 있다. Wang(2003)은 거래비용을 측정한 여러 연구들을 점검하고 있다.

40 사회적 신뢰와 금융부문의 관계에 대한 실증적 연구에 대해서는 Algan and Cahuc(2013)에서 많은 출처를 인용하고 있다.

41 사회적 신뢰와 교육 및 인적자원 개발과의 관계는 Coleman(1988), Bjornskov(2012) 참조.

42 아시아 국가들의 개발을 위하여 FDI 중요성의 연구는 Tiwari and Mutascu(2011) 참조.

43 창의성에 대한 이러한 관찰은 20세기 후반 여러 해 동안 미국에서 가장 창의적인 사람으로 여겨졌던 애플(Apple)의 창업자이자 사업가, 기업가, 공동 창업자인 스티브 잡스에 의해 이루어졌다.

44 개방형 혁신과 창의성을 위한 자율성의 필요는 각각 Chesbrough(2003)과 Akcomak and ter Weel(2009) 참조.

45 기업조직의 분산화와 사회적 신뢰 간의 관계는 Fukuyama(1995), Bloom et al.(2012) 참조.

46 첫 번째와 두 번째의 실증분석은 각각 Knack and Keefer(1997)과 Zak and Knack(2001) 참조. Bjornskov(2012)가 관찰한 바와 같이, 여기에 인용된 여러 실증적 연구 결과는 서로 상당히 일치한다.

이러한 실증적 결과가 한국에 시사하는 점은 상당히 심각하다. 한국의 대인관계 신뢰는 WVS가 조사한 1981–1984년 36점에서 2010–2014년 조사에서는 26.5점으로 감소했다. 이는 Knack and Keefer(1997)의 추정에 따르면, 1981–2010년 기간 동안 한국의 대인관계 신뢰가 9.5점 감소하여 경제성장률이 0.76% 포인트 낮아진다는 것을 시사한다. 1981–2010년 한국의 실제 연간 경제성장률은 7.1%에 달했다. 1981년 수준에서 대인관계 신뢰 수준이 변하지 않는다면, 해당 기간 동안의 평균 경제성장률은 7.86%가 될 것이다.

47 이 실증분석은 Whiteley(2000) 참조. Knack and Keefer(1997)는 대인관계 신뢰가 경제성장에 미치는 영향이 초등교육의 영향보다 약간 적다는 것을 보여준다. 그들의 연구에 따르면, 사회적 신뢰의 1.0 표준편차의 변화(a standard–deviation 또는 14% 포인트)는 소득성장률 표준편차의 변화 0.56을 야기시키는 데 비하여, 초등교육의 1.0 표준편차의 변화는 소득성장률 표준편차의 변화 0.64를 야기시킨다고 주장하였다.

48 Foa(2011)의 사회적 통합(social cohesion) 지수에서 한국은 6.07점으로 155개국 중 25위를 차지했다. 그의 추정에 따르면 한국의 사회통합지수가 한국과 스위스(7.93) 간의 차이보다 약간 큰 2% 포인트 상승하면 한국경제가 이 기간(1991–2008)의 누적경제성장률에서 28% 포인트의 차이를 발생시키는데 충분하다는 것을 보여준다. 흥미롭게도 Algan and Cahuc(2013)의 실증연구는 사회에 대한 제한적 신뢰가 경제성장에 기여하지 않음을 보여준다.

49 대인관계 신뢰를 높이기 위한 아동교육의 중요성은 Helliwell and Putnam(2004)에서 강조되고 있고, 두 교수법 중 수평적 교수법의 중요성은 Algan and Cahuc(2013)에서 지적되고 있다.

50 대인관계 신뢰를 높이기 위하여 형평성을 강조한 연구는 Knack and Keefer(1997)를 참조하고 공공정책과 안전보장을 강조한 연구는 Delhey and Newton(2003)를 참조.

제2장 한국의 최근 경제발전과 새로운 사회적 이슈

2.1 머리말

한국의 경제발전 모델은 국제적인 관심을 끌어왔다. 1963년 세계에서 가장 가난한 나라들 중 하나에서 1996년까지 불과 33년 만에 세계에서 가장 부유한 나라들 중 하나로 등장한 경제적 변화는 잘 기록되어 있다. 부족한 천연자원, 높은 인구밀도, 심각한 전쟁 후 황폐화, 막대한 국방비 지출에도 불구하고 33년 동안 경제성장률은 연평균 8.9%를 기록했다. 1인당 GDP(국내총생산)는 1962년 87달러에 불과하였지만, 1996년 13,136달러로 증가하였다(한국은행 2018). 같은 기간 동안 명목 GDP는 23억 달러에서 5,730억 달러로 증가하였고, 한국이 OECD의 29번째 회원국이 된 1996년에는 세계 11위 경제대국으로 자리매김했다.

한국의 경제 기적은 1997년 유례없는 경제 침체를 초래한 IMF 외환위기로 갑작스럽게 막을 내렸다. 1998년 경제성장률은 마이너스 5.5%에 달했고, 실업률은 1997년 2.6%에서 7.0%로 급증했다. 그러나 같은 외환위기로 어려움을 겪었던 다른 나라들과는 달리 한국은 가장 빠른 속도로 회복했다. 1999년 11.3%의 경제성장률을 기록하였고, 다음 해인 2000년에는 8.9%를 달성했다(한국은행 2018). 다시 한번, 한국의 경제성과는 금융위기를 극복한 모범 모델로서 광범위한 국제적 논의를 불러 일으켰다. 그러나 2001년 이후 눈부신 성장은 크게 둔화되었고, 2001-2017년 기간 동안 연평균 GDP 성장률은 3.8%에 그쳤다. 이어진 2018년 한국의 경제 전망은 낙관적이지 않다. 한국은행의 측정에 의하면 잠재성장률은 2001-2005년 약 5.0%에서 2016-2020년 2.8%로 점차 낮아졌다.[1]

이 장에서 한국의 경제발전과 관련된 사회적 신뢰가 중요하게 부각되는 요소를 찾기 위하여, 1960년대 이후, 특히 1997년 금융위기 이후 약 20년간 국가 경제정책의 전환을 세심하게 검토한다. 1997년 IMF 외환위기 이전의 경제정책은 국가가 단순히 시장경제를 규제하는 것이 아니라, 강력하게 지시하여 큰 영향을 미치는 경제 교리인 디리지즘(dirigisme, 국가주도 계획경제)이라는 정책 패러다임으로 알려져 왔다. 실제로 한국의 전후 경제발전 과정을 살펴보면, 눈부신 경제성장과 금융위기 극복을 통한 발전, 그리고 이어지는 경제 구조조정 과정에서 정부가 주도적인 역할을 해왔다는 것을 누구도 부인할 수 없을 것이다.

여기서 몇 가지 질문들이 특별한 관심을 불러일으킨다. 한국의 디리지즘 경제정책 패러다임이 왜 경제 성공의 초기 30년 동안에는 잘 작동했는가? 그런데 과거에 잘 작동했던 경제정책이 1997년 한국 경제를 일시 마비시켰던 금융위기와 함께 갑자기 실패한 이유는 무엇일까? 외환위기 이후 정책 패러다임과 함께 경제구조는 어떻게 개혁되었는가? 한국 경제가 왜 21세기에 들어와서 지속적으로 부진한 이유는 무엇인가? 정책 패러다임의 변화와 경제 개혁은 국가의 경제발전과 함께 야기된 사회적 이례현상(anomalies)과 부조화(incongruities)에 비추어 볼 때 한국의 경제 운영에 적합 했는가? 한국 경제의 큰 변화를 통해 얻은 이러한 여러 경험과 교훈을 통해 경제를 미래로 이끌기 위해서는 과연 어떤 유형의 기본정책 체계(framework)를 채택해야 하는가? 한국 경제와 사회에 대한 전망은 어떠한가? 한국의 디리지즘과 최근 경제발전을 포함한 이러한 질문 중 몇 가지는 일부 연구자들에 의해 광범위하게 연구되었다. 그러나 사회문제와 경제발전 간의 역동적인 관계는 체계적이고 종합적으로 연구되지 않았다.

그러므로 이 장의 구체적인 목적은 다음과 같다. (i) 국가경제 성공 기간(1963-1996) 동안의 정책 패러다임에 대한 고찰, (ii) 경제정책의 실패와 금융위기 원인과의 관련성 분석, (iii) 경제개발 전략에 의해 발생한 사회적 갈등과 부조리(irregularities) 문제의 원인을 조사하고, (iv) 경제 및 사회적 영향의 관점에서 위기에 대응하여 수행된 경제 개혁을 평가하고, (v) 높은 사회적 통합(social cohesion) 및 신뢰와 함께 지속가능하며 공정한 경제발전을 위해 한국 경제정책에 대한 미래의 어젠다와 방향을 제안한다.

2.2 1997년 금융위기까지 한국의 디리지즘

2.2.1 계획 경제

비록 한국은 1948년 정부 출범 때부터 자본주의와 시장체제를 채택했지만, 경제 성공기(1963-1996) 동안에는 국가주도의 경제를 유지해 왔다는 데 대체로 공감대가 형성되어 있다.[2] 1963년부터 경제개발 5개년 계획에 따라 설정된 목표를 달성하는 데 맞춰졌으며, 경제는 확실한 통제 하에 있었다. 1980년대 후반까지도 권위주의 군사정권에 의한 광범위한 경제 개입이 이루어졌다. 경제가 발전함에 따라 국가의 경제 지침이 여러 단계를 거쳐 왔지만, 한국의 경제정책 추진과 그에 따른 수많은 규제는 국가 경제성장의 가장 큰 발판이었다.

1960년대에 박정희 군사정권(1961-1979)은 경공업, 노동집약적 산업을 발전시켜 수출주도형 산업화를 통해 최대의 경제성장을 달성하고자 하였다. 이것은 바로 정부가 한국의 최대 성장 정책의 핵심 역할을 담당한 산업 정책의 기원이었다. 이렇게 외부 지향적인 개발 정책은 한국의 천연자원 부족과 소규모 국내 시장을 극복하기 위한 전략이었다. 1970년대에는 중화학 공업(철강, 석유화학, 금속, 조선, 전자, 기계)을 육성하기 위한 산업정책을 실시하였다. 1980년대 초에 등장한 전두환 군사정권(1980-1988)은 국가의 주요 정책 방향으로 구조조정과 전반적인 안정화 조치를 도입했다. 새로운 정책은 산업별로 성장시키려는 산업정책에서 멀어지고, 민간 부문의 시장경제 시스템을 기반으로 한 경제 자유화 정신을 따랐다. 동시에 무역 파트너들의 압력이 가중되면서 1980년대 중반에는 무역 자유화에 대한 보다 진지한 조치들이 이루어졌다.

1980년대 후반, 노태우 정권(1988-1993)은 30여 년의 권위주의 통치를 종식시키는 민주화를 단행하였다. 정치적 전환으로 우리나라는 막대한 경제 조정 비용을 떠안게 되었다. 권위주의 정권이 최대의 경제성장과 정치적 안정을 추구하는 과정에서 억압되었던 노동 쟁의가 만연하면서 더욱 격렬해졌고, 임금 증가율은 생산성 증가율을 훨씬 웃돌았다. 이러한 조정 과정에서 결국 한국 경제는 경제성장 활력과 국제 경쟁력의 상당 부분을 잃고 말았다. 이러한 정치적, 경제적 배경 하에서 30년 만에 최초의 문민정부로 탄생한 김영삼 정부(1993-1998)는 '세계화'에 중점을 둔 "변화와 개혁을 통한 새로운 대한민국" 이라는 기치 아래 시작되었다. 이는 경제의 추가적인 자유화와 국제화를 암시했다. 이러한 노력의 결과로 1996년 한국이 선진국 클럽이라는 OECD에 가입하게 되었다.

김영삼 정부는 이러한 개발 전략의 주 요소로 광범위한 국가개입을 택하였고, 이를 위해 가능한 모든 정책 도구를 동원하였는데, 이들은 인센티브 제도와 국내 시장 보호로 분류될 수 있다. 전자는 세금, 신용, 외환 할당, 이자율 정책 등이 시행되었고, 후자로는 무역 정책, 외국인 직접투자(FDI) 정책 및 기타 여러 형태의 개입과 규제 등이 포함되었다. 인센티브 제도 중 가장 강력한 것은 1960년대와 1970년대에 선택했던 프로젝트와 같이 특정 목적을 위해 대상 산업의 수출 및 투자에 대해 정부가 우대 이자율로 은행 신용을 할당하는 것이었다.[3] 정부는 규제와 관세 및 비관세 장벽을 통해 수입에 대한 높은 장벽을 세워 중화학 공업 등 전략적 제조업 분야의 국내 생산자를 보호했다. 또한 인허가 절차를 이용하여 국내외 경쟁업체가 해당 산업에 진입하는 것을 차단하였다.

정부는 최대 성장 정책에 따른 고용의 극대화를 위해 1980년대 후반까지 노동시장에도 광범위하게 개입하였다. 이를 위해 최저임금법, 근로기준법과 같은 비경쟁적 제도들이 시행되지 않았으며, 노동조합 구성은 1980년대 후반까지 국가에 의해 금지되거나 보류되었다. 정부는 노조 활동을 억제하고 노동 쟁의에 개입하여 노동자를 희생하고 경영권을 장려했다. 그러면서도 근로자를 보호하기 위해 근로기준법은 근로자의 감원을 금지했지만, 기업의 지속적인 확장과 종신고용 관행으로 경영진에게 심각한 문제가 결코 없었다.

2.2.2 디리지즘이 성공한 이유는 무엇인가?

이러한 디리지즘 경제정책에 따른 국가의 적극적 경제 개입이 전후 성공적인 한국의 경제발전에 기여한 바가 있는가에 중요한 문제가 야기되었다. 이 문제는 여러 문헌에서 광범위하게 논의되었다.[4] 그러나 이러한 모든 연구들은 1997년 금융위기 이전에 이루어졌기 때문에 정부, 기업, 은행, 노동 관계의 불투명한 운영으로 인해 조용히 발생하는 문제를 식별하거나 설명할 수는 없었을 것이다. 게다가, 한국의 사회와 경제발전 사이의 역동적인 관계에 대해서는 거의 관심이 없었다.

권오율(Kwon, 2010)은 국가 경제발전의 맥락에서 사회적 문제를 다루려고 시도했으나 외환위기에 따른 제도적(공식적·비공식적) 변화가 경제에 미치는 영향으로 연구 범위를 제한했다. 장하성(2014)의 한국 디리지즘에 대한 연구는 광범위하지만 경제발전과 사회문제 사이의 역동적인 관계를 고려하지 못하였다. 따라서 이미 경험한 1997년 금융위기에서 얻은 교훈뿐만 아니라, 비록 아직 인식을 못하고 있지만 경제발전의 배후에서 빚어진 사회적 갈등과 부조리 현상이 경제발전 과정의 고유한 본질적인 문제라는 점에 비추어 보아 고도 성장기 동안 한국의 경제발전에 대한 국가의 개입을 재평가할 필요가 있다.

한국의 전후 경제발전 초기 단계에서 신고전학파의 시장실패를 바로잡는 것 이상의 국가 개입은 쉽게 정당화될 수 있다. 시장은 너무 작고 낙후되어서 효율적으로 기능할 수 없었고, 정보 흐름 및 효율적인 시장 운영에 필요한 여러 제도는 존재하지 않았다. 한국의 경제발전에는 국제 자본이 필요했지만, 해외 금융기관들은 1960년대와 1970년대에 정부의 보증 없이 한국에 대한 대출을 꺼렸다. 기술도 필요했지만, 국제 기술시장은 협상력의 불평등이 만연하였다. 기술적 외부효과와 규모의 경제뿐만 아니라, 여러가지 저개발 특징은 한국 정부가 경제발전을 촉진하기 위해 착수한 여러 유형의 개입과 그 범위를 정당화할 수 있다.[5]

국가 개입이 정당화되었을 뿐만 아니라, 그 효과가 시간이 지남에 따라 감소하더라도 매우 효과적이었다. 연이은 권위주의 군사정권은 국익의 추구와 정치적 권력을 정당화하기 위해 광범위한 정부개입을 유지하면서 급속한 경제발전을 달성하였다. 권위주의의 중심에 있는 대통령이, 효율적인 정책 입안자들을 대동하고 진행하는 이 권위주의 정부는 비즈니스에 대한 독단적인 리더십을 통해 정치적, 거시적 안정을 유지하는 데 성공했다. 그들은 급속한 경제성장과 일치하는 경제정책을 추구할 수 있었으며, 이는 정책의 신뢰성과 확실성을 높여서 기업투자를 자극했다.

한국은 전후 경제개발 초기 단계부터 경제발전에 필요한 제도를 수립하여 효과적으로 운영했다. 1962년에 설립된 강력한 경제기획원은 정부의 경제정책 결정 역할과 광범위한 예산 권한을 부여받았다. 기획예산 편성으로 부처 간의 이해충돌 가능성을 제거하였다. 정부는 매우 경쟁이 치열한 공무원 시험을 통해 유능한 경제전문 관료들을 확보했고, 정부의 거의 모든 부처에는 대부분 해외파 박사들로 구성된 학자들이 근무하는 자체 연구기관을 설립했다.

유능한 전문관료들로 구성된 관료들은 권위주의 정권 하에서 정치적 간섭으로부터 높은 자율성을 유지하였다. 그들의 강력하고, 권위있고, 명성이 높은 경제정책 관련 부처와 부설 연구기관들에 의해 보호되고, 사회의 존경을 받으며, 핵심 전문관료들은 국가 목표를 추구하는 정책을 수립하고 구현할 수 있었다. 그들은 입법부와 다른 정치적 압력의 원천으로부터 상당한 독립성을 유지하면서 최고 권력자에게 직접 접근하였다.

정부는 민간 부문과 밀접하고 광범위한 상호작용을 유지했지만, 정부는 분명히 주도적인 지도자였고, 경제계는 국가 발전 정책을 이행하는 데 있어서 협력적인 추종자였다. 정부는 각 부처 산하에 특별 정책과제를 위한 심의위원회를 다수 설치했다. 이들 심의위원회는 공무원들이 민간 및 학계 전문가들과 정책 문제를 논의하고 의견과 정보를 교환할 수 있는 포럼을 제공했다. 이와 같이, 위원회는 정부와 민간부문 간의 양방향 정보 소통을 용이하게 했다. 민간 부문과 학계의 전문가들이 위원회에서 정부와 기업 구성원 모두를 모니터링 함으로써 사적 이익을 추구하는 행동을 제한했다. 그리고 국제적 환경은 이 시기에 국가 개입이라는 한국의 경제전략에 도움이 되었다. 전략적 위치는 냉전에서 한국이 서방 동맹국들에게 중요한 역할을 할 수 있게 해주었다. 1980년대 중반까지만 하더라도 국가 경제가 상대적으로 작고 저개발 상태였기 때문에 수출 주도형 경제개발 전략은 내수산업 보호와 함께 선진국의 심각한 우려를 불러 일으키지 않았다. 이로 인해 한국 제품은 별다른 저항없이 선진국으로 더 많이 진출할 수 있게 되었으며 한국의 수출 주도형 산업화 전략의 성공을 앞당겼다.

국가의 개입에 도움이 되는 또 다른 요인은 한국사회에 만연했던 강한 민족주의와 경제번영에 대한 열의였다. 이는 시민들이 국가의 경제성장에 높은 우선 순위를 부여할 수 있는 강력한 동기를 제공했다. 경제성장이 최우선 목표인 상황에서 공무원과 기업인들의 자기이익을 위한 약탈적인 행동은 심각한 문제로 보이지 않았다. 그러므로 지배적인 대내외 정책 환경 하에서, 광범위한 국가 개입을 수반하는 경제정책과 그 이행 메커니즘이 모두 1980년대 말까지 30년 이상 한국의 급속한 경제발전에 모두 도움이 되었다고 결론짓는 것은 타당하다.

2.3 1997년 IMF 외환위기의 주요 원인이 된 디리지즘

국가 경제에 대한 정부개입의 효과는 주로 외부 및 국내 환경과 제도에 달려있다. 냉전 이후 1990년대부터 한국은 더 이상 서방 선진국들로부터 무역 특혜를 받지 못하였다. 따라서 정부의 개입에 의해 한국의 국내시장과 산업을 보호하는 것이 점점 어려워지기 시작했다. 국내적으로는 권위주의 정권이 계승되면서 조직의 역량이 쇠퇴하기 시작했다. 1980년대 말부터 시작된 민주화 운동은 정치 경제적 환경에 큰 변화를 가져왔다. 정치적으로는 수십 년 동안 안정적이고 권위주의적인 통치 끝에 임기 5년의 단임 대통령을 가진 민주주의 체제는 과거의 정치체제보다 상대적으로 불안정하고 신뢰성이 떨어졌다. 정부는 더 이상 사회 전반의 제재를 받지 않는 강력한 정책 방향에 대한 지배력을 잃었다. 비즈니스 부문의 규모와 중요성이 확대되면서 정부-기업 관계의 균형이 기업 쪽으로 급격히 전환되어 민간부문에 대한 정부의 통제가 실효성이 없게 되었다. 정부는 새로이 부상하는 세계화와 정보화 시대에 적절한 경제전략을 추구하기 위해 필요한 정보를 수집하고 이해하는데 있어 비즈니스 부문에 비해 우위를 상실했다. 노동시장의 민주화로 노동쟁의가 증가하는 한편, 노동시장에 대한 국가의 개입은 정치적으로 불가능해졌다.

정부의 개입은 시간이 지남에 따라 그 효력을 상실했을 뿐만 아니라, 1997년 IMF 외환위기의 씨앗을 뿌리는 데도 일조하였다. 한국 외환위기의 원인은 여러 문헌에서 광범위하게 조사되어 왔다.[6] 여기에는 (i) 도덕적 해이에 시달리면서 부채 자본에 의한 재벌의 과도한 확장 및 다양화, (ii) 도덕적 해이에 처한 비효율적인 금융 부문, (iii) 사업 운영의 투명성 부족, (iv) 낮은 생산성과 국제 경쟁력 상실, (v) 경직된 노동시장 관행 등으로 요약된다. 이러한 모든 원인을 뒷받침하는 근본적인 요인은 국가의 개입과 이에 수반되는 경제정책이었다.

한국은 1960년대와 1970년대부터 수출 촉진과 산업 정책을 통해 독특한 정부–기업 관계를 발전시켜 왔다. 정부는 위에서 언급한 바와 같이, 다양한 인센티브와 보호 및 제도화된 특권을 제공함으로써 경제개발 전략을 추구할 수 있는 제한된 수의 재벌을 육성했다. 이러한 특권에는 자회사 간 상호대출보증, 순환출자, 적대적 M&A를 통한 인수 방지 및 대주주에게 유리한 일방적인 기업지배구조 등이 포함되었다. 이 과정에서 정부와 재벌의 유착이 빚어졌고 재벌 경영에 대한 투명성과 책임성이 결여되었다. 국내외의 잠재적 경쟁자뿐만 아니라 소액주주에게도 이러한 특권과 정부의 보호를 이용하여 재벌은 과도하게 확대되고 다각화 되었다. 이로 인해 재벌은 "너무 중요하고 너무 커서 망할 수 없다"는 이른바 '대마불사(大馬不死)'라는 인식을 갖게 했다. 즉, 재벌들의 "필요하다면 정부에 의해 구제될 것이다"는 안일한 인식은 재벌들의 도덕적 해이를 초래하였다. 재벌은 과도하게 사업을 확장하고 다각화할 때 우대금리를 쉽게 이용할 수 있는 대출과 함께 낮은 위험으로 인식되어 부채자본에 손쉽게 의존했다. 이는 1997년 30대 재벌의 평균 519.0%라는 높은 부채비율에 그대로 반영되었다.[7]

재벌의 불건전한 구조와 재정적 약점은 재벌에 크게 의존했던 한국의 경제 시스템을 금융위기에 취약하게 만들었다. 1997년, 다수의 주요 재벌이 파산했다. 정부는 이러한 재벌 중 일부가 파산하게 놓아둠으로써 더 이상 대기업을 구제하지 않겠다는 신호를 보낸 것이며, 그들의 신용도가 무너질 수 있음을 보여주었다. 파산한 회사들은 결국 부실채무를 국내 금융기관에 떠넘겨 가뜩이나 취약한 금융시스템을 더욱 약화시켰다. 이렇게 구성된 재벌에 대한 여러 정책들이 금융위기 기원의 본질적인 이유였다.

하지만 금융부문도 이 외환위기에 기여했다. 국가 산업정책의 요구에 따라 신용할당을 통제하기 위해, 정부는 금융기관을 통제하고 보호했다. 정부는 결국 그들의 가장 영향력 있는 소유자이자 합법적인 감독관이었다. 1960년대부터 1980년대 중반까지 정부는 여러 시중은행의 대주주였고 은행장 임명을 포함하여 은행의 경영에 광범위하게 개입했다. 동시에 국내외 경쟁으로부터 금융권을 보호하기 위한 대책을 마련했고 재벌의 시중은행 지배를 금지하였다. 이로 인해 은행 소유권이 다양해졌고, 소액주주들은 은행 경영에 거의 힘을 발휘하지 못했다. 은행은 정치 권력자에게만 책임을 졌기 때문에, 신용할당을 결정한 것은 은행이 아니라 정부였다. 이러한 상황에서 은행 경영은 투명성과 책임감이 부족했다. 이는 "은행은 결코 망하지 않을 것"이라는 인식을 강화시켰고, 그 결과 은행의 도덕적 해이를 강화하였다.

은행 규제와 감독은 오랜 기간에 걸쳐 단편적이고 비효율적이었다. 1990년대 초까지만 해도 금융정책은 시중은행, 증권사, 보험사 등 금융서비스 산업 분야별로 각각 별도의 규제와 감독을 받으며 엄격한 분리를 유지해 왔다. 그 결과, 금융부문에 대한 적절한 감독과 제대로 조정된 규정이 개발되지 못했다. 이러한 상황에서 한국은 1994년부터 금융시장을 자유화하고 국제화하기 시작했고, 은행들이 국제 자본시장에 접근할 수 있게 되었다. 은행에 대한 건전한 규제의 부재로 인해 은행은 국내의 높은 이자율 여건하에서 재벌의 높은 자금수요를 충족하기 위하여 이자율이 상대적으로 낮은 해외 금융시장에서 과도하게 차입을 하였다. 한국의 금융기관들은 단기외채 금리가 장기외채 금리보다 낮고 정부의 보호 하에서 위험이 낮다는 인식이 팽배해 있었기에 장기자금보다는 단기외채에 크게 의존했다. 단기외채가 급증하는 상황에서 한국은행 외환보유고는 1997년 11월 73억 달러로 급감했다. 게다가 1988년부터는 외환시장에 대한 국가의 개입으로 한국 통화가 평가절상되어 있었다. 그렇게 많은 측면에서, 1997년까지 한국의 금융 상황은 투기적인 금융 공격에 노출되기 쉽도록 확실히 무르익었다.

노동시장도 위기의 또다른 주범이었다. 1980년대 후반까지 정부는 노동시장을 억압한 대가로 노동자들의 감원을 허가하지 않았기 때문에 노동시장의 유연성은 떨어졌고, 노사관리 문제를 위하여 노사간 조정하는 역량이 발전하지 않았다. 1980년대 말 노동시장의 민주화로 인건비를 급격하게 증가시키는 광범위한 노동조합 투쟁을 불러왔다. 1990-1999년까지의 노동생산성은 연평균 4.7% 증가한 데 비해 실질임금은 연평균 5.6%씩 상승하였다.[8] 이는 외환위기의 원인이 된 한국 경제의 국제경쟁력 상실에 기여하였다.

2.4 사회 문제의 씨앗을 뿌린 디리지즘

2.4.1 '성장 우선, 다음에 형평' 전략으로 인한 소득 불평등

제1장에서 지적했듯이 소득 불평등은 사회적 갈등과 불신의 가장 중요한 원인 중 하나이다. 1960년대 초반부터 연이은 권위주의 정권은 국가 정책의 최우선 목표로 '최대의 경제성장'을 유지함에 따라 소득분배와 사회복지 정책에는 거의 무관심 하였다. 그들의 통치 스타일은 정책이 사회문제에 미치는 영향에는 관심이 없다는 것을 나타냈다. 급속한 산업발전 기간 동안, 사회복지에 대한 광범위한 책임은 전적으로 가족들에게 맡겨졌다. 가족들은 익숙하고 오랜 문화적 전통 아래 어려운 시기에는 서로를 돌보았다. 게다가 경제가 계속 성장하고 고용 기회가 많아 실업률이 낮은 상태였기 때문에 사회복지 프로그램이 제한되어 있어도 심각한 사회문제는 발생하지 않았다.

박정희 정권에 의해 다수의 복지 프로그램과 복지 관련 법률이 도입되었고 연이은 권위주의 정권에 의해 다소 개선되었다. 그러나 이러한 복지에 대한 움직임은 사회보장제도를 개선하기 위한 진지한 정책적 시도라기보다는 군부에 대한 일반 국민들의 지지를 강화하려는 정치적 이유가 더 많았다.[9] 이는 한국의 급속한 성장기 동안 내내 낮게 유지된 사회보장 지출에 반영되었다. 경제성장이 결실을 맺었던 1990년대까지도 사회복지 지출은 국가 예산의 극히 적은 일부에 불과했다. 실제로 사회복지 지출은 1990년과 1995년 각각 GDP의 2.8%와 3.2%로 OECD 평균인 17.5%와 19.3%보다 훨씬 낮았다(OECD, 2017a).

이처럼 사회복지에 대한 공공지출 비중이 낮았기 때문에 소득분배가 크게 개선될 가능성은 낮았다. 지니계수의 몇 가지 추정치는 1960년대와 1970년대의 소득분배가 어느 정도 개선되었음을 보여주는데, 이는 노동 집약적인 경공업 정책과 초등학교 의무교육에 기인한 것으로 보인다(Kwon, 2010: 337). 한국의 공식 통계자료인 국가통계포털(KOSIS)은 1990년부터 매년 일련의 지니계수를 추정했다. 도시가구(2인 이상)의 경우 시장소득과 가처분소득에 대한 지니계수의 연간 차이는 1990년부터 1998년까지 가처분소득의 지니계수가 시장소득 지니계수의 약 97%에 달하는 것으로 나타났다(한국노동연구원(KLI), 2018: 129). 이것은 사회복지 프로그램이 소득분배를 크게 변화시킬 만큼 높지 않았다는 것을 보여준다.

한국의 소득분배는 부의 분배를 나타내지 않는다는 점을 유념해야 한다. 자산 소유 패턴의 차이는 사회적 갈등과 사회적 신뢰에 대한 일반적인 인식에 중요한 영향을 미치며 소득 불균형보다 더 심각하다. 1988년 소득분배는 지니계수가 0.404인 반면, 총자산(금융 및 실물)은 지니계수가 0.579로 나타났다.[10]

2.4.2 독특한 정부-기업 관계—사회 문제의 주요 주범 중 하나

이 장에서 이미 논의된 바와 같이, 전후 경제발전의 본질은 정부 경제정책의 주된 실행기관으로서 재벌과 독특한 정부–기업 관계를 유지해 왔다. 이 관계는 많은 사회적 문제들을 야기하는데 기여했다. 1960년대 초부터, 권위주의 군사정권은 재벌들에게 보상을 제공하는 조건으로 정부정책에 따라 재벌이 사업을 맡아 운영하도록 지시함으로써 민간부문을 통해 경제개발 5개년 계획을 실행했다. 정부는 다양한 인센티브와 제도화된 특권을 제공함으로써 재벌들을 국내외 경쟁으로부터 일관되게 보호함으로써 재벌들의 정부 지시에 순응하도록 확보했다. 정부는 금융기관의 통제자이자 보호자였기 때문에 기업에 대한 은행 신용을 할당하는 사실상의 유일한 기관이었다. 정부는 국내 저축을 동원한 국내 시중은행과 해외 차입을 통해 자금을 조달하는 전문은행을 통해 개발프로젝트 자금을 조성했다. 이들 자금은 정부가 선정하여 개발프로젝트에 참여하는 기업에 배정했다. 따라서 사실상 정부는 재벌의 발전 촉진자일 뿐만 아니라 재벌과의 위험 분담자이기도 했다.

재벌은 개발프로젝트에 참여할 뿐만 아니라 사유재산을 보호하고 실제로 생존하기 위해 정부 및 정치인들과 좋은 관계를 유지하거나 결탁해야 했다. 정부가 은행 신용할당을 통해 기업이 확장하는 것을 통제했기 때문에, 사유 재산이 법으로 보호받고 있음에도 불구하고 정부가 신용할당을 끊는다면 어떤 기업도 살아남을 수 없었다.[11] 그러므로 재벌은 정치인들이 부여한 호의와 후원을 계속 받으면서 살아남기 위해 정치인들의 강압적인 요구를 따르지 않을 수 없었다. 이런 식으로 민간부문을 통한 발전과정은 제8장에서 상세히 설명된 바와 같이, 정부와 재벌 간의 유착을 초래하였다. 그러나 재벌을 통한 발전 과정은 부패와 정치적 정실주의(cronyism)를 체계적으로 키우고 있었다.

한국의 정치체제는 유교의 영향으로 정치 지도자와 정치인들이 부패에 취약한 독특한 방식으로 발전해 왔다. 한국은 1948년 정부가 출범한 이래 원칙적으로 민주적인 형태의 정부를 가지고 있다. 그러나 시간이 지남에 따라 정치체제는 1960년대, 1970년대, 1980년대 초반까지의 권위주의 체제에서 1980년대 후반에 민주화 체제로 변화되었다. 그리고 그 이후 자유 민주주의 정치체제로 나아가고 있다. 한국의 헌법은 지난 50년 동안 여러 번 개정되었지만, 여전히 선진 민주주의 국가들의 규범을 철저히 따르고 있다. 정부 3개 부처(입법, 사법, 행정) 간의 견제와 균형 시스템을 갖춘 정부의 공식적인 구조는 서구 모델과 거의 다르지 않다. 그러나, 개인적인 관계, 계층적, 가부장적 사회, 권위에 대한 존중을 중시하는 한국의 유교적 문화 속에서 두드러진 특징을 가진 정치체제로 발전해 왔다. 가부장적 사회에서 정치 지도자들은 도덕심이 강하고, 자비롭고, 동정심이 많고, 박식한 '가부장적' 리더가 되어야 한다. 한국의 정치인과 정치 지도자들은 일반적으로 추종자들에게 특별한 재정 지원을 제공하는 자비를 베풀 것이라고 기대되고 있다. 이런 신념은 정치 지도자들이 재원을 마련해야 하기 때문에 재벌과의 유착에 취약하게 만든다. 그러나 이러한 유착적인 정부-기업 관계는 후술하는 제7장과 제8장에서 각각 상세히 논의된 바와 같이, 정부와 기업에 대한 사람들의 사회적 신뢰를 떨어뜨리는 데 중요한 역할을 했다.

경제정책 실행기관으로 재벌을 활용한 정부의 경제개발 전략은 크고 강력한 재벌과 중소기업 간의 양극화를 초래했다. 한국의 기업부문은 제한된 수의 재벌과 다수의 중소기업으로 구성되어 있다. 전후 경제 초기에 중소기업의 중요성에도 불구하고, 한국 경제개발 초기 단계에서 경제정책의 기본 추진력은 위에서 논의한 바와 같이 인센티브와 여러 제도적인 특권을 제공하여 재벌을 지원함으로써 성장 및 수출 목표를 달성하는 것이었다. 정부의 산업정책에 포함된 모든 개발프로젝트는 제한된 수의 재벌에만 할당되었고, 재벌들은 계열사 간 상호 대출보증과 순환출자의 허용을 통해 확대 및 다각화되었다. 이러한 제도적 특권을 통해 재벌 오너 경영자들은 기업 내 지분 비중이 적더라도 전체 재벌을 지배하게 되었고, 따라서 그룹 전체의 경영에 절대적인 힘을 발휘할 수 있었다. 이러한 정책은 또한 중소기업이 확대될 수 없다는 것을 의미했다. 중소기업은 은행 신용을 쉽게 구할 수 없었고, 자회사를 두지 않고는 순환출자 보증과 상호지분 소유를 이용할 수 없었다. 그 결과 제조업 부문에서 2002년 기준으로 중소기업의 81.6%가 재벌의 하청 및 공급업체가 되었다.[12]

재벌과 중소기업의 양극화가 심화되고 있는 것은 정부의 개발 정책뿐만 아니라 이 두 기관 사이의 뚜렷한 관계 때문이다. 재벌은 산업정책 하에서 그들의 상대적인 강점과 그들에게 주어진 제도적 특권을 이용하여 자본시장과 노동시장 모두에서 중소기업들을 '밀어냈다(crowded out)'. 재벌과 중소기업의 관계는 수요 독점적(monopsonistic)인 것이었다. 이런 관계에서 다수의 투입 공급업체인 중소기업에 비하여 소수 수요자인 재벌은 뛰어난 협상력을 가지고 있었다. 재벌은 가격 및 계약에 있어 우월한 지위를 이용하여 공정거래 관행을 위반했다. 예를 들면, 원자재 가격 상승으로 인한 납품단가 인상 거부, 하도급 업체들의 제품에 대한 과도한 가격 인하, 중소기업이 보유한 핵심기술의 불공정한 활용, 공개입찰 시스템 대신 개별 하청 업체와의 협상 등의 사례가 포함된다(장하성, 2014). 제8장에서 논의된 바와 같이, 정부는 1997년 외환위기 이후 여러 가지 정책적 조치로 중소기업을 지원하고 장려하는 방안을 모색해 왔다. 그럼에도 불구하고 그들 사이의 양극화는 시간이 지남에 따라 더욱 악화되었다. 재벌과 중소기업 사이의 이러한 분열은 사회적 갈등뿐만 아니라 사회적,

경제적 불의에 대한 인식을 불러일으켰다.

2.4.3 노사관계에 대한 정부 개입—사회 문제에 대한 또다른 주범

노동자의 노동조합 결성 및 가입, 고용주와의 단체교섭권, 단체행동권 등은 헌법상 모든 국민의 기본권으로 보장되어 있다. 그러나 권위주의 정부의 계승은 1980년대 후반까지 노사관계에 광범위하게 개입하여 경영권을 신장하고, 노조활동을 탄압하며 노사관계 정책이라는 구실로 노동쟁의에 개입하였다. 노조활동을 억제하기 위한 정부의 '당근'은 기업이 노동조합 전임자에게 정기적으로 임금을 지급하도록 하고, 이들 기업이 노동조합원 감원하는 것을 금지한 법적 조항이었다. 그러나 정부가 노사관계에서 고용주 측을 분명히 지지함에 따라 경영진은 정부 정책을 이용하여 권위주의적 접근법을 노동조합 관리에 적용했고, 시간이 지남에 따라 노동조합들은 정부와 고용주에 대한 적대감을 갖게 되었다. 1987년 정치 민주화는 노동시장의 민주화를 유도하여 정부 권력과 노사관계에 미치는 영향력을 크게 감소시켰다. 노동조합은 그들의 주장을 위해 자주 전투적인 전술을 사용함으로써 그동안 고용주와 국가 권위에 대항하여 그들의 억압된 적대감을 표출했다. 가두시위, 불법파업, 농성 등 고도의 시위 행위는 일반 국민의 불편과 분노의 원인이 되어 노동조합에 대한 사회적 신뢰를 떨어뜨렸다.

제9장에서 논의된 바와 같이 노동조합, 고용주, 그리고 정부 간 여러 번의 대립 이후 1998년에 한국의 〈근로기준법〉 이 개정되었다. 이 개정안은 노조활동에 대한 대부분의 제한을 철폐하는 한편, 노동비용을 경감하기 위해 긴급한 '경영상의 이유'로 근로

자 해고를 허용하고 비정규직 개념을 도입함으로써 노동시장의 유연성을 향상시켰다. IMF 외환위기 이후의 노동시장 개혁은 노동시장에서 '정규직'과 '비정규직' 사이의 '이중구조(dualism)'를 초래하였다. 근로기준법은 기업이 경영상의 이유로 근로자를 해고할 수 있도록 허용하고 있지만, 이 법에 따른 엄격한 절차와 요건 때문에 노동조합이 결성된 회사에서 정규직 근로자를 해고하는 것은 실제로 매우 어렵다. 고용 조정을 위해 근로자를 해고하는 것이 어렵기 때문에, 신입사원을 고용하는 회사들은 정규직이 아닌 비정규직으로 채용하는 것을 점점 더 선호해 왔다. 이로 인해 우리나라 고용에서 비정규직 근로자 비율이 높아졌다. 비정규직 근로자들은 보수와 사회적, 법적 혜택 측면에서 정규직보다 훨씬 더 불리한 대우를 받게 된다. 정규직과 비정규직의 처우 격차가 시간이 갈수록 커졌다. 그 결과 노동시장의 이중 구조는 심각한 형평성 문제와 사회적 갈등을 야기시켰다.

2.5 경제정책 패러다임의 전환

2.5.1 정책 환경의 변화

1997년 11월 금융위기의 엄연한 현실과 그에 따른 막대한 경제적 피해로 인해 한국의 정책 입안자, 국회의원, 그리고 사회 전반의 사람들이 재래의 경제정책 과정에서 달성한 급속한 성장의 배후에 숨겨진 복합적인 여러 문제들을 더 깊이 인식하게 되었다. 이러한 뿌리깊은 문제들은 도덕적 해이, 정치적 정실주의, 부패에서부터 국가 경제체제의 제도적 구조적 기능장애까지 다양했다. 이러한 각성을 불러일으켜 경제 혁신의 필요성을 이해하는 데는 비단 금융위기만이 아니었다. 1990년대 중반까지 국내 및 국제 경제정책 환경은 모두 현저하게 변화했다. 1980년대 초부터 IMF, 세계은행, 미국 재무부의 이른바 '워싱턴 합의(Washington consensus)'에 따라 경제 선진국에서 신자유주의가 강하게 확산되기 시작했는데, 이 합의는 자유시장의 운영과 국가 개입의 감소는 경제발전에 결정적이라고 단언했다.[13] 1990년대 초 냉전이 종식되면서 국제적 압력으로 인해 한국은 국내 시장을 계속 보호할 수 없었다. 동아시아, 특히 중국 주변의 급속한 경제발전은 한국의 경제 주도권을 좁히기 시작했다. 국제 환경의 이러한 상황은 금융위기가 닥쳤을 때 이미 한국의 경제정책 패러다임의 전환을 촉진하고 있었다. IMF 외환위기 이후, WTO 서명국이자 OECD 회원국으로써 한국은 세계화의 출현과 시장기반 경제의 추구를 받아들였다.

국내 정치 시스템도 크게 달라졌다. 1980년대 후반 선거에 의한 민주주의가 달성되면서 한국의 수출 주도로 산업 성장을 주도하면서 국가를 번영하는 도시화된 사회로 탈바꿈시킨 군사독재 정권은 그 계승에 종지부를 찍었다. 선출된 민간 대통령이 이끄는 다원적 민주 체제는 오늘날에도 여전히 유효하다. 5년 단임의 대통령 임기는 국가 경제정책을 수립하는 데 있어 대통령의 중추적 역할을 축소시켰다. 경제발전에 결정적인 역할을 담당했던 관료주의는 금융위기를 막는데 실패한 이후 신뢰와 권위를 잃어버렸다.

한국 사회와 문화도 눈에 띄게 달라졌다. 초기의 경제개발 전략은 사회적 갈등, 낮은 사회적 신뢰, 미숙한 법치 준수 등 다양한 형태로 나타난 사회적 문제를 야기했다. 경제 민주주의를 지향하는 경향이 전국적으로 나타나면서, 애국심과 권위에 대한 충성심은 퇴색되었다. 고도 성장기 내내 지배적이었던 강한 직업윤리가 약해졌다. 인구가 빠르게 고령화되고 성장률이 감소하면서 특히 중요한 인구통계학적 변화도 진행 중에 있었다.

이처럼 진화하는 국제 및 국내 정책 환경에서는 광범위한 국가 개입이라는 오랜 정책 패러다임이 더 이상 작동할 수 없었다. 이제는 국가 주도에서 시장 중심으로의 경제정책 패러다임의 전환은 불가피해졌다. 1997년 외환위기의 주요 원인은 경제에 대한 정부의 광범위한 개입과 그에 따른 경제정책이라는 데 공감대가 형성돼 있는 상황에서 한국은 과감한 경제개혁을 단행하지 않을 수 없었다.

2.5.2 정책 패러다임의 변화와 경제 개혁[14]

1997년 12월 대외채무 불이행 선언 직전에 한국 정부는 IMF에 재정지원을 요청했다. IMF는 한국 정부가 IMF에서 명시한 시장 기반 경제개혁을 이행해야 한다는 엄격한 조건에 따라 이 재정지원 요청에 동의했다. 1998년 2월에 출범한 김대중 정부는 IMF 개혁 패키지의 조건에 따라 일련의 경제개혁을 단행하면서 경제정책 패러다임의 전환을 주도했다. 2003년에 취임한 김대중 대통령의 후임자 노무현 대통령은 이러한 개혁을 개선하고 강화했다.

IMF 개혁 패키지는 거시경제 정책, 금융부문 구조조정, 기타 구조개혁 등 세 가지 요소로 이루어졌다. 시장 자유화, 거시경제 안정화, 민영화 등의 조치를 포함한 대책을 통해 최소한의 국가 개입으로 시장 기반 경제를 촉진하는 '워싱턴 합의'의 정책 처방

과도 일치했다. IMF 개혁 패키지에 따른 거시경제 정책은 총수요를 억제하고, 국가의 개입 없이 유연한 환율을 유지하고, 국가의 외환보유고를 재건하고자 했다. 이 개혁 패키지의 소관은 경제적인 문제로 제한되었기 때문에, 경제개혁과 동시에 나타난 사회적 문제는 관심이나 해결의 대상이 아니었다.

시장 자유화와 세계화를 포함한 IMF 개혁 패키지는 한국이 무역과 외환 거래, 자본 계정을 자유화하도록 요구하였고, 한국은 이를 충실히 준수했다. 한국의 해외 투자와 차입금, FDI 유입, 금융기관 설립 등 자본 이동에 대한 모든 통제가 폐지되었다. 자본시장과 부동산 시장을 외국인 투자자에게 개방하기 위해 외환거래가 전면 자유화되었다. 한국이 WTO에 대하여 체결한 책무 범위 이상으로 재화와 용역의 교역을 자유화하기 위한 움직임이 빠르게 진행되었다.

IMF 개혁 패키지에 따른 개별 부문의 구조조정은 외환위기를 통하여 확인된 이들 부문의 구조적 결함을 해소하기 위한 것이었다. 금융부문 개혁은 모든 금융기관(은행, 증권, 보험)의 감독을 신설한 금융감독원이 통합하여 강화하고, 부실 금융기관의 청산 및 구조조정, 생존 가능하다고 판단되는 금융기관에 대한 자본 출자와 금융부문 자유화 등이었다. 이 자유화는 금융기관의 해외 경쟁과 은행의 M&A를 위한 길을 열었다. 다수의 국내 은행들이 외국인 투자자들에게 인수되었고, 외국인 투자자들이 대주주가 되면서 한국 금융계의 분수령이 되었다. 정부에서는 부실은행과 비은행 부실 금융기관을 대거 폐쇄하거나 영업정지를 시켰다. 나머지 국내 은행들은 국제결제은행(BIS)의 '건전한 은행(sound bank)' 지위를 얻도록 자본을 보충 투자하였다. 이런 자본 출자를 하기 위하여 정부는 한국자산관리공사(KAMCO)를 통해 부실채권을 매입하기 위한 공적자금을 제공했다. 이 과정에서 다수의 시중은행이 국유화되었다.

IMF 개혁 패키지에 따라 한국 정부는 재벌에 대한 정책에서도 눈에 띄게 변화했다. 정책 변화로 재벌은 기업지배구조를 개선하고, 재무 및 비즈니스 구조를 개선하고, 투명성과 대주주의 책임을 강화했으며, 추가적인 확장과 경제 집중을 제한하기 위한 일련의 개혁을 착수할 것을 요구했다. 구체적인 개혁으로는 재벌의 계열사를 총망라한 연결재무제표 보고 의무화, 자회사 간 대출보증 관행의 철폐, 자회사 간 상호지분 소유 제한, 기업 재무구조 개선, 제한된 수의 핵심 영업에 초점을 맞추고, 대주주와 경영진이 사업상의 책임을 지게 하는 것이었다. 정부는 재벌의 사업구조를 개선하기 위해 주거래 은행에 대출기업의 생존가능성을 보다 신중하게 평가하여, 생존 가능한 기업과 그렇지 않은 것을 구분하라고 지시했다. 생존할 수 없다고 판단되는 기업들은 추가 대출을 금지하고 계열사간 자금지원을 금지함으로써 퇴출하도록 장려해야 했다. 결과적으로 당시 상위 30대 재벌 중 18개가 파산하거나 해체되었다.[15] 생존 가능한 기업은 주거래 은행과 함께 자구계획을 수립하고, 정부가 그 계획을 이행하는 데 필요한 자금을 어느 정도 지원하였다. 대주주와 경영진의 책임을 강화하기 위해 상장회사는 사외이사를 선임하도록 했다. 기관투자가의 의결권 제한은 철폐되었고, 소액주주의 권리도 강화되었다.

새로운 국가 경제정책 패러다임의 또 다른 중요한 변화는 노동시장에서 이루어졌다. 노동, 정부, 기업의 대표들로 구성된 노사정위원회가 IMF 개혁 패키지의 한 요건을 준수하기 위해 설립되었으며, 정부가 1998년 2월에 〈근로기준법〉을 개정할 수 있도록 하였다. 위에서 논의한 바와 같이, 개정된 법률은 한국 역사상 처음으로 경영진이 긴급한 경영상의 이유로 필요한 경우에 직원을 해고할 수 있도록 허용하고, 노동시장의 유연성을 향상시키기 위해 비정규직 개념을 도입했다.

마지막으로 공공부문에서도 개혁이 이루어졌다. 금융위기는 한국의 규제 구조의 단점과 공공부문 운영의 비효율성을 모두 부각시켰다. 이러한 결함을 시정하기 위해 위기 중에 시행 중인 11,125개 규정 중 5,430개(48.8%)가 폐기되었고, 1998년 말까지 2,411개(21.7%)가 개정되었다. 국가 기능을 합리화하고 좀 더 작고 효율적이며 고객 지향적인 정부를 만들기 위해 정부는 공공부문을 대폭 축소했다. 또 구조조정, 새로운 예산편성제, 성과기반 인적자원관리, 새로운 정보시스템을 도입했다. 시민들의 행정 참여도를 높이기 위한 진지한 노력도 이루어졌다.[16]

1997년 IMF 외환위기에 대응하여 수행된 개혁 중 어느 것도 새로 부각되는 사회적 이슈에 크게 관심을 두지 않았다는 점에 유의해야 한다. 제5장에서 탐구한 바와 같이, 금융위기 때까지 정부는 사회보장과 소득분배에는 거의 관심을 기울이지 않았다. 갑자기 금융위기를 겪으면서 많은 근로자들이 실직하게 되었고, 실업률은 위기 이전의 전형적인 2−3%에서 1998년 7.0%로 약 세 배가 되었다. 어려운 시기에 서로를 돌보는 가족의 오랜 문화 전통이 사라졌다. 부양할 가족이나 도와줄 타인이 없는 사람들은 사회적 지원이 필요했다. 금융위기로 인해 더 많은 사람들이 공적 지원을 절실히 필요로 하게 되었고, 연이은 정부들은 사회보장제도를 개선하고 새로운 프로그램을 도입하려고 시도했다. 그럼에도 불구하고, 위에서 언급한 바와 같이, 한국의 GDP 대비 사회적 지출 비율은 2000-2016년 기간 동안 7.4%로 OECD 국가들의 평균 19.7%에 비해 가장 낮은 수준이다(OECD, 2017a). 위기 이후에도 사회복지에 대한 정부의 관심은 미미했다.

2.6 개혁의 평가

2.6.1 자유화와 세계화

IMF 외환위기 이후 실시된 다양한 개혁이 금융위기의 원인을 바로잡고, 미래의 위기를 방지하고, 국가의 경제활력을 회복하려는 목표를 달성했는지 여부는 당면한 연구에 시사하는 바가 큰 중요한 질문이다. 여기서, 개혁은 의도된 목표와 관련하여 평가된다. 개혁 목표의 가장 중요한 측면 중 하나는 시장 자유화와 세계화의 수용이었다. 자본시장 자유화는 민간부문에 대한 정부 개입의 약화를 통해 상당히 성공적이었다. 또한 국가의 개입 없이 유연한 시스템하에서 환율이 안정되었다. 외국 자본의 유입은 재벌과 은행의 부실채무 문제를 해결하고 이들 기관의 효율성을 높이는 데 기여했다. 시장 자유화와 세계화는 개선됐지만 개선 정도를 평가하기는 어렵다. 그것을 평가하는 한 가지 방법은 한국 시장의 자유화와 세계화를 선진국과 비교하는 것이다. 한국이 선진국의 경제적 지위를 얻으려고 노력함에 따라 이들 국가의 경제 시스템은 한국의 시스템을 평가하는 데 유용한 기준이 되고 있다.

많은 국제기구들이 정기적으로 경제 자유화와 세계화의 상대적 지위를 측정하는 지표를 제공한다. 이러한 지표 중 하나는 헤리티지 재단(Heritage Foundation, HF)이 제공하는 경제자유지수(IEF)이다. 이 지수를 통한 측정은 4대 축으로 분류된 12개의 경제자유 결정요인을 기준으로 하며, 120개 국가를 평가한다(Heritage Foundation, 2018). 한국의 IEF 순위는 2000년 24위에서 2008년 41위로 크게 떨어졌지만, 점차 나아져 2018년에는 27위로 올라섰다. 세계은행(WBG, World Bank Group)이 추정한 경제자유지수에서도 비슷한 패턴이 나타났다. 즉 2000년 27위에서 2009년 41위로 하락했으나 2017년 27위로 복귀했다.

경제 자유화와 세계화의 세 번째 지표는 국제경영개발원(IMD, International Institute for Management Development)이 측정한 한 세트의 관련 경제 변수들이다. 이러한 변수에는 '보호주의', '외국인 투자자', '자본시장', '사업의 용이성' 등이 포함된다. 이들 네 가지 사례에서 한국의 평균점수는 2000-2017년 기간 동안 5.29로 OECD 국가 평균점수 6.71보다 훨씬 낮았으며, 4개 지표에 대한 평균 순위는 34개 OECD 국가 중 30위에 그쳤다(IMD, 2017). 경제 자유화와 세계화의 네 번째 지표는 스위스경제연구소(KOF, Konjunkturforschungsstelle, Swiss Economic Institute)의 세계화 지수로 경제, 사회, 정치 차원을 기준으로 세계화를 측정하고, 한국의 순위가 2001년 31위에서 2018년 37위로 변하면서 시간이 지남에 따라 악화되었음을 보여준다(KOF, 2018). 세계적으로 공인된 자유화와 세계화를 측정하는 이 네 가지 출처는 한국의 자유화와 세계화를 향한 추진력이 선진국의 성과와 비교했을 때 좋은 결과를 얻지 못했다는 것을 보여준다.

일련의 재벌 개혁의 결과, 투명성과 책임성 개선, 재무 건전성 확보, 비즈니스 효율성 제고, 상호대출보증 제도 해소, 순환출자(cross-shareholdings) 제한, 재벌의 지배구조 개선에 상당한 진전이 있었다. 그러나 재벌의 기업지배구조는, 한국의 기업지배구조 지표에 대한 국제적 순위가 상대적으로 낮다는 것에서 알 수 있듯이, OECD가 제안한 기업지배구조 원칙을 충족시키는 데는 크게 못 미친다(OECD, 2015a). IMD는 주주권, 기업 이사회의 감독, 감사 및 회계관행 등 기업지배구조와 직접 관련된 여러가지 지표를 추정하였다. 이 세 지표에서 한국은 2001-2015년 57개국 중 각각 49위, 51위, 49위를 기록했다(IMD, 2017). WEF는 국제 기업지배구조 순위에 회사 이사회의 효율성, 소액주주의 이익 보호, 감사 및 보고 기준의 강도 등 세 가지 지표를 사용하여 추정하였다. 이 세 지표에서 한국의 국제 순위는 시간이 지날수록 악화되어 2006-2014년 동안 각각 평균 69위, 85위, 85위에 이르렀다(WEF, 2017). 이 두 기관이 발표한 기업지배구조 지표는 한국이 선진국의 수준으로 기업지배구조를 개선하지 못했다는 것을 분명히 보여준다.

재벌 개혁의 또 다른 목표는 소유지분이 적은 창업자에 의한 재벌의 경영권을 최소화하는 동시에 재벌의 경제력 집중과 확장을 제한하는 것이었다. 이 목표에 대해, 이 책의 8장에서 더 자세히 설명했듯이, 재벌 개혁은 상당히 실패하였다. 이러한 목적을 달성하기 위해 두 가지 법이 제정되었다. 하나는 재벌 그룹 내 계열사 간의 순환출자를 막기 위한 〈상호출자 제한법〉이다. 또 다른 하나는 그룹 내 지분 보유를 순자본의 40%로 제한하는 〈지분투자 총괄 상한제〉이다. 그러나 재벌들이 동일한 법의 적용을 받지 않는 사내 금융기관을 이용해 사실상 규제를 우회할 수 있기 때문에 그룹 내 기업 간 순환출자 확대는 수그러들지 않고 있다. 순환출자를 통해 대주주와 재벌 총수 일가는 많은 실질출자지분(cash-flow right) 없이 계열사간 의결권을 확보했다. 예를 들어, 2007년 상위 28개 재벌의 경우, 회장단과 그 가족은 4.9%의 실질출자지분을 보유했지만 의결권의 32.7%를 보유했다. 즉 회장단이 보유하고 있는 주식에 대한 의결권의 비율은 6.7배였다. 2008년에는 이 비율이 7.4배로 늘어났다.[17] 의결권의 많은 부분을 계속 보유함으로써, 재벌 회장은 비록 주식이나 또는 실질출자지분을 비교적 적게 가지고 있음에도 불구하고 여전히 그들의 그룹에 대한 확고한 경영권을 행사할 수 있었다.

재벌 총수는 경영권을 이용해 재벌을 확장하고 다양화하면서 각종 지표가 보여주듯 재벌의 경제 집중력을 높여 왔다. 상위 30대 재벌은 2003년 전국 기업 전체 매출의 28.4% 였지만, 2011년에는 40%를 차지했다. 같은 기간 30대 재벌이 보유한 경제 총자산 비중은 23%에서 37%로 높아졌다. 재벌의 다양성도 증가하였다. 30대 재벌의 자회사 수는 1997년 821개에서 2016년 1,736개로 2배 이상 늘었다(최난설헌 외, 2017).

WEF는 국제적인 관점에서 국가 경제 내 경제력 집중과 관련된 두 가지 지표, 즉 (1) 시장 지배력의 정도와 (2) 독점금지 정책의 실효성을 측정하였다. 2006-2014년 두 지표에서 한국의 순위는 각각 82위, 36위로 눈에 띄게 떨어졌다.[18] 이 모든 지표들은 금융위기 이후 재벌이 사실상 경제력을 다양화하고 확장하여 경제력을 더욱 집중시켰다는 것을 보여준다. 이는 위기 이후의 재벌 개혁 목표와는 상당히 상반되는 것이다.

2.6.3 금융부문 개혁

외환위기 이후의 새로운 금융 체제 하에서, 금융기관의 투명성과 책임성 그리고 정부로부터의 독립성이 상당히 개선되어, 이들 기관의 자본 생존력, 효율성 및 안정성을 향상시켰다. 그러나 금융부문의 구조조정에 대한 정부의 기본적인 접근방식은 많은 단점을 드러내고 있다. 정부는 건전한 은행과 생존이 불가능한 부실 은행을 합병하도록 강요했다. 정부는 시중은행으로부터 부실대출을 매입하면서 이들 시중은행을 사실상 국유화했다. 이러한 접근방식은 금융권의 자율성을 침해하여 정부와 은행 간의 또 다른 형태의 담합과 도덕적 해이 문제를 야기시켰다.

국제적인 관점에서 볼 때, 개혁된 한국 금융부문의 효율성은 여전히 선진국과 비교해서는 거리가 멀다. WEF의 글로벌 경쟁력 12개 부문 중 하나는 '금융시장 발전'이다. 한국은 2014년 144개국 중 80위를 차지했으며, 2006-2014년 평균 순위는 63위에 그쳤다(WEF, 2017). IMD에 따르면 한국은 '은행 및 금융서비스'와 '금융 및 은행규제'에서 실적이 저조했으며, 2002-2015년 기간 동안 조사된 57개국 중 각각 43위와 45위에 머물렀다(IMD, 2017).

2.6.4 노동시장 개혁

노동시장의 개혁은 노동기준 및 노사관계와 관련된 법률을 OECD 국가들에서 동등한 법 수준으로 개선하는 것을 포함했다(Kwon, 2010: 330). 그럼에도 불구하고, 제9장에서 더 자세히 설명된 것처럼, 한국의 노동시장은 유연성이 낮고 적대적인 노사관계로 여전히 유명하다. 이는 한국 노동시장에 대한 다른 나라의 노동시장과의 비교 평가에서 알 수 있다. 2016년 한국은 WEF의 '전체 노동시장 효율성' 지표에서 144개국 중 77위를 차지했다. 특히 2007-2016년 기간에 걸쳐 한국은 '노사관계 협력', '고용 및 해고 관행', '정리해고 비용' 등에서 최악의 국가 중 하나였다(WEF, 2017). IMD도 한국 노동시장의 비효율성을 지적하였다. 한국은 2001-2015년 기간 동안 '노동 규제', '정리해고 비용', '노사관계'에 대해 57개국 중 각각 42위, 51위, 53위를 차지했다(IMD, 2017).

2.6.5 공공부문 개혁

공공부문 개혁의 일환으로, 정부는 경제에 대한 규제 부담을 줄이고 공공부문의 운영을 합리화하기 위해 중요한 조치를 취했다. 공공부문 개혁의 성공 여부는 규제 개혁과 정부의 효율성 측면에서 평가된 바와 같이 일관성이 있지 못하다. 위에서 언급한 바와 같이, 한국의 규제 개혁은 질적인 면에서 보다 양적인 면으로 수행되어 많은 규제를 제거하였다. 그 결과, 한국에 관심있는 관측자들은 여전히 과도한 규제, 투명성과 일관성의 결여, 그리고 일선 공무원에 의한 자의적인 해석 등이 국가 경제에 중요한 문제로 간주하고 있다. 또 다른 문제는 다수의 기관에 의한 개혁의 단편적인 이행, 법제화된 감독 및 강력하고 일관된 집행의 부족 등이 포함된다. 서비스 및 농업부문의 시장 개방과 경쟁의 부재는 OECD에서도 비판하고 있다(OECD, 2007: 38).

세계은행그룹(WBG)의 전세계 거버넌스 지표는 공공부문의 실효성(effectiveness)과 관련된 여러 지표가 포함되어 있다. 이 장에서 논의할 가장 중요한 두 가지는 정부의 실효성과 규제의 질이다. 2000-2016년 기간 동안 이 두 지표에서 한국은 214개국 중 각각 82번째와 77번째 백분위수 순위를 차지했다(WBG, 2017). IMD는 공공부문의 실효성과 관련된 6개 지표에서 2001-2015년 기간 동안 57개국 중 33위를 차지했다(IMD, 2017).[19] 이와 비슷하게 WEF는 한국이 2007-2016년 기간 동안 공공부문과 관련된 두 가지 지표(정부 효율성(efficiency)과 공공 제도)에서 각각 평균 80위와

57위를 차지하였다(WEF, 2017).

1997년 금융위기 이후 한국 경제의 다섯 가지 다른 분야에서 수행된 상기의 개혁 평가는 한국이 선진국처럼 정부 개입을 최소화하면서 자유시장 경제를 열망한다면, 좀 더 광범위한 제도적, 구조적 개혁이 요구된다는 것을 분명히 보여준다. 게다가 급속한 고도성장의 배후에서 나타난 사회적 문제는 경제구조 개혁 과정에서 해결되지 않았다는 점에 주목해야 한다. 소득분배의 불평등, 사회 갈등, 낮은 사회적 신뢰와 같은 많은 유형의 사회적 문제가 악화되었다. 이런 사회 문제는 한국 사회의 삶의 만족도를 떨어뜨렸을 뿐만 아니라, 경제의 발목을 잡는 요인이 되어 경제발전을 둔화시켰다. 사회의 명백한 기능장애로 인해 한국은 선진국 진입에 대한 국민적 열망을 달성하지 못하였다. 이러한 부실한 신호는 아래의 분석에서 나타난 바와 같이 최근 한국의 부진한 경제발전에 반영되었다.

2.7 지속 가능한 경제 및 사회 발전을 위한 새로운 정책 체계

2.7.1 새로운 정책 체계(프레임워크)

한국이 1990년대 말까지 40년 동안 기적적인 경제성장을 달성했다는 것은 의심할 여지가 없다. 그러나 앞서 언급한 바와 같이, 21세기 초부터 이러한 눈부신 성장은 2001-2017년 기간 동안 연평균 성장률은 3.8%로, 1963-1996년의 8.9%에 비해 상당히 둔화되었다(한국은행, 2018). 이러한 통계자료는 확실히 몇 가지 화급한 질문을 불러 일으킨다. 왜 경제성장률이 이렇게 눈에 띄게 낮아졌고 21세기 내내 지속적으로 낮게 유지되었는가? 이 성장률을 높이려면 어떻게 해야 하는가? 1997년 위기 이후 경제정책 패러다임이 디리지즘에서 시장 중심의 원칙으로 전환된 지금, 한국은 이러한 문제들을 해결하기 위해 어떤 기본 정책 체계를 따라야 하는가?

어떤 국가든 가장 적절한 정책 패러다임의 선택은 국가가 추구하려는 비전과 내부 및 외부 환경에 따라 결정되어야 한다. 한국에 가장 적합한 국가 비전에 대한 사회적 합의를 파악하는 것은 분명 어려운 과제다. 박근혜 정부(2013-2017)는 소위 3가지(사회적 부조리 제거, 창조경제 창출, 내수 확대) 전략을 착수했으며, 지속가능하고 공평한 경제발전 유지, 시장중심경제 원칙과 통합적인 사회를 강조했다. 문재인 정부(2017년부터 5년간 재임)는 '국민의 나라, 정의로운 대한민국'을 만들겠다는 비전으로 시작했으며 무엇보다 일자리 창출, 공평한 소득분배, 부정부패 척결을 강조한다(Korea.Net, 2017).

박근혜 정부의 3가지 전략과 문재인 정부의 비전은 모두 시장원리를 준수하면서 지속 가능하고 공평한 경제발전과 더불어 통합적이고 정의로운 사회를 유지하는 것이 국민이 선호하는 국가 지향의 길이라고 시사한다. 1997년 IMF 외환위기의 쓰라린 경험과 그에 따른 경제적 후퇴는 경제적 불공정과 불평등의 감정으로 강화되었으며, 한국의 지속적인 경제발전 과정에서 지속 가능성과 형평성의 중요성을 강조해 왔다. 제3장에서 논의된 바와 같이, 비록 경제성장은 사회발전에 크게 기여하지 않고도 달성할 수 있지만, 이러한 형태의 경제성장은 사회적 갈등과 스트레스가 높아져 경제발전을 끌어내리고 더 이상의 경제성장을 방해하기 때문에 지속될 수 없다. 따라서 사회적 웰빙에 상응하는 지속 가능한 경제발전을 달성하려면 경제성장에 사회적 진보가 수반되어야 한다.

이러한 관점에서, 한 국가의 지속 가능하고 공평한 경제 및 사회발전을 달성하는 데 있어서 정부의 역할은 무엇인가? 스티글리츠(Stiglitz, 1999)가 주장했듯이 정부는 민간부문의 경제활동에 상호 보완적인 역할을 해야 한다.[20] 이를 위해 민간의 경제적 자유를 보장하고, 강력하고 경쟁적이며 효율적인 민간부문과 개방된 시장의 발전에 도움이 되는 환경을 조성하는 방안을 강구해야 한다. 이를 위해서는 정부가 민간부문의 핵심 성공요인을 보호하기 위한 포괄적이고 강력한 법적 제도적 틀을 확립해야 한다. 소득의 형평성과 사회적 진보를 더 강조하는 것도 중요한 고려사항이다. 이 책에서, 사회적 진보는 사회의 지속 가능하고 공평한 복지의 향상으로 정의하고 제3장에서 더 자세히 탐구한다. 사회적 진보의 핵심은 사회적 통합이며, 이는 결국 고용과 교육을 포함한 소득과 기회의 평등을 요구한다.

세계의 경제 통합이 진전됨에 따라 민간을 보완하고 촉진자 역할을 하는 정부의 기능은 제한될 필요가 있다. 이미 한국의 경제 자유화와 세계화는 돌아올 수 없는 수준을 넘어서고 있는 것처럼 보이며, 국가의 경제정책은 분명히 국제 경제 통합의 혜택을 누리고 활용하는 것을 목표로 한다. 따라서 한국의 정책 입안자들은 국내 정책을 WTO와 OECD를 포함한 국제표준에 따라 국내 정책을 조정하는 것 외에는 선택의 여지가 거의 없다. 이를 위해 한국은 정책 결정 과정에서 개방성, 투명성, 책임성을 확보하고, 국제표준에 부합하는 시장원리에 기반한 표준 규칙과 규정을 제정하여 공정하고 공평하게 부과해야 한다. 그렇게 하기 위해서는 기업지배구조와 민간부문의 투명성, 그리고 국제표준을 준수하는 기업에 관련된 법과 노동법이 요구된다. 새로운 정책의 틀 또한 국내 노동시장의 조건이 국제표준을 충족하도록 노동시장의 노사관계와 유연성을 향상시키도록 모색해야 한다. 이러한 모든 움직임은 이 장의 앞부분에서 경제개혁에 대한 평가를 입증하는 역할을 한다.

사회발전 프로그램은 새로운 정책 패러다임의 필수적인 부분이 되어야 한다. 이를 위해 정부는 사회 안전망을 개선하여 늘어나는 스스로를 부양할 수 없는 사람들을 보호할 뿐만 아니라, 경제 변동에 대비한 이른바 '자동 안정장치(built-in stabilizer)' 역할을 수행해야 한다. 소득 형평성은 또한 사회발전의 중요한 요소로서 그리고 또 경제성장의 촉진 요소로 인식되어야 한다. 소득분배의 개선은 사회적 통합을 증진시키고, 이는 위에서 논의한 바와 같이 장기적인 경제발전의 중요한 요소인 '사회적 신뢰'를 증가시킨다.[21] 기본적인 수준의 소득 보장은 사람들로 하여금 창업, 교육과 건강에 투자하거나 관습에 얽매이지 않는 직업을 시도하는 것과 같은 위험을 감수할 수 있게 해 주는데, 이 모든 것이 혁신과 지식기반 경제발전에 기여한다.

2.7.2 침체된 경제를 어떻게 부양할 것인가?

2001-2017년 기간 동안 한국의 경제성장률이 고도성장기의 연간 성장률보다 현저히 낮지만 이 기간 OECD 평균인 1.8%보다는 여전히 높다(〈표 2-1〉). 일반적으로 경제가 발전함에 따라 경제성장률은 낮아진다. 하지만 한국은 여러 가지 이유로 다른 선진국들보다 높은 성장이 필요하다. 먼저, 좋지 않은 경제 전망에 대한 국가의 우려를 잠재우고, 선진국 진입의 문턱을 넘어서겠다는 국

민적 열망을 성취하는 것이다. 또 다른 이유는 사회발전을 촉진하고, 사회복지 프로그램을 통해 사회적 경제적 형평성을 높이고, 교육 및 건강을 강화하며 고용 기회를 제공할 수 있는 공적 자금을 제공할 수 있기 때문이다.

더구나 한국의 경제성장 잠재력은 선진국보다 더 높은 것으로 보인다. 〈표 2-1〉에 나타난 바와 같이, 한국의 전체 인구 대비 노동연령 인구의 비율은 2001-2014년 기간 동안 72.3%로, OECD 평균 66.7%보다 상당히 높으며 안정적이었다. 한국의 2001-2017년 기간 동안 순저축률은 OECD 국가 중 칠레와 노르웨이에 이어 세 번째로 높은 15.6%로 안정적이며 OECD 평균 6.7%와 비교된다. 2017년 한국의 근로시간은 1년에 2,024시간으로 OECD 국가 중 멕시코 다음으로 많은 시간을 일했고, OECD 평균인 1,759시간과 비교된다. 또 25−34세 인구의 고등 교육 정도는 2014년 67.7%로 OECD 국가 중 가장 높았고, OECD 전체의 평균 40.8%와 큰 차이가 난다.

표 2-1 OECD와 비교한 한국의 경제성장 잠재력

항목	한국	OECD 평균
1) GDP 성장률(2001-2017)	3.8%	1.8%
2) GDP 성장률 전망(2018-2020)	2.76%	2.14%
3) 전체 노동 연령 인구 비율(2001-2014)	72.3%	66.7%
4) 순저축률(2001-2017)	15.6%	6.7%
5) GDP대비 민간소비 비율(2001-2016)	47.9%	50.2%
6) 연간 노동시간(2017)	2,024시간	1,759시간
7) 고등교육 달성 정도(25-34세, 2014)	67.7%	40.8%

출처: 1), 2) OECD(2018a), 3) OECD(2015b), 4) OECD(2018b), 5) OECD(2017b), 6) OECD(2018b), 7) OECD(2016b).

그럼에도 불구하고, 한국 경제의 전망은 다른 OECD 국가들에 비해 상대적으로 덜 낙관적인 것으로 보인다. 〈표 2-1〉과 같이 한국 경제는 향후 3년간 연평균 2.76%(2018-2020)의 성장률을 보일 것으로 추정되며, OECD 평균 2.14%에 비해 한국과 OECD 국가 간 경제성장률의 역사적 격차는 좁혀질 전망이다. 침체된 경기부양이라는 도전에 맞서기 위해 최근 연이은 정부들의 각종 기치 아래 다양한 전통적인 경제정책 수단이 적용되었지만 소용이 없었다. 전통적인 경제정책 수단이 효과적이지 않은 이유는 그러한 정책 수단의 근간이 되는 일부 중요한 요소들이 제대로 다루어지지 않았기 때문인 것으로 판단된다. 그것은 기능장애가 있는 한국 사회와 그에 따른 낮은 사회적 신뢰와 다른 사회적 문제들이다.

침체된 경제를 활성화시키기 위해 먼저, 연이은 정부들은 모두 내수 소비지출을 늘리려고 했다. 그러나 국내총생산(GDP) 대비 민간소비지출 비중은 2003년 53.6%(경제성장률이 현저하게 떨어진 노무현 정부의 첫 해)에서 2017년 48.1%로 줄었다. 그 결과 2003-2017년 동안 정부지출은 GDP의 12.5%에서 15.3%로 증가해 정부의 확대 정책을 반영했지만 전체 최종 소비지출은 GDP의 66.1%에서 63.4%로 감소했다(한국노동연구원, 2018: 6). GDP 대비 민간소비가 줄어든 것은 임금상승률의 둔화 그리고 임금 및 전체 소득의 불균형 분배라는 두 가지 주요 원인 때문이다. 2003-2017년 기간 동안 한국의 연간 경제성장률은 3.6%인 반면, 근로자의 실질임금은 연평균 1.9% 증가에 그쳤다. 게다가, 임금의 지니계수가 2003년 0.317에서 2017년 0.335로 상승했다는 점에서 알 수 있듯이, 최근 임금수준의 격차는 더 벌어졌다. 제5장에서 더 자세히 설명하듯이, 임금 불평등의 증가는 소득 불평등 확대의 주요 원인으로서 같은 기간 소득의 지니계수가 0.283에서 0.317로 증가하는 것에 반영되고 있다(한국노동연구원, 2018: 63, 129). 그렇다면 임금의 둔화와 불평등한 성장의 주요 원인은 무엇이었을까? 이것은 낮은 사회적 신뢰와 중요한 관계가 있다. 제9장에서 더 자세히 논의한 바와 같이 노동에 대한 낮은 신뢰는 노동시장의 기능장애를 초래하였고, 이는 결국 임금 상승을 저지하였고 임금 불평등을 심화하게 하였다. 노동시장의 기능장애로 인한 고용의 불확실성이 상대적으로 높아짐에 따라 급여 소득자의 소비를 억제하는 효과를 가져왔다.

둘째, 내수를 확대하고 무기력한 가계소비를 보전하기 위하여 내수 투자도 늘려야 한다. 한국의 순저축률은 상대적으로 높았다(〈표 2-1〉). 그러나 투자가 저축을 따라가지 못하고 있다. 특히 설비투자는 2003년 GDP의 9.5%에서 2017년 8.8%로 점차 감소하였다(한국노동연구원, 2018: 6) 또한 최근 들어 국내로 유입되는 FDI가 상당히 침체되어 있는 반면, 해외 FDI는 활발한 움직임을 보이고 있다. 그 결과 2017년 GDP 대비 유입 FDI 지분은 12.4%로 해외 FDI 지분의 21.0%에 비해 크게 뒤졌다(OECD, 2017c). 제1장에서 논의한 바와 같이 노동에 대한 낮은 신뢰도를 포함한 낮은 사회적 신뢰는 FDI 유입뿐만 아니라 국내 투자도 좌절시켰을 것이다.

셋째, 한국은 경제에 미치는 긍정적인 영향뿐만 아니라 일자리 창출을 위해 서비스 부문을 확대해야 한다. 경제가 성숙함에 따라 서비스 부문의 성장 속도는 일반적으로 증가한다. 한국에서는 여전히 서비스 부문이 상대적으로 낙후되어 있고 낮은 생산성으로 정체되어 있다. 2014년 한국의 서비스 부문은 GDP의 59.2%에 불과하여 OECD 평균은 70.8%에 비해 많이 낮았다

(OECD, 2016a: 30). 2015년 한국의 노동생산성은 OECD 평균의 62.5%에 불과했다(OECD, 2017d: 43). 이는 서비스 부문의 생산성이 상대적으로 낮기 때문이다. 서비스 부문 생산성과 제조 부문 생산성의 비율은 2014년 45%로 OECD 평균 90%에 비해 가장 낮았다(OECD, 2016a: 29).[22] 서비스 부문의 낮은 생산성은 경제 전반의 노동 생산성뿐만 아니라 경제 및 서비스 부문의 성장을 떨어뜨리는 역할을 한다.

서비스 부문은 고용창출 효과가 높기 때문에 일자리 창출에 중요한 역할을 한다. 한국의 서비스 부문은 이미 2014년 전체 고용의 69.7%를 차지했지만 OECD 평균인 73.1%에는 크게 미달하였다(OECD, 2016a: 30). 생산 형태는 시간이 지남에 따라 자본 및 기술 집약적이 되면서 제조업 성장의 고용 유발효과는 감소한다. 그러나 한국의 서비스 부문 고용유발계수는 제조부문보다 더 느리게 감소했다. 2012년 서비스 부문의 고용유발계수는 11.1로 제조업의 4.9보다 월등히 높았다(산업연구원, 2014).[23]

따라서 침체된 경제에 활력을 불어넣고 일자리를 창출하기 위해서는 서비스 부문을 확대하고 그 부문의 고용 및 생산성을 강화하는 것이 필수적이다. 이를 위해, 서비스 부문을 효율화하고 세계화 추세, 글로벌 경쟁 증가 및 부문 혁신에 부응하기 위해서는 서비스 부문의 추가 개혁과 규제완화가 필요하다. 그럼에도 불구하고, OECD는 한국의 규제개혁 속도가 2008년 이후 OECD를 따라잡지 못했으며, 한국의 규제도 OECD에서 가장 엄격한 편이라고 지적했다. 또한 기업의 진·출입 등 서비스 부문의 규제 부담은 제조부문보다 훨씬 높다. 서비스 부문의 높은 규제는 발전뿐만 아니라 생산성 증가에도 걸림돌이 된다(OECD, 2016a: 31).

사회적 신뢰는 서비스 부문의 발전에 중요한 영향을 미친다는 점에 유의해야 한다. 대부분의 서비스는 고객과의 직접적인 접촉을 수반하며, 이는 인적자원과 인간관계가 그들의 업무를 수행하는데 중요하다. 더구나 서비스는 일반적으로 무형적이다. 따라서 유형의 제품보다 계량화 및 평가하기가 훨씬 어려워 사회적 신뢰 및 거래비용에 상대적으로 더 민감하게 된다. 후쿠야마(Fukuyama, 1995)는 일반적으로 사회적 신뢰가 낮으면 기업 규모의 성장을 저해하고, 더 구체적으로 말하면 한국에서의 사업 운영, 특히 서비스 부문의 사업 운영은 사회적 신뢰가 낮기 때문에 소규모라고 주장했다. OECD는 한국의 서비스 부문은 중소기업이 주도하고 있으며, 2014년에 서비스 부문 고용의 약 90%를 차지하고 있다고 지적한다(OECD, 2016a: 29). 규모의 경제를 활용하지 않으면 한국의 서비스 부문은 높은 생산성이나 높은 발전을 유지할 수 없다.

넷째, 사회적 신뢰는 규제와 생산성의 정도에 영향을 미친다는 점도 주목해야 한다. 한국은 생산성을 향상시켜야 하는데, 이는 경제가 글로벌화되고 지식기반경제로 전환함에 따라 점점 더 중요한 역할을 하고 있다. 하지만 최근 몇 년간 한국의 생산성은 낮았다. 앞서 언급한 바와 같이 연간 잠재 경제성장률은 2001-2005년 5.0%에서 2016-2020년 2.8%로 44% 감소한 것에 비하여, 잠재 총요소생산성은 1.9%에서 0.7%로 63%나 감소하였다. 결과적으로, 요소생산성에 의한 잠재성장률은 38%에서 25%로 감소했다(한국은행, 2017: 37). OECD는 한국의 잠재성장률이 1990년대 7.6%에서 2010-2016년 기간 동안 3.5%로, 노동생산성은 5.5%에서 2.1%로 감소한 것으로 추정했다. 그렇다면 한국은 생산성을 높이기 위해 어떻게 해야 하는가? 이는 혁신, 구조개혁, 규제완화를 통해 이루어질 수 있다. OECD는 규제가 총생산성과 유의한 음(−)의 관계를 갖고 있다고 주장한다. 위에서 논의한 바와 같이, 다수의 글로벌 기관에서 추정한 한국의 경제 자유화와 세계화 정도에 대한 모든 지표는 최근 몇 년 동안 눈에 띄게 악화되었다. 특히 한국의 제품시장 규제는 2013년 OECD 국가 중 네 번째로 엄격하였으며, 경쟁과 혁신은 물론 생산성에도 악영향을 미친 것으로 분석된다.[24]

그렇다면 최근 몇 년 동안 경제 자유화와 세계화 지표에서 이 같은 움직임을 몰고 온 사회적 기풍은 무엇이며, 한국의 엄격한 규제의 근간을 이루는 더 깊고 근본적인 원인은 무엇일까? 사회적 신뢰와 다른 사회적 이슈들은 한국의 경제 환경에 내재하는 본질적 요소들이다. 후쿠야마(Fukuyama, 1995)는 규칙과 신뢰 사이에는 역의 관계가 있으며, 법률 제도가 신뢰의 대용 역할을 한다고 주장했다. 이외에도 많은 경험적 연구들이 이 주장을 뒷받침하고 있다. 신뢰는 게임의 비공식 규칙이므로 신뢰가 낮으면 형식적인 규칙은 더욱 광범위하고 엄격해야 한다.[25] 또 사회적 갈등이나 부패 수준이 높으면 이익집단은 자신의 이익을 보호하기 위해 기존의 규제를 유지하거나 규제를 더 도입하기를 추진한다. 따라서 규제완화를 추진하기 위해서는 높은 사회적 불신과 그러한 규제의 근간을 이루는 갈등과 같은 사회적 원인이 해결되어야 한다.

사회적 신뢰는 혁신의 필수적인 요소이기 때문에, 사회적 신뢰의 향상은 혁신을 강화하는 역할을 한다. 제1장에서 지적한 바와 같이, 혁신은 기존의 장비, 기술, 아이디어 및 디자인을 소비자의 성향에 맞도록 연결하여 무언가를 창조함으로써 발생한다. 창의성과 혁신은 이런 혁신의 요소를 하나로 융합하기 위해 사람들 간의 다양한 사회적 관계와 협력을 필요로 한다. 사회적 신뢰는 그러한 협동과 협업을 촉진한다. 그것은 또한 생산성을 향상하는 혁신을 인구 전체에 걸쳐 확산하기 위해서도 중요하다.

다섯째, 제5장에서 상세히 기술한 바와 같이, 경제성장을 촉진하기 위해서는 소득분배의 개선이 특히 중요하다. 다수의 문헌에서 소득 불평등과 경제성장 사이의 부정적인 관계를 보여주는 증거를 제공한다. 오스트리 외(Ostry et al., 2014)는 그들의 실증연구에서 소득 불평등이 건강과 교육의 발전을 저해하고, 투자를 줄이는 정치경제적 불안정을 초래하며, 충격에 직면했을 때 정책 조정에 필요한 사회적 합의를 약화시켜서 공급 측면에서 경제성장에 악영향을 미친다고 주장하였다. 위에서 논의한 바와 같이, 높은 소득 불평등은 국내 소비지출을 위축시켜서도 경제성장을 둔화시킨다. 또한 제1장에서 논의했듯이 소득 불평등은 사회갈등과 불신의 결정적인 원인 중 하나이다. 이는 결국 사회적 신뢰의 향상을 저해하고 거래비용을 높여 경제에 악영향을 미치게 된다.[26] 이러한 맥락에서 소득분배 제도로서의 사회 안전망은 경기변동에 대비한 소위 자동 안정장치로서의 역할과 총수요의 촉진제 역할을 한다. 그러나 낮은 사회적 신뢰는 적절한 사회 안전망 프로그램의 실행을 방해한다. 위에서 지적했듯이, 한국의 소득분배는 최근 몇 년 동안 악화되었다. 이는 부분적으로 한국의 낮은 사회적 신뢰에 기인해야 한다. 제9장에서 논의한 바와 같이 노동에 대한 신뢰가 낮으면 임금과 소득의 불평등이 발생하고, 이에 따르는 사회적 갈등과 불신이 사회복지 프로그램을 저해한다. 이 모든 것은 소득 불평등이 경제뿐만 아니라 사회적 신뢰에도 악영향을 미치고, 낮은 사회적 신뢰가 차례로 경제와 불평등에 악영향을 미쳐 소득 불평등과 사회적 신뢰 사이의 사회경제적 관계를 완전히 악순환으로 만든다는 것을 의미한다.

2.8 결론

이 장은 한국의 경제발전과 사회발전의 역동적인 관계를 탐구하고, 미래를 위해 지속 가능하고 공평한 사회 및 경제발전을 달성하는 과제를 검토하였다. 한국 경제는 학계뿐만 아니라 정책 실무자들로부터도 주목을 받았던 경제 전환의 파노라마를 보여준다. 1960년대 초반부터 한국 경제는 기적적으로 성장하여 전후 시대에 외국 원조 수취국에서 외국 원조 공여국으로 전환한 세계 최초의 국가가 되었다. 한국이 1997년에 겪었던 IMF 외환위기는 심각한 경제위기를 초래했지만, IMF 구제금융의 조건에 부합하는 과감한 경제개혁으로 국가경제는 전례 없는 속도로 회복되었다. 그러나 고도 경제성장이라는 표면 뒤에는 사회적 발전이 정체되고 있었다. 갈등과 스트레스와 같은 사회적 부조리가 심화되었고, 한국 사회의 구성원들은 불행했으며, 사회 내부의 상호 신뢰는 줄어들었다. 이러한 불건전한 사회 발전은 21세기 초부터 실질성장률이 잠재성장률보다 낮았던 것과 같은 지속 가능한 발전을 방해했다.

한국의 경제정책은 그 경제발전에 가장 중요한 역할을 해왔다. 금융위기 이전까지 이 정책 패러다임은 최대 경제성장이라는 기치 아래 광범위한 산업정책과 경제개발 5개년 계획을 통해 광범위하고 독창적인 스타일의 국가 개입을 선호했다. 그러나 이 장에서는 이러한 정책을 통한 국가 개입에 대한 한국의 독특한 접근방식이 기업 및 금융부문과 노동시장을 경제위기에 취약하게 만드는데 기본적인 책임이 있다는 것을 입증하였다. 경제성장에 집중하여 초점을 맞춘 통제정책 패러다임(디리지즘)은 사회 문제의 씨앗을 뿌렸다. 특히 재벌을 경제정책의 실행기관처럼 이용하면서 형성된 독특한 정부–기업 관계는 부패뿐만 아니라 경제적 사회적 불평등을 야기시켰다. 노동시장의 이중 구조는 주로 노사관계에 대한 국가의 개입을 통해 발전되었으며 소득과 기회의 불평등을 초래했다. 이러한 경제정책의 결과는 사회적 갈등과 사회적 통합 및 신뢰에 해롭고, 나아가 경제성장 능력까지 해치는 결과를 초래하였다.

1997년 금융위기 이후, 국가 경제정책 패러다임은 광범위한 국가 개입에서 IMF 구제 패키지와 일치하는 보다 자유로운 시장경제로 전환되었다. 한국은 무역, 외환, 자본계정, FDI 등에서 자유화와 세계화를 수용했으며, 민간 및 공공부문과 노동시장에서 과감한 개혁을 단행했다. 그러나 다른 OECD 국가들과 비교했을 때, 개혁 이후의 한국 경제에 대한 평가가 보여주듯이, 정책 패러다임과 수반되는 개혁은 불완전하고 불충분하여, 강력한 한국 경제를 재건하기 위해서는 더 전면적인 개혁이 필요하다는 것을 분명히 보여주었다.

지금부터 정부가 어떤 정책을 시행해야 하는지에 대한 중요한 의문이 제기된다. 이 장에서는 지속 가능하고 공평한 경제 및 사회 발전을 위해 정부가 민간부문을 보완하는 역할을 할 것을 제안하였다. 이를 위해 한국은 국제화 과정에 부합하는 국제표준에 따라 국내 정책을 조정해야 한다. 정책은 또한 강한 사회적 통합과 높은 사회적 신뢰의 발전을 모두 강조해야 한다. 그에 상응하는 사회적 발전이 없다면 한국의 경험에서 알 수 있듯이 경제발전은 지속 가능할 수 없다.

구체적인 대책에 대해서는 경제발전과 사회발전 사이의 역동적인 관계에 초점을 맞추어야 한다. 내수 확대와 인적자원 및 기업환경 개선은 물론 경제성장을 좌우하는 사회적 통합을 달성함으로써 경제성장에 기여하는 소득분배 개선에 관심을 기울여야 한다. 최근의 투자 감소를 막기 위해 국내 기업과 FDI의 투자 환경을 개선하려면 제도와 규제를 모두 선진국과 견줄만 하게 개선하여 투자 풍토를 개선하고 사회적 신뢰를 높이기 위한 대책이 필요하다. 한국 경제가 성숙함에 따라, 아직도 낙후되어 있지만 고용유발 효과가 큰 서비스 부문의 개선에 특별한 관심을 기울여야 한다. 이를 위해 이 분야의 규제완화와 함께 더 많은 자유화와 세계화가 요구된다. 이 정책 분야에서도 사회적 신뢰를 높이는 대책은 서비스 부문과 그 생산성 수준의 발전에 중요한 역할을 한다. 마지막으로 혁신을 통한 생산성 향상을 위해 한국은 더 많은 자유화, 세계화, 규제완화에 나서야 한다. 엄격한 규제는 사회적 신뢰 수준이 낮다는 것을 나타내며, 이런 점에서도 사회적 신뢰의 향상이 생산성에 기여한다는 것을 시사한다. 실제로, 세계화 상황에서 높은 사회적 신뢰는, 피할 수 없는 생산성의 원천으로서, 혁신을 촉진하는 가장 중요한 측면이다.

결론적으로 이 장에서 밝힌 것처럼 한국 경제는 여전히 과도기에 있다. 1997년 금융위기 이후 정책 패러다임의 전환에 수반되는 개혁은 불완전하고 불충분하다. 국가 경제를 튼튼하고, 안정되고 내구성이 있는 경제로 재건하기 위해서는 전면적인 개혁이 더 필요하다. 고도성장기 내내 경제정책의 초점은 사회정책을 충분히 고려하지 않은 채 경제성장을 촉진하는 데 몰두하였다. 이 책의 전반적인 교훈이 전달하듯이, 사회적 진보는 그 자체가 바람직할 뿐만 아니라 경제와 사회의 역동적인 관계로 인해 지속가능한 경제발전의 필수 불가결한 요소이기도 하다. 즉, 경제발전은 상응하는 사회적 진보가 따라주지 않으면 시간이 지남에 따라 지속될 수 없다. 따라서 다음 장에서는 한국 경제와 사회 사이의 역동적인 관계에서 최근의 발전을 비판적으로 검토한다. 특히 경제발전에 직접적인 영향을 미치는 핵심 사회변수로서의 사회적 신뢰는 경제와 사회의 각 중요한 영역에서 연구된다.

주

1 한국은행의 잠재성장률 측정은 한국은행(2017) 참조. OECD(2016a: 29)는 1990년대, 2000년대, 2010–2016년 기간 동안 한국의 잠재성장률이 각각 7.6%, 4.4%, 3.5%로 급감하고 있음을 보여준다. 이 책의 원서가 발간된 후 한국 경제는 2018년과 2019년에 각각 2.9%와 2.0% 성장하였다. 매일경제신문(2020. 1. 28.)에 의하면 OECD는 한국경제의 잠재성장률이 2003년에 4.6%에서 계속 하락하여 2020년과 2021년에는 각각 2.5%와 2.4%가 된다고 측정하였다.

2 이 점에 관해서 Kwon(1997), 장하성(2014: 77–85) 참조.

3 1961–1981년 기간 동안 수출 및 중화학공업 육성을 위한 특혜대출의 형태로 지급된 보조금의 정도는 Kwon(1997)를 참조.

4 중요한 문헌으로 Westphal(1990), 세계은행(1993), 차동세 외(1997) 등이 있다.

5 Stiglitz(1997)는 19세기 말 미국의 경제성장에 국가의 개입이 크게 기여했다고 주장했다.

6 외환위기 직후에 나온 문헌으로 Kwon(1998), 좌승희, 이인실(2001) 참조. 이 후로 발간된 문헌은 쉽게 구할 수 있다.

7 재벌의 기업지배구조에 대한 자세한 분석은 Kwon(2010: 8장)을 참조. 1972년 이후 정부가 실제로 자금난에 시달리는 대기업을 구제한 경우가 많이 있었다. 따라서 1997년 IMF외환위기 때까지 대규모 파산은 거의 없었다(Joh, 2001). 평균부채비율 519.0%은 Joh(2001) 참조.

8 Kwon(2010: 311) 참조.

9 구체적인 복지관련 법률 및 복지 프로그램은 Kwon(2010: §12)을 참조.

10 이 지니계수를 위해서 Choi and Kwon(1997) 참조. 제5장에서 논의된 바와 같이, 정부는 1997년 IMF 외환위기 이후에도 소득, 부, 경제적 기회의 불평등이 증가하는 것에 대해 적절한 주의를 기울이지 않고 있다.

11 전두환 정권 때 정권의 분노로 일곱 번째로 큰 재벌 국제상사 그룹이 파산한 사례가 대표적이다. 이후 1998년 김대중 정부는 두 번째로 큰 재벌인 LG그룹에게 국내 반도체 업체(삼성, 현대, LG) 간 경쟁을 최소화하는 방안으로 사업을 포기하고 현대그룹에게 넘기도록 요구했다. LG그룹은 처음에는 이 같은 요구에 강하게 반대했지만 결국 정부의 강압에 굴복했다.

12 재벌지배구조에 대하여 장하성(2014) 참조. 중소기업 중 하청기업이 된 비율은 송장준(2004) 참조.

13 워싱턴 컨센서스에 관하여 Williamson(1999)을 참조.

14 이 절은 Kwon(2010: §5–11)의 부분적인 내용을 담고 있다.

15 장하성(2014: 394) 참조.

16 정부개혁에 관하여 Jeong et al.(2005) 참조.

17 재벌의 경영권 최소화와 경제력 집중을 제한하려는 규정과 그들의 부실한 실행에 대해서는 Kwon(2010:

§8)을 참조. 삼성그룹 전체의 경우, 2003년 총수 일가가 전체 실질 출자주식은 4.7%로 의결권의 32.9%를 차지했다(장하성, 2014: 392).

18 2014년 시장지배력의 정도에서 스위스와 대만은 각각 1위와 5위를 차지했고, 한국의 순위는 120위였다.

19 이 여섯 가지 지표는 법적 틀, 규제의 틀, 정부 정책의 적응성, 정부 의사결정, 투명성, 관료주의 등이다.

20 문헌상의 논쟁은 한국 경제를 둘러싼 것과 유사한 경제 상황에서 정부가 가장 효과적으로 통치하기 위해 무엇을 해야 하는지에 대해 논쟁해 왔다. 워싱턴 합의에 따르면 한국 정부는 자유화, 민영화, 거시경제 안정이라는 IMF 정책 처방을 대략 이행했기 때문에 국가가 경제를 위해 할 일이 거의 없다고 한다. 그러나 세계은행(1993), Stiglitz(1999) 등과 같은 사람들은 정부가 워싱턴 합의에 의한 정책 처방 이상으로 보다 중요하고 보완적인 역할을 유지해야 한다고 주장한다.

21 경제발전에 대한 사회적 신뢰의 역할은 제4장에서 더 자세히 논의한다.

22 이근희(2016)는 서비스 부문의 생산성이 제조업 부문의 생산의 비율로 2005년 62.1%에서 2014년 49.3%로 감소했다고 지적하고 있다.

23 고용유발계수는 생산액 10억 원으로 창출되는 일자리의 수이다.

24 OECD가 측정한 한국의 잠재성장률, 노동생산성, 규제와 총생산성과의 관계를 위해서 OECD(2016a) 참조.

25 규제와 신뢰와의 관계에 관하여 North(1990), Yu et al.(2015) 참조.

26 높은 수준의 경제적 불평등은 한 나라의 정치적 안정을 위협한다. 왜냐하면 경제적 지위에 불만족하는 사람들이 늘어나면 고소득층과 저소득층 사이에서 정치적 합의에 도달하기가 더 어려워지기 때문이다. 한 나라의 정치적 불안정은 투자위험을 증가시키고 그 나라의 성장 잠재력을 약화시킨다.

제3장 한국의 경제발전과 사회적 진보

3.1 머리말

제2장에서 살펴본 바와 같이, 한국은 기적적인 경제발전을 이루어 내며 한 세대에 걸쳐 가장 가난한 나라에서 부유한 나라로 탈바꿈했다. 그러나 한국 사회는 경제발전과 병행하여 발전하지 못했다. 포터 외(Porter et al., 2017)가 작성한 사회 발전 지수(Social Progress Index)에 따르면 한국은 2017년 OECD 국가 중 26위를 기록했다. 한국은 급속한 경제발전 과정에서 다양한 사회 문제의 씨앗을 뿌렸다. 법치주의 및 사회규범을 낮게 준수하는 등 사회적 비리와 부패의 증가는 사회적 갈등, 부조화, 불신의 원인이 되었다. 소득과 기회에 대한 형평성과 관련된 정책 문제가 부적절하였기 때문에 한국은 제5장에서 철저히 조사한 바와 같이 사회적, 경제적 양극화를 심화시켰다. 이와 같은 현상은 사회가 와해되고 기능장애가 되어간다는 국민들의 관념을 증가시켰다.

이러한 모든 사회 문제와 비정상적인 현상들은 기능장애를 겪고 있는 한국 사회의 다양한 측면에 반영되어 있다. 따라서 사람들은 스스로 불행하다고 느끼고, 다른 사람들을 의심하며, 자신들의 미래에 대해 자신이 없게 되었다. 세계의 여러 기관들은 한국인들이 다른 나라 사람들에 비해 불행하다고 지적하고 있다.

(i) OECD가 측정한 '생활 만족도'에서 한국은 2015년 OECD 국가 중 28위를 차지했다(OECD, 2016).

(ii) 갤럽세계여론조사(Gallup World Poll)에서 측정한 복지(well-being) 측면에서 한국은 154개국 중 117위였다.

(iii) 유엔세계행복조사(UN World Happiness Survey)에서 측정한 '행복 수준'에서 한국은 2017년 156개국 중 57위를 차지했다.

(iv) 2013년 한국의 인구 10만 명당 자살률은 OECD 평균인 12.1명에 비해 OECD 국가 중 가장 높은 28.7명으로 유난히 높다(OECD, 2017a).

(v) 한국 사회는 대인관계 신뢰도가 낮으며, 2014년 OECD 국가 중 23위를 차지했다(OECD, 2016).[1]

제4장에서 더 자세히 조사한 바와 같이, 어떤 나라도 기능장애가 되어 있는 사회로는 지속 가능한 경제발전을 유지하고 선진경제를 달성할 수 없을 것이다(송호근 2015: 161, OECD 2013). 왜 한국 사회는 경제와 동등한 수준으로 발전하지 못했을까? 느린 사회발전이 어떻게 경제발전에 지장을 초래했는가? 사회적 진보를 촉진하기 위해 무엇을 해야 하는가? 이 장에서는 이러한 질문에 대한 답을 탐구해 본다. 그렇게 하는데 있어서, 이 장은 선진국과 비교하여 한국의 사회적 진보를 정량적으로 평가하는 것으로 시작한다. 그런 다음에 지난 수십 년간 급속한 경제발전과 함께

한국의 사회적 진보에 대한 조사 분석이 뒤따른다. 그리고 이 장에서는 경제발전에 중요한 영향을 끼치는 현대 한국 사회의 중요한 특징들을 조사한다. 특히 사회적 갈등은 최근 한국 사회에서 매우 심각한 사회적 문제 중 하나가 되었다. 이 장에서는 사회적 갈등의 원인과 해결 방안을 탐구한다. 마지막으로, 경제발전과 병행하여 사회적 갈등을 통제하고 사회적 진보를 촉진하기 위한 정책 제언을 한다.

3.2 한국의 사회적 진보 현황

문헌에는 사회적 진보에 대한 개념과 정량적 측정이 풍부하다. 포터 외(Porter et al., 2017)는 사회적 진보를 기본적인 인간 욕구의 개선, 웰빙의 기반, 진보의 기회로 정의했다. 이들은 이 정의를 바탕으로 2014년부터 128개국을 대상으로 3개 요소의 종합지수로 사회적 진보를 측정하기 시작했다. 이 지수에서 한국은 2014-2017년 평균 82.1점(100점 만점)을 기록했고, 〈표 3-1〉에서 나타난 바와 같이 2017년 OECD 국가 중 26위를 차지했다. 사회적 진보를 "사회의 지속 가능하고 공평한 복지"의 개선으로 정의한 문헌도 있다. 이런 사회적 진보 개념을 채택한 OECD는 사회적 진보의 핵심 요소로 사회 통합을 제안했다. 사회 통합은 한마디로 사회 구성원들이 생존하고 번영하기 위해 서로 협력하려는 의지를 나타낸다(OECD, 2011).[2]

OECD는 사회 통합을 위해 사회적 포용, 사회적 자본, 사회적 이동성 세 가지 요소를 제시한다(OECD, 2011). 제1장에서 살펴본 바와 같이, 사회적 포용이란 고용, 네트워크, 사회 지원 프로

표 3-1 한국과 OECD의 사회적 진보(통합)

	한국		OECD
	값	순위	점수
사회 발전 지수(Porter et al.)	82.1	26/35	84.9
사회적 통합(OECD)			
생활 만족도(2014)	5.8	28/34	6.6
사회적 신뢰도(2014)	26.5	23/34	36.0
관용도(2012)	6.4	25/34	7.3
제도에 대한 신뢰도(2014)	29	29/34	42
사회적 네트워크(2006-2014)	78.4	33/34	90.3
Yee and Chang(2009)	37.4	23/26	N/A
한국보건사회연구원(1995-2015)	22.2	29/30	53.4

출처: Porter et al.(2017), OECD(2014, 2016), Yee and Chang(2009), 한국보건사회연구원(2016).

그램에 대한 접근 등을 통해 개인과 사회 집단을 사회에 포함시키는 방식을 말한다. 사회적 자본은 사회적 신뢰, 규범, 네트워크, 자발적 협회의 회원 수 등을 포함한다. 사회적 이동성은 사회적 경제적 불평등의 문제이다. 따라서 OECD가 측정한 사회 통합의 원천은 사회의 질적인 수준뿐만 아니라 바람직한 생활 조건, 사회적 경제적 평등과 웰빙을 나타내는 요소를 포함하기 때문에 포괄적이다.[3] OECD는 여러 연구를 통해 사회 통합에 상응한 발전 없이는 지속 가능한 경제발전을 이룰 수 없다고 주장해왔다.[4] 특히 OECD는 경제적 사회적 진전을 위해 한국의 시급한 현안 중 하나로 사회 통합을 꼽았다(OECD, 2013).

사회 통합을 측정하기 위해 OECD는 여러 가지 구체적인 요소를 제안하고 있는데, 본 연구에서는 사회 통합이나 사회적 진보를 위한 5가지 요소를 선정한다(OECD, 2014; 2016). 즉, 생활 만족도, 사회적 신뢰도, 관용도, 제도에 대한 신뢰도, 사회적 네트워크가 그것이다(〈표 3-1〉). 이 5가지 요소에 대한 한국의 순위는

23위부터 33위까지이며, 이 요소에 대한 점수는 OECD 평균보다 현저히 낮다. 확실히 한국의 사회 통합은 다섯 가지 요소의 순위에서 볼 수 있듯이 다른 OECD 국가들과 비교했을 때 좋은 성과를 거두지 못했다. 이는 한국의 사회적 진보가 경제발전을 따라잡지 못하고 있음을 보여준다.

사회적 질을 통해 사회적 진보를 측정하려는 시도도 있다(Yee and Chang, 2009). 이들은 전통적인 개념을 채택하여 사회적 질을 "사람들이 사회의 경제적, 사회적 삶에 참여하여 자신들의 복지와 잠재력을 개발할 수 있는 능력"으로 정의하였다. 이렇게 정의된 사회적 질은 사회경제적 안정, 사회적 통합, 사회적 포용력, 사회적 권한 부여의 네 가지 요소에 의해 결정된다. 사회적 권한 부여란 사람들이 사회에 참여하여 좋은 건강, 교육, 민주적 기회를 가질 수 있는 사회적 여건을 의미한다.[5] 이들은 위의 네 가지 요소를 바탕으로, OECD 26개국의 사회적 질을 측정하였는데 한국의 순위는 23위였다. 한국보다 순위가 낮은 나라는 폴란드, 멕시코, 터키뿐인데 모두 한국보다 상당히 낮은 생활 수준을 영위하고 있는 나라들이다.

한국보건사회연구원(KIHASA, 2016)은 사회적 포용, 사회적 자본, 사회적 이동성, 사회적 갈등 등 4가지를 기준으로 사회 진보의 지표로 사회통합지수를 추정하였다. 한국보건사회연구원(2016)이 30개국을 대상으로 매 5년(1995, 2000, 2005, 2010, 2015)마다 추정한 사회통합지수에서 한국은 22.2점으로 OECD 30개국 중 29위를 차지해 이스라엘에만 앞섰고, OECD 국가들의 평균 53.4점과 크게 차이가 났다(〈표 3-1〉).

사회적 진보에 대한 다양한 정량적 측정에 반영된 바와 같이, 한국이 세계 12위의 경제 대국이자 1인당 GDP 기준으로 OECD

국가 중 21위라는 사실에서 알 수 있듯이, 한국의 사회적 진보는 자국의 경제발전을 따라가지 못했다. 게다가 한국의 사회적 진보는 OECD 국가들과 동등한 수준으로 유지되지 않고 있다. 심지어 일부 개발도상국에도 뒤처졌다. 왜 한국의 사회적 진보는 선진국과 자국의 경제발전을 따라가지 못했는가? 이 질문은 이 장의 나머지 부분과 이 책 전체에서도 분석될 것이다. 이를 위해 이 장에서는 먼저 한국 사회의 발전과 현대 한국 사회의 두드러진 특징을 살펴본다.

3.3 전통사회에서 산업사회, 정보화 사회로의 전환

3.3.1 개략적인 한국사 고찰

한국 사회는 오랜 역사를 통해 전통사회에서 현대 산업사회로 발전하고 나아가서 정보화 사회로 발전해 왔다. 한국은 비극, 투쟁, 승리 그리고 성공으로 점철된 4,000년 이상의 오랜 역사를 가지고 있다. 이러한 역사적 발전은 오늘날의 한국 문화와 한국 사회를 형성하는 데 중요한 역할을 해왔다. 한국인들은 단일민족으로 이루어진 후손이며, 부족 공동체의 무수한 흥망성쇠를 겪은 후, 기원전 57년경에 세 개의 고대 왕국(고구려, 백제, 신라)이 등장했다. 그 후 서기 668년, 삼국은 신라에 의해 독립국가로 통일되었고, 신라는 935년 고려 왕조에 복속되었다. 마지막으로 1392년에 고려 왕조는 500년 이상 지속되어 세계에서 가장 긴 왕실로 알려진 조선 왕조로 대체되었다. 조선 말기까지 오랜 역사를 통해 한국은 이웃 국가들(일본, 러시아, 중국)과 지속적인 전란을 겪

었다.[6]

19세기 후반 유럽 제국은 동아시아에 도달했다. 이 때를 즈음하여 중국과 일본은 외국에 개방되기 시작했다. 그러나 한국은 엄격한 쇄국정책을 유지하여 '은둔의 왕국(the Hermit Kingdom)'이라는 별명을 얻었다. 20세기 초까지, 한국의 주변 3개국은 한반도를 장악하기 위해 서로 다투었다. 일본은 1895년에 중국을, 1905년에 러시아를 각각 전쟁에서 물리치며 한국은 완전히 일본의 지배하에 놓이게 되었다. 한국은 이후 1910년 일본에 의해 점령(한일합방)되어 1945년까지 36년간 일본의 강제 점령 시기였다. 이 기간 동안 일본은 한국 문화를 완전히 말살하고 일본 문화에 동화시키려고 노력했다. 1945년 제2차 세계대전이 일본의 패배로 끝나자 이러한 동화 노력은 끝났다.

일제강점기를 벗어나자마자 한국은 외세에 의해 둘로 갈라졌다. 구 소련은 북위 38선 이북에서 북한을, 미국은 38선 이남에서 한국을 점령했다. 그 후 1948년 소련은 북한에 공산주의 정부(조선민주주의인민공화국)를 수립했고, 미국은 남한(대한민국)에 자본주의 민주정부를 수립하였다. 1950년 6월 북한은 이유 없는 전면 남침을 감행하여 3년간 동족상잔의 전쟁을 촉발시켰다. 거의 300만 명의 한국인이 사망하고 수백만 명이 이산가족이 된 이 전쟁은 1953년 휴전협정에 의해 양국 간 비무장지대(DMZ)를 설립함으로써 끝이 났다. 그러나 냉전의 정치적 현실로 인해 한국전쟁의 휴전선이 오늘날까지도 분단되어 있는 항구적인 비무장지대(DMZ)로 굳어지게 만들었다.

3.3.2 전통사회

한국 사회는 한국인이 공통된 단일 문화와 언어뿐만 아니라 공통의 민족적 배경을 가지고 있다는 점에서 동질적인 사회이다. 그러나 고려시대까지의 오랜 왕조의 역사를 통해 한국은 고도로 계층화된 사회 구조를 가지고 있었으며, 사회 계층은 사회적 이동성 없이 세습되었다. 오늘날에도 한국 사회의 저변에는 뿌리깊은 계급의식이 일부 남아있다. 조선 왕조(1392-1910)는 양반, 중인, 상민, 천민 등 4계급으로 구성된 경직되고 위계적인 사회 계급 체제를 갖추고 있었다. 가장 높은 사회 계급인 양반은 과거시험에 급제한 사람들이었다. 이 사람들은 토지를 받았고, 병역과 노동 의무를 면제받는 등 국가로부터 많은 특권을 부여받았다. 양반과 그 가족 및 후손들 만이 과거시험을 볼 자격이 있었다. 중류층인 중인 계급은 의원, 기술자 등 전문가들로 구성되었다. 상민은 주로 농민들을 중심으로 하는 평범한 노동자들이었고, 하층계급인 천민에는 노비와 백정 등이 포함되었다. 이러한 사회 계급은 유전되었고 사회적 이동성은 매우 제한적이었다. 이와 같이 경직되고 위계적인 계급제도는 일제의 식민 통치권으로부터 인정받지 못했다. 그러나 이러한 사회 계급은 기존 계층에서 벗어날 수 있는 경제적 기회가 없었기 때문에 1960년대까지 한국 사회에 남아 있었다.

일제강점기(1910-1945)는 한국 역사와 사회에서 최악의 시기였다. 일본은 극악무도하게 나라를 다스렸다. 헌병대는 반대자들과 그 가족들에게 심한 고문과 처벌을 하였다. 많은 한국 여성들이 일본 군인들을 위해 성노예가 될 수밖에 없었고, 많은 남성들이 강제노역에 동원되었다. 일본은 한국 문화를 말살시키기 위해 노력했고, 이를 위해 한국인들의 한글 사용이 금지되었다. 대신, 일본어 사용을 의무화했다. 한국인들은 또한 그들의 이름을 버리고 일본 이름으로 창씨개명을 하고 일본 천황을 숭배하도록 요구받았다.

많은 한국인들이 일제 치하에서 가난한 농민이 되었다. 1910년 조선 왕조가 끝날 무렵, 토지에 대한 재산권은 원칙적으로 왕의 소유였으며 적절한 토지 등록 기록은 존재하지 않았다. 일본은 1912년에서 1918년 사이에 조선 토지조사 사업을 실시하여 농부들에게 그들의 토지를 신고하도록 하였다. 필요한 토지 보고서의 의미를 이해하지 못한 채 많은 농민들이 일제강점기에 제시간에 땅을 신고하지 못했다. 보고되지 않은 모든 토지는 일본이 인수하여 일본인과 동양척식회사에 매각되었다. 하룻밤 사이에 농부들은 임차인이 되었다. 일본은 군사적 목적으로 쌀을 확보하기 위해 쌀 공출량을 농민들에게 부과하고 이들을 착취했다. 농업 이외의 사업을 시작하기 위한 면허는 한국인에게 발급되지 않았다. 1945년 해방 직후 한국의 미국 행정부는 일본인들이 소유한 땅을 몰수하여 제한된 수의 개인에게 팔았다.

제2차 세계대전에서 일본의 패망과 한국전쟁 발발 사이의 기간(1945-1950)은 한국 사회에 혼란스러운 시기였다. 광복 후 처음 몇 년 동안은 이념의 자유가 허용되었고, 남한 사회는 공산주의나 친소 세력의 동조자, 민주적 자본주의 또는 친미 세력의 동조자들로 이념이 나뉘었다. 양측의 거리 시위와 집회가 성행했고, 물리적 충돌이 산발적으로 일어났다. 1948년 대한민국 수립과 동시에 공산주의는 불법 이념으로 금지되었고, 친북주의자들은 지하로 잠입하여 파출소, 군부대 등에 대한 공격 등 남한 정권에 대한 은밀한 공격 활동을 벌였다. 또한 1949년부터 1950년 사이에 한국 정부는 과감한 토지개혁을 단행하여 토지의 소작인이 토지 소유자가 될 수 있도록 하였다. 이에 따라 소작지의 비중은 1950년 4월 개혁 이전 63.4%에서 개혁 후 8.0%로 감소했다.[7]

1950년 6월 한국전쟁이 발발하자마자 한국 정부는 공산주의 동조자들을 체포했다. 침략한 북한군이 남한 영토의 대부분을 통과했을 때, 남한의 공산주의 동조자들이 전면에 등장하여 군사경계선 뒤에서 남한 관리들과 그들의 동조자들에게 동족상잔의 복수를 저질렀다. 이러한 이념 갈등은 오늘날 한국에서 일어나는 이데올로기적 갈등의 주요 원인으로 남아 있다.

3.3.3 산업사회

1950년대는 한국 역사와 사회에서 최악의 재앙을 나타내는 시기였다. 3년 동안 동족상잔이 벌어져 수백만 명의 민간인이 목숨을 잃고 사회기반시설과 국가의 전체 산업기지가 파괴되었다. 1953년 전쟁이 끝났을 때, 한국은 말 그대로 폐허가 되어 극심한 빈곤에 빠졌다. 국가 절대빈곤율은 1961년 48.3%, 1인당 GDP는 1962년 87달러였다(국가통계포털, 2018a).[8] 한국전쟁은 반공주의를 대한민국의 본질적인 이념으로 확고히 자리잡게 했다. 전쟁 후 몇 년 동안, 정부는 많은 공산주의자들과 그들의 동조자들을 체포하고 처형하는 데 엄청난 에너지를 소비했다. 1950년대 남은 기간 동안 한국 사회는 권위주의 정부와 독재정권에 반대하는 학생들을 포함한 야당 사이의 정치적 갈등에 휩싸였다. 정치적 사회적 불안정과 무질서는 1961년 군사 쿠데타로 이어졌다.

박정희 대통령이 이끄는 군사정권과 그 뒤를 이은 정부는 경제발전에 최우선 순위를 두고, 연속적인 경제개발 계획에 착수했다. 제2장에서 논의된 바와 같이 1963년에서 1989년 사이의 기간 동안 군사독재 정권은 급속한 경제발전과 산업화를 이루었다. 한국 사회는 마침내 전통적인 농경사회에서 산업사회로 변모하기 시작했다. 1960년대에, 정부는 노동 집약적인 경공업 제품을 중심으로 신속한 산업화 및 수출 촉진의 개발 전략을 시행하였다. 1970년대에는 중화학공업의 야심 찬 발전 전략을 시행했고, 1980년대에는 안정화 및 자유화 정책을 추진하였다. 1960년대부터 30년 동안, 한국의 경제는 연간 9.2%의 성장을 달성하면서 경제구조는 현저하게 변화했다. 농업부문 GDP의 상대적 비중은 1962년 46.1%에서 1990년 8.5%로 줄어든 반면, 제조업 비중은 10.0%에서 29.6%로 높아졌다. 마찬가지로 농업부문의 고용 점유율은 1963년 63.1%에서 1990년 17.9%로 감소한 반면, 제조업부문 비율은 8.7%에서 27.6%로 증가했다(국가통계포털, 2018a).

한국의 도시화는 1960년대부터 1980년대까지 급속한 산업화와 맞물려 일어났다. 산업화와 함께 도시에서의 취업 기회가 농촌지역보다 상대적으로 빠르게 증가했다. 농업보다 도시의 산업이 더 빠르게 성장함에 따라 농업보다 산업에서 얻는 생산성과 소득이 높아져 농촌에서 도시로 향하는 이주 현상이 발생하였다. 도시지역 인구 비중이 1960년 39.2%에서 1970년 50.1%로, 1990년 82.0%로 높아졌다(국토교통부, 2015).

급속한 경제성장과 산업화, 도시화는 한국의 사회 구조에 엄청난 변화를 가져왔다. 사람들이 농촌에서 도시로 이주하면서 전통적인 사회 계층화(즉, 양반, 중인, 상민, 천민)는 사라지고, 육체노동, 상인, 사업가들에 대한 사회적 멸시는 힘을 잃었다. 전통적인 사회 계급이 사라지자 한국 산업사회는 교육수준과 직업(화이트, 블루칼라 노동자)을 바탕으로 미묘한 새로운 사회 계급을 발전시켰다. 교육은 사회 구조를 변화시키는 데 결정적인 역할을 했다. 한국 사회가 교육을 중시하고 존중하는 것은 교육을 강조하는 유교적 영향 때문이다. 교육의 문화적 중요성을 수용하면서, 인적자원관리는 특히 민간부문에서 교육의 수준이 승진과 보상의 핵심 결정요인 중 하나가 되는 방식으로 발전했다. 인적자원관리를 위한 교육의 중요한 역할은 결국 한국인들의 자녀 교육에 대한 열의를 촉진시켰다. 교육 수준과 관련하여, 도시 지역의 급속한 성장기에 공무원, 대기업 샐러리맨, 의사, 변호사, 엔지니어, 건축가, 언론인, 학교 교사, 교수 등 잘 배운 전문직 종사자로 구성된 '새로운 중산층'이 출현하였다. 이 새로운 중산층 중에서 최고 명문대학에서 교육을 받은 사회 엘리트 집단이 나타났다. 이들 대학 출신들은 정부 내 엘리트 직책은 물론 기업, 법률, 의료 분야까지 대부분을 차지했다.

3.3.4 현대 정보화 사회로의 전환

20세기 막바지에 접어들면서 정보통신기술이 급속도로 발달하여 사회의 구석구석까지 스며들었다. 이러한 침투는 정보의 생성, 보급, 응용, 조작이 주요 경제 사회 활동인 정보화 사회를 형성하게 했다. 따라서 정보는 생산성과 소득, 권력의 중요한 원천이다. 정보화 사회의 주요 원동력은 경제적 거래, 사회적 상호 작용, 개인적 관계를 수행하는 방식을 바꾸는 디지털 정보통신기술(ICT)이다. 디지털 ICT의 발달과 함께 멀티미디어가 등장하여 텍스트, 사진, 영상, 음향을 하나의 형태로 융합하였다. 인터넷과 함께 멀티미디어는 사회가 이용할 수 있는 대화형 통신의 수준을 향상시켰고, 오늘날에는 사회 구성원들 사이에 소셜 네트워크 서비스(SNS)를 포함하게 되었다. 이제 정보는 언제 어디서나 누구나 접근할 수 있게 되어 시간적, 지구적 거리를 극복할 수 있게 되었다. 이는 결국 기능별로 사회를 다양화하고 다원화된 사회가 되도록 이끈다. 멀티미디어와 인터넷의 힘으로 다원적 사회의 구성원들이 네트워크 형태로 수직적, 수평적으로 연결되어 어디에서나 있는 네트워크 사회로 발전된다. 네트워크 사회의 사회 계층은 산업 사회의 계층적 사회 계층에서 협력적, 수평적, 기능적 계층 관계로 변화한다.[9]

다원적 네트워크 사회는 지속 가능한 사회적 통합과 진보를 위한 요구조건을 충족해야 한다. 이를 위해 첫째, ICT는 어느 정도 발전되어 있고 그 진보를 유지해야 하며, 이는 결국 창의성과 혁신을 필요로 한다. 창의성과 혁신을 위해서는 지적재산권의 적절한 보호가 요구된다. 둘째로, 다양성과 네트워크화된 수평적 관계를 인정하는 새로운 공식 및 비공식적인 제도가 개발되어야 한다. 셋째, 디지털 정보에 대한 접근과 활용 범위가 달라서 발생하는 소득 불평등, 소위 디지털 불평등에 직면하여 사회적 갈등을 최소화하기 위해 사회적 평등과 사회적 이동성이 일정 수준으로 유지되어야 한다. 이를 위해 모든 시민을 위한 보편적인 정보 서비스가 촉진되어 포용적 사회를 만들어야 한다. 넷째, 사회는 이해관계와 가치관이 서로 다른 구성원들로 구성되어 있기 때문에 다원화된 네트워크 사회에서 쉽게 불거질 수 있는 사회적 갈등에 주의를 기울여야 한다. 사회적 갈등이 제대로 관리되지 않으면 사회적 통합과 진보를 저해할 수 있다.

위에서 논의된 것들의 기초가 되는 필수 요건은 사회적 신뢰이다. 다원화된 네트워크 사회의 구성원들은 이해관계, 가치관, 문화의 차이와 다양화에 관대해야 할 뿐만 아니라 서로 협력해야 한다. 협력과 포용이 신뢰 속에 내재되어 있지 않으면 국가가 ICT에 필요한 창의성과 혁신을 달성할 수 없다. 온라인 네트워크와 서비스의 신뢰성과 사이버 보안에 대한 사회적 신뢰가 없으면 디지털 정보산업은 발전할 수 없으며, 인터넷의 개방성을 보존해야 하는 근본적인 필요성도 충족될 수 없다. 사회적 신뢰가 낮은 사회에서 정보는 쉽게 남용될 수 있어 사람들의 사생활을 침해하고, 사회보장을 해치고, 정보 발전을 방해한다. 그러므로 다원적 정보사회가 발전하기 위해서는 사회적 신뢰가 대단히 중요하다.

한국은 최근 ICT를 괄목할 수준으로 발전시켜 산업사회를 정보화 사회로 탈바꿈시켰다. 1997년 금융위기의 여파로 한국이 자유화와 세계화를 수용하고 21세기 초부터 지식기반경제를 발전시키려는 경제정책 추진으로 사회적 전환이 가속화되었다. 한국은 급속도로 발전하고 수출 지향적인 이웃 국가들, 특히 중국과 일본뿐만 아니라 서구의 기술 선진국들 사이에 끼여 호두까기 신세로 전락하여 수출주도형 산업화 전략을 지식기반경제(KBE, knowledge-based economy)에 초점을 맞춘 새로운 개발전략으로 대체할 수밖에 없었다. 한국이 지식기반경제로 전환하지 않을 수 없는 또 한 요소는 인구감소와 급속한 고령화인데, 이는 한국의 전통적인 비교우위 요소인 저비용 고급 노동자가 빠르게 사라지기 때문이다. 지식기반산업의 중요성이 높아짐에 따라 정부는 2000년 1월 한국의 지식기반경제 전환을 위한 청사진 역할을 하기 위한 3개년 계획안을 발표하였다. 이후 한국은 지식기반경제의 중추로서 ICT 발전을 적극 추진하고 있다.

지식기반경제를 추진하려는 정책 추진에 따라 한국의 ICT 산업과 인터넷은 급속도로 확대되었다. 한국은 다른 OECD 국가들에 비해 ICT 인프라와 제조업 분야에서 괄목할 만한 성과를 거두었다. 2015-2016년 한국은 부가가치, 연구개발(R&D), 광대역 가입, 인터넷 속도, 특허, ICT 분야의 고용, 노동생산성, ICT 분야 수출 등 다수의 ICT 지표에서 1위부터 6위까지 높은 순위를 차지했다(OECD, 2017b). ICT 산업과 인터넷의 발전은 현대 한국 사회가 정보화 사회로 되어야 한다는 것을 잘 입증해 준다. 한국은 현대 정보화 사회에서 어떤 유형의 독특한 특징들이 생겨났는가? 그것들은 다음 절에서 검토된다.

3.4 현대 정보화 사회의 특성

3.4.1 사회의 인구구조 변화

다문화 한국

오랜 역사를 통해 한국은 이웃 나라들로부터 수많은 간섭과 침략을 받아왔다. 이웃 국가들에 도전하기에는 너무 작은 나라인 한국은 특히 조선 왕조 오백 년(1392-1910) 동안 중국 이외의 다른 나라들과는 고립 정책을 유지했다. 이와 같이 단일민족의 배경을 바탕으로 한 외국인 혐오증과 함께 외부 간섭에 대한 국가적 통합을 강화하는 단일민족 민족주의를 발전시켰다. 한민족 민족주의는 특히 일제 강점기에 한국인을 일본 문화에 동화시키려는 일제의 추진에 대한 반발로 강화되었다. 경제발전을 위한 국민의 지지를 유도하기 위한 통합성을 향상시키기 위하여 군사정부에 의해 더욱 촉진되었다. 한국의 경제가 도약하고 국민의 생활수준이 향상됨에 따라, 민족주의는 민족적 자긍심과 한국의 비극적이고 굴욕적인 역사를 초월해야 할 필요성에서 더 강화되었다. 이러한 한민족 민족주의하에서 국가 경제는 외국 상품의 수입과 들어오는 FDI를 제한함으로써 보호를 받았다. 한국은 받아들인 이민자가 많지 않았으며, 한국인들은 인종간 결혼을 경멸했다.

한국이 경제적, 지정학적, 문화적 영향력이 커지고 자신감과 국민적 자부심이 높아지면서 민족주의는 시들해졌다. 1990년대 중반부터 한국은 다양한 측면에서 외국인들에게 개방되기 시작했다. 〈표 3-2〉와 같이 한국의 등록 외국인 인구는 2000년 21만 명에서 2016년 116.2만 명으로 빠르게 증가하여 전체 인구의 2.3%에 달했다. 불법체류자를 포함해 국내에 거주하는 전체 외국인의 수는 등록 인구보다 훨씬 많다. 예를 들어 2016년 국내 외국인 거주자 수는 205만 명으로 전체 인구의 4.0%에 이르렀다(〈표 3-2〉). 한민족 민족주의로부터 또 다른 변화는 타인종간 결혼이 현저하게 증가했다는 것이다. 외국인과의 결혼 건수는 2000년 1만 2천건에서 2010년 3만 4천 건으로 증가해 전체 결혼의 10% 이상을 차지했다. 2010년 이후 감소 추세를 보이고 있지만, 인종 간 결혼은 여전히 상당하며, 매년 전체 결혼의 7.4%를 차지한다(〈표 3-2〉).

표 3-2 한국에 거주하는 등록된 외국인 및 외국인과의 결혼

	2000	2005	2010	2013	2014	2015	2016
등록 외국인*	210 (0.4)	485 (1.0)	919 (1.9)	986 (2.0)	1,092 (2.2)	1,143 (2.2)	1,162 (2.3)
한국 거주 외국인*	N/A	N/A	1,261 (2.6)	1,576 (3.1)	1,798 (3.6)	1,900 (3.7)	2,049 (4.0)
결혼 이주 외국인**	12 (3.5)	42 (13.5)	34 (10.5)	26 (8.0)	23 (7.5)	21 (7.0)	21 (7.4)

* 대괄호 안의 수치는 전체 모집단의 백분율이다.

** 괄호 안의 수치는 전체 결혼의 백분율이다.

출처: 국가통계포털(2018b).

한국인들은 이제 범세계주의자들이 되었다. 1990년대 중반부터 주로 중년의 한국인들로 구성된 관광단들이 해외로 몰려나갔다. 이어서 유학을 하고, 영어를 배우거나 여행을 하기 위해 해외로 가는 젊은 한국인들이 그 뒤를 이었다. 2000년이 될 때까지 한국인들은 미국, 캐나다, 호주에서 세 번째로 많은 유학생을 차지했다. 한국도 영화, 노래, 춤 등 중요한 문화 수출국이 되어 '한류(Hallyu)'라는 신조어가 생겼다. 동시에 국제화된 한국인들에게 어울리는 수많은 외국 식당, 커피숍, 술집들이 문을 여는 경향도 나타났다. 외국인들도 한국 엔터테인먼트 매체에 꽤 자주 등장한다.

한국은 지난 수십 년 동안 오랫동안 유지해 왔던 '순수 혈통' 민족주의에서 다문화 한국으로의 괄목할 만한 사회 변혁을 감행해 왔다. 이는 1960년대부터 놀라운 경제발전을 이루어 낸 '한강의 기적'에 버금가는 사회 변혁이었다. 이러한 사회의 심오한 변화는 지속 가능한 사회적 발전을 유지하기 위하여 한국에 거주하는 외국인과 화합을 유지하고 외국인 거주자와 그들의 자녀들을 최대한 활용하기 위해 한국이 해결해야 할 사회적 이슈를 만들어 냈다. 한국인들은 외국인과 인종간 결혼에 대한 마음을 열고 외국인에 대한 포용과 신뢰의 범위를 높여야 한다. 특히 한국 사회는 한국인 및 그 후손들과 결혼하기 위해 동아시아 국가에서 온 사람들을 공정하게 대우하는 법을 배워야 한다.

인구 고령화

한국의 인구통계 구성에서 가장 중요한 변화는 급속도로 고령화되는 인구이다. 한국의 인구는 1962년 2,650만 명에서 시작하여 2018년 5,120만 명에 이르러 세계에서 27번째로 많은 국가가 되었다. 경제가 발전하기 시작한 1960년대에 인구는 빠르게 증가했다. 그 후 인구증가율은 1960년대 연간 2.6%에서 1990년대에는 0.9%로 현저하게 감소했다. 21세기 초부터 인구증가율은 지속적으로 감소하고 있으며 2017년에는 0.39%에 이르렀다(〈표 3-3〉). 인구증가율의 감소는 출산율이 낮고 감소하는 데 기인한다. 이는 1970년 여성 1명당 출생 인구 4.50명에서 2017년 1.05명으로 OECD 국가 중 가장 낮은 수준으로 크게 감소했다. 인구증가율 감소와는 달리 한국의 기대수명은 1970년 61.9세에서 2017년 82.4세로 세계 최고 수준으로 상당히 크게 증가했다(〈표 3-3〉). 이에 따라 65세 이상 인구 비중은 1970년 3.2%에서 2017년 13.8%로 급격히 높아졌다(〈표 3-3〉). 이와 같이 2017년 한국은 고령화 사회(즉, 65세 이상 인구의 비율이 최소 14.0% 이상)로 간주되었다.[10] 가족의 전통이 바뀌어 자녀들의 많은 지원없이 혼자 사는 독거노인(1인 가구)이 2000년 16.2%에서 2016년 33.5%로 증가하였다(국가통계포털, 2018b).

표 3-3 1960년대와 2010년대 사이의 수십 년에 걸친 한국의 인구통계학적 변화*

	1962-69	1970-79	1980-89	1990-99	2000-09	2010-17	2017
인구증가율(%)	2.56	1.75	1.24	0.94	0.56	0.53	0.39
출산율(명)	N/A	3.62	1.99	1.62	1.21	1.20	1.05
기대수명(세)	N/A	63.6	68.1	73.4	78.0	81.3	82.4
65세 이상 점유율(%)	2.9	3.2	3.8	5.1	8.8	12.2	13.8
부양비율(65세 이상)/근로연령(15-64)(%)	N/A	5.7	6.1	7.4	12.3	16.6	18.8

참고: * 수치는 각 10년간의 연평균.

출처: 국가통계포털(2018b).

3.4.2 가족제도의 변화

전형적인 한국의 전통 가정은 확대가족이었는데, 핵가족(결혼한 부부와 자녀) 구성원에 더해 조부모, 고모, 삼촌 등이 함께 사는 형태였다. 한국에서 집단주의의 가장 중요한 초석은 생산의 주체이자 구성원을 위한 지원 및 보호 단위인 가족이었다. 이웃 국가들에 의해 너무 자주 침략당한 한국의 격동적인 역사와 비효율적인 왕조와 정권들 때문에, 오랜 역사를 통하여 대부분의 사람들이 어려운 시기에 의지할 수 있었던 유일한 기관은 가족이었다. 그 결과 가족 제도를 기반으로 수많은 유형의 사회적 규범이 발달했으며, 민간기업(농업을 포함)의 운영과 교육도 가족 중심으로 이루어졌다(장경섭, 1996). 따라서, 한국 가족은 집단 지향적인 이웃 국가들의 가족들보다 더 중요한 핵심 단위이다.

가족 구성원들은 가족 중심에 아버지를 두고 가부장적이고 위계적인 방식으로 서로 정서적으로 애착을 갖는다. 아이들은 부모에게 순종하며, 부모는 자식들을 양육하고 책임을 진다. 아내는 남편에게 순종하고, 동생들은 나이 많은 형제 자매에게 순종한다.[11] 이런 문화 아래에서 부모와 형제자매는 그들의 자녀와 형제자매를 위해 경제적으로 희생할 용의가 있다. 부모가 스스로를 돌볼 수 없게 되면, 자녀들은 부모를 부양하게 된다. 특히 첫째 아들은 부모와 함께 지내며 평생 보살펴야 할 책임이 있다. 가족 구성원은 가족의 명예를 위해 열심히 일하며, 구성원 개인의 성취는 가족의 업적으로 간주된다.

하지만 최근 한국의 변화는 전통적인 가족제도에 변화를 가져왔다. 예를 들어 1980년에는 상대 핵가족(즉, 자녀가 있든 없든 기혼인 부부)이 전국 전체 가정의 72.9%를 차지했고, 직접 대가족

(즉, 부모와 자녀가 있는 기혼 부부)은 11.0%를 차지했으며, 2016년에는 각각 81.7%, 5.3%로 나타났다. 또 다른 주목할 만한 변화는 1980-2016년까지 평균 가족 구성원이 4.6명에서 2.5명으로 감소한 반면, 1인 가구는 4.8%에서 27.9%로 증가한 것이다(국가통계포털, 2018b).

이러한 가족제도의 변화는 급속한 노인인구 증가 및 독거노인의 비율 증가와 함께 한국에 심각한 사회적 영향을 미치게 된다. 대가족의 감소와 1인 가구의 증가는 전통 문화와 가족끼리 서로 부양하고 의지하는 가족 규범이 사라지고 있음을 보여준다. 가족 지원의 거부로 인하여 자신을 부양할 수 없는 개인을 위해 정부 및 사회의 더 많은 지원을 요구한다. 또한, 독거노인의 수가 증가함에 따라 외로움과 불행의 증가와 더불어 그들을 위한 더 많은 사회적 지원이 필요하다는 것을 암시한다. 그러나 한국 사회와 정부는 개인과 사회 사이에서 중요한 역할을 할 수 있는 중요한 사회기관으로서 가족제도에 제대로 관심을 기울이지 않은 것으로 보인다. 그 결과 최근 몇 년간 저출산, 빈곤 증가, 노인 자살률 증가 등 가족과 관련된 사회 문제가 급증하고 있다.

3.4.3 교육에 의한 새로운 사회 계급

앞서 언급했듯이 세습적이었던 전통적 사회 계층화는 한국 사회가 전통사회에서 산업사회로 이행되면서 사라졌다. 이제 한국 사회가 정보화 사회로 변모한 만큼 사회 계급 의식은 계층적 사회 계급에서 협력적, 수평적, 기능적 관계로 바뀔 것으로 보인다. 그러나 사회문화의 일부로서 사람들의 사고방식에 내재되어 있는 계층적 관계로 인해 한국 사회 구성원들 사이의 사회적 계급은 변하지 않은 것으로 보인다.

이러한 새로운 한국 정보화 사회에서 사회 계급의 핵심 결정 요인 중 하나가 교육인 것으로 보인다. 한국에서 교육은 소득, 직업, 권력, 위신을 결정하는 주요 요인이다. 임금 수준은 개인의 교육 수준에 따라 현저하게 다르다. 고등학교 졸업생의 상대적 임금은 1980년대 말까지 4년제 대학 졸업생 임금의 50%에도 미치지 못했다. 그러나 점차 증가하여 1990년대 초에는 후자의 50%를 넘어섰고, 2017년에는 64%까지 증가했다. 전문대학(2년제) 졸업생의 상대적 임금 비율은 1980-2012년까지 대학 졸업생 임금률의 65% 안팎을 유지했지만, 2017년에는 72%로 소폭 개선됐다(한국노동연구원(KLI), 2018: 69).

대학 교육은 높은 소득뿐만 아니라 사회적 권력과 위신을 가져오고, 이는 다시 한국의 사회 계층화를 결정짓는 요인이 된다. 앞서 언급했듯이, 대학 졸업생들은 거의 모든 전문직을 차지하고 있다. 고등고시에 합격한 사람은 대부분 대학 졸업생이며 대학 졸업생은 고위공무원직을 독차지했다. 따라서, 대학 학위를 가진 사람들은 사회의 민간부문과 공공부문 모두에서 실질적인 권력을 행사한다.[12] 이 모든 것은 한국 사회에서 높은 사회적 위상과 지위를 위해 교육, 특히 대학 교육이 필수 조건임을 보여준다.

계급사회에서의 사회적 위상과 지위에 대한 우려 때문에 한국 사회의 상류층 사람들은 사회의 최하위에 있는 개인들과 어울리는 것을 꺼려한다. 이러한 결과로서, 결혼할 때 사람들은 사회적 지위, 소득, 교육 등이 동등하거나 유사한 사회적 배경을 가진 파트너를 찾아 기존의 사회 계급을 강화하려는 경향이 있다(신광영, 1996). 예를 들어, 재벌의 형제자매는 다른 재벌 또는 고위 공직자 및 정치인의 형제자매와 결혼한다.

개인 소득과 사회적 지위를 위한 교육의 중요한 역할 때문에, 한국인의 교육 성취도는 다른 나라에 비해 훨씬 더 높다. 한국의 25-64세 사람들의 학사학위 취득률은 2017년에 34%로 OECD 평균 16%에 비해 두 배 이상 높았다. 같은 해에 25-34세 연령대의 대학졸업증(tertiary degrees) 취득률이 한국은 70%인 반면 OECD 국가에서는 44%로 나타났다(OECD, 2018a: 54).

사회 지위의식이 높은 한국 사회의 급속한 산업화 시대에 교육을 기반으로 발전한 사회 계급은 시간이 지남에 따라 더욱 뚜렷해지고 교육 경쟁도 치열해졌다. 1960년대와 1980년대 사이에는 가정 소득에 관계없이 교육 기회는 어느 정도 동등하게 이용가능했으며, 4년제 대학 교육은 사회이동성을 위한 주요 수단이었다. 대학 교육 경쟁이 격화되자 정부는 대학 증설을 허용하여 대학 졸업생의 공급을 끌어올렸다. 그러나 정보화 사회, 첨단기술 사회에서 직장 내 최고의 기회는 한정되어 있어 대학 졸업생의 공급을 따라갈 수 없었다. 대학 졸업생의 수와 바람직한 취업기회 간의 불일치로 인해 특히 명문대학의 한정된 자리를 차지하기 위한 경쟁이 특히 심해졌다.

이처럼 치열한 교육 경쟁은 여러 세대에 걸쳐 소득과 교육에 의한 사회적 계층화를 심화시키고 고착화시켰다. 교육 경쟁은 유년기부터 유아돌봄교육(ECEC) 프로그램으로 시작되는데, 이 프로그램은 장래의 성공을 위한 인지, 사회, 정서적 능력의 발달을 촉진함으로써 미래의 학습을 위한 중요한 토대라고 여겨지고 있다. 2016년 유아돌봄교육 프로그램에서 3세 미만 유아의 등록률은 한국이 53%로 OECD 국가 중 네 번째로 높았다. OECD 국가의 평균 등록률은 25%였다(OECD, 2018a: 162).

한국의 의무교육은 유치원이 되어야 시작되기 때문에 유아돌봄교육 프로그램을 위해 아이들을 보내는데 상당한 비용이 발생한다. 유아돌봄교육 프로그램은 공공기관과 민간기관에서 제공하고 있으며, 후자가 전자보다 품질이 우수하고 비용이 많이 든다. 따라서 저소득층 가정은 양질의 유아돌봄교육 프로그램에 접근하는데 어려움을 겪고 있다. 그 결과 초등교육 이전에 저소득층 아동의 근본적인 인지능력과 비인지능력은 고소득층 아동들만큼 발달하지 못하기 때문에 정규교육이 시작될 때 이미 불리한 위치에 처하게 된다.

정규교육 경쟁은 초등학교에서부터 고등학교 사이에 기하급수적으로 증가한다. 자녀들이 또래보다 앞서기 위해 부모들은 공교육에만 만족하지 않고 자녀들에게 과외교육을 제공하려고 한다. 점점 치열해지는 경쟁적인 교육시장을 수용하기 위해 사설교육기관(학원)이 대입 시험을 준비하는 학생들에게 도움을 주기 위해 개발되었다. 이들 학원의 높은 사교육 비용은 사교육에 대한 참여와 지출이 가계소득과 높은 상관관계를 갖도록 한다. 2017년 월소득이 200만 원 미만인 가정의 학생은 43.1%만이 학원에 다닌 반면, 월소득 800만 원 이상 가정의 학생은 83.9%가 학원에 다닌 것으로 나타났다(국가통계포털, 2018b: 176). 고소득 가정의 학생 1인당 월평균 학원비 지출은 저소득 가정의 5.2배에 달하였다(국가통계포털, 2018b: 177).[13] 2017년 가계소득과 학원 참여율 사이의 8개 관측치 상관계수는 0.91이었다. 이러한 높은 상관관계는 그들이 밀(J. S. Mill)이 제안한 '상반변량법(method of concomitant variations)'에 의한 인과관계와 연관되어 있음을 나타낸다. 상반변량법이 인과관계의 방향을 나타내지는 않지만, 학원 참여가 당대의 가족 소득을 증가시키지 않을 것이기 때문에 가족 소득이 학원 참여의 원인이 되는 인과관계가 될 가능성이 높다.

사교육(학원)은 학생들이 교육 경쟁에서 이기는 데 도움이 된다는 인식이 한국의 대중들에게 강하게 자리잡고 있다. 첫째, 학교 성적은 학원 참여를 포함한 많은 변수에 달려 있다. 국가통계포털(2017)의 학원 참여 및 학업 성취도에 따르면 이들의 상호 연관성이 높은 것으로 나타났다. 예를 들어, 2015년 학업 성취도와 학원 참여율 사이의 5가지 관측치 중 이들의 상관계수는 0.99로 학원 참여가 늘어날수록 학교 성적이 향상되는 것으로 나타났다. 그들은 밀이 제안한 '상반변량법'에 의해 인과관계로 연결되어 있으며, 학원 참여가 학교 성적의 원인이 되는 상관관계가 될 가능성도 크다. 이렇게 학생들은 학원을 통해 학교 성적을 향상시킬 것이라는 기대와 실현 때문에 학원에 다니고 있다. 달리 표현하면 학생들이 공교육만으로 학교 성적에 점점 더 자신감을 갖게 되면, 학생들은 학원에 다니지 않을 것이다.

둘째로, 대학 입학은 두 가지 객관적인 기준, 즉 내신성적과 대학 수학능력시험(수능시험)을 기준으로 한다. 실증적 연구에 따르면 가계소득이 학생들의 수능 성적에 직접적인 영향을 미친다는 것을 보여준다. 따라서 위에서 논의한 바와 같이, 고소득 가정의 학생들은 학원 참여도가 높고, 학교 성적이 우수하며, 일반적으로 수능성적이 더 좋은 학생들이다.[14] 이러한 증거들은 일반 대중들이 사교육(학원)을 교육 경쟁에서 학생들이 이기는 데 도움을 주는 것으로 인식하기에 충분하다. 이러한 인식은 더 좋고 더 많은 학원을 위한 경쟁을 높이고 여러 세대를 걸쳐 사회적 계층화를 고착화시킨다.

제5장에서 조사한 바와 같이 최근의 불평등은 지니계수가 1997년 0.264에서 2016년 0.317로 증가하면서 최근에 더 악화되었다(한국노동연구원, 2018: 129). 한국의 소득 불평등은 교육 시스템

을 통해 기존의 사회 계층화를 심화시키고, 그것을 여러 세대에 걸쳐 고착화하여 사회 이동성을 낮추게 된다.[15] 이 책 전반에 걸쳐 더 자세히 조사한 바와 같이, 빈부격차의 심화는 한국의 다양한 사회 경제적 문제의 주요 원인 중 하나이다.

3.4.4 성별 불평등

오랜 역사를 통해 한국 여성들은 남성 우월주의 문화 아래에서 차별을 받아왔다. 14세기부터 2008년 폐지될 때까지 시행된 호주제도는 가족단위의 여성을 조직적으로 차별하는 제도였다. 이 제도는 한 가족 내에서의 법적 관계를 규제하였는데, 각 구성원이 특정 가구에 소속되는 것으로 등록되었으며, 남자만이 가장(호주)으로 대표된다(H. Yang, 2013). 이 가족제도 하에서는 아내, 어머니, 딸, 며느리로서의 가족 내 여성의 지위가 남성의 상태보다 열등했다. 결혼하기 위해 가족을 떠난 한 여성은 아버지의 호적에서 삭제되어 남편의 호적에 추가되었다. 따라서, 그녀는 문자 그대로 혈통이 다르기 때문에 그녀의 가족뿐만 아니라 남편의 가족에게도 외부인이 되었다. 여성들은 이혼을 시작할 수 없었고, 일단 남편의 개시로 이혼하면 남편은 자녀들의 관리인이 되었다. 여성은 재산을 상속받을 수 없었고, 조상의 제사에 참여할 수 없었다. 일반적으로 여성은 공적 생활이나 교육에 참여하는 것이 금지되었다. 이들은 대체로 자질과 취업 기회를 가리지 않고 아이들을 키우고 가족을 돌보는 데 집중해야 했다.[16]

2008년에야 법률적으로 남녀 불평등이 철폐되면서 남녀 간의 공식적인 평등권이 확립되었지만, 한국에서는 유교적인 관습 때문에 여성에게 불공평했던 사회적 관습과 풍습이 여전히 사라

지지 않고 있다. 세계경제포럼(WEF)이 집계한 세계 성 격차지수에 따르면, 한국은 2017년 조사 대상 144개국 중 118위를 차지했다. OECD는 WEF에 의해 확인된 한국의 성별 격차 정도를 재확인한다.[17] 2008년 호주제가 폐지된 후에도 한국의 성 격차지수가 거의 변동이 없다는 점은 상당히 놀라운 일이다. 한국은 2016년 OECD 국가 중 성별 임금 격차가 37%로 가장 컸으며 OECD 평균은 14%에 불과했다.[18] 또한 제9장에서 논의한 바와 같이 고용률, 관리자 고용, 이사회 구성원, 출산 휴가 등 고용의 모든 영역에서 여전히 큰 성별 격차가 존재한다.

한국 문헌에서의 성별 격차에 대한 정보는 WEF와 OECD가 확인한 성별 격차와 일치한다. 한국 문화에는 여성이 공공장소에서 조신해 보이도록 하는 사회적 예절이 포함되어 있기 때문에, 여성들이 부하 직원은 물론 다른 사람들을 지휘하고 통제하는 것은 문화적으로 어려운 일이다. 그래서 여성들은 전문직과 관리직을 기피하는 경향이 있으며, 대신 공무원, 영업사원, 서비스직에 종사하는 경향이 있다. 이는 한국고용정보원의 고용통계에 잘 나타나 있다. 관리직과 고위직 임원의 여성 취업자 비율은 2001-2017년 동안 일관되게 약 0.4%로 남성의 3.6%에 비해 크게 낮았다. 여성 근로자의 절반가량이 공무원, 서비스직, 영업사원, 단순 노동자로 고용되었다. 이와는 대조적으로 남성 근로자의 3분의 1 약간 넘는 정도가 위의 4개 직종으로 나타났다(한국노동연구원, 2018: 36). 1980년대 말까지 모든 산업에서 여성의 임금률은 남성의 50% 미만이었다. 이후 2017년 여성의 상대 임금률은 2017년 남성 임금의 약 64%로 점차 향상되었다(한국노동연구원, 2018: 69). 마지막으로 2002-2017년 비정규직 여성 근로자의 비율은 41.2%인데 비해 남성 근로자는 28.0%로 나타났다(한국노동연구원,

2018: 41). 성별 격차가 크면 사회적 화합과 통합뿐만 아니라 경제 발전에도 심각한 영향을 미칠 수 있다.

3.4.5 낮은 준법 정신과 높은 사회 부조리

한국인들은 규칙 위반과 사회 부조리를 자주 목격해 왔다. 일제 강점기 하에서 지배권에 대한 반란과 규칙 위반이 일본 식민통치에 대한 애국적 행위로 간주되었다. 이러한 규칙 위반의 애국적 유산은 1988년 이전의 군사독재 정권에서 민주적인 정권 이양을 통해 계속되었다. 군사정권 하에서 많은 학생들이 법을 위반하는 독재정권에 반대하는 대규모 시위를 벌였다. 이 학생들은 또한 사회의 양심에 의해 용납되고 동정을 받았다. 1988년 한국에서 일어난 정치 민주화 이후, 노동조합은 약자와 빈곤층의 목소리를 대변한다고 주장하며 파괴적이고 종종 불법적이고 폭력적인 대규모 시위와 데모를 벌여왔다. 이러한 반란의 전통은 국민의 낮은 준법정신의 주요 원동력 중 하나이다.

국내외 자료는 한국인의 법을 지키는 수준이 낮다는 것을 입증한다. 제6장에서 추가로 논의된 바와 같이, 1975-2016년 기간 동안 형사범죄 건수는 매년 4.1%씩 증가했다(국가통계포털, 2018b). 같은 기간 재산범죄는 4.2%, 위폐는 3.9%씩 각각 증가했다. 특히 2000-2013년 사이 허위사실과 관련된 형사범죄(예: 사기, 허위사실 공표, 위증)는 연평균 14.0%씩 증가했다. 이러한 범죄는 일본의 1인당 범죄 수보다 165배에 달한다.[19] 국민 여론조사에 따르면, 국민 개개인은 스스로 2년(2014년과 2016년) 동안 평균 68.9%의 법을 준수한다고 밝힌 반면, 다른 사람들은 35.6%만 법을 준수한다고 생각하는 것으로 나타났다(국가통계포털, 2018b: 356). 세

표 3-4 법치와 부패 수준에 대한 지표—한국과 OECD

	한국 (순위)	OECD 평균	한국/OECD
법치(WBG, 2000-2016)	0.97 (27)	1.31	0.73
부패통제지수(WBG, 2000-2016)	0.49 (27)	1.32	0.37
부패인식지수(TI, 2000-2017)	5.08 (26)	6.96	0.73

출처: WBG(2017), TI(2018).

계은행그룹(WBG)은 사회의 규칙 준수, 범죄와 폭력 발생 가능성에 대한 인식, 사법부의 법 집행 질을 측정하는 '법치' 지표를 추정한다. 〈표 3-4〉에서 볼 수 있듯이, 2000-2016년 기간 중 한국은 OECD 평균인 1.31점에 비해 낮은 평균 0.97점을 받았다. 이 기간 동안 한국은 OECD 34개국 중 평균 27위를 차지했다.

한국의 각종 사회 부조리의 핵심 요소는 높은 수준의 부패이다. 1948년 공화국이 수립된 이래 1960년대 초까지 정치적으로나 사회적으로 격동의 시기에는 불충분한 법률 제도와 비효율적인 시행으로 인해 부패가 심했다. 압축적인 성장기를 거치면서 정부는 재벌을 정책 도관으로 삼아 산업 재정정책을 시행하여 재벌들에게 금융 및 비금융 인센티브를 제공하였다. 이 독특한 정부-기업 관계는 정실주의(cronyism)와 부패를 야기시켰다. 국민들의 준법정신이 부족한 것도 국가의 지속적인 부패에 기여하였다.

제7장에서 더 자세히 설명된 바와 같이, 다수의 국내외 기관에서 추산한 한국의 부패 수준은 현저히 높았다. 여러 기관이 측정한 수많은 부패 지표 중에서 WBG에 의한 부패통제지수와 국제투명성기구(TI)의 부패인식지수는 본 연구의 부패 수준과 가장 직접적인 관련이 있는 것으로 판단된다. 〈표 3-4〉에서 보는 바와 같이 부패통제지수는 2000-2016년 평균 0.49점으로 OECD 평균

인 1.32의 37%에 불과했다. 또 2000-2017년 한국의 부패인식지수 점수는 OECD 평균 6.96점에 비해 평균 5.08점으로 OECD 국가 중 26위에 머물렀다.

국내 연구소들의 추정에서도 국내 부패가 꾸준히 만연해 있는 것으로 나타났다. 국민권익위원회(ACRC)가 추산한 한국의 부패인식수준은 2006-2017년 평균 57.7%로 나타났다(국민권익위원회, 2018). 마찬가지로 같은 기간 한국행정연구원(KIPA)이 추정한 부패 수준도 63.4%에 달하였다(한국행정연구원, 2017). 현대경제연구원(HRI)이 2014년 실시한 조사에 따르면, 우리나라의 부패가 심하다고 생각하는 국민이 압도적 다수(88.5%)로 나타났다. 대다수의 사업가들은 부패를 기성 사회문화의 일부로 간주하고, 공무원을 상대하는 표준 관행으로 간주한다(현대경제연구원, 2014). 정부 각처에 만연된 부패는 2014년 304명의 사망자를 낸 세월호 참사로 절정에 달했다. 특히 희생자 대부분은 수학여행을 가던 고등학생이었다. 이 사건은 1년 이상 한국인을 혼란과 무질서에 빠뜨렸다. 경제는 상당한 후퇴를 겪었고 1년 동안의 부패에 대한 조사 끝에 대통령이 탄핵되었다.

3.5 높은 사회적 갈등

현대 한국 사회 구성의 또 다른 측면은 높은 사회적 갈등이며 이는 한국에서 매우 심각한 사회적 문제 중 하나이다. 사회적 갈등은 사회적 권력, 사회적 지위 및 경제적 자원을 놓고 경쟁하는 사회 집단(또는 계층) 사이에서 발생한다. 사회적 갈등은 사회의 모든 영역에 존재한다. 일단 국민적 합의에 따라 적절하게 해결된 사회적 갈등은 사회발전과 변혁의 원동력이 될 수 있다. 좋은 역사적 사례로는, 18세기 말 프랑스 혁명으로 정치와 경제제도를 배타적 군주제에서 포용적이고 민주적인 것으로 탈바꿈시켰다. 이러한 제도적 변화는 많은 유럽 국가들로 빠르게 확산되어 유럽의 사회 및 경제발전의 원동력이 되었다.[20] 비록 군주제가 다른 형태의 독재체제로 대체되어 사회 경제적 기여를 제한하기는 했지만, 20세기 초 소비에트 연방(소련)에서 구현된 사회주의도 사회적 갈등에 의해 유발되었다. 현대 사회에서 사회적 갈등은 정부로 하여금 소득분배와 사회적 통합을 향상시키기 위해 사회적, 경제적 정책을 시행하도록 이끌지도 모른다. 따라서 사회적 갈등은 사회적 진보의 전조로 간주될 수 있다. 그러나 사회적 갈등이 해소되지 않은 채 방치되는 한, 그것은 사회적 붕괴, 사회적 통합의 손상, 기능장애 사회를 초래하여 사회적 경제적 진보를 저해한다.[21]

사회적 갈등은 경제에 악영향을 미친다. 사회적 갈등은 사회적 합의를 어렵게 하고, 이에 따라 사회적으로 최적의 수준보다 낮은 수준의 사회기반시설과 같은 공공재를 제공하게 된다. 같은 이유로 사회적 갈등은 재정과 금융정책을 실행하기 어렵게 만들 것이다. 갈등을 빚고 있는 이익집단들 간의 경쟁이 치열하기 때문에, 사회는 전체 경제를 희생시키면서 특정 집단에 유리한 정책을 추구하는 경향이 있다. 사회적 갈등은 또한 이익집단의 지대 추구 활동을 증가시켜 자원의 생산적인 배분을 방해하고, 이는 경제성장에 더욱 부정적인 영향을 미친다.

사회적 갈등은 사회적 진보에도 악영향을 미친다. 사회적 갈등은 본질적으로 사회적 통합의 정반대인데, 사회적 통합은 사회적 진보의 주요 지표로 간주된다. 게다가, 사회적 갈등은 사회적 신뢰를 떨어뜨린다. 왜냐하면 사람들은 갈등을 일으키는 개인들을 신뢰하지 않기 때문이다. 이것은 사회적 갈등이 대인관계 신뢰의 핵심 결정요인 중 하나라는 실증적 연구에 의해 뒷받침된다.[22] 사회적 갈등은 또한 사회적 차별과 경멸을 불러 일으키며, 그로 인해 박탈감과 분노, 그리고 불의에 대한 감정을 발생시킨다. 이 모든 것이 사회적 통합과 진보를 방해한다.

3.5.1 사회적 갈등 상황과 사회경제적 영향

사회적 갈등은 현대 한국 사회에서 매우 심각한 사회 문제가 되었다. 이 문제에 대한 대응으로 2013년 대통령직속 국민대통합위원회(PCNC)를 설치하였다. 서울대학교가 국민대통합위원회의 위탁을 받아 실시한 국민 여론조사에서는 정당, 이념(이데올로기), 고용주와 종업원, 빈부격차, 재벌과 중소기업, 지역, 교육수준 등 8가지 유형의 사회적 갈등이 국민 대다수가 가장 심각하게 생각하는 것으로 나타났다. 그리고 같은 조사에 따르면, 대부분의 국민(72%)이 지난 5년간 한국의 사회적 갈등이 악화되었다고 생각하는 것으로 나타났다.[23]

사회적 갈등에 대한 여러 계량적 측정은 한국의 높은 사회적 갈등을 잘 뒷받침하고 있다. 삼성경제연구소(SERI)에서 국제 비교를 통해 한국의 사회갈등 종합 수준을 가늠할 수 있는 사회갈등지수를 개발했다. 이들은 사회적 갈등의 수준은 갈등을 유발하는 사회구조적 요인과 갈등관리 시스템의 실효성에 의해 결정된다고 주장했다. 갈등 관리의 실효성 수준은 민주적 성숙도의 수준과 사회적 갈등을 최소화하기 위한 정부의 정책수행 능력에 달려 있다. 이 모델을 바탕으로 삼성경제연구소는 2009년 OECD

27개 회원국들의 사회갈등 수준을 추정하였는데, 이 중 한국은 0.71점으로 24위(또는 꼴찌에서 4위)에 머물렀다. 이들에 의하면 한국의 사회적 갈등 수준이 상대적으로 높은 것은 주로 민주주의 체제의 미숙함과 낮은 정부 효율성으로 인한 비효율적인 갈등관리 때문이라고 주장한다.[24] 한국보건사회연구원(KIHASA)은 사회적 갈등 관리와 사회갈등지수를 따로 추정했다. 전자의 경우 한국은 2011년 OECD 34개국 중 27위를 차지했다. 갈등관리지수를 감안한 사회갈등지수에서 한국은 2011년 OECD 24개국 중 5위를 기록했다(한국보건사회연구원, 2014a). 이러한 양적 지표들은 한국의 사회적 갈등이 상대적으로 높으며, 사회발전이 경제발전에 미치지 못하고 있음을 보여준다.

사회적 갈등은 경제와 사회에 악영향을 미치기 때문에 한국에서 중요한 사회문제가 되었다. 또한 위에서 살펴본 바와 같이, 한국의 인적자원의 낭비와 사회적 비용 증가로 이어진다. 한국에서 사회적 갈등은 선거, 로비, 입법 청원 등 제도적 수단을 통해서뿐만 아니라 집회, 시위, 파업, 폭동 등 물리적인 힘의 형태로 표출되고 있다. 한국에서 자주 관찰되는 물리력의 표현은 이러한 활동에 관여하는 사람들의 인적자원 낭비로 이어진다. 이러한 공공시위와 집회에 대응하여 공공질서를 유지하기 위해, 당국은 많은 수의 보안요원들을 동원한다. 이러한 활동으로 인해 대중에게 불편과 교통체증은 사회적 비용을 유발한다. 박준(2009)의 추정에 따르면 사회갈등지수가 10% 감소하면 1인당 GDP가 7.1% 증가한다. 한국보건사회연구원(2014a: 11)의 추정에 따르면, 사회갈등지수가 10% 감소하면 1인당 GDP가 연간 1.4%에서 1.46%로 늘어난다. 이런 경험적 결과를 종합하기는 어렵지만 사회적 갈등이 한국 경제에 큰 악영향을 미친다는 것은 명백하다.

한국 사회와 문화의 계층적 특성 때문에 계층화된 계급 간에 사회적 갈등이 발생한다. 사회 계층 간의 소득, 사회적 권력, 사회적 지위 경쟁에서 발생하는 사회적 갈등은 차별, 박탈, 사회적 불의, 분노를 유발한다. 최근 한국의 사회계층 사이에 특이한 사회 현상이 나타나고 있다. 악명 높은 '땅콩 회항(대한항공 부사장의 갑질)' 등 각종 사건에서 알 수 있듯이, 타인에 대한 권력자의 오만하고 권위적인 태도나 행동을 일컫는 이른바 '갑질'이다. 갑질에는 사회적 불의, 박탈, 분노의 악감정뿐만 아니라 굴욕과 체면 상실을 포함한다. 이러한 사회적 차별과 악감정은 사회적 신뢰와 협력, 관용을 떨어뜨려 한국의 사회적 붕괴를 조장한다.

3.5.2 사회적 갈등의 원인

한국의 사회 갈등은 사회 구성의 변화를 포함하여 정치, 경제, 사회 발전에 따라 여러 요인에서 발생하였다. 위에서 지적된 바와 같이 사회적 갈등은 잠재된 사회적 갈등 요인과 사회 갈등 관리에 달려 있다. 국내 여러 기관의 사회갈등 실태조사 결과에 비추어 볼 때, 사회적 갈등의 요인을 정치적, 경제적, 사회적 요인 세 가지로 분류할 수 있다. 또한 개인의 사회적 인식, 행동 및 태도도 중요한 요인이다.[25]

첫째, 낮은 타협 기술과 같은 정치적 갈등 요인은 짧은 민주주의 역사 때문일 수 있다. 민주적 경험의 부족은 정당과 정치인 간의 끊임없는 갈등의 중요한 원인이 될 것이다. 또한 제7장에서 더 논의된 바와 같이 정당들은 정치 문화 때문에 당 지도자들의 변덕에 휩싸여 정치적 안건에 기반한 안정적인 정당정치의 발전을 방해하고 있다. 여기에 정치적 안정을 저해하는 대통령 5년 단임제가 추가된다. 더구나, 한국의 정당 기반 중 하나가 공통된 지역 배경이기 때문에 정당들은 지역에 기반을 두고 있다. 지역 기반 정당 체제는 특히 같은 지역 배경을 가진 정치와 재계 지도자들이 서로를 지지했던 급속한 성장기 동안 정실주의(cronyism)에 의해 강화되었다. 정치인들은 또한 지역주의를 그들의 정치적 편의를 위하여 활용하고 있다. 제7장에서 상세히 기술한 바와 같이 정치 지도자가 되거나 정치 사무실을 유지하기 위해서는 많은 비용이 필요하다는 점에서 돈이 많이 든다. 값비싼 정치 체제는 정치인들을 돈의 유혹에 취약하게 만든다.

정치적 갈등은 이념적 갈등과 겹친다. 위에서 언급한 바와 같이, 1945년 제2차 세계대전이 끝나고 독립국이 되자 한국은 남한과 북한으로 분열되었다. 남한은 민주주의와 자본주의를 채택했고 북한은 공산주의를 채택했다. 남한 내에서는 공산주의 동조자들과 자본주의 지지자들 사이에 깊은 이념 분쟁이 일어났다. 이데올로기적 분열은 새로운 냉전과 함께 1945-1950년 사이에 두 집단 간의 갈등과 살인으로 인해 더욱 깊어졌다. 그러던 중 1950년 한국전쟁이 발발하여 공산주의자와 자본주의 지지자 간의 전쟁으로 이념적 균열을 악화시켰다. 냉전 시대 반공산주의 운동은 이념 갈등을 더욱 확대시키는 데 일조했다. 남한의 공산주의 동조자들은 여전히 사회적, 법적 오명을 받고 있는데, 이것은 한국 사회의 이념 갈등을 강하게 유지시켜준다. 정당들은 그들의 정치적 편의를 위해 이념적 분열을 이용하여 정치적 갈등을 심화시킨다.

둘째, 사회 갈등의 경제적 요인은 사회발전에 대한 정책적 관심이 거의 없는 상태에서 급속한 경제성장 추구에 초점을 둔 1960년대 한국의 경제개발 전략에 기인하며, 따라서 소득 불평등과 열악한 사회 안전망 등 사회적 갈등의 씨앗을 뿌린데 있다. 급속한 경제성장 전략을 추진함으로써 결국 소득과 교육에 기반을 둔 새로운 사회 계층화를 낳았다. 더 높은 소득과 더 나은 교육을 위한 새로운 사회 계층 간의 치열한 경쟁은 위에서 언급한 바와 같이 한국의 주요 사회 갈등의 원천이 된 기존의 소득 격차를 더욱 악화시킨다. 정부는 또한 재벌들에게 다양한 형태의 금융 및 비금융 특혜를 제공하면서 그들을 정책 도관으로 하는 산업정책을 실시함으로써 재벌과 중소기업간의 정치경제적 권력에 큰 격차를 만들고 갈등을 기웠다.

급속한 성장기 동안 정부는 대부분의 산업부지를 우리나라의 남동부(영남) 지역을 중심으로 개발하였다. 이러한 지역은 그 지역의 강력한 정치권력 기반과 해당 지역 출신 정·재계 인사들 간의 결탁이 있었기 때문에 선택되었다. 이는 지역 간 사회적 갈등의 중요한 원인이 되었다. 1987년 정치 민주화가 일어날 때까지 정부는 성장전략의 일환으로 경영진에 유리하도록 노동을 억압하여 노사관계에 갈등을 빚었다. 1997년 IMF 외환위기 이후, 정부는 노동시장의 유연성을 높이기 위한 방안으로 비정규직을 고용할 수 있도록 허용했다. 이로 인해 정규직과 비정규직 근로자 사이에 심각한 사회적 갈등이 빚어지고 있다.

셋째, 사회적 요인도 사회적 갈등의 중요한 원천이다. 한국 사회가 현대 정보화 사회로 탈바꿈하면서 공공단체와 민간단체, 이익단체 등이 생겨나고, 특히 1987년 민주화 이후 국내에 외국인 거주자가 증가하면서 한국 사회는 크게 다양화되었다. 이들 사회단체들 간의 이해충돌은 사회적 갈등으로 이어지고 있다.

한국에서는 독특한 유형의 세대간 갈등이 고조되었다. 한국에서 짧은 시간에 걸쳐 발생한 이른바 '압축 성장'으로 인해 세대

간 경험과 인식이 크게 달라져 이념과 사회적 가치에 세대 간 차이가 나타났다. 여기에 연금, 복지정책, 고용기회, 정년 등과 관련된 세대 간 경제적 이해관계의 차이가 더해진다. 한편 최근 세대 간 정치적, 경제적 발전에 대한 관망의 차이에서 일어나는 세대 간의 이념적 차이 때문에 세대간 갈등을 강화시켰다. 또 한국의 가부장적 위계 문화 때문에 성차별은 변하지 않고 있으며, 블루칼라 노동자와 저학력자에 대한 사회적 오명이나 경멸은 완화되지 않고 있다. 앞서 논의한 바와 같이, 소득과 교육에 기반한 새로운 사회 계층 간의 치열한 경쟁이 계속되면서, 사회적 이동성이 감소하여 사회 갈등의 원인이 되고 있다.

넷째, 짧은 기간에 걸친 압축 경제성장으로 인한 정치, 경제, 사회적 변화가 사회 갈등의 주요 원인이 되었지만, 사회와 사회 가치의 변화에 대한 사회적 인식, 행동, 태도에서 사회 갈등을 키우는 것은 그 나라의 국민들이다. 따라서 부적절한 사회적 인식을 가진 시민들이 사회 갈등의 핵심적인 원인이다. 이런 점에서 성숙한 '시민의식(혹은 공동체 의식)'의 자질이 결여된 것이 사회적 갈등의 가장 결정적인 원인이다. 성숙한 시민의식은 비전 공유, 사회적 책임, 협력, 공감과 상호 존중, 의사소통과 소셜 네트워킹, 신뢰, 사회적 규칙 준수 및 윤리를 포함한다.[26] 시민의식과 공동체 의식이 없으면 사람들은 이기적이고 자신의 권리를 주장하며 책임을 회피하고 타인을 불신하는 경향이 있다. 독단적인 사람들은 의사소통 및 토론 기술을 발전시킬 수 없으므로 정치적 타협 능력이 부족하게 된다. 불신과 갈등은 동전의 양면과 같기 때문에 낮은 시민의식으로 인하여 타인과 사회기관에 대한 신뢰 부족은 사회적 갈등을 일으키는 중요한 원인이기도 하다. 여기에 한국인은 오랜 국제적 고립과 단일민족을 지켜온 배경 등으로 인해 이념과 정치적 성향, 민족적 배경의 다양성에 대한 관용이 부족하다는 점도 추가된다.

국민들의 성숙한 '시민의식' 결여가 사회적 갈등의 원인이라는 주장이 있다. 그런데 왜 국민들의 시민의식이 부족하게 되었는지에 대한 의문이 먼저 제기된다. 핵심 이유 중 하나는 학교에서의 경쟁이 시간이 지남에 따라 더욱 심화되었기 때문이다. 앞서 논의한 바와 같이, 군사정권이 1960년대, 1970년대, 1980년대에 빈곤을 타파할 뿐 아니라 북한에 대한 국가 안보를 개선하기 위해 지속적인 경제성장을 추진하면서, 정부는 더 나은 삶을 위해 '새마을 운동'을 추진하며 사람들을 선동하고 동원하며 열심히 일하게 했다. 이 때 등장한 표어가 그 유명한 "잘 살아 보세" 라는 현수막이다. 경제성장을 위해 사람들을 동원하려는 정부의 노력에 부응하여 빈곤에서 벗어나고, 고도 경제성장의 수레에 올라타고, 더 높은 사회 계층으로 올라가려는 개인들의 열망은 그들을 매우 열심히 일하게 했다. 명문대와 좋은 직장으로 들어가는 기회의 문이 좁아지자 모든 수단을 동원해서 다른 사람들을 이기기 위한 개인들 간의 경쟁은 시간이 흐르면서 더욱 고조되었다. 가족 중심의 집단사회에서 각 가족은 모든 자원을 동원하여 자녀를 명문대에 입학시키기 위하여 자녀들의 조기교육부터 경쟁을 시작한다. 적절한 사회보장 제도가 없는 상황에서 형제자매를 교육하고 성공시키는 것은 가족의 부와 위신을 향상시킬 뿐만 아니라 퇴직 후 보험으로 간주되어 왔다. 이러한 형태의 교육문화에 따라 사회는 변화하여 협력, 동정심, 사회적 신뢰 및 공감이 결핍되어 시민의식과 공동체 의식의 발달을 저해하고 있다.

위에서 논의한 바와 같이, 한국의 계층적 문화와 사회 때문에 사회 계층 간의 사회적 갈등은 갑질에서 드러나듯이, 수평적인 것이 아니라 계층적인 것으로서 사회적 편견, 굴욕 및 불의를 야기시키면서 여러 가지 사회갈등의 요소들이 되고 있다. 게다가, 한국인들이 자신의 위치를 다른 사람들과 비교하려는 경향이 강한 현상은 양날의 칼이 되어 상대적인 사회적 지위에 대한 우려를 불러일으킨다. 한편으로, 그것은 사람들로 하여금 지위와 물적 재산을 획득하기 위하여 더 열심히 노력하고 발전하게 한다. 반면, 높은 상대적 관심 때문에 다른 사람들을 따라잡을 수 없는 개인은 더 불행해지고 더 심한 박탈감을 느끼게 된다. 높은 상대적 관심이 자기 발전의 촉매제가 되기 위해서는 공정한 경쟁과 충분한 성장기회가 보장되어야 한다. 제6장에서 더 자세히 논의한 바와 같이, 기존의 사회경제적 양극화와 낮은 사회적 이동성에서 알 수 있듯이 어느 것도 충분히 보장되지 않는다. 따라서 상대적 관심사는 사회에 대한 불안과 분노를 악화시킨다.

3.5.3 사회적 갈등 해소 대책

이미 지적한 바와 같이 사회적 갈등의 최종 결과는 갈등 관리 기관들이 잠재적인 사회적 갈등 요인을 얼마나 약화시키느냐에 달려 있다고 주장한다. 효과적인 갈등 관리를 위해 외국 문헌에서는 공공행정 의사결정 및 이행에 이해관계자의 참여, 국가 기구의 신뢰성, 사회 안전망 등에 대한 개선을 제안한다. 이와 유사하게, 한국보건사회연구원(KIHASA)은 효과적인 갈등 관리를 위해, 정부 운영의 효과, 규제의 질, 부패 통제, 사회 지출의 개선을 주장한다.[27] 이 책 전체에 걸쳐 그리고 특히 제5장과 제7장에서 더 논의한 바와 같이, 한국 정부는 위에 제안된 효과적인 갈등 관리의 거의 모든 측면에 대해 상당히 저조한 성과를 거두고 있다. 따라서 갈등 관리의 실효성을 제고하기 위해 몇 가지 구체적인 과제가 제시되고 있다. 좀 더 광범위하고 편향되지 않은 국민의 목소리를 정부의 의사결정 및 행정에 적극 반영하고, 정부 운영의 개선, 부패 통제, 규제의 질적 개선, 사회 안전망 시스템을 개선함으로써 경제적 불평등을 해소하는 것이다.

위에서 논의한 바와 같이, 한국의 4개 분야에서 사회 갈등과 관련된 여러 가지 요인을 고려할 때, 사회적 갈등에 대한 광범위하고 근본적인 개선 조치를 제안할 수 있다. 정치적 갈등 요인을 통제하기 위해 국회의원 선거제도는 단일선거구제에서 중선거구제로 바뀌어야 한다. 정치적 갈등의 주요 원인 중 하나는 정당이 지역에 기반을 두고 있고, 기존의 단일선거구제는 정치인이 지역별 애착을 활용함에 따라 정치적 지역주의를 강화한다는 점에서 이러한 변화가 필요하다. 대통령 5년 단임제는 정부에 대한 사회적 신뢰를 떨어뜨리고 사회적 갈등을 유발하는 정부 정책 불일치와 과대 포장된 정치 공약의 원천인 만큼 수정되어야 한다. 또한 정당공천제는 정치부패와 갈등의 원천인 만큼 개선되어야 한다.

갈등의 경제적 요인을 해결하기 위해서는 경제정책 패러다임은 재정 및 금융정책 도구를 사용하는 전통적인 접근 방식에서 역동적인 사회경제적 관계를 고려한 포괄적인 접근 방식으로 전환해야 한다. 새로운 접근법은 개인들 간 소득분배의 형평성뿐만 아니라 재벌과 중소기업, 고용주와 종업원, 그리고 정규직과 비정규직 간의 공정성을 위한 '포용적 성장' 전략을 필요로 한다. 특히 빈부격차가 국내 사회갈등의 핵심 원인 중 하나로 간주되고 있는 만큼 소득 불평등 완화 및 사회적 이동성 향상을 위한 정책

수단을 도입해야 한다. 정부는 또한 공공보험 프로그램(즉, 국민연금, 의료보험, 실업보험, 산재보험)을 포함한 적절하고 자동적인 사회보장제도를 제공해야 한다. 제9장에서 자세히 살펴본 바와 같이, 비정규직의 상당 부분이 공공보험 프로그램에서 제외되어 있어 사회갈등의 중요한 근원이 되고 있다. 정부는 또한 교육, 노동, 복지에 대한 포괄적인 정책을 통해 사회적 이동의 기회를 개선해야 한다. 교육 측면에서는 제5장에서 추가로 분석한 바와 같이 가난한 가정의 자녀에게 양질의 유아 돌봄 교육 프로그램을 무료로 제공하고, 대학 입시와 EBS(교육방송) 프로그램을 개선하여 사교육기관(학원)에 대한 의존도를 낮추어야 한다.

사회적 갈등 요인을 해소하기 위해서는 사회갈등의 핵심 원인으로 확인된 사회적 신뢰 증진을 위한 국가 차원의 장기 캠페인이 필요하다.[28] 앞서 논의한 바와 같이, 경제발전과 사회발전을 위해 정보화 사회에서는 사회적 신뢰가 특히 중요하다. 사회적 신뢰를 높여야 하는 과제는 벅찬 과제로서, 이 책의 여러 장에서 그 과제를 탐구하고 분석하기 위해 할당된다. 또한 배경과 상관없이 모든 시민을 사회에 포함시키고, 정치적 성향, 이념, 민족성, 이해 집단, 세대 및 성별의 다양성에 대한 포용을 증진시키기 위해 열린 사회를 촉진하기 위한 국가적 캠페인도 추진되어야 한다.

정부는 갈등요인을 해결하는 방법으로 시민의식을 제고하기 위해 높은 수준의 윤리, 이해관계자의 적극적 참여, 높은 투명성 및 공정성을 유지해야 한다. 정치, 기업, 사회 지도자들은 시민의 모범이 되어야 한다. 또한 학교뿐만 아니라 사회 전반에 걸쳐 인성교육과 윤리교육을 추진해야 한다. 이와 관련하여 교육과 물적 성공을 위한 맹목적인 추구가 사람들의 건강, 삶의 만족, 행복에 주는 부정적인 결과를 인식해야 한다. 사회적 갈등 요인을 통제하고 각자의 시민의식을 고양시키려면 사회적 문화와 사람들의 사고방식의 변화를 필요로 한다. 따라서 단기적이고 편협한 접근법은 효과가 없을 것이다. 오히려 장기적이고 전국적인 캠페인이 필요하다.

3.6 결론

이 장에서는 한국의 부진한 사회발전 과정과 기능장애 사회의 원인을 분석하고, 사회발전 촉진에 관련된 과제에 대해 논의하였다. 이 장에서 논의된 모든 계량적 지표는 사회적 진보의 둔화, 낮은 준법정신, 사회 부조리, 높은 사회적 갈등을 증명하였으며, 이 모든 지표는 한국 사회가 경제발전과 같은 속도로 발전하지 않았음을 분명히 보여주었다. 사회적 발전이 늦어져 국민들을 불행하게 만들었고 경제발전에 지장을 초래했다. 한국 사회는 놀랍게 변모했지만 근본적인 문화는 변화에 저항한 것으로 보인다. 전통사회에서 산업사회로의 변화는 세습적이고 경직된 사회적 계층화를 제거하였다. 그러나 소득과 교육에 근거한 새로운 형태의 사회계층이 등장했으며 새로운 사회계층 사이의 차별 의식은 오랜 전통으로 인해 여전히 높게 유지되고 있다.

20세기가 막바지에 이르자 한국 사회는 현대 정보화 사회로 탈바꿈했다. 교육을 통한 사회계층 간 고소득과 사회 권력 경쟁이 치열하게 지속되면서 소득 불평등이 심화되고 사회계층을 강화하고 있다. 따라서 한국 현대사회는 인구 고령화, 변화하는 가족 제도, 지속적인 성차별, 미성숙한 시민의식, 낮은 준법정신,

사회 부조리, 높은 부패, 높은 사회적 갈등, 낮은 사회적 신뢰 등 수많은 사회적 문제를 발전시켰다.

이러한 모든 사회적 부조리 중에서 사회적 갈등의 증가는 무기력한 사회적 진보를 직접적으로 반영하고 있으며, 한국에서 가장 심각한 사회 문제 중 하나로 인식되고 있다. 사회갈등 측면에서 한국은 OECD 국가 중 최악이다. 그러므로 적절히 관리되고 통제되지 않을 경우 사회갈등은 경제와 사회발전을 심각하게 저해할 것이다. 사회적 갈등은 정치적 사회적 권력과 경제 자원을 놓고 경쟁하는 사회 집단들 사이에서 발생한다. 현대 한국 사회는 사회 집단 간의 치열한 경쟁으로 인해 한국은 사회갈등의 정치적, 경제적, 사회적 원인을 많이 발생시켰다. 사회적 진보에 대한 정책적 관심이 거의 없는 한국 특유의 정책수단을 통한 고도 경제성장 추구는 경제 단체와 집단 간의 권력 관계에서 갈등을 초래하였다. 특히 사회경제적 지위 향상을 위한 개인 간 치열한 경쟁으로 인해 기존 소득격차가 악화되고 사회적 이동성을 떨어뜨려 빈부격차와 사회적 갈등이 심화되었다. 또한 재벌과 중소기업, 고용주와 종업원, 정규직과 비정규직 간의 권력 관계는 시간이 지남에 따라 악화되어 사회적 갈등의 중요한 원인이 되었다.

정치적, 경제적, 사회적 집단 간의 경쟁이 갈등의 중요한 원인이지만, 실제로 사회적 갈등은 사람들에 의해 야기되므로 성숙한 시민의식 또는 공동체 의식의 부족은 사회적 갈등의 다른 모든 요인의 근간이 되는 핵심 요소로 보인다. 한국인들의 낮은 시민의식은 다시 한국의 문화와 사회에 깊이 뿌리박고 있는 교육 및 물적 재산을 위한 치열한 경쟁에서 기인한다. 이처럼 경쟁이 치열한 문화 속에서 사람들은 공감과 협력, 책임, 사회적 신뢰

등 시민의식이 결여되었다.

사회적 갈등을 해소하고 사회적 진보를 촉진하기 위해서는 부정부패 척결, 법질서 유지를 포함한 갈등관리 제도를 개선해야 한다. 사회적 갈등의 주요 원인으로 사회적 진보에 대한 정책적 관심이 거의 없는 상태에서 고도 경제성장의 집중적 추진이 문제점이라는 것을 인식하고, 경제정책은 기존의 전통적인 접근방식에서 경제와 사회의 역동적인 관계를 고려한 포괄적이고 장기적인 접근방식으로 바뀌어야 한다. 이 새로운 접근방식은 더 나은 분배 메커니즘과 교육에 대한 추가 투자가 결합된 '포용적 성장' 전략이 필요하다. 이를 위해 정부는 다른 OECD 국가들과 비견되는 사회 안전망과 교육에 대한 예산 지출을 늘려야 한다.

학교와 사회 내에서의 인성 및 윤리 교육은 시민들의 공동체 의식을 향상시키는 한 수단으로 추진되어야 한다. 사회적 신뢰는 사회적 갈등의 결정적 요인이기 때문에 더 향상되어야 한다. 사회적 신뢰와 시민의 공동체 의식을 높이는 것은 사회문화를 변화시키는 것과 같다. 이를 위해 장기적이고 전국적인 캠페인이 필요하다. 무엇보다 사회적 갈등을 해소하고 사회적 신뢰를 높이기 위해서는 경제정책이 사회적 갈등과 신뢰에 미치는 영향, 그리고 경제정책과 사회적 진보 사이의 역동적인 관계에 대한 영향을 고려해야 한다.

사회적 갈등과 진보에 관련된 이러한 모든 문제와 과제는 이 책의 핵심 연구 주제의 일부로서, 사회적 경제적 문제 사이의 역동적인 관계에 대해 예리한 통찰력을 갖고 이 책의 전반에 걸쳐 분석하고 있다. 특히, 사회적 신뢰를 높이는 과제는 매우 복잡하고 도전적인 일이며, 이 책의 여러 장이 그 과제를 탐구하고 분석하는 데 할당되어 있다. 사회적 신뢰는 부분적으로 문화에 내재되어 있기 때문에 다음 장에서는 사회적 신뢰의 저변에 깔려 있는 문화적인 현상과 문화 자신이 경제발전에 미치는 영향을 탐구한다.

주

1 갤럽세계여론조사의 결과는 The Korea Times(2015)에서 발췌. 갤럽세계여론조사(Gallup World Poll)는 목적이 있는 삶, 사회적 관계, 재정적 안전, 공동체 생활, 그리고 신체 건강 등 다섯 가지 범주를 기반으로 한다. 유엔세계행복조사는 Helliwell et al.(2018) 참조. 유엔세계행복조사에 따르면, 행복의 요소는 구매력평가지수(PPP)에 근거한 1인당 GDP, 건강한 기대수명, 사회적 지원, 관대함, 자유로운 삶의 선택, 부패 인식, 정부에 대한 신뢰, 사회적 신뢰 등이다(Helliwell et al., 2018).

2 Porter et al.(2017)은 사회적 진보를 1) 인간 욕구의 개선, 2) 웰빙의 기반, 3) 진보 기회의 개선으로 정의하지만, 그들의 사회발전지수는 경제발전에 큰 비중을 두고 사회의 질에 대한 비중은 적다. 중동의 몇몇 국가를 제외하고 사회발전지수에 대한 국가의 순위는 PPP기준으로 개인당 GDP의 순위와 상당히 일치한다. Hall et al.(2011)이 사회적 진보를 "사회의 지속 가능하고 공평한 복지"의 개선으로 정의했다. Helliwell et al.(2018)은 사회적 통합이 사회적 진보의 한 측면으로서 사회 전체의 행복수준이 중요하다고 강조한다.

3 사회적 통합에 대한 또 다른 포괄적인 연구는 Dragolov et al.(2013)로 이들은 사회적 관계, 연결성, 공공 재화라는 세 가지 요소를 바탕으로 제시한 것이다. 이 연구에는 대부분의 유럽 국가, 미국, 캐나다, 호주, 뉴질랜드는 포함되지만 한국은 제외된다. 그러므로 이들의 연구결과는 본 연구에 사용될 수 없다.

4 Helliwell et al.(2018)은 사회적 통합이 사회적 진보의 한 측면으로서 사회 전체의 행복수준에 중요하다고 강조한다.

5 Yee and Chang(2009)에 의한 사회적 질과 그 결정요인은 포터의 사회적 진보 개념과 OECD의 사회적 통합 개념과 크게 다르지 않다는 것을 알 수 있다.

6 한국 역사에 대한 더 자세한 내용은 Korea.Net(2018)을 참조.

7 이 정도는 Moon and Sul(1997)에서 발췌.

8 절대빈곤율은 Adleman(1997) 참조.

9 장덕진(2014)은 만연한 네트워크 사회에서 사람들이 얼마나 밀도 있고 밀접하게 연결되어 있는지, 그리고 그러한 연계가 가져다주는 사회적 결과를 분명히 보여준다.

10 한국 인구의 65세 이상 비율은 1970–2015년 동안 OECD 평균보다 더 빠르게 증가했다. 2050년(OECD, 2017a)까지 OECD에서 가장 빠르게 증가하는 나라가 될 것으로 전망됐다.

11 한국의 위계적 문화는 그 언어에 뿌리깊게 자리잡고 있다. 예를 들어, 영어에서 '형제'라는 단어는 '큰형과 남동생'이라는 두 개의 한국어로 구성되어 있고, 영어의 '여형제(sisters)'라는 단어는 '언니와 여동생'이라는 두 단어로 구성되어 있다. 그러므로 그들의 관계는 수평적이 아니라 계층적이다.

12 2014년 국민여론조사에 따르면 한국인의 76%는 학력이 인생의 성공을 좌우한다고 생각한다(호주한국일보, 2014).

13 한국 학생들의 방과 후 학원 참여 비율은 2012년 OECD 국가 중 가장 높았다. 학원비 총지출은 1999년 국내총생산(GDP)의 1.2%에서 2010년 1.8%로 증가해 평균 가계 가처분소득의 7.9%를 차지했다(OECD, 2014: 112).

14 가계소득과 수능성적과의 관계의 실증분석을 위해서 Kim et al.(2014) 참조. 더 나아가서 권오율(2011)은 2004년부터 2008년까지 고소득 가정 학생들의 평균 수능점수가 높을 뿐만 아니라, 대학 진학률도 높다는 것을 보여준다.

15 이 점에 관하여 Barone and Mocetti(2016), Wilkinson and Pickett(2009) 참조.

16 이런 문화를 반영하듯 남편들은 아내를 '안사람' 또는 '집사람'이라고 부른다.

17 성 격차지수에 관하여 WEF(2017: 11)과 OECD(2018b: 294) 참조.

18 성별 임금 격차는 남성의 중간 소득에 대비해서 남성의 중간 소득과 여성의 중간 소득 간의 차이로 계산된다.

19 이 자료는 《조선일보》 김대중(2016)에서 발췌.

20 이 점에 관하여 Acemoglu and Robinson(2012) 참조.

21 이 점에 관하여 Rodrik(1998) 참조.

22 이 실증적 연구는 Delhey and Newton(2003)가 착수하였음.

23 서울대의 여론조사 결과에 관하여 서울대(2014) 참조. 서울대가 지적한 8가지 갈등을 심각하게 본 국민의 비율은 다음과 같다: 정당 간 갈등 91.1%, 이념 갈등 86.8%, 사업주와 근로자 간 갈등 79.4%, 빈부 갈등 77.7%, 재벌–중소기업 갈등 74.6%, 지역 간 갈등(호남과 영남)은 60.8%, 교육수준 간 갈등은 59.9%, 세대 간 갈등은 56.0%로 나타났다. 또 정해식(2014)과 조선일보(2015)는 자체 조사를 통해 서울대(2014)와 유사한 사회적 갈등을 확인했다.

24 삼성경제연구소의 사회갈등의 측정과 평가에 관하여 박준(2009) 참조. 코리아 타임즈(2013)는 박준(2009)과 같은 모델을 기반으로 2010년 삼성경제연구소가 추정한 사회갈등지수에서 한국의 순위가 OECD 27개 회원국 중 26위로 떨어졌다고 보도했다.

25 한국의 사회적 갈등을 거시적인 관점에서 조사한 기구로 서울대(2014), 정해식(2014), 조선일보(2015), 한국보건사회연구원(2014a)이 있고, 개인을 기준으로 조사한 연구로 김호기 등 (2015)이 있다.

26 성숙한 시민의식의 요소에 관하여 송호근(2015: 381), 국민대통합위원회(2015: 45), 김호기 등 (2015: 72–107), 한국보건사회연구원(2013: 7) 참조.

27 외국 문헌 중에 적절한 것으로 Rodrik(1998)을 참조. 국내 기구는 한국보건사회연구원(2014b) 참조.

28 같은 주장을 OECD(2014, 2015)와 국민대통합위원회(2015)에서도 하고 있다.

제4장 한국의 사회적 신뢰와 경제발전

4.1 머리말

제1장에서 살펴본 바와 같이 한국 경제는 30년간의 '경제 기적'의 막을 내리고 치명적인 금융위기에서 예외적으로 빠른 회복세를 보인 후, 21세기 초부터 부진한 조짐을 보였다. 이로 인해 한국의 정체된 국가 경제의 결과와, 어두워져 가는 선진국 경제로의 진입 전망과 기능장애 사회에 대한 우려가 사회 각계각층에서 제기되고 있다. 경제를 활성화하고 성장시키기 위해 연이은 한국 정부는 지난 20년 동안 다양한 형태의 전통적 경제정책을 시행해 왔지만 별 소용이 없었다. 경제발전은 자본, 노동, 기술뿐만 아니라 공식적이고 비공식적인(문화) 제도에 의해서도 영향을 받는 복잡한 현상이다. 미국과 같은 한 국가 내에서 인종 그룹에 따라 경제발전은 현저하게 차이가 나는데, 이는 이들 그룹 간의 생활수준의 차이에 대한 문화적 연관성이 있음을 의미한다. 한 연구는 20여년 동안 남미 국가의 경제발전에 대한 광범위한 연

구를 바탕으로 문화적인 차이가 국가나 민족 간의 경제발전 차이의 주요 원인이라고 주장했다. 1960-70년대 재무부장관, 경제기획원장관, 국무총리 등의 직책을 맡아 한국 경제발전의 주요 설계자 및 관리자로 활동했던 남덕우는 한국의 급속한 경제발전을 설명한 6가지 주요 요인 중 4가지가 문화와 관련되어 있다고 하였다.[1] 이 장에서는 경제발전을 위한 여러 요인의 상호보완성을 인식하면서 한국의 경제발전을 위한 중요한 요소 중 하나로 문화, 특히 사회적 신뢰의 역할을 탐구한다. 사회적 신뢰가 경제발전의 중요한 요소인 것은 분명하지만, 동아시아 신흥국들의 경제발전에 대한 사회적 신뢰의 효과에 대한 비교는 거의 주목하지 않았다.

이 책 전반에 걸쳐 논의된 바와 같이, 문화와 사회적 신뢰는 불가분의 밀접한 관련이 있으며 둘 다 경제발전을 위한 중요한 요소이지만, 이 장에서는 사회적 신뢰에 초점을 맞춘다. 제1장은 사회적 신뢰가 수많은 관련 채널을 통해 경제발전에 영향을 미친다는 것을 증명하였다. 또한 다수의 실증연구에서는 사회적 신뢰와 경제성장의 긍정적인 관계에 대한 주장을 뒷받침하는 믿을 만한 계량적인 상관관계를 보여주고 있다. 문헌에 있는 이 상관관계의 계량적 측정은 일반적으로 WVS가 측정한 여러 나라의 대인관계 신뢰 수준과 경제성장률과의 관계를 시계열측정을 하는 것이 아니고 국가 간의 횡단면(cross-section) 측정을 한 것이다. 이러한 계량적 측정치는 높은 가치가 있지만, 시간이 지남에 따라 사회적 신뢰의 변화가 경제성장에 미치는 영향이 추정되지 않는다는 점에서 제한적이다. 더 중요한 것은, 제도적 신뢰가 대인관계 신뢰에 제대로 반영되지 않는 한, 이러한 실증적인 결과는 사회적 신뢰가 경제발전에 미치는 영향의 일부만을 보여준다.

본 연구는 WVS 자료를 바탕으로 대인관계 신뢰와 경제발전의 관계에 대한 또 다른 계량적 추정을 시도하는 대신에, 세계 여러 기관이 측정한 수많은 사회적 신뢰 지표를 이용하여 한국을 싱가포르, 홍콩, 대만과 비교함으로써 사회적(대인관계 및 제도적) 신뢰가 경제발전에 미치는 영향을 평가하고자 한다. 소위 이들 네 마리 아시아 호랑이들은 경제발전의 도약기, 성장 과정(노동집약적 수출주도 성장, OEM사업자, 산업화 포함), 지리적 근접성, 문화적 배경, 최근에는 세계화와 기술혁신의 두 가지 힘에 노출되어 있는 것과 같은 여러 유사점을 공유하고 있다. 이들 네 마리 아시아 호랑이들의 유사성에도 불구하고, 그들 사이에 사회적 신뢰와 생활수준 측면에서 두드러지고 일관된 차이가 발생했다. 세계 여러 기관이 측정한 여러 사회적 신뢰 지표에 따르면, 최근에는 싱가포르에서 사회적 신뢰가 가장 높았고 한국에서 가장 낮았다.

이들 네 마리 아시아 호랑이들은 1960년대 초부터 경제발전을 시작한 후, 1960년대부터 1990년대까지 지속적으로 높은 경제성장률을 달성한 것으로 유명하다. 1960년대와 1970년대에 걸쳐 이들 네 호랑이 모두 거의 연간 10%에 육박하는 경제성장률을 기록했다.[2] 나아가서 이들은 모두 20세기 말까지 눈에 띄게 고도성장을 유지했다(IMF, 2018). 따라서 아시아 네 호랑이들은 빠르게 선진국 대열에 오를 것이라는 기대가 높았지만, OECD 평균 구매력평가(PPP) 기준 1인당 GDP 수준을 선진국 진입 임계 소득 기준으로 볼 때, 싱가포르와 홍콩은 1980년대 말에 이를 달성했고, 대만은 2010년에 선진국에 진입했다. 그러나 한국은 아직 선진국 진입 목표를 달성하지 못했다(〈그림 4-1〉). 또 구매력평가 기준 1인당 GDP 수준은 싱가포르, 홍콩, 대만, 한국 순으로 꾸준히 유지되어 왔으며, 1990년대 중반부터 시간이 지남에 따라 이들 국가들 간의 차이가 변동없이 비슷하게 유지하고 있다는 점도 유념해야 한다(IMF, 2018).

왜 아시아 네 호랑이 사이에서 이러한 사회적 신뢰의 차이가 생겨났으며, 이런 신뢰의 차이가 지속적으로 일관되게 다른 생활수준에 미치는 영향은 무엇인가? 이 장은 아시아 네 마리 호랑이에 대한 이 사례연구에서 사회적 신뢰와 경제발전 사이의 인과 메커니즘을 식별하고자 한다. 이를 위해 잘 알려진 밀(J. S. Mill)의 '상반변량법(method of concomitant variations)'과 '과정추적법(process tracing method)' 개념을 사용한다. 이러한 과정을 통해, 이 장에서 중요하지만 일반적으로 간과되고 있는 사회적 신뢰 요인으로 인해 이들 국가 간 경제발전에서의 차이를 설명한다. 그리고 한국이 선진국 경제 진입을 달성하기 어려운 이유를 설명하고자 한다.

그림 4-1 아시아 네 호랑이와 OECD 평균 PPP 기준 1인당 GDP(US$)

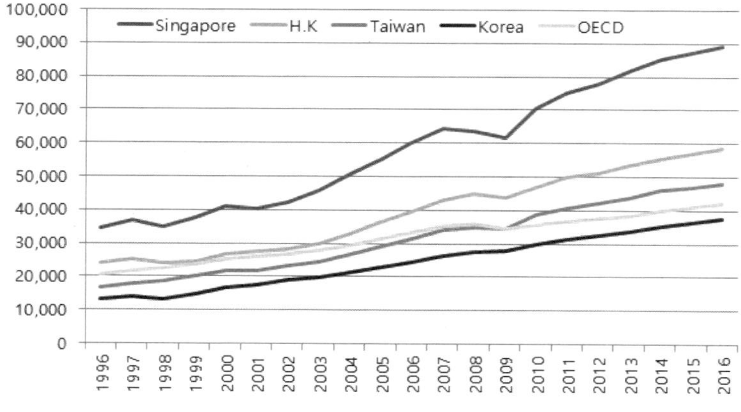

출처: IMF(2018)

4.2 문헌 고찰[3]

전통적인 경제학자들은 대체로 경제발전에서 문화를 분석하는 것을 꺼려왔다. 왜냐하면 복잡하고 계량화하기 어려울 뿐만 아니라 문화와 경제발전 사이의 관계에서 인과관계의 모호성 때문이다. 신고전주의 경제학은 단순히 문화를 세테리스 파리부스(ceteris paribus, 다른 사정이 변함없다면)의 문제로 간주했다. 경제발전에 다른 문화적 영향을 처음으로 고려했던 학자는 베버(Weber, 1950)였다. 그는 개신교 노동 윤리가 서구 경제발전과 현대화의 바탕이 되었고, 아시아에 이러한 윤리의 부재가 이 지역의 경제발전 수준이 낮은 이유라고 주장했다.

1970년대와 1980년대 한국을 포함한 동아시아의 신속하고 전례 없는 경제적 성공과 이렇게 성공한 동아시아 국가들이 유교를 공통의 문화적 영향력으로 공유한다는 것을 인식하면서 학자들에게 동아시아 경제발전에 대한 문화적 접근법에 관심을 기울이도록 했다. 많은 학자들은 유교문화가 동아시아 경제적 성공의 열쇠라고 주장했다.[4] 이들은 계층적 집단주의, 권위에 대한 충성심, 높은 교육열, 근면, 검소함, 규율 등 유교문화의 구체적인 특징들이 동아시아 경제발전을 위해 기여한 것이라고 지적했다.

동아시아에 적용되는 유교적 모델은 여러 가지 심각한 이론적, 방법론적 문제를 안고 있다. 특히 각 국가들의 문화적 차이를 고려하지 않는다. 유교적 모델은 실증적으로 증명하지 않고 단순히 문화에서 경제발전에 이르는 인과관계를 가정한다. 문화는 본질적으로 미시적 심리적 현상이며 상대적으로 느리게 변화하는 문화를 끊임없이 변화하는 거시적 경제발전 과정과 관련시키기 때문에 실증적 근거가 부족하다. 따라서 한국의 경제발전에 있어서 문화의 역할을 분석하기 위해서는 유교적 모델을 조정하여 한국을 특별한 경우로 다루는데 개념적으로 유용하도록 해야 한다. 많은 한국 학자들은 1960년대 초부터 30년 동안 국가 문화가 경제발전에 크게 기여했다고 주장했다.[5] 한국 사회는 유교 문화적 가치와 유사한 특성을 가진 비교적 동질적인 문화를 지니고 있다. 한국의 경제발전에 적용되는 유교적 모델도 위에서 살펴본 것과 동일한 이론적, 방법론적 문제를 안고 있다.

문화는 세 개의 서로 관련된 채널을 통해 경제발전에 크게 영향을 미친다. 첫째, 근면, 검소함, 위험 감수 및 교육과 같은 개인 행동에 미치는 영향이다. 베버(Weber)의 주장과 유교적 모델은 주로 문화에 내재된 개별 행동에 초점을 맞추었다. 그뿐 아니라 문화는 정부기관의 기능과 밀접한 관련이 있다. 궁극적으로 국민들은 정부기관의 성과를 모니터링하고 통제할 책임이 있으며, 시민들의 책임 이행은 문화에 내재되어 있다. 예를 들어, 많은 개발도상국에서 경제발전을 목표로 하는 전략적 산업이 제대로 감시되지 않고, 산업정책 이행의 책임이 관련 정부기관에 의해 부적절하게 유지되었기 때문에 산업정책이 실패했다. 산업정책의 성공을 위해서는 시민의 정부기관에 대한 감시와 통제뿐만 아니라, 유능하고 정직하며 사리사욕이 아니라 애국심으로 고취된 의욕적인 공무원도 필요하다. 성공적인 산업정책에 필요한 공무원들의 특성은 문화에 내재되어 있다.[6]

둘째, 문화는 국가의 공식적인 제도를 만들고 이행하는 능력에 미치는 영향을 통해 경제에 영향을 미친다.[7] 규칙이나 규정과 같은 공식적인 제도는 도덕과 윤리의 체계화이며, 대부분이 문화에 기반을 두고 있다. 문화는 공식적인 제도의 밑거름일 뿐만 아니라, 법을 준수하는 시민의식에도 영향을 미치고 있는데, 그 중

많은 부분은 문화에 내재되어 있다. 법의 테두리 안에서 경제활동을 수행해야 하므로 공공기관의 질적 수준은 경제에 직접적인 영향을 미친다. 예를 들어, 사유재산보호법의 질은 경제활동과 직접적인 관련이 있다. 규정된 법을 지키려는 준법의식이 낮으면 탈세, 부패, 소비자 사기, 신용 사기 등 불법적인 경제활동이 일어나는데, 이는 모두 경제에 직접적으로 부정적인 영향을 미치게 된다.

셋째, 문화는 사회적 신뢰의 두 범주 즉, 대인관계 신뢰와 제도적 신뢰에 모두 영향을 미친다. 하나의 공동체에서 사람들 사이의 대인관계 신뢰는 정직과 청렴을 포함한 사회의 공유된 윤리의 엄격한 실행과 사회적 규범, 규칙과 법률의 준수를 통해 발전하는데, 이 모든 것은 문화적 뿌리에 달려 있다. 문화에 기반을 두고 있는 윤리적 제도의 엄격함과 시민들의 사회 규칙과 법률 준수가 사회의 사회정의와 공정성을 결정한다고 주장한다. 공정하고 정의로운 사회는 시민들 사이의 질투와 갈등을 최소화하여 대인간의 신뢰를 높인다. 더 나아가 문화는 사람들이 경험하는 신뢰와 정체성의 반경(radius of trust and identification)을 형성한다고 강조한다. 문화는 또한 정부, 기업, 노동조합, 언론, 비정부기구(NGO) 및 종교단체를 포함한 공공 및 민간 제도에 대한 국민들의 신뢰 즉 제도적 신뢰에 영향을 미친다. 이들 제도에 대한 시민들의 태도는 그들의 제도에 대한 관계와 인식에 따라 시간이 지남에 따라 시민들의 문화로 발전한다. 따라서 제도의 질이 향상됨에 따라, 그들에 대한 사람들의 사회적 신뢰가 향상된다. 이 모든 것은 문화가 제도의 질에 영향을 미치고, 제도의 질은 결국 사회적 신뢰에 영향을 미친다는 것을 나타낸다.[8] 한편 사회적 신뢰는, 제1장에서 증명된 바와 같이, 여러 상호 관련된 채널을 통해 경제발전에 기여한다. 요약하면, 이러한 채널은 경제 주체에 의한 경제활동 수행, 조화와 협력의 개선, 거래비용 절감, 성공적인 경제정책과 법률 규칙, 더 나은 인적자원, 더 나은 국제 협력 및 전문화, 외국인직접투자(FDI) 유치, 조직의 창의성 및 혁신 능력 제고, 개방형 혁신 전략의 촉진, 기업의 분권화 및 생산성 향상 등이 그것이다.

이 책은 문화와 사회적 신뢰가 서로 밀접한 관련이 있고, 둘 다 경제발전에 있어 명백히 중요한 요소라는 점을 인정하면서 주로 실질적인 이유로 사회적 신뢰에 초점을 맞추고 있다. 아시아 네 호랑이의 사회적 신뢰도를 나타내는 수많은 지표들이 세계적으로 유명한 기관들에 의해 측정되고 있지만, 측정된 문화지표는 쉽게 구할 수가 없다. 아시아 네 호랑이들이 문화적 배경과 경제발전 과정이 유사하다는 점을 감안하면 사회적 신뢰 수준은 동등할까? 현저하게 다르다면, 두 가지 흥미로운 질문이 생긴다. 왜 그러한 차이가 발생했으며, 그것이 경제발전에 어떠한 영향을 미쳤는가? 이러한 질문은 기존 문헌에서는 전혀 제기되지 않았다. 특히, 네 호랑이들 간의 사회적 신뢰의 차이가 그들의 경제발전에 미치는 영향에 대해서는 충분한 관심을 끌지 못했다. 실제로, 사회적 신뢰의 역할은 아시아 네 호랑이처럼 최근 세계화와 지식기반경제를 수용하는 개방형 경제 상황에서 적절하게 탐구되지 않았다. 이 장에서는 아시아 네 호랑이들 간의 사회적 신뢰의 차이가 그들의 경제발전에 미치는 중요한 결론을 도출하고자 한다. 이러한 결론이 도출되면, 이 책의 나머지 부분에서는 왜 한국의 경우에 사회적 신뢰의 변화가 발생하는지에 대한 문제를 탐구한다.

4.3 세계화와 혁신의 시대에 아시아 네 호랑이 경제에 대한 사회적 신뢰의 영향

아시아 네 호랑이들이 채택한 최근의 경제정책 패러다임은 본질적으로 동일하다. 각자가 모두 세계화를 수용하여 글로벌 시장에 폭넓게 개방하고, 창의성과 혁신이 매우 중요한 지식기반경제를 지향하였다. 세계화 시대에 경제발전을 위해서는 사회적 신뢰가 더욱 중요해졌다. WEF, IMD, WVS, WBG, TI 등 다수의 글로벌 기관에 의해 각국 사회적 신뢰의 다양한 측면을 측정하고 널리 알려져 있다. 따라서 사회적 신뢰가 낮은 국가는 투자와 기업을 잃는 형태로 페널티를 얻게된다. 다국적 기업들은 사회적 신뢰가 낮은 국가와는 거래를 꺼리게 될 것이기 때문이다.

사회적 신뢰는 제1장뿐만 아니라 앞에서 설명한 바와 같이 여러 상호 관련된 채널을 통해 경제발전에 기여한다. 이 모든 것은 아시아 네 호랑이 경제에 적용된다. 특히, 사회적 신뢰는 네 호랑이 경제가 수용하는 세계화에서는 국가의 국제 경쟁력을 향상시키기 위한 국제 전문화와 협업을 촉진한다. 세계화가 심화됨에 따라 기업은 전 세계의 노동 및 전문 분야를 활용해야 하며, 이는 결국 거래비용에 의존하게 된다. 거래비용의 핵심요소는 사회적 신뢰 수준이다. 세계화에서 아시아 네 호랑이 경제처럼 비교적 작은 개방경제 국가의 경제전략의 일부는 국제 틈새시장을 개척할 수 있는 대표 브랜드 제품을 개발하는 것이다. 그러기 위해서는 기업은 국제 전문화와 협업을 확립해야 한다. 틈새시장 공략을 위한 국내 제품은 창의적인 R&D 또는 국제 연구개발 협업을 통해 먼저 개발될 수 있다.[9] 그런 다음, 제품에 대한 독특한 디자인이 국제 소비자의 선호도에 대한 이해를 바탕으로 개발되어야 한다. 이어서 새로운 브랜드 제품이 대량으로 생산될 것이다. 그리고 주요 국가에 마케팅 대리점을 설립하여 제품을 홍보 및 판매하고 애프터서비스를 제공해야 한다.[10]

아시아 네 호랑이 경제와 같은 상대적으로 작은 신흥국들은 과거 수출 주도의 산업화와 빠른 성장을 위해 그랬던 것처럼 경제발전을 유지하기 위해 FDI(외국인직접투자)를 유치할 필요가 있다. FDI를 유치하기 위하여 네 호랑이 경제는 서로 관망하면서 경쟁을 하여 위에서 언급한 다른 유사점뿐만 아니라 FDI 제도가 유사하게 되어 결국 사회적 신뢰가 점점 더 중요한 변수로 등장했다. 게다가, 이들 아시아 네 호랑이 경제는 모두 생존을 위해 끊임없는 혁신의 흐름을 필요로 하는 지식기반경제를 지향하고 있다. 이들은 창조와 혁신을 유지하기 위해 개방형 혁신 전략을 적용할 수도 있다.[11] 이 모든 것이 잘 수행될 수 있는가는 국제 전문화와 협업에 달려 있으며, 이는 결국 사회적 신뢰와 거래비용에 달려 있다.

세계화 시대의 핵심 기업은 일반적으로 원래의 본국에 한정되어 있지 않고, 경제적으로나 문화적으로 기업 경영에 가장 적합한 장소로 이동하여 초국적 기업으로 만든다. 전 세계적으로 거래되는 공산품의 약 75%는 초국적 기업에서 생산한다.[12] 각국 정부는 다른 나라들이 쉽게 모방할 수 있는 재정적 인센티브를 제공함으로써 핵심 기업들을 끌어들이려고 한다. 그러나 국가 간 문화적 차이나 사회적 신뢰의 차이는 다른 나라 사람들이 쉽게 바꾸거나 모방할 수 없다. 따라서, 문화와 사회적 신뢰는 핵심 기업을 끌어들이는 데 점점 더 중요한 변수로 떠오르고 있다.

높은 수준의 대인관계 신뢰는 회사와 직원 간의 협력을 창출하는 데 도움이 되므로 노사관계뿐만 아니라 생산성도 향상시킨다. 이러한 협력은 일반적으로 명시적인 규칙과 규정 또는 경제적 자기 이익 계산에 기초한 것이 아니라 일련의 윤리적 습관과 상호 호혜하는 도덕적 의무에 근거한다. 한편 이러한 협력은 기업이 사업을 시작할 때 찾는 조화로운 노사관계를 형성하는 데 도움이 된다. 또 고용주와 종업원 간에 상호 신뢰가 있는 곳에서는 회사는 직원 개발의 일환으로 실무교육을 제공하여 생산성을 향상시킬 수 있다.

위에서 말한 바와 같이, 아시아 네 호랑이 경제는 모두 생존을 위해 끊임없는 혁신의 흐름을 필요로 하는 지식기반경제를 지향하고 있다. 사회적 신뢰는 조직의 창의성이나 혁신에 영향을 미친다. 창의성이나 혁신은 소비자 만족을 위해 기존의 기계, 기술, 아이디어 및 디자인을 소비자의 성향에 맞게 연결함으로써 소비자에게 새롭고 더 가치 있고 편리한 것을 창조함으로써 발생한다. 따라서 창조는 이러한 창의성의 요소를 가진 사람들 사이에서 다양한 사회적 관계와 협업을 필요로 한다. 또한, 사회적 신뢰는 생산성 향상을 위한 혁신의 확산에 중요한 결정 요인이다.[13] 이와는 대조적으로 서로를 신뢰하지 않는 사람들은 공식적인 규칙, 규정, 계약 하에서만 그러한 협업을 할 수 있다. 이러한 법적인 장치는 창의성을 방해하는 거래비용을 수반한다. 신뢰는 게임의 비공식적인 규칙이기 때문에, 신뢰가 낮으면 공식적인 규칙은 더 광범위하고 엄격해야 한다. 엄격한 규칙과 규제는 창의성과 혁신뿐만 아니라 경제에도 부정적인 영향을 미친다.[14]

아시아 네 호랑이 경제가 성숙해 감에 따라 서비스 부문은 상대적으로 더 빠르게 성장했다. 그러나 제2장에서 지적한 바와 같이, 한국의 서비스 부문은 경제 규모와 고용률 측면에서 상대적으로 저개발되고 정체되어 있다. 또 한국 서비스업의 노동생산성은 제조업의 절반 수준이고 미국 서비스업의 40% 정도에 불과하다. 서비스 부문은 일반적으로 유형의 제품보다 정량화하고 평가하기가 더 어렵기 때문에 사회적 신뢰와 거래비용에 상대적으로 더 민감하다. 오늘날 많은 종류의 상거래는 아마존에서 상품을 구입하거나 항공사, 철도, 식당에 대한 예약 등과 같이 상대방을 직접 대면하지 않고 인터넷을 통해 이루어지고 있다. 이러한 유형의 온라인 거래에는 사회적 신뢰가 더욱 중요하다.[15] 따라서 한 나라의 사회적 신뢰가 다른 나라에 비해 상대적으로 낮으면 서비스 부문의 거래비용이 상대적으로 높아져 그 발전에 지장을 주게 된다. 한국의 서비스 생산성은 다른 아시아 세 호랑이 경제에 비해 현저히 낮다는 것을 유념해야 한다. IMF가 측정한 서비스 부문의 생산성은 서비스업에 고용된 1인당 GDP(PPP)가 2001-2010년 동안 홍콩 78,974달러, 대만 71,765달러, 한국은 45,519달러로 나타났다. 한국과 다른 아시아 4개국의 서비스 부문의 생산성 차이는 같은 기간 동안 1인당 GDP(PPP)의 차이보다 실질적으로 12-41% 더 크다. IMF는 2006년 이후 싱가포르의 서비스 생산성을 추정하지 않지만, 2001-2005년 기간 동안 싱가포르의 서비스 생산성은 한국의 약 2배 수준이었다(IMF, 2015).

마지막으로, 아시아 네 호랑이 경제는 지식기반 세계 경제에서 경쟁력을 유지하기 위해 신기술 분야의 벤처기업을 육성하려고 한다. 벤처기업은 새로 발명된 기술로 시작할 수 있다. 가족이나 정부가 지원하는 벤처캐피털 펀드에서 조성한 자금으로 신제품을 개발한다. 다음 단계는 제품을 판매하는 것이다. 만약 이 제품이 획기적인 제품이 아니고 다른 회사들의 부속품인 전형적인 투입물이라면, 벤처기업은 잠재 고객 회사들로 하여금 그들의 기존 투입물 공급자로부터 그들의 제품으로 바꾸도록 설득해야 한다. 이것은 매우 힘들거나 많은 경우에 거의 불가능하다. 더 나은 전략은 한 장소에 벤처기업 집단을 만들어 협업 경영 하에 운영하는 것이다. 비슷한 분야의 벤처기업들은 자체 네트워크를 구축하고, 자체 수요를 창출하며, 자사 제품의 외부 시장을 개척한다. 이런 유형의 경영 운영에 있어서는 협업과 협력이 대단히 중요하며, 그러한 전략의 성공에는 사회적 신뢰가 관건이다. 실리콘밸리는 가장 명확한 사례이다.[16] 요컨대, 세계화와 정보기술 시대에 아시아 네 호랑이 경제의 경제발전을 위해서는 사회적 신뢰가 점점 더 중요해졌다.

4.4 아시아 네 호랑이 경제의 사회적 신뢰 측정

사회적 신뢰는 여러 가지 방법으로 측정할 수 있다. 사회적 신뢰의 개념은 물론 그 밑바탕이 되는 문화도 광범위하고 다차원적이기 때문에 포괄적인 하나의 사회적 신뢰 척도를 얻으려는 시도는 무의미한 일이다. 제1장에서 상세히 설명한 바와 같이 사회적 신뢰는 대인관계 신뢰와 제도적 신뢰를 포함한다. 제도적 신뢰는 차례로 정부, 기업, 노동에 대한 시민들의 신뢰를 포함한다. 또한 노동에 대한 신뢰는 노동시장, 노사관계, 노동조합에 대한 신뢰를 포함한다. 소득분배와 교육, 의료, 노동시장에 대한 사회적 정의에 관한 시민들의 인식은 공식적인 제도에 대한 시민의 신뢰와 법률 및 규정의 준수를 향상시킴으로써 사회적 신뢰를 강화한다.

위에서 언급한 바와 같이, 사회적 신뢰의 다양한 측면은 IMD, WEF, TI, WBG, WVS를 포함한 많은 글로벌 기관에 의해 측정된다. 이들 기관은 일반적으로 매년 설문조사를 통해 사회적 신뢰와 관련된 사람들의 주관적 인식을 측정한다. 각 변수의 점수를 측정하면 측정된 점수에 따라 조사대상 국가의 순위를 매긴다. 각 기관별로 점수의 범위는 약간 다르다. IMD의 점수는 1-10점, WEF의 점수는 1-7점이다. WBG의 범위는 -2.5 - +2.5이며, TI와 WVS의 범위는 1-100이다. 이러한 여러 기관의 사회적 신뢰 지표의 측정은 조사 대상자의 주관적 인식을 나타내기 때문에, 측정한 지표는 조사 방법이 바뀌고 시간이 지남에 따라 사람들의 인식이 변화하기 때문에 측정된 지표는 시간이 지날수록 불안정하다. 따라서 어떤 기간 동안의 평균값은 더 나은 정보를 제공하며, 특히 국가 간 비교를 위해 단기 변동을 평준화한다.

IMD, WEF, TI, WBG, WVS는 각각 사회적 신뢰와 관련된 많은 사회적 지표를 측정한다. 본 연구에서는 아시아 네 호랑이 중 사회적 신뢰를 비교하는 데 가장 적합한 기준으로 46개의 지표가 사회적 신뢰의 대용치로 선정되었다. 이러한 지표는 IMD에서 17개, WEF에서 9개, TI에서 1개, WBG에서 6개, WVS에서 13개 등이며, 〈표 4-1〉과 같이 사회적 신뢰의 다양한 유형으로 그룹화 된다. 본 연구의 경우, 데이터의 가용성에 따라 WVS를 제외한 특정 기간 동안의 이러한 지표의 평균값을 사용한다. IMD 지표의 평균 기간은 18년(2000-2017)이며, WEF의 경우 12년(2006-2017), TI의 경우 18년(2000-2017), WBG의 경우 17년(2000-2016)이다.

WBG는 1996년부터 WGI(세계거버넌스지표)로서 214개국 및 지역의 공공지배구조(governance) 성과나 질에 대한 인식을 측정한다. 그들은 정부에 대한 사회적 신뢰를 반영할 것이다. WGI는 다수의 기업, 시민, 전문가뿐만 아니라 WEF, IMD, 세계은행 기업환경조사, 갤럽세계조사 등 세계적으로 유명한 조사기관으로부터 공공지배구조의 질에 대한 견해와 보고서를 종합한 결과다. 수많은 국가 간 지표를 통합하는 과제를 완화하기 위해, 그들은 공공지배구조의 6가지 기본 요소로 분류했다.

(1) 언론의 자유 및 시민의 책임성(voice and accountability): 정치 참여의 질과 표현의 자유, 연합, 미디어의 자유
(2) 정치적 안정 및 폭력 부재(political stability and absence of violence): 정부가 테러리즘을 포함한 위헌적 또는 폭력적 수단으로 불안정해질 가능성
(3) 정부 실효성(effectiveness): 공공 서비스 및 관료의 질, 공무원의 역량, 정치인으로부터 공무의 독립성
(4) 규제의 품질(quality): 민간 부문 개발을 허용하고 촉진하기 위한 정책 및 규정의 품질
(5) 법치주의(rule of law): 범죄와 폭력 가능성에 대한 인식, 사회의 규칙 준수, 사법부의 법률 및 계약 이행 품질에 대한 인식
(6) 부패 통제(control of corruption): 사적 이익을 위한 공권력 행사에 의한 부패의 수준

WVS는 여러 국가에 걸친 사회적, 정치적 영향을 분석하기 위해 여러 차례의 설문조사를 통해 사람들의 가치와 신념을 측정한다. 설문조사에는 삶, 주관적 웰빙, 환경에 대한 태도, 직업, 가족, 정치와 사회, 종교와 도덕의 역할, 외국인과 소수 민족에 대한 관용, 국가 정체성과 문화 등과 같은 여러 분야의 관념에 대한 지표가 대거 포함되어 있다. WVS는 연례 조사를 실시하지 않고, 1981년부터 일정 순환기(wave)로 6차례의 조사를 실

시했으며, 각 순환기는 몇 년이 걸렸다. 다른 기관의 사회적 신뢰 지표와 비교했을 때, WVS에 의한 지표는 연간 지표를 측정하지 않고, 순환기에 따라 동일한 국가 집합을 포함하지 않기 때문에 시간과 국가 전체에 걸쳐 일관성이 결여되어 있다. 특히 아시아 네 호랑이에 대해 시계열상 일관된 사회적 신뢰 지표를 얻기는 어렵다. 6차례의 조사에서 한 두 나라는 제외되거나, 일부 설문지는 포함된 국가에 대한 조사에서 누락된다. 예를 들어 싱가포르는 5차 조사(2005-2009)에서 제외되었고, 제도적 신뢰에 관한 설문지는 싱가포르가 4차 조사에서 제외됐다. 또한 일부 지표의 값이 순환기 차수에 따라 합리적인 범위를 넘어 현저하게 다르다는 것을 개략적인 관찰에서도 발견된다. 예를 들어 싱가포르의 경우, 대인관계 신뢰 수준은 4차 조사(1999-2004)의 16.7에서 6차 조사(2010-2014)에서는 37.3으로 변경된다. 대만의 경우 11개 공공 및 민간기관의 평균 신뢰 수준은 5차 조사의 27.2에서 6차 조사에서는 45.8로 바뀐다. 문화나 사회적 신뢰가 시간이 지남에 따라 빠르게 변하지 않는다는 점을 감안할 때, 순환기 조사 시기에 따라 사회적 신뢰 지표의 이러한 큰 변화 범위는 비합리적인 것으로 보인다.[17] 따라서 아시아 네 호랑이 중 비교 가능하고 일관성을 유지하기 위해 최근 조사의 사회적 신뢰 지표인 6차 조사(2010-2014) 결과를 사용한다. 제도적 신뢰에 관한 12개의 지표와 대인관계 신뢰 지표 1개를 포함하여 대인관계 및 제도적 신뢰와 관련된 WVS 출처에서 총 13개의 지표가 선정되었다.

문헌에서 가장 광범위하게 사용되는 WVS 출처의 지표는 '대인관계(일반) 신뢰'이다. 이 데이터는 "일반적으로 말해서 대부분의 사람들은 신뢰할 수 있는가 혹은 다른 사람들을 대하는 데 매우 신중할 필요가 있는가?"라는 질문에 대한 답변을 바탕으로 하고 있다. "대부분의 사람들은 신뢰할 수 있다"는 질문에 대해 "그렇다"라고 응답한 조사 대상자의 비율은 대인관계 신뢰의 정도라고 간주된다. 제도적 신뢰 점수는 특정 관련 제도에 대한 '신임(confidence)'의 정도를 측정한 것이다. 예를 들어, 설문지는 "정부에 대해 얼마나 높은 신임을 가지고 있는지 말해 줄 수 있는가? 신임도가 높은가, 신임도가 높지 않은가, 아니면 전혀 없는가?"라고 쓰여 있다. 이 연구에 사용된 신뢰의 수준은 '아주 많은 신임'과 '상당한 신임'으로 응답한 사람들의 비율을 합한 것이다.

〈표 4-1〉은 5개 기관의 다양한 사회적 신뢰 측면에 대한 46개의 관련 지표를 제시한다. 자료는 대인관계 신뢰 및 제도적 신뢰 모두를 포괄한다. 이들은 정부 신뢰, 기업 신뢰, 노동조합에 대한 신뢰, 대인관계 신뢰, 글로벌 신뢰 범위, 제도적 성과, 부패, 사회 정의, 거버넌스 지표 등 9개 그룹으로 분류된다. 이러한 사회적 신뢰의 범주는 이 책의 나머지 부분에서 더 자세히 탐구될 것이다. 마지막 네 가지 범주는 정부에 대한 사회적 신뢰의 일부분이지만, 사회적 신뢰에 대한 중요성을 강조하기 위해 분리되어 있다는 점에 유의해야 한다. 〈표 4-1〉의 칸에 있는 수치를 읽을 때 주의해야 한다. 위에서 언급한 바와 같이 지표의 값은 WVS의 값을 제외하고 모두 특정 기간 동안의 평균 점수이다. 또한 점수의 범위는 위에서 말한 바와 같이 조사기관마다 약간씩 다르다.

〈표 4-1〉에서 보는 바와 같이, 9개 범주에는 각각 특정 기관에서 측정한 여러 지표가 포함되어 있다. 정부에 대한 신뢰를 위해 IMD, WEF 및 WVS에서 측정한 10개의 상호 관련지표를 정부 신뢰의 대용치로 선택한다. 각 지표의 의미는 IMD의 '관료주의'와 WEF의 '공공제도'를 제외하고는 명칭이 지적하는 그대로

표 4-1 아시아 네 호랑이의 사회적 신뢰 지표*

	싱가포르	홍콩	대만	한국
정부에 대한 신뢰				
투명성(IMD)	7.48	5.86	4.44	3.98
관료주의(IMD)	6.67	5.77	4.20	2.88
비즈니스 편의성(IMD)	8.37	8.25	6.30	3.92
공공제도(WEF)	6.05	5.64	4.77	4.10
정부에 대한 신뢰도(WVS)	79.80	59.40	44.80	49.50
정당에 대한 신뢰도(WVS)	69.40	27.90	22.40	26.10
의회에 대한 신뢰도(WVS)	75.50	45.60	27.60	25.50
공공서비스에 대한 신뢰(WVS)	76.30	58.80	59.40	48.10
경찰에 대한 신뢰(WVS)	79.40	79.60	62.10	58.30
법원에 대한 신뢰(WVS)	83.30	85.50	47.50	66.70
기업(비즈니스)에 대한 신뢰				
윤리 강령 시행(IMD)	7.45	6.83	6.64	5.36
관리자 신뢰도(IMD)	7.51	7.26	6.74	4.89
사회적 책임(IMD)	6.35	5.93	6.37	5.93
기업가치(IMD)	7.00	6.89	6.52	6.12
사적 제도(WEF)	6.12	5.67	4.93	4.31
전문경영인에 대한 의존도(WEF)	5.99	5.22	5.27	4.82
주요 기업에 대한 신뢰도(WVS)	71.90	56.50	65.60	55.90
노사관계에 대한 신뢰				
노사관계(IMD)	8.29	7.62	7.04	3.97
노동관련 규정(IMD)	7.55	7.60	5.77	3.79
근로자 동기부여(IMD)	7.06	7.04	7.01	5.33
노동시장 효율성(WEF)	5.77	5.64	4.77	4.30
노동조합에 대한 신뢰도(WVS)	59.80	47.10	55.80	38.60
제도적 성과				
지적재산권 보호(WEF)	6.16	5.61	5.06	4.36
사법권 독립(WEF)	5.64	6.10	4.46	4.02
경찰서비스에 대한 신뢰성(WEF)	6.40	6.25	5.21	5.00
부패정도				
뇌물 및 부패(IMD)	8.31	7.11	4.83	3.66

부패인식지수(TI)	90.20	79.60	58.80	50.70
부당한 지급 및 뇌물(WEF)	6.59	6.25	5.30	4.49
사회 정의				
공정성(IMD)	8.23	8.01	5.38	4.78
사회적 통합(IMD)	8.28	5.95	5.17	5.60
기회균등(IMD)	7.64	7.13	6.45	5.41
거버넌스 지표(WBG)				
언론의 자유 및 시민의 책임감	-0.11	0.47	0.86	0.70
정치적 안정 및 폭력 부재	1.23	1.03	0.75	0.33
정부 실효성	2.16	1.73	1.13	1.06
규제의 질	1.93	1.93	1.10	0.87
법치주의	1.64	1.53	0.98	0.96
부패 통제	2.18	1.76	0.72	0.49
글로벌 신뢰 범위				
세계화에 대한 태도(IMD)	7.82	7.91	7.34	6.77
민족문화(IMD)	8.00	8.25	7.74	5.57
해외 이미지(IMD)	8.69	8.18	6.91	6.78
외국인 재산소유 정도(WEF)	6.22	6.19	5.20	4.56
세계시민의식(WVS)	76.00	76.70	75.80	82.20
타민족 포용성(WVS)	87.30	81.20	91.80	65.90
이민자/외국인근로자 포용성(WVS)	64.10	78.90	79.80	55.80
외국어 사용자 포용성(WVS)	89.70	83.80	93.00	66.70
대인관계 신뢰(WVS)	37.30	48.00	30.30	26.50

* IMD지표의 범위는 1-10, WEF는 1-7, WVS와 TI는 1-100, WBG는 -2.5 - +2.5이다.

* IMD 지표의 평균 기간은 18년(2000-2017), WEF는, 부당한 지급과 뇌물에 대한 8년(2010-2017) 기간을 제외하고는 모두 12년(2006-2017), TI 18년(2000-2017), WBG 17년(2000년)이다. WVS 지표는 6차 조사(2010-2014)의 지표다.

출처: IMD(2017), WEF(2017), TI(2018), WBG(2017), WVS(2015)

이다. IMD의 '관료주의'는 기업활동에 대한 관료적 걸림돌의 정도를 나타낸다. WEF의 '공공제도'는 재산권 보호, 윤리 및 부패, 부당한 영향력, 보안 등의 공공성과를 나타낸다. 아시아 네 호랑이 중 정부에 대한 신뢰를 측정하기 위한 10개 대리지표는 거의 모든 척도의 규모에서 싱가포르가 가장 높은 점수를 받았으며, 홍콩, 대만, 한국이 그 뒤를 나타낸다. 이 지표들의 크기가 네 호랑이 사이에 상당한 차이가 있으며 특히 싱가포르와 한국의 차이가 현저하다는 패턴을 보여준다.

기업에 대한 사회적 신뢰에 대해 IMD, WEF, WVS는 7개의 상호 관련지표를 측정한다. 이 지표들의 의미는 IMD의 '기업가치', WEF의 '사적 제도'와 '전문경영인 의존도'를 제외하고는 명칭 자신이 그 의미를 나타낸다. IMD에 의한 '기업가치'는 기업의 가치가 종업원의 가치를 고려하는 정도를 측정한다. WEF의 '사적 제도'는 기업의 윤리와 책임을 나타낸다. 기업의 책임은 적절한 회계처리와 감사뿐만 아니라 효과적인 기업 이사회를 통하여 소액주주 및 기타 투자자에 대한 책임을 나타낸다. WEF의 '전문경영인에 대한 의존도'는 기업이 친인척과 지인의 인맥이 아닌 능력과 자격을 기준으로 고위 경영진이 직원을 신뢰하는 정도를 측정한다. 기업의 고위경영진이 친척과 지인에게 의존한다면 사회는 기업을 덜 신뢰한다. 기업 신뢰 지표를 위해서도 마찬가지로 거의 모든 지표에서 싱가포르가 가장 높은 점수를 받았고 홍콩, 대만, 한국의 순서대로 나타났다.

노동에 대한 사회적 신뢰를 위해 5개의 대리지표가 선정된다. 그 중 IMD에 의한 '노동 관련 규정'은 노동 규정이 비즈니스 활동을 방해하는 정도를 보여준다. IMD의 '근로자 동기 부여'는 기업에서 근로 의욕의 정도를 보여준다. 만약 고용주와 직원들 사이의 신뢰가 높다면 아마도 근로자들은 높은 의욕을 갖게 될 것이다. 노동자에 대한 사회적 신뢰의 이들 다섯 가지 대리지표에 있어서도 싱가포르는 가장 높은 점수를 기록하며, 홍콩, 대만, 한국이 그 뒤를 이었으며, 상대적 점수에서 일관된 패턴을 나타낸다. 한국과 나머지 세 국가의 노동에 대한 사회적 신뢰의 차이는 현저히 크다.

'제도적 성과'는 사회적 신뢰와 중요한 관계가 있는데, 이는 사람들이 관련 기관을 평가하고 그에 대한 신임을 인식하는 기준이기 때문이다. 제도적 성과가 부진하면 사회적 신뢰가 떨어질 수밖에 없다. 〈표 4-1〉과 같이 제도적 성과지표 3개를 선정하였다. 이들의 경우 싱가포르와 홍콩의 점수는 거의 비슷하며, 대만과 한국이 크게 낮은 점수로 뒤를 따랐다. '부패'는 공식적인 제도를 시민들이 준수를 하지 않는 정도를 반영하기 때문에 제도적 성과의 일부분이지만, 여기서는 부패의 독특한 성격과 중요성 때문에 세 가지 대리 지표를 별도로 선정하여 추가했다. 세 가지 지표 중에서 한국은 특히 IMD의 '뇌물 및 부패'와 TI의 '부패 인식지수'에서 상당히 저조한 성적을 거뒀다. 두 지표 모두 한국의 점수는 싱가포르 점수의 절반 수준이다.

앞서 지적했듯이, 사회정의에 대한 시민들의 인식은 법률 등 정규적 제도에 대한 신뢰와 준수를 강화함으로써 사회적 신뢰에 영향을 미친다. 사회정의의 경우 IMD에 의해 '공정성', '사회적 통합', '균등한 기회'라는 세 가지 지표가 선정되었다. '공정성'은 정의가 공정하게 집행되는 정도를 나타내고, '사회적 통합'은 정부가 사회적 통합을 어느 정도 우선시하는 정도를 보여준다. 다시 말하지만, 지금까지 논의되었던 네 호랑이 간의 상대적 점수는 한국의 점수가 대만보다 약간 높았던 사회적 통합을 제외하고는 다른 지표와 같은 순위에 머물러 있다.

또 다른 한 세트의 사회적 신뢰 지표는 앞에서 설명한 WBG의 거버넌스 지표들이다. **'언론의 자유와 시민의 책임감'**에서 싱가포르와 홍콩은 대만, 한국보다 낮은 점수를 받았다. 이는 싱가포르와 홍콩의 정치활동의 성격을 반영할 수도 있다. 나머지 다섯 가지 관점의 상대적 점수는 싱가포르에 이어 홍콩, 대만의 순으로 한국보다 상당히 높은 점수를 받는 등 지금까지 논의된 다른 사회 지표와 대개 일치한다. **'정치적 안정과 폭력 부재'**의 경우 싱가포르가 1.23점으로 가장 높았고 홍콩이 1.03점으로 뒤를 이었다. 이들은 대만(0.75점)과 한국(0.33점)보다 상당히 높았다. **'정부 실효성'**은 싱가포르와 홍콩이 각각 2.16점, 1.73점을 기록했고 대만과 한국이 각각 1.13점, 1.06점으로 뒤를 이었다. 이와 유사하게 **'규제의 질'**은 싱가포르와 홍콩이 각각 1.92와 1.93으로 나타나 각각 1.10과 0.87의 대만과 한국보다 상당히 높은 점수를 받았다. **'법치주의'**는 제도적 이행을 직접적으로 반영한다. 여기에도 싱가포르는 1.64점, 홍콩은 1.53점으로 대만의 0.98점, 한국은 0.96점 보다 눈에 띄게 높았다. 마지막으로 **'부패 통제'** 지표는 싱가포르가 2.18, 홍콩이 1.76, 대만이 0.72, 한국이 0.49로 뒤를 이었다. 이러한 부패 통제 지표의 결과는 위에서 논의한 부패에 대한 다른 세 가지 지표와 상당히 일치한다. **'언론 자유와 시민의 책임감'**을 제외한 WGI 지배지표의 경우 싱가포르의 점수가 한국보다 2-5배 높다는 점에 유의해야 한다.

세계화로 인한 경제적 혜택을 활용하려면 시민들은 글로벌 시스템과 표준을 수용할 뿐만 아니라 국가 경계를 넘어 신뢰와 정체성의 범위를 넓혀야 한다. 이는 글로벌 신뢰 범위에 반영될 것인데 IMD에서 3개, WEF에서 1개, WVS에서 4개 등 8개 대리

지표가 선택되었다. IMD의 '세계화에 대한 태도'와 WVS의 '세계 시민의식'은 글로벌 시스템과 표준을 수용하는 정도를 반영할 수 있다. 〈표 4-1〉에서 볼 수 있듯이, 세계화에 대한 사람들의 태도는 네 호랑이 간에 크게 다르지 않다. 그러나 국가 문화는 그 사이에서 상당히 다르기 때문에 외국인과 그들의 문화에 대한 태도에는 상당한 차이가 있음을 보여준다. IMD의 '국가 문화'와 WVS의 '이웃에 대한 포용'의 세 가지 지표인 '타 민족, 이민자/외국인 노동자, 외국어를 사용하는 사람들'은 외국인과 외국 문화에 대한 국가 문화적 태도를 반영한다. 이들 지표에서는 싱가포르, 홍콩, 대만이 크게 다르지 않은 반면 한국의 점수는 다른 세 나라들에 비해 상당히 낮다. 이것은 한국인들의 사고방식이 외국인들과 그들의 문화에 대해 상당히 폐쇄되어 있음을 시사할 수 있으며, 이는 외국인 혐오증이 상대적으로 높다는 것을 나타낸다. 한국의 외국인에 대한 혐오적인 태도는 신뢰와 정체성의 세계적 반경을 감소시키고 국제 상거래에서 거래비용을 증가시킨다.

해외에서의 **국가 이미지**는 해당 국가에 대한 투자를 고려하거나 제품을 구매하려는 외국인에게 중요한 역할을 할 수 있다. 한 나라의 경제, 정치, 문화, 사회적 특성은 외국인이 보는 그 나라의 국가 이미지를 형성하는데 도움을 준다. 위에서 논의한 바와 같이, 모든 사회 지표에 대한 국가의 상대적 점수는 해외의 이미지에 중요한 영향을 미치는 것이 확실하다. 〈표 4-1〉의 '해외 이미지'에 대한 데이터는 IMD에서 제공하는 것이다. 싱가포르가 8.69점을 기록했고 홍콩이 8.18점을 기록했다. 대만과 한국은 각각 6.91점, 6.78점으로 상당히 낮은 점수를 받았다. WEF의 '외국인 재산 소유 정도'는 싱가포르와 홍콩이 각각 6.22와 6.19를 기

표 4-2 측정 기관별로 본 아시아 네 호랑이의 사회적 신뢰의 평균치

	싱가포르	홍콩	대만	한국
IMD 17개 지표 평균 IMD(1-10)	7.69	7.15	6.17	4.98
WEF 9개 지표 평균(1-7)	6.10	5.84	5.00	4.44
WVS 13개 지표 평균(1-100)	73.10	63.80	58.20	51.20
WBG 6개 지표 평균(-2.5 - +2.5)	1.51	1.41	0.92	0.74
TI 1개 지표(1-100)	90.20	79.60	58.80	50.70

출처: IMD(2017), WEF(2017), TI(2018), WBG(2017), WVS(2015).

록했고 대만과 한국은 각각 5.20과 4.56점을 기록했다.

WVS에서 측정한 수많은 사회 지표 중 '대인관계 신뢰'는 본 연구와 가장 관련이 깊다. 대인관계 신뢰는 사람들이 대부분의 다른 사람들을 어느 정도 신뢰할 수 있는지 생각하는 정도를 측정한다. 놀랍게도 홍콩이 48.0점으로 가장 높았고, 싱가포르가 37.3점으로 뒤를 이었다. 대만은 30.3점으로 3위, 한국은 26.5점으로 다시 꼴찌를 기록했다.

〈표 4-1〉에 채택된 지표에 관한 한, 전 세계 5개 기관이 아시아 네 호랑이의 사회적 신뢰 수준을 상당히 일관되게 평가한다는 점은 흥미롭다. 여기에서도 하향식 순서는 싱가포르, 홍콩, 대만, 그리고 한국이다. 예를 들어 〈표 4-2〉에 나타난 바와 같이, 싱가포르는 IMD가 측정한 17개 지표 중 가장 높은 평균값인 7.69를 기록한다. 이어 홍콩, 대만, 한국이 각각 7.15, 6.17, 4.98의 평균치를 기록하고 있다. 특히 5개 기관 모두 한국보다 싱가포르에 40-100% 이상 상당히 높은 점수를 주고 있다. WBG가 발표한 6개 거버넌스 지표에서도 평균적으로 싱가포르가 1.51로 가장 높았고 홍콩이 1.41로 뒤를 이었다. 대만은 0.92점, 한국은 0.74점으로 다시 꼴찌였다. 싱가포르의 점수는 한국보다 두 배

이상 높다. 이 자료는 한국 국민이 정치와 정부에 대한 신뢰와 그들의 규칙과 규정 준수가 싱가포르 국민들에 비해 현저히 낮다는 것을 분명히 보여준다.

비록 조잡하지만 〈표 4-1〉에 포함된 사회적 신뢰의 9가지 각 범주의 복합 평균 지표를 만들기 위해 WEF, TI, WBG, WVS에 의한 지표의 점수 범위를 비례적으로 1에서 10 사이의 범위를 가지도록 조정했다. 〈표 4-3〉과 〈그림 4-2〉는 아시아 네 호랑이 사이의 사회적 신뢰 수준에서 극명한 차이를 보여준다. 여러 기관에서 측정한 9가지 각 범주의 사회적 신뢰 지표의 평균치는 네 호랑이 간의 상대적 점수의 일관성을 유지한다. 예를 들어, 정부에 대한 사회적 신뢰 지표 10개(〈표 4-1〉)의 평균 점수에서 싱가포르는 평균 7.75점으로 가장 높은 점수를 받았다. 홍콩은 6.36점, 대만과 한국은 각각 4.81점, 4.41점을 기록했다. 9개의 범주 지표들의 전체 평균치도 네 호랑이의 상대적 점수의 일관성을 유지한다(〈표 4-3〉). 싱가포르가 7.37점으로 가장 높았고 홍콩이 6.94점으로 뒤를 이었다. 대만과 한국은 각각 5.72점, 4.87점으로 싱가포르와 홍콩에 크게 뒤졌다. 특히 싱가포르의 전반적인 사회적 신뢰의 평균 점수는 한국보다 50% 이상 높은 점수이다. 심지어 대만의 전반적인 사회적 신뢰의 평균 점수도 한국보다 17%나 높았다.

아시아 네 호랑이에 대한 이러한 사례연구 결과는 무엇을 시사하는가? 〈그림 4-1〉과 〈그림 4-2〉에서 보듯이, 1인당 GDP(PPP 기준)가 4개국 간의 사회적 신뢰 수준과 나란히 움직인다는 것이 증명되었다. 따라서, 그것들은 밀(J. S. Mill)이 제안한 '상반변량법(method of concomitant variations)'에 의해 인과관계로 연관된다고 본다. 그러나 상반변량법은 인과관계 방향을 나타내지

표 4-3 아시아 네 호랑이의 범주 별 사회신뢰지표 평균치

	싱가포르	홍콩	대만	한국
정부에 대한 신뢰	7.75	6.36	4.81	4.41
기업에 대한 신뢰	7.54	6.88	6.77	5.85
노동계에 대한 신뢰	7.43	7.02	6.48	4.62
기관 성과	8.68	8.56	7.02	6.38
부정부패	8.92	8.00	6.09	5.12
사회정의	8.05	7.03	5.67	5.26
거버넌스 지표	6.04	5.64	3.68	2.96
글로벌 신뢰 반경	8.14	8.16	7.93	6.59
대인관계 신뢰	3.73	4.80	3.03	2.65
전체 평균	7.37	6.94	5.72	4.87

출처: IMD(2017), WEF(2017), TI(2018), WBG(2017), WVS(2015).

그림 4-2 아시아 네 호랑이의 범주 별 사회신뢰지표 평균치

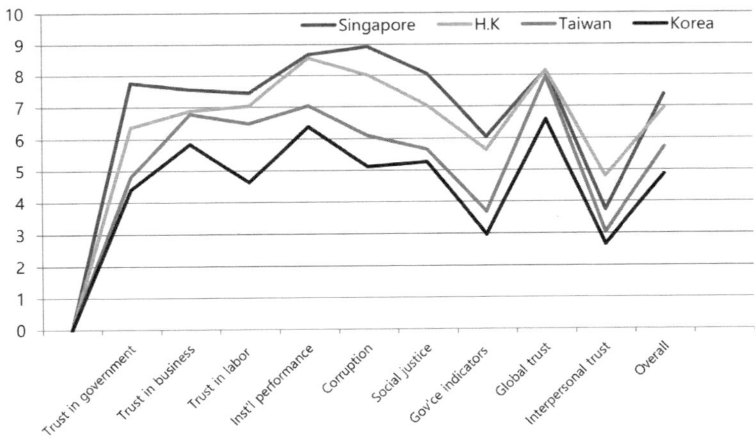

않는다. 1인당 GDP(PPP)와 사회적 신뢰 사이의 인과관계 방향을 파악하기 위해 '과정추적법(process tracing method)'의 개념을 적용한다. 제1장에서 주장했듯이 경제발전은 사회적 신뢰에 영향을 미칠 수 있다. 하지만, 아시아 네 호랑이에 있어서는 1인당 GDP의

차이가 사회적 신뢰의 차이에 줄 가능성보다 사회적 신뢰 수준의 차이가 1인당 GDP 수준의 차이에 기여했을 가능성이 훨씬 높다. 첫째, 사회적 신뢰가 경제발전에 긍정적인 영향을 미친다는 이론적 설명과 실증적 증거가 많이 있다.[18] 둘째로, 사회적 신뢰가 특히 네 호랑이의 경제발전에 영향을 미치는 여러 가지 이치에 맞는 인과적 메커니즘이 확인된다(위 4.3절). 셋째, 한 국가 내에서 사회적 신뢰의 수준은 시간이 지남에 따라 서서히 변하는 경향이 있는 반면, 경제발전 수준은 비교적 짧은 기간 내에 크게 변화할 수 있다. 따라서 아시아 네 호랑이의 사회적 신뢰 수준이 1인당 GDP와 경제발전에 기여했을 가능성이 그 역의 인과관계보다 훨씬 높다. 아시아 네 호랑이의 경제발전 배경과 단계, 문화적 전통의 유사성에 비추어 볼 때, 최근 그들 사이의 사회적 신뢰의 차이는 경제개발 전략의 특성, 사회정치적 발전, 그리고 정규적 제도 등의 차이에 크게 기인한 것으로 본다.

4.5 결론

이 장에서는 이른바 아시아 네 호랑이(싱가포르, 홍콩, 대만, 한국)의 경제발전을 위한 중요한 요소 중 하나로 사회적 신뢰의 역할을 살펴보았다. 이들 네 호랑이 경제는 경제발전의 도약기, 개발과정, 지리적 근접성, 문화적 배경, 그리고 최근 세계화와 기술혁신의 두 세력에 노출되는 등 여러 특성을 공유하고 있다. 이들 아시아 네 호랑이들은 1960년대부터 20세기 말까지 괄목할 만큼 높은 경제 성장률을 달성한 것으로도 유명하다. 이들이 모두 곧 선진국 반열에 오를 것이라는 기대가 높았지만, OECD 1인당 평균 GDP(PPP)를 선진국 경제 지위의 문턱으로 삼았을 때, 싱가포르와 홍콩은 1980년대 말에 이를 달성했고, 대만은 2010년에 달성하였지만, 한국은 아직 선진국 진입을 달성하지 못했다.

이 장에서는 한국의 선진국 경제 지위를 달성하지 못한 이유를 문화의 역할, 특히 사회적 신뢰의 역할을 통하여 탐구했다. 문화와 사회적 신뢰는 불가분의 밀접한 관계가 있고 둘 다 경제발전의 중요한 요소들이지만, 이 장은 무엇보다도 실용적인 이유 때문에 사회적 신뢰에 초점을 맞추었다. 아시아 네 호랑이의 사회적 신뢰를 나타내는 수많은 지표들이 다수의 글로벌 기관들에 의해 측정되고 있지만, 측정된 문화 지표는 쉽게 구할 수 없다.

사회적 신뢰는 경제 주체 간의 경제적 조화 및 협력과 거래비용의 수준에 영향을 미침으로써 경제발전에 영향을 미친다. 사회적 신뢰는 세계화와 기술혁신이라는 두 현상으로 인하여 경제발전에서 점점 더 중요해지고 있다. 세계화 하에서 여러 나라의 사회적 신뢰 수준은 많은 국제기구에 의해 점점 더 많이 측정되고 비교되고 있다. 따라서 사회적 신뢰가 낮은 국가는 외국인 투자와 기업을 유치할 능력이 부족하여 불이익을 받는다. 세계화와 기술혁신의 조건 하에서 경쟁력을 유지하기 위해 각국은 높은 사회적 신뢰가 요구되는 국제적 노동분업과 협력 및 협업을 수행해야 한다.

IMD, WEF, TI, WVS, WBG가 발표한 아시아 네 호랑이의 사회적 신뢰 지표를 대거 제시하여 논의됐다. 거의 모든 46개의 사회적 신뢰 지표에서 아시아 네 호랑이 간의 상대적인 사회적 신뢰 수준은 PPP 기준으로 싱가포르, 홍콩, 대만, 한국의 순서대로 1인당 GDP의 상대적 수준과 상당히 일치한다. 특히 한국은 1인당 GDP(PPP)와 함께 거의 모든 사회적 신뢰 지표에서 가장 낮은 점수를 기록했다.

아시아 네 호랑이 간의 사회적 신뢰 수준과 1인당 GDP(PPP)가 함께 나란히 움직이고 있는 것은 밀(J. S. Mill)의 '상반변량법'에 비추어 볼 때, 그들 사이에 상관관계가 있음을 나타낸다. 이렇게 식별된 상관관계를, 사회적 신뢰에서 경제성장에 이르는 여러 가지 믿을 만한 인과관계 메커니즘의 과정추적을 통해 사회적 신뢰에서 경제성장으로 가는 인과관계가 확인되었다. 따라서, 아시아 네 호랑이 간의 사회적 신뢰의 차이는 1인당 GDP 수준의 차이를 야기하는 데 기여했을 가능성이 대단히 높다. 이러한 연구 결과는 한국이 선진 경제국가로의 문턱을 넘으려는 열망을 이루기 위해서는 한국 사회의 사회적 신뢰 수준을 높이기 위한 조치를 취할 필요가 있음을 강력히 시사한다.

경제발전을 위한 사회적 신뢰의 중요성과 한국의 낮은 사회적 신뢰 수준을 이해하면서, 이 책의 나머지 부분은 네 가지 광범위한 사회적 신뢰의 범주에서 한국의 사회적 신뢰의 원인과 그 증진 방법을 분석한다. 제5장에서는 최근 한국의 사회경제적 양극화 현상을 탐구하는데, 이 양극화 현상은 경제사회 발전의 중요한 원인일 뿐만 아니라, 사회적 신뢰의 근본 원인이기도 하다. 제6장에서는 대인관계의 신뢰의 원인, 그 증진 방법, 효과 등을 조사한다. 그 다음 제7장에서 정부에 대한 신뢰를 조사 분석하고, 이어서 제8장과 제9장에서 각각 기업 및 노동에 대한 신뢰에 대한 조사가 진행된다.

주

1 경제발전 문헌에서 제도의 중요함을 제일 먼저 강조한 분은 North(1990)라고 할 수 있다. 남미의 경제발전에 문화가 제일 중요하다는 것을 주장한 분은 Harrison(1985)이다. 남덕우의 6가지 경제발전 요인은 남덕우(1994) 참조.

2 Dowling and Valenzuela(2004: 22) 참조.

3 이 부분은 권오율(2014)을 중심으로 서술한다.

4 여러 학자 중 Tai(1989), Throsby(2001), Allen et al.(2007), Power et al.(2009) 등이 잘 알려져 있다.

5 Cho(1994), 박상식(1995), Lee(1995), 남덕우(1994) 참조.

6 산업정책의 성공과 유능한 공무원을 위해 문화의 중요함을 주장하는 데 관하여 Tabellini(2010), Fukuyama (2004: 30), Chang and Grabel(2008: 107) 참조.

7 이 점에 관하여 Fukuyama(1995: 14), Rodrik(1999), Hall and Jones(1999), Whitley(1999), Acemoglu et al.(2001), Spolaore and Wacziarg(2013) 참조.

8 문화가 사회적 신뢰의 근간이 된다는 것에 관하여 Fukuyama(1995: 25), Harrison(1985) 참조. 특히 문화가 제도적 신뢰에 미치는 영향을 강조한 것은 Harrison(1985) 참조.

9 2014년 국내 R&D의 0.7%만이 해외에서 자금을 지원받았고, 국제공동저작권과 공동특허는 OECD 국가중 최하위권에 속한다(OECD, 2016: 13).

10 장성근(2013)도 신제품 개발은 제품 개발, 생산, 마케팅 팀 간의 협력에 달려 있다고 지적한다.

11 개방적 혁신 전략을 활용하는데 서구 회사들은 물론이고 중국 기업들도 성공을 했는데, 한국 기업들은 조직문화와 낮은 신뢰도 때문에 성공하지 못하였다고 장성근(2015)이 지적했다. WVS(2015)의 제 6차 조사에 의하면 중국과 한국의 대인관계 신뢰 수준이 각각 60.3과 26.5임을 보여준다.

12 Chang and Grabel(2008: 183) 참조.

13 Spolaore and Wacziarg(2013) 참조.

14 이는 OECD(2016: 13)에서 네 번째로 엄격한 것으로 간주되는 한국의 제품시장 규제에 반영되어 있을 것이다.

15 2016년 국내 식당, 병원, 미용실 예약에 대한 '노 쇼(no-show)'의 수준은 각각 20%, 18%, 15%(코리아 타임즈, 2018. 3. 21.)이다. 한국인의 신뢰할 수 없거나 믿을 수 없는 상업적 행동은 서비스 부문의 거래비용을 증가시키고, 높은 거래비용은 서비스 부문의 낮은 생산성에 반영될 것이다.

16 이 점에 대하여 Florida(2005) 참조.

17 아마도 수년 동안 그리고 여러 순환기 조사에 걸쳐 이러한 일관성의 결여 때문에, WVS에 의해 측정된 대인관계 신뢰와 경제성과와의 관계를 계량적으로 측정하는 것은 모두 국가간 횡단면(cross-section) 측

정들이다.

18 문헌에 있는 실증적 증거를 위해 Fukuyama(1995), Kick and Kifer(1997), Whitley(1999), Zak and Kit(2001), Kick and Zak(2003), Tabellini(2010), Bjornskov(2012) 참조.

제5장 경제 양극화가 한국 경제 및 사회에 미치는 영향

5.1 머리말

1997년 IMF 외환위기 이후 한국의 소득 불평등은 지니계수 상승뿐만 아니라 소득의 10분위 증가에서도 증명할 수 있듯이 더욱 악화되었다. 소득 불평등 증가는 다양한 사회경제적 양극화를 초래했는데, 이는 소득, 부, 교육, 건강, 가치관 및 기타 사회경제적 요인에 있어서 뚜렷한 차이를 보이는 이원적으로 분리된 사회집단을 의미한다. 이와 같이 사회경제적 양극화는 한국에서 중대한 사회문제가 되고 있는데, 이 문제를 해결하지 않으면 한국은 사회경제적 행복과 사회적 신뢰를 위협하게 될 것이다. 이 모든 유형의 사회경제적 양극화는 서로 밀접하게 관련되어 있고 상호보완적이다. 그러나 소득의 양극화는 다른 형태의 양극화의 근간이 되는 핵심 요소로 보인다.

이 장에서는 한국의 소득 불평등 정도를 조사하여 그 내적 외적 원인을 분석한다. 그런 다음 소득 불평등이 경제성장과 사회

정의, 교육, 건강, 사회적 신뢰를 포함한 사회의 다양한 영역에 미치는 영향을 구체적으로 분석한다. 그리고 심화되어 가는 소득 불평등과 다른 사회경제적 양극화를 완화하기 위해 가능한 해결 방안을 모색하고자 한다.

5.2 한국의 경제 양극화에 대한 최근의 전개 과정

5.2.1 고도성장기의 공평한 소득분배

한국은 고도성장기 동안 경제 복지와 인적자원 개발에서 괄목할 만한 발전을 이루었으며 소득의 공평한 분배를 유지했다. 절대빈곤률은 1966년 40.9%에서 1997년 4.0%로 꾸준히 가파르게 감소했다. 1997년 금융위기 이후 몇 년간 절대빈곤율이 증가했지만 2000년까지는 위기 이전 수준으로 내려갔고, 그 이후 빈곤율이 크게 증가한 2016년까지 거의 변화가 없었다(〈표 5-1〉). 한국이 '성장 우선, 다음 형평성' 정책을 적용했음에도 불구하고 한국의 소득분배는 급속한 경제성장기 동안 개발도상국에서 가장 공평한 것이었다. 한국의 2인 이상 도시 가구의 시장소득 지니계수는 1965년 0.344에서 1997년 0.264로 점차 감소했다.[1]

고도성장기 동안 한국에서 비교적 공평하게 소득이 분배된 것은 다양한 요인에 기인한다. 한국은 1949-1950년 사이에 철저한 토지개혁을 성공적으로 시행했다. 또 6.25 전쟁으로 모든 물리적 인프라와 생산 시설의 파괴로 인해 모든 한국인은 같은 빈곤 수준에서 다시 시작할 수밖에 없었다. 한국 국민은 인종, 언어, 문화적 전통 면에서 동질적이다. 또 한국 사회에는 지역적, 종교적

표 5-1 우리나라 2인 이상 도시가구 소득분배

	1997	2000	2005	2010	2013	2014	2015	2016
빈곤율(%)*	N/A	7.6	8.2	9.8	9.0	8.9	9.1	10.4
지니계수(시장 소득)	0.264	0.279	0.298	0.315	0.307	0.308	0.305	0.317
지니계수(가처분소득)	0.257	0.265	0.279	0.284	0.278	0.276	0.267	0.276
10분위 배수 (D10/D1)	6.0	7.1	9.2	12.4	11.9	12.2	12.2	14.8
저소득층 비중 (%)**	8.7	10.4	13.6	14.9	14.5	13.5	14.2	15.4
중위소득증 비중(%)**	72.8	69.7	66.6	63.7	66.0	66.0	67.3	64.8
고소득층 비중 (%)**	18.5	19.9	19.8	21.4	19.5	20.5	18.5	19.8

주: * 절대빈곤: 한국 정부가 추산한 최저생계비보다 시장소득이 적은 2인 이상 도시가구 비율
** 저소득층, 중산층, 고소득층은 OECD가 정의한 대로 저소득층은 중위소득 50% 이하, 중산층은 중위소득의 50%-150%, 고소득층은 중위소득의 150% 이상이다.
출처: 한국보건사회연구원(2017), 한국노동연구원(2018)

으로 큰 차이가 존재하지 않는다. 결과적으로, 경제적 기회의 추구는 그러한 요소들에 의해 억제되지 않았고, 노동의 이동성과 적응은 상대적으로 사회적 제약으로부터 자유로웠다. 1960-1970년대 초반 사이에 노동집약적 산업을 발전시키려는 한국의 경제정책은 최소한의 교육수준을 가진 노동자들에게 고용기회를 제공함으로써 소득의 공평한 분배에 기여했다. 교육은 또한 사회 이동성을 향상시키는 데 중요한 역할을 했다. 한국인들은 높은 교육열을 가지고 있으며, 일반적으로 이러한 점에서 동등한 기회를 제공받았다.

5.2.2 1997년 IMF 외환위기 이후 소득 양극화 심화

소득 양극화 심화는 최근 몇 년간 한국에서 심각한 사회경제적 문제 중 하나가 되었다.[2] 지니계수가 증명하듯이, 공평한 소득분배에서 소득 불평등 상승으로의 전환점은 1990년대 중반에 시작되었다. 한국의 도시가구 시장소득 지니계수는 1997년 이후 증가세로 돌아섰다(〈표 5-1〉). 이러한 전환점은 중국과의 외교관계 수립, 1996년 OECD 가입의 핵심 전제조건으로 시행된 한국 자본시장 개방, 1997년 외환위기, IMF가 한국의 위기 탈출 패키지에서 요구한 전면 경제 개방 및 구조개혁과 맞물려 발생했다.

그러나 지니계수로 측정한 소득분배는 OECD 평균보다 한국에서 더 공평하다. 〈표 5-2〉는 3개년(2007, 2011, 2014) 동안 한국의 가처분소득에 대한 지니계수가 OECD 평균보다 다소 낮다는 것을 보여준다. 하지만 국내에선 빈부격차가 빠르게 늘고 있다. 〈표 5-1〉에서 보듯이, 10분위 배율은 1997년 6.0에서 2016년 14.8로 증가했다. OECD 국가들과 비교했을 때, 〈표 5-2〉는 가처분소득 측면에서 도시가구의 백분위 소득점유율(P90/P10)이 3개년(2007, 2011, 2014)의 해당 OECD 평균보다 일관되게 높았다는 것을 보여준다. 한국의 상대적 빈곤율도 OECD 평균보다 상당히 높다.

소득 양극화의 또 다른 지표는 인구 중 가장 부유한 집단의 소득점유율이 급격히 증가했다는 것이다. 세계 불평등 데이터베이스에 따르면 한국의 상위 10분위의 소득점유율은 1995년 29.2%에서 2012년 44.9%로 꾸준히 높아졌다.[3] 한국의 이러한 증가율은 선진국들 사이에서 가장 빠른 증가율이었고, 2012년 44.9%의 점유율은 아시아 국가들 사이에서 가장 높았고, 미국의

표 5-2 가계 가처분소득 분포와 빈곤율: 한국과 OECD

	Korea			OECD 평균		
	2007	2011	2014	2007	2011	2014
지니계수	0.312	0.307	0.302	0.314	0.314	0.315
시장소득 지니계수	0.321	0.316	0.307	0.415	0.429	0.431
10분위 배율 P90/P10	10.0	10.2	10.1	9.2	9.5	9.6
상대빈곤율 (%)*	14.8	14.6	14.6	11.0	11.2	11.2

참고: *상대빈곤율은 전체 인구 중 소득이 중위소득의 50%미만인 사람들의 비율.

출처: OECD(2015a), OECD(2016a).

47.8%에 이어 세계에서 두 번째로 높은 수치였다. 그만큼 짧은 기간 동안에 소득 양극화가 심화되고 있고 OECD 평균보다 상대적으로 높다는 뜻이다.

5.2.3 줄어드는 중산층

소득 양극화의 또 다른 지표는 중산층의 위축이다. 〈표 5-1〉과 같이 OECD가 정의한 2인 이상 중산층 도시가구의 비율은 1997년후 다소 등락했지만 1997년 72.8%에서 2016년 64.8%로 감소하였다. 중산층 상당수가 고소득층이 아닌 저소득층으로 떨어졌을 것 같다. 국내 한 연구에 의하면 중산층이 저소득층으로 전락할 확률은 2006년 10.1%에서 2013년 10.9%로, 같은 기간 중 중산층이 고소득층으로 올라갈 확률은 13.7%에서 12.2%로 낮아진 것으로 나타났다. 이것은 〈표 5-1〉에 반영된 것으로 보인다. 1997-2016년 사이 중산층 비중은 눈에 띄게 줄어든 반면, 저소득층 비중은 실질적으로 8.7%에서 15.4%로 크게 늘었고 고소득층

비중은 18.5%에서 19.8%로 소폭 증가했다.[4]

왜 중산층이 위축되었는가? 중산층의 위축은 최근 한국 경제의 발전 양상과 비효율적인 정부 재분배 정책의 두 가지 측면에서 비롯된 것이다. 세계화 과정의 일환으로, 중간 숙련직 일자리는 한국의 FDI 유출과 함께 한국에서 중국과 동아시아의 다른 신흥 경제국으로 떠났고, 세계적으로 경쟁력 있는 재벌들은 첨단 기술을 채택하여 고숙련 일자리를 제한적으로 제공하고 있다. 한국 정부의 소득 재분배 정도는 상대적으로 적은 공공 지출에서 알 수 있듯이, 중산층 감소와 관련된 시장 흐름을 상쇄하기에는 불충분했다. 한국의 GDP 대비 공공지출 비율은 2007년과 2016년에 각각 7.1%, 10.4%로 OECD 평균인 18.3%, 21.6%와 비교해 크게 부족했다(OECD, 2016b: 109).

중산층의 프로필도 시간이 지나면서 눈에 띄게 달라졌다. 1990년 평균 중산층 가족은 고등학교를 졸업한 30대 후반의 가장 1명의 외벌이를 포함한 4명으로 구성되었다. 그러나 2013년 평균은 맞벌이 가정과 대학 교육을 받은 40대 후반의 부모를 둔 3-4인 가족이었다. 이러한 변화들은 사람들의 상대적인 경제적 복지가 교육수준이 높아짐에 따라 향상되지 않는 반면, 부모가 모두 일하기 때문에 스트레스가 증가하여 사회적 불공평에 대한 인식을 악화시킨다.[5]

사람들이 인식하는 중산층의 규모는 실제 중산층의 규모와 실질적으로 다르다. 〈표 5-3〉에서 알 수 있듯이, 중산층의 인지된 규모는 현대경제연구원(HRI)이 추정한 2003-2013년 사이 평균 53.7%인 반면, 실제 규모는 OECD가 추정한 사회의 68.9%로 나타났다. 갤럽의 한 여론조사에 따르면 1989년에는 인구의 75%가 스스로를 중산층에 속한다고 생각한 반면, 2013년에는 이 비율이 20.2%로 크게 감소했다.[6] 중산층의 규모와 관련된 사람들의 인식은 사회갈등과 사회적 신뢰의 저하, 웰빙 등 중산층의 위축으로 인해 야기된 사회적 문제를 더욱 악화시켰다.

표 5-3 우리나라 중산층 규모: 실제와 인식(%)

	2003	2006	2009	2011	2013	평균
중산층 비중- 실제 (OECD)	71.8	68.3	66.9	67.7	69.7	68.9
중산층 비중- 인식 (HRI)	56.2	53.4	54.9	52.8	51.4	53.7

출처: OECD(2016b), 현대경제연구원(HRI,2014).

중산층 비중이 실제와 인식에서 큰 차이가 존재하는 이유는 무엇인가? 제3장에서 논의한 바와 같이 한국인은 계층적 집단 사회에서 살고 있기 때문에 사회적 사다리의 상대적인 위치에 대해 민감하다. 따라서 그들은 다른 사람들과 비교해서 자기자신과 자신의 입장을 평가하는 경향이 있다. 게다가, 그들의 일상 생활에서 경쟁적인 교육 문화와 다른 사람들을 이기려는 지속적인 경쟁은 자신을 다른 사람들과 비교하는 성향을 길러준다. 따라서 사람들은 상대적 박탈감과 타인에 대한 갈등의 주관적 감정에 취약하다. 현대경제연구원은 사회적 지위를 고려할 때 한국인은 소득뿐만 아니라 주택의 규모, 사회적 지위, 삶의 질, 사회적 기여도 등을 감안한다고 주장한다. 이러한 추가 비교기준은 상대적 박탈감의 주관적 감정을 강화한다.

위축되는 중산층의 정책적 의미는 분명하다. 정부는 중산층 개선을 시도할 때 중산층의 실제 측면과 인식된 측면의 차이가 증가하는 점을 감안해야 한다. 정책 입안자들은 중산층의 소득 수준뿐만 아니라 주택 요건과 삶의 질에도 관심을 기울여야 한다. 이를 위해서는 소득분배 개선과 저비용 주거와 관련된 충당금 개선이 요구된다. 문화와 스포츠 활동을 위한 기반시설도 개선해 중산층 개인이 삶의 질을 향상시킬 수 있도록 해야 한다. 특히 중산층의 교육 비용을 줄이기 위해 공교육 시스템과 보육서비스를 개선해야 한다.

5.2.4 부의 양극화

부의 양극화는 세계적으로 떠오르는 현상이지만 한국에서는 상당한 기간 동안 중대한 사회적 이슈였다. 제2장에서 지적한 바와 같이, 한국에서 부의 불평등은 소득 불평등보다 훨씬 더 심각하며, 경제 양극화와 불공정에 대한 일반적인 인식을 악화시킨다. 예를 들어 1988년 소득분배는 지니계수가 0.404인 반면 총자산 계수는 0.579였다. 한국보건사회연구원은 2012년부터 총자산의 지니계수를 추정하기 시작했다. 〈표 5-4〉와 같이 2012-2016년 기간 동안 시장소득에 대한 지니계수는 평균 0.309인데 비하여 총자산 지니계수는 0.550으로 훨씬 높았다. 총 자산에 대한 지니계수가 높은 데서 알 수 있듯이, 한국의 전체 자산 중 약 42%는 시장 가계소득의 5분위의 최상위층에 의해 소유되고 있다.[7]

표 5-4 가구 총자산 분포: 지니계수와 5분위 분포

	2012	2013	2014	2015	2016	평균
지니계수: 시장소득 기준	0.310	0.307	0.308	0.305	0.317	0.309
지니계수: 총자산 기준	0.572	0.558	0.545	0.541	0.535	0.550
최상위층 보유 총자산 (%)	44.2	42.5	41.4	41.1	41.2	42.1

출처: 한국보건사회연구원(2017).

2015-2017년 한국의 총자산 지니계수가 평균 0.719인 것으로 보고된 바도 있다. 한국의 총자산의 불평등이 심화되는 또 다른 지표는 성인의 상위 10%에 대한 부의 비중이 증가한 것이다. 이는 2000년 53.2%에서 2014년 62.8%로 증가했다(Credit Suisse, 2014: 33). 한국은 조사 대상 46개국에서 OECD에 가입된 18개국 중 하나로 2000-2014년에 걸쳐 상위 10% 재산 비율이 급격히 증가했다. 이러한 정보는 한국에서 심화되고 있는 부의 양극화를 보여준다.[8]

5.3 심화되는 경제 양극화의 원인

5.3.1 임금 불평등

임금 불평등, 인구 고령화, 부의 불평등, 비효율적인 재분배 정책 등 한국의 소득 불평등에는 수많은 요인이 존재한다. 이들 요인 중 임금 불평등이 소득 불평등의 가장 결정적인 원인이다. 〈표 5-5〉에서 보듯이 임금 불평등은 특히 1997년 위기 이후 악화되었다. 근로자 10인 이상 사업장의 정규직 임금에 대한 지니계수는 1997년 0.283에서 2017년 0.335로 증가하였다.[9] 임금에 대한 지니계수는 시간 경과에 따라 가계의 시장소득(〈표 5-1〉)보다 상당히 높았기 때문에 임금 불평등이 시장 소득 불평등의 증가에 기여했을 것이다.

한국의 임금 불평등은 다른 OECD 국가들에 비해 상대적으로 높다. 중위소득의 2/3 미만인 소득의 근로자 비율은 2006년과 2016년에는 OECD 평균이 각각 17.2%, 16.9%인 데 비해 한국

표 5-5 우리나라 비정규직의 임금 분포 및 상대적 지위, 2002-2017

	1997	2005	2010	2013	2014	2015	2016	2017
지니계수(임금)	0.283	0.323	0.328	0.333	0.344	0.345	0.340	0.335
비정규직 수/총 근로자(%)	N/A	36.6	33.3	32.6	32.4	32.5	32.8	32.9
비정규직소득 임금/평균소득 (%)	N/A	62.7	54.8	56.1	55.8	54.4	53.5	55.0

출처: 한국노동연구원(2018).

은 각각 24.9%, 23.5%로 나타났다(OECD, 2018: 293). 한국의 2016년 그 비율은 23.5%로 OECD 국가 중 4번째로 높았다. 2006년과 2016년 10분위 임금분산비율(즉 최상위 10% 임금/최하위 10% 임금 또는 P90/P10)은 각각 5.12와 4.50으로 해당 2개년 동안 각각 2위와 3위를 기록했다. 한국의 이러한 비율은 OECD 평균 3.53과 3.42보다 괄목할 만큼 더 높다(OECD, 2018: 293). 또 1990-2016년 동안 한국의 임금소득은 도시가구 소득의 약 89%를 차지했다(한국노동연구원, 2018: 122). 따라서 임금 불평등이 시장소득 불평등의 주요 원인이었을 것이다.

임금 불평등이 높아진 이유는 무엇인가? 첫째, 임금 불평등의 주요 원인 중 하나는 기술적 변화와 함께 세계화의 영향이다. 경쟁이 치열한 글로벌 시장에서 살아남기 위해 기업들은 일반적으로 자본 집약적이거나 노동력을 대체하는 첨단기술을 채택해야 한다. 따라서 고도로 숙련된 핵심인력에 대한 수요는 증가하는 반면, 저숙련 인력에 대한 수요는 정체된다. 게다가, 저숙련 노동자는 첨단기술로 쉽게 교체될 수 있어 그들의 상대적인 수요와 임금이 낮아진다.[10] 세계화는 무역뿐만 아니라 FDI에서도 일어난다. 한국의 경우, 2005년에 외부유출 FDI가 유입 FDI를 앞

질렀다. 그 이후 외부로 유출되는 FDI의 규모는 매년 후자의 약 3배 정도였으며, 2017년 317억 달러(국가통계포털, 2018a: 566)에 달했다. 2000년대 초반부터, FDI 유출의 대부분은 중국과 동아시아의 다른 신흥 국가로 이동하기 시작했다. 유출 FDI가 동아시아로 흘러가면서 저숙련 일자리가 나라 밖으로 이동하여 한국의 저숙련 노동자에 대한 수요가 더욱 줄어들고 그들의 임금이 상대적으로 떨어졌다.

둘째, '정규직'과 '비정규직' 간 노동시장의 '양극화'는 한국의 임금 불평등의 또 다른 원인이다. 기업들은 1997년 외환위기 이후 정규직보다는 비정규직으로 신입사원 채용을 선호하고 있다. 비정규직 비율은 2002년 전체 고용의 27.4%(비정규직 공식 추정 첫 해)에서 2017년 32.9%(〈표 5-5〉)로 늘었다. 비정규직 비율은 최근 몇 년 동안 OECD 국가 중 가장 높은 수준이다(OECD, 2018).[11] 비정규직 근로자는 고용 불확실성 외에도 보수와 사회적, 법적 혜택 측면에서 정규직에 비해 실질적으로 상당히 나쁘게 대우받는다. 비정규직의 상대적 임금수준은 정규직에 비해 2002년 67.1%에서 2017년 55.0%(〈표 5-5〉)로 꾸준히 감소했다. 정규직과 비정규직 근로자의 임금 격차 확대는 임금 불평등의 원인이 됐다.

셋째, 대기업과 중소기업 근로자의 임금 격차가 커지는 것은 임금 불평등의 또 다른 중요한 원인이다. 제2장에서 논의한 바와 같이 전체 고용의 90%에 가까운 비중을 차지하는 중소기업은 정부의 성장 및 재벌(대기업)을 통한 수출 촉진 전략뿐만 아니라 대기업이 중소기업을 향한 부당한 전략 때문에 대기업에 비해 불리한 상황에 처해 있다. 그 결과 중소기업은 이런 점에서 대기업을 따라잡지 못하고 중소기업의 81.6%가 결국 대기업의 하청업체와 납품업체로 전락하고 말았다. 따라서, 대기업과 중소기업의 관계는 수요 독점자(monopsonist)적 관계로서, 제한된 수의 수요자로서의 대기업이 많은 수의 투입 공급업체를 대표하는 중소기업보다 우위를 점하고 있다. 계약체결에 관한 중소기업과의 비대칭적 협상 관계를 이용하여 대기업은 공정거래법 위반, 원자재 가격이 오를 때 납품단가 인상 거부, 투입 단가에 대한 부당한 가격 감소, 중소기업 핵심 기술 도용, 개방형 입찰 시스템에 참여하는 대신 개별 하청업체와 협상 등 여러 가지 방법으로 자신들의 권력을 남용해 왔다.[12] 특히 1997년 외환위기 이후 중소기업들은 은행들이 중소기업 대출을 줄이고 높은 이자를 부과하는 등 신용 경색 때문에 큰 타격을 받았다.

그 결과, 대기업(종업원 300명 이상) 대비 중소기업의 수익성 비율은 1991-2001년에 62.9%에 달했는데, 2002-2005년 기간에는 48.1%로 낮아졌다. 제조업의 중소기업과 대기업의 노동생산성 비율은 1991년 48.6%에서 2005년 33.1%로 꾸준히 감소했다. 중소기업의 낮은 수익성과 생산성은 상대적으로 낮은 임금수준으로 이어졌다. 중소기업의 1인당 임금은 1990년 전체 산업에서 대기업 임금의 79.9%에 달했으나, 2014년 62.3%로 점차 낮아졌다. 제조업의 경우 1990년과 2014년 임금비율이 각각 73.9%, 53.2%로 나타났다.[13] 중소기업의 눈에 띄게 낮은 임금 때문에 중소기업이 우수한 근로자를 고용하기 어려워져 자본시장이나 노동시장 모두에서 불리한 상황이 되어 상대적으로 중소기업의 지위에 악순환이 조성되고 있다.

또한 기업이 수출기업인지 노동조합이 있는지 여부에 따라 대기업들 사이에서도 임금격차가 두드러진다는 점도 눈여겨봐야 한다. 수출 및 첨단기술 대기업 4곳(삼성전자, 현대자동차, SK텔레콤, 포스코)의 임금은 2008-2014년간 누적 증가율 24-46%에 비해 전체 대기업과 중소기업은 같은 기간 각각 6.7%와 4.6%에 그쳤다. 2008-2014년 6년간의 기간에 시중은행의 임금과 급여는 20.3-35.0%로 누적 증가했는데, 이는 주로 은행들이 노조 조직률이 높고 정부에 의해 통제를 받고 있기 때문이다. 전체 노조 조직률은 10% 안팎에 불과하지만, 주로 시중은행을 비롯한 대형 사업장에 집중돼 있다.[14] 대기업 노조(예: 현대자동차와 시중은행)의 노조원들은 중소기업과 비정규직의 비조합원들과 달리 빈번한 단체행동을 통해 상대적 임금을 인상해 왔다. 또 1997년 외환위기 이후 대기업들은 상여금과 스톡옵션을 포함하는 미국식 급여 구조 모델을 채택하여 최고관리자들에게 다른 사람들보다 상대적으로 더 많은 급여를 지급했다. 반면, 외환위기 이후 최저임금 인상은 최저임금 규제가 제대로 시행되지 않아 저임금 근로자의 상대적 임금수준 상승에 기여하지 못했다.[15]

5.3.2 고령화 인구

한국 노인들의 빈곤층 비율이 훨씬 높기 때문에 고령화가 소득 양극화의 또 다른 중요한 원인이 되고 있다. 제3장에서 지적한 것처럼 65세 이상 인구비율은 다른 선진국보다 한국에서 더 빠르게 증가했다. 2017년 한국은 고령인구가 전체 인구의 13.7%를 차지하며 고령화 사회에 도달했다(국가통계포털, 2018b). 가족의 전통은 바뀌어 혼자 사는 노인(1인 가족)이 2000년 이후 2.5배 증가했다. 따라서 이들 가정은 2016년 전체 사회 고령층의 33.5%를 차지했다(국가통계포털, 2018c: 142). 한국 노인의 상대적 빈곤율은 2014년 49.6%로 OECD 평균인 12.6%의 4배에 달했다(OECD, 2016b). 2016년 한국의 노인빈곤율은 47.4%였다(한국보건사회연구

원, 2017: 98).[16]

한국 노인들은 왜 빈곤율이 높은가? 전통 문화와 치열한 경쟁 교육 문화에서, 사람들의 최우선 과제는 자녀들의 교육을 지원하는 것이고, 두번째는 은퇴를 위한 계획과 저축이다. 고령화 사회가 너무 빨리 도래한 한국사회는 아직 노인의 빈곤문제에 대비하지 못하고 있다. 노인소득지원제도는 기초생활보장제도(BLSP), 기초연금제도(BPS), 국민연금제도(NPS) 등 3개의 프로그램으로 구성되는데 한국은 아직 이 세 가지 모두 불충분하다(한국보건사회연구원, 2016: 43-81).

〈표 5-6〉에 나타난 바와 같이, 2000년에 도입된 기초생활보장제도(BLSP)는 비기여형(non-contributory)이며, 궁극적인 사회 안전망이 되도록 의도되었다. BLSP는 수혜자의 소득과 자산, 가족의 지원 가능성, 일할 능력을 포함한 '필요성 심사'와 '수입(자산) 심사'의 충족을 요구한다. BLSP는 수혜자의 소득 및 필요성 지출 수준에 따라 생활비, 주거, 교육, 의료 등 8개 항목의 지원 패키지를 제공한다. 2016년부터는 이 8개 항목 각각에 대해 혜택을 별도로 추정하였다. 예를 들어, 2016년 1인 가구의 경우, 생활비 최대 수급액은 중위소득의 29% 또는 월 471,000원으로 설정되었다(한국보건사회연구원, 2016: 52). BLSP 혜택을 받은 65세 이상 노인의 비중은 2015년 6.2%에 불과하여, 최저생활비 650,000원을 기준으로 빈곤선 이하 노인이 65세 이상 노인의 47.4%나 되는 데 비해 크게 낮았다(한국보건사회연구원, 2017: 98).

또 다른 비기여형 프로그램인 기초연금제도(BPS)는 2014년 7월 1일에 시행되었다. BPS의 자격 기준은 65세 이상, 소득과 자산을 살펴보는 '수입(자산) 심사' 통과, 가족의 지원 가능성, 업무 능력 등이다. BPS는 2015년 기준 월 소득 100만 원 이하를 가

표 5-6 우리나라 노인소득 지원제도

	개시년도	기여형 여부	자격	수혜자: 고령자 비율 (2015)	2015년 월평균 혜택
기초생활보장제도 (BLSP)	2000	아니오	일정요건	6.2%	471,000원
기초연금제도 (BPS)	2014	아니오	65세 이상	66.2% (70% 목표)	204,000원 (빈곤선의 33%)
국민연금제도 (NPS)	1988	예	65세 이상	36.5%	310,000원 (평균임금의 50%)

출처: 한국보건사회연구원 (2016: 43-81).

진 노인(독거 노인)의 70%를 커버할 계획이었다. 2015년 1인당 최대 BPS 혜택은 월 20만 4,000원으로 책정되었지만, 2015년 실제 수령액은 자료가 없고 2013년에 99,000원으로 책정되었다(한국보건사회연구원, 2016: 56). 2013년 실제로 받은 BPS 수급액은 해당 연도 최저생계비 572,000원의 17.3%에 불과했다. BPS 편익은 BLSP의 소득으로 간주되기 때문에 BPS는 BLSP와 관련이 있다. 따라서, BLSP 수혜자가 BPS로부터 혜택을 받는 경우 BLSP 수급액은 하향 조정된다.

국민연금제도(NPS)는 1988년에 기여형 연금으로 도입되었다. 일단 NPS에 가입하면 직원, 고용주, 정부 보조금에 의해 연금기여금이 구성된다. 다른 선진국의 80-100%에 비해 2012년 참여율은 노동연령 인구의 43%에 불과했다(OECD, 2014: 115). 2015년에는 노인(65세 이상)의 36.5%가 국민연금의 혜택을 받았다(한국보건사회연구원, 2016: 55). NPS의 참여는 기여형으로 이루어지므로 자녀에 대한 과도한 지원, 은퇴 후 자녀에 대한 암묵적 기대감, 낮은 임금대체율(2015년 50%)로 인해 경제적 여유가 부족하여 참여율이 낮을 수 있다. 또한 정부지원 프로그램에 대한 불신이 높아 참여율이 낮을 수밖에 없다. 특히 대부분의 비정규직 근로자와 중소기업 근로자는 고용주가 기여하기를 꺼리기 때문에 참여하지 않는다. 보험료 납부에 대해 정부 지원이 가능하지만 자영업자 중 극히 일부만 NPS에 참여한다. NPS와 BPS는 NPS로부터 30만 원 이상을 받는 개인에 대해 BPS 금액이 하향 조정된다는 점과 관련이 있다.[17]

위의 세 가지 노인 소득지원 프로그램은 노인들이 직면한 빈곤을 완화시키지 못한다. 소수의 가난한 노인들만이 소득지원 프로그램의 혜택을 받고 있으며, 혜택 금액은 빈곤수준에 한참 못 미친다는 점에서 이 제도의 '목표 효율성(target efficiency)'은 상당히 낮다.[18] 한국보건사회연구원은 2015년 빈곤선 이하의 노인가구와 빈곤선 이상의 노인가구가 위의 3개 프로그램의 수혜 정도를 제공하고 있다. 빈곤선 이하의 노인가구 중 95.4%가 1, 2개 또는 3개 프로그램의 혜택을 받았지만, 실제 전체 혜택은 376,000원으로 1인 최저생계비의 60.9%에 불과했다. 2015년에는 빈곤선 이상 노인가구의 91.3%가 노인복지사업에서 693,000원의 혜택을 받았다. 빈곤층 노인을 지원하기 위한 BLSP의 경우 빈곤선 이하의 노인이 혜택을 받은 비율은 27.8%에 불과했고, 빈곤선 이상 노인의 20.9%가 수혜자였다. BPS가 노년층의 70%까지 혜택을 확대함에 따라, 명백히 정치적인 이유로 빈곤선 이하 노인들의 87.0%가 혜택을 받은 반면, 빈곤선 이상 노인들의 58.3%가 혜택을 받았다. 마지막으로 NPS의 경우 빈곤선 이하와 이상의 노인가구는 각각 37.0%, 61.7%로 나타났다.

노인 빈곤 문제를 완화하고 복지를 개선하기 위해 어떻게 해야 하는가? 노인 소득지원 프로그램의 목표 효율성, 특히 BLSP

와 BPS의 목표 효율성이 향상되어야 한다. NPS 참여는 확대되어야 하며 모든 정규직과 비정규직 근로자에게 의무화되어야 한다. 자영업자의 경우 조세제도나 근로소득공제제도를 통해 NPS에 참여할 수 있도록 인센티브 제도를 마련해야 한다. NPS의 현재 소득대체율 50%는 OECD 수준인 70-80%까지 높여야 한다. 또한 정부는 빈곤선 이하의 노인 지원을 목표로 사회적 지출을 늘려야 한다.

5.3.3 심화되는 부(富)의 불평등

앞서 논의한 바와 같이 부의 불평등은 가계소득 불평등에 기여하고 있으며, 부와 소득의 불평등은 사실상 서로를 강화시키고 있다. 실물자산(토지 및 고정자산)에서 발생한 소득은 소유권이 편중되어 있어 불평등하게 분배된다(〈표 5-4〉). 토지 및 기타 실물자산 거래 및 고정자산의 임대수익으로 인한 연간 자본이득 총액은 2015년 기준 3,000-3,700억 원으로 추정되었으며, 이는 종업원 임금 6,930억 원과 대조된다.[19] 실물자산 소득의 대부분은 편중된 토지 및 실물자산 소유에 비례하여 분배될 것이며, 이는 소득분배와 상당히 일치한다.

부의 불평등이 한국의 소득 불평등에 기여하는 이유 중 또 하나는 시간이 지남에 따라 자산가격이 상대적으로 빠르게 상승하기 때문이다. 2000-2017년 동안 한국주가지수(KOSPI)와 주택구매가격지수는 각각 연평균 6.98%, 3.85% 상승했으며 소비자물가지수는 2.59% 상승했다(국가통계포털, 2018b). 2013년 기준 전체 주식의 81.8%가 가장 부유한 1.0%의 소유였기 때문에 상대적으로 주가 상승의 수혜자들은 주로 부유한 사람들이다. 〈표 5-4〉에서 볼 수 있듯이 최상위 소득 5분위 가구는 국가 총자산의 약 42%를 소유하고 있기 때문에, 자산의 상대적 가격 상승과 자본이득으로 발생하는 대부분의 소득은 최상위 그룹에 속한다. 여기에 상속세가 부의 불평등을 완화시키는데 실패했다는 점도 덧붙인다. 법의 허점을 이용하고 편법, 불법 전술을 사용하여 상속세를 회피하는 것은 부자들의 일반적인 관행이며, 적절한 상속세를 납부하는 것은 한국에서 예외적이었다고 주장한다.[20]

5.3.4 재분배제도의 비효율성과 결핍성

제2장에서 살펴본 바와 같이, 한국 정부는 1960년대 초 '성장 우선, 다음 형평성'이라는 경제개발 전략을 시작하여 1990년대 중반까지 소득분배와 사회복지에 거의 신경을 쓰지 않고 연간 성장 극대화에 주력하였다. 수십 년 동안 경제가 계속 확장되면서 거의 완전고용을 지속하고 있었기 때문에 소득재분배와 사회보장 문제는 심각한 문제가 아니었다. 또한 한국의 문화는 가족들이 어려운 시기에 서로를 돌보는 '유교적 사회복지 제도'에 뿌리내렸기 때문에 적절한 사회 안전망이 도입되지 않았다.

1997년 외환위기 이후 한국의 소득 불평등과 양극화는 급격히 악화되었고, 이후 사회보장 및 복지는 심각한 사회적, 정치적 이슈가 되었다. 첫째, 위기 이후 실업자 수는 급격히 증가했다. 둘째, 사실상 법률에 의해 보장되던 종신 고용이 외환위기 이후 노동시장 개혁으로 와해되었다. 기업들이 임금을 절약하기 위해 정규직을 비정규직으로 대체하면서 비정규직의 고용 불확실성도 높아졌다. 셋째, 은퇴 이후의 부모를 자녀들이 돌보는 전통이 퇴색하기 시작하면서 많은 노인들이 고립과 절망에 빠져 살게 되었다. 소득 불평등과 함께 실업률 증가와 고용 불확실성 그에 따른 사회 정치적 변화는 국가 복지수요의 필연적인 증가를 야기시켰고, 따라서 정부는 사회복지 정책을 재검토할 수밖에 없었다.

그 결과, 한국은 사회복지제도를 30년 동안 최소한의 프로그램을 갖춘 단순한 구조에서 상당히 포괄적인 체계로 탈바꿈시켰다. 이러한 사회복지제도는 주로 김대중 정부(1998-2003) 시기에 개발되었으며, 노무현 정부(2003-2008)에 의해 개선되었다. 사회보장제도의 포괄적인 틀에서 보면 현행 제도는 사회보험(social insurance), 공적 보조(public assistance), 사회서비스 등 3종류의 프로그램으로 구성되어 있다. 이러한 사회보장제도의 틀은 선진국의 것과 비슷하다. 이어진 이명박 정부(2008-2013)와 박근혜 정부(2013-2017)에서도 사회보장 프로그램을 확대하고 개선했다는 점을 간과해서는 안 된다.[21]

이러한 개선에도 불구하고, 한국의 사회복지제도는 여전히 심각한 결함과 결핍함을 갖고 있으며, 전체 국민에게 적절한 안전망을 제공하지 못하고 있다. 핵심 빈곤층은 국민건강보험과 노인 대상 BLSP, BPS를 제외하고는 사회보험의 혜택을 받지 못하는데, 이것은 개개인의 소득에 비례하여 보험료를 기여해야 하기 때문이다. 개별 수급자에 대한 복리후생 규모는 최저생계비 이하로 책정되어 있으며, 행정 및 모니터링 시스템의 부실 등으로 비대상 집단으로 혜택이 새어 나간다. 특히 위에서 살펴본 바와 같이 노인복지 3개 프로그램은 대상 집단(빈곤선 이하 노인)을 제대로 지원하지 못하고 있다.

이러한 결함과 결핍은 한국의 경제와 비교할 때, 낮은 복지 지출과 시장 및 가처분소득에 대한 지니계수 간의 작은 차이에 반영된다. 사회보장제도의 확대를 반영하듯 사회복지 프로그램에 대한 정부 지출이 확대되고 있지만, 한국은 이 점에서 다른 OECD 국가들에 비해 크게 뒤처져 있다. 사회복지 프로그램에 대한 정부 지출은 1997-2016년 사이에 연간 10.3%로 급증한 반면, 같은 기간의 총 정부 지출에 대한 연간 증가율은 8.0%에 불과했다(국가통계포털, 2018b). 그러나 GDP 대비 백분율로 볼 때, 전체 복지 지출은 다른 OECD 국가들의 지급액에 훨씬 못 미친다. OECD 기준으로 보면 한국의 GDP 대비 사회복지와 관련된 공공지출의 비율은 1997년 3.6%였으며, 이후 2016년 10.4%로 점차 높아졌으나 OECD 국가 중 멕시코 다음으로 낮다. OECD 국가의 평균 비율은 1997년 19.0%에서 2016년 21.2%로 높아졌다(OECD, 2016b). 이처럼 사회복지와 관련된 공공지출이 적었기 때문에 소득분배가 크게 개선됐을 가능성은 낮다. 이는 시장 및 가처분소득에 대한 지니계수의 작은 차이로 나타난다. 〈표 5-2〉와 같이 3년간(2007, 2011, 2014년) 가처분소득 지니계수는 한국의 시장소득 지니계수보다 7.6%를 감소했으며 이는 OECD 평균 27.8%와 대조된다.

한국은 이제 심화되는 소득 불평등의 완화, 노년 빈곤층의 증가, 가족 지원 문화적 전통의 쇠퇴, 적절한 사회 안전망에 대한 사람들의 요구를 개선해야 하는 과제에 직면해 있다. 이대로 방치하면 경제 양극화는 경제성장은 물론 사회정치적 안정에도 악영향을 미칠 수밖에 없다. 이를 위해 정부는 기존 사회복지제도를 개선하고 복지예산을 확충해야 한다. 근로 빈곤층과 비정규직 근로자는 소득에 비례한 보험료 기여금을 면제함으로써 사회보험 프로그램에 의해 보상받을 것을 제안한다. 또한 정부는 공공 지원 및 사회복지 프로그램을 단순화하고 행정 효율을 개선하여 목표 효율성을 높이는 방안도 강구해야 한다. 무엇보다 사회복지와 관련된 공공지출이 국내총생산(GDP)의 약 10% 수준에 있는 것을 OECD 평균 수준인 21%로 늘려야 한다.

5.4 소득 불평등이 경제성장에 미치는 영향

5.4.1 경제성장 둔화

소득 불평등은 사회의 다양한 측면뿐만 아니라 한국의 경제성장에도 영향을 미친다. 다음 절에서 논의한 바와 같이, 소득 불평등은 사회정의, 교육, 사회적 이동성, 건강, 및 사회적 신뢰 등 여러 형태로 사회에 영향을 미친다.[22] 소득 불평등이 경제성장에 미치는 영향은 경제학에서 가장 논란이 많고 오래된 이슈 중 하나이다. 이 문제는 최근 경제성장이 전세계적으로 둔화됨과 동시에 소득 불평등이 심화되면서 크게 주목을 받게 되었다.

소득 불평등–경제성장 관계에 대한 광범위한 이론 및 실증 문헌이 있다.[23] 첫째로, 긍정적 불평등–성장 관계와 관련하여, 전통적으로 소득분배와 경제성장이 대립되는 관계라고 주장되어 왔다. 이러한 주장은 소득 불평등이 한 나라의 저축과 투자율을 높이고 인적 자본을 강화한다는 가설에 기반하고 있다. 부자들은 더 많은 저축을 하고 물적, 인적 자본 개발에 더 많은 투자를 함으로써 경제성장을 높일 수 있기 때문이다. 이 주장은 빈부격차가 사람들로 하여금 더 열심히 일하게 하고 부자가 되기 위해 더 큰 위험을 무릅쓰게 한다는 '인센티브 가설'에 의해서도 뒷받침된다. 또 불평등을 완화하기 위한 재분배 정책에는 세금 인상과 이전 지출 등이 포함되어 있어 납세자와 수혜자의 근로 인센티브

를 감소시킨다.[24]

둘째, 최근에는 부정적인 불평등–경제성장 관계와 관련된 여러 가지 주장이 제기되었다. 예를 들어, '내생적 재정정책' 가설은 소득 불평등의 증가는 정부가 더 높은 세금과 함께 재분배 정책을 시행하도록 유도하고, 이는 결국 저축에 대한 의욕을 떨어뜨려 경제성장을 저해한다고 주장한다. 이 주장은 가난한 가정은 자녀들을 적절히 교육할 수 없어 미래의 소득과 사회적 이동성을 해칠 수 있다는 '기회 가설'에 의해 지지를 받고 있다. 사회적 이동성의 제한은 다시 가난한 가정들이 열심히 일하고 교육에 투자하는 것을 제한하여 성장에 부정적인 영향을 강화시킬 것이다. 여기에 빈곤 가정은 선진 기술 개발에 필요한 적절한 수준의 국내 수요를 창출하지 못할 수 있다는 '국내 수요' 가설이 추가된다.[25]

위에서 제시한 바와 같이 불평등–경제성장 관계에 대한 서로 상반되는 이론적 논증에 대한 논란은 실증적 증거에 의해 해결될 수 있다. 그러나 실증적 증거도 오랜 기간 동안 일관되지 않고 결론이 나지 않았다. 그러나 최근 새로운 실증적 증거는 불평등과 경제성장 사이의 부정적인 관계를 더 확실하게 보여주었다. 이런 점에서 OECD(2015a), 오스트리 외(Ostry et al., 2014), 다블라–노리스 외(Dabla-Norris et al., 2015) 등이 가장 포괄적인 실증 연구로 보이며 문헌에 널리 인용되고 있다. 또한 조 외(Cho et al., 2014)는 문헌에 자주 인용되지는 않았지만, 비교적 포괄적이며 흥미로운 결과를 보여준다. 이들의 주 내용을 여기에 간단히 소개한다.

OECD(2015a)는 지난 30년간 OECD 국가들을 대상으로 연구를 실시하여 소득 불평등이 성장에 상당히 부정적인 영향을 미친다는 사실을 밝혀냈다. 첫째, 불평등을 1 지니(Gini) 포인트(예:

0.321에서 0.311로) 낮추면 1인당 GDP 성장률이 연간 0.15% 포인트 높아진다는 연구 결과가 나왔다. 둘째, 이 같은 부정적 관계는 선진국(31개 OECD 국가)뿐만 아니라 신흥국에서도 적응되었다. 셋째, 그 부정적인 관계는 비선형 함수라기보다 선형적 함수 관계이다. 이는 고전적 가설인 역 U자형 비선형 함수로서의 불평등–경제성장 관계라는 주장에 대조된다. 이 고전적 가설은 일정한 수준의 소득 불평등까지 그 관계는 긍정적이 되고 나서 이후에 부정적이 될 것이라고 주장했다.[26] 넷째, 시장 및 가처분소득 간 지니계수의 차이에 반영되는 재분배 정도는 성장에 큰 영향을 미치지 않았지만, 재분배 조치에 따라 성장에 큰 영향을 미칠 수 있다. 다섯째, 성장에 가장 큰 영향을 미치는 불평등은 저소득 가구와 나머지 인구 사이에 커지는 소득 차이이며, 전자는 저소득 가구(하위 10%)뿐 아니라 하위 40%의 가구도 포함시켰다. 여섯째, 불평등이 성장에 영향을 미치는 지배적인 메커니즘은 빈곤층(인구 중 가장 가난한 40%까지)의 교육과 기술에 대한 투자 역량을 감소시켜 인적 자본 개발과 직업 기회를 낮추는 것이다. 이는 소득 불평등이 증가함에 따라 빈곤 가정 자녀들의 직업 전망이 훨씬 더 열악하여 세대간 교육 및 경제적 이동성이 감소하고, 불평등이 더욱 심화된다는 것을 의미한다. 일곱째, 소득이 낮은 사람들은 건강이 나빠지고 생산성이 낮아 경제에 악영향을 미친다.

OECD(2015a) 연구보다 연구 대상국 수와 포함된 관측 개수 관점에서 더 포괄적인 오스트리 외(Ostry et al., 2014)는 전형적인 재분배 조치가 경제성장을 저해하지 않는다는 것을 설득력 있게 보여준 선구적인 실증적 연구였다. 또한 OECD(2015a)가 사용하는 것과 다른 측면과 실증적 방법에 초점을 맞추지만, 선형 모델을 바탕으로 한 이들의 실증적 발견은 OECD(2015a)가 제시한 것과 일관성이 있다. 불평등을 1 지니 포인트 증가시키면 성장률이 매년 0.12% 포인트 감소하고, 소득 불평등이 선진국과 신흥국 모두에서 성장에 부정적 영향을 미치고, 빈곤한 가정의 인적, 물적 자본 개발 감소를 통한 불평등이 성장에 부정적 영향을 미친다는 것이 두 연구가 일관성이 있다는 것을 나타낸다.

다블라-노리스 외(Dabla-Norris et al., 2015)는 아마도 지금까지 가장 포괄적인 실증 연구로, 32년간(1980-2012)에 걸쳐 159개국의 표본에서 도출한 것이다. 이들의 연구결과는 선형 모델에 기초하여 OECD(2015a)와 오스트리 외(Ostry et al., 2014)가 제시한 연구결과와 일관성이 있다. 즉, 선진국과 신흥국 모두의 성장에 소득 불평등이 상당한 부정적 영향을 미치며, 불평등이 성장에 영향을 미치는 동일한 메커니즘이 포함된다. 그들의 독특한 기여는 성장에 있어서 가처분소득 분포의 변화에 있다. 구체적으로는 최상위 20%(5분위)의 소득 점유율이 1%포인트 증가하면 향후 5년간 GDP 성장률은 0.08% 포인트 낮아진다. 이는 부자에 대한 혜택이 서민층으로 흘러가지 않음을 시사한다. 반대로 최하위 20%(첫 번째 5분위수)에 대한 소득분배의 비슷한 증가는 경제성장율이 0.38% 포인트 증가한다는 것이다. 이러한 긍정적인 관계는 두 번째와 세 번째 5분위에서도 계속 유지되고 있다. 이러한 발견은 OECD(2015a) 연구 결과와 일관성이 있는 것으로 보인다.

조 외(Cho et al., 2014)는 77개국의 패널 데이터를 사용하여 소득 불평등과 성장 간의 비선형 관계를 조사하였다. 이 방법은 위에서 지적한 고전적 가설이다. 그들은 비교적 원활하게 긍정적 관계에서 부정적 관계로의 전환이 0.245의 지니계수에서 일어난다는 것을 발견했다. 이 연구결과는 불평등 수준이 0.245의 지니계수보다 낮은 국가에서는 불평등이 경제성장을 가속화하는 반면, 이 전환점보다 높은 국가에서는 불평등이 경제성장을 저해한다는 것으로, 최근 대부분의 국가에서 일어나고 있는 현상이다.[27] 그들은 또한 불평등 수준이 상대적으로 높은 개발도상국에서는 불평등이 성장에 미치는 부정적인 영향이 더욱 심각해진다고 덧붙였다. 이들은 불평등이 비선형적 방식으로 성장에 영향을 미치는 메커니즘을 밝히지는 못하였다.

요컨대, 이러한 실증 연구들은 소득 불평등이 성장에 미치는 상당한 부정적 영향이 선진국과 신흥국 모두에서 발생하며, 그 부정적인 영향은 주로 교육 및 건강과 같은 사회적 이슈에 대한 불평등의 부정적인 영향을 통해 나타난다는 것을 꽤 설득력 있게 보여준다. 이들의 정책 메시지도 분명하다. 지속 가능한 성장을 위한 경제정책은 교육 및 사회적 불평등과 관련된 사회적 문제에 미치는 영향에 주목해야 한다. 여기에 특히 빈곤 가정의 학생들을 위한 교육, 기술 훈련 및 취업 기회에 접근성 개선을 통해 사회적 불평등을 완화시키는 정책은 사회적, 경제적 복지를 향상시킬 것이라는 점을 덧붙인다.

위의 실증적 발견은 한국에도 적용 가능한 것으로 보인다. 현대경제연구원(2017)이 한국의 성장에 미치는 불평등 효과를 추정하기 위한 최초의 실증적 연구를 수행했다.[28] 이 연구는 시장 소득과 가처분소득에 대한 지니계수의 차이로 측정되는 소득 재분배의 개선이 1% 포인트 증가함에 따라 한국의 경제성장률이 0.10% 포인트 높아진다는 것을 제시하였다.[29] 아마도, 한국에서의 소득 불평등이 상대적으로 높기 때문에 위의 실증적 연구들에 의해 추정된 규모보다 한국에서의 불평등이 성장에 미치는 부정적인 영향의 정도가 훨씬 더 높을 것이다. 교육은 소득, 사회적 지위, 사회적 이동성에 대한 더 중요한 결정요인이다. 그리고 제

3장에서 논의한 바와 같이, 교육 양극화는 이미 고착화되었고 사회적 이동성은 상당히 제한적이다. 현대경제연구원(2017)을 포함한 문헌상의 불평등–경제성장 관계에 대한 실증적, 이론적 연구는 소득 불평등의 사회적 영향에 대해 충분한 관심을 기울이지 않은 것으로 보인다. 소득 불평등은 교육뿐만 아니라 사회의 다양한 측면, 특히 사회 정의와 사회적 신뢰에 심각한 영향을 미치며 이는 경제성장에 영향을 미친다. 이러한 불평등의 사회적 영향을 고려한다면, 부정적인 불평등–경제성장 관계는 한국에서 상대적으로 더 두드러질 것이다.

5.5 소득 불평등이 사회에 미치는 영향

5.5.1 사회정의에 미치는 소득 불평등의 영향

사회정의 개념 자체를 논하는 것은 이 책의 범위를 벗어난다. 이 연구는 사회 구성원들이 인식할 수 있는 수많은 사회정의나 공정성의 요소들 중에서 세 가지 중복되는 요소들, 즉 공정한 법률 체계, 공정한 사회 구조, 그리고 소득과 부의 공정한 분배에 초점을 맞추고 있다.[30] 공정한 법률 체계는 적용의 일관성 및 적합성과 함께 법률 시스템의 절차적 및 실질적인 공정성을 포함한다. 공정한 사회 구조는 사회의 공공기관과 민간기관이 책임성 있고 투명하며 민주적이고, 할당된 역할을 이행할 때 규칙과 기준을 일관성 있게 준수하도록 보장한다. 소득과 부의 공정한 분배는 무엇이 공정하고, 정당하며, 또는 소득과 부의 공평한 분배에 대해 또 다른 어려운 문제를 제기한다. 이 책은 소득분배의 공정성 개념 논의에 관여하지는 않는다. 오히려 롤스의 윤리(Rawlsian ethics)에 근거하여 사회의 모든 구성원에게 적절한 기초생활 수준을 제공하는 것과 기초생활 수준 이상의 모든 잉여는 노력과 능력에 따라 분배한다는 두 가지 실천적 지침이 선택된다.[31] 롤스 윤리는 절차적 공정성을 강조하지는 않지만, '결과'의 분배적 공정성을 나타내는 이 두 지침은 '공정한 기회의 평등'과 '공정한 경쟁'을 포함한 절차적 공정성을 전제로 한다. 전자는 공정한 절차를 위한 공정한 출발점을 나타낸다. 후자는 시장에서 공정한 경쟁의 장을 확보하도록 요구한다.

불공정한 기회 한국에서는 기회균등과 경쟁의 절차적 공정성이 잘 확보되지 않아 시장세력이 결정한 소득분배에 대한 적극적이고 누진적인 재분배 조치가 정당화된다. 위에서 이미 살펴본 바와 같이, 기존의 소득과 자산의 불평등 범위는 현저히 높고 사회는 부자들이 불공정한 절차를 통해 부를 얻었다고 인식하고 있다. 위에서 논의한 바와 같이 재산 분배도 부자에게 크게 편중되어 있으며, 대부분의 부자들은 적절한 상속세를 내지 않고 자신의 노력이 아닌 유산을 통해 부자가 되었다. 게다가, 한국에는 부자들, 특히 재벌의 일부 소유주들이 불법적인 수단을 통해 부를 얻는다는 수많은 주장과 신념이 존재한다. 또한 곧 논의될 바와 같이, 교육 기회는 공정하게 분배되지 않으며 사람들은 비슷한 수준의 건강을 유지하지 못한다. 오히려 그들은 모두 양극화되어 있다.

불공정한 경쟁 경쟁의 출발점은 기존의 불공정한 소득과 기회의 분배로 인하여 매우 불공평하다. 따라서 경쟁의 과정은 비록 그것의 지배 규칙과 규정이 공정하고 안전하다고 할지라도 공정하다고 간주될 수 없다. 불공정한 경쟁은 여러 시장에 반영되어 있다. 예를 들어, 한국의 소득과 사회적 지위를 결정짓는 결정적인 요소인 대학 입학시험을 향한 경쟁은 대학수학능력시험의 점수와 고등학교 성적이라는 두 가지 객관적인 기준에 기초하고 있기 때문에, 제도적으로는 공정하다. 그러나 제3장에서 논했듯이 대학입시까지의 교육은 불공평하고 교육의 세대간 이동성은 제한적이다. 따라서 대입 경쟁은 공정하다고 볼 수 없다. 일자리 경쟁도 공정하지 않다. 대학 교육의 질은 대학의 계층과 지역에 따라 다르며, 회사는 채용에서 이러한 차이를 고려하여 하위 대학의 학생들을 차별한다는 인식이 존재한다.

노동시장에서도 경쟁은 공평하지 않다. 위에서 살펴본 바와 같이, 임금 수준은 기업의 규모와 특성에 따라 일관되게 다르기 때문에, 규모와 특성에 따라 기업간의 근로자들 사이의 경쟁이나 이동성이 존재하지 않음을 시사한다. 정규직과 비정규직의 임금 격차 확대는 비정규직에서 정규직으로 전환하는 데 한계가 있음을 보여준다.[32] 한국 기업계에서 대기업이나 재벌, 중소기업 간의 경쟁은 부당하다. 전자는 다각화된 기업의 막대한 자본과 사업 다변화에 따라 낮아지는 사업 위험, 내부 거래(불법거래 포함), 해당 산업의 독점력, 그리고 일반적으로 중소기업인 투입 공급자에 대한 지배력 등 많은 장점을 가지고 있다. 따라서 이러한 유형의 기회와 경쟁에 대한 불공평은 시장의 힘에 의해 적절히 시정될 수 없기 때문에 정부는 사회정의를 강화하기 위한 재분배 조치를 취해야 한다.

한국의 소득분배가 공정한 사회라는 첫 번째 원칙(즉, 모든 사회 구성원을 위한 적절한 기초생활수준 제공)을 충족하지 못하는 것으로 보인다. 가처분소득이 한국 정부가 정한 최저생계비보다 적은 전 가구의 절대빈곤율은 2006년 11.0%에서 2016년 13.9%로 높아졌다(한국보건사회연구원, 2017: 41). 이처럼 빈곤율이 높은 주된 이유는 낮은 임금 때문이다. 2014년 기준으로 정부가 정한 월 최저생계비 102만 원 이하 임금을 받은 근로자는 34.0%로 집계됐다. 또한 2016년 한국의 최저임금(또는 중위임금의 2/3 미만)을 받는 근로자의 비율은 23.5%로 OECD 평균인 15.8%에 비해 OECD 국가 중 미국 다음으로 높았다.[33] 더 나쁜 것은 노인빈곤율이 높다는 것이다. 상술한 바와 같이 고령자의 절대빈곤율은 2016년 47.4%이었다. 노년층의 상대적 빈곤율은 2014년 48.8%로 OECD 평균인 12.1%에 비해 OECD 국가 중 가장 높은 것으로 나타났다(OECD, 2016a). 이처럼 빈곤율이 높기 때문에 '공정성'의 첫 번째 원칙이 충족되고 있다고 주장하기는 어려울 것이다.

사회적 공정성을 위해 정부가 재분배 조치를 취해야 한다는 전제 하에서, 시장에 의해 결정된 소득분배를 수정하기 위한 재분배의 범위에 대한 의문이 제기된다. 이 책은 한국이 대부분의 OECD 국가들처럼 선진국을 열망하기 때문에 OECD 평균을 기준(benchmark)으로 삼을 것을 제안한다. 이런 점에서 한국은 공정한 사회의 두 번째 원칙을 지키지 못했다. 가처분소득에 대한 지니계수로 측정된 소득 불평등은 한국의 전반적인 불평등이 최근 OECD 평균과 비교가 된다는 것을 보여준다. 한국의 2007, 2011, 2014년 가처분소득에 대한 지니계수의 평균은 0.307로 OECD 평균 0.314보다 소폭 낮았다(〈표 5-2〉). 이것은 한국이 OECD 평균 수준으로 재분배를 한다는 것을 의미하지 않는다. 같은 3년간 시장소득에 대한 지니계수의 평균은 한국과 OECD가 각각 0.315와 0.425로 나타났다. 한국과 OECD 사이의 지니계수의 상대적 크기에 관한 이 정보들은 지니계수로 측정했을 때, 가처분소득에 대한 시장소득의 재분배 정도가 한국과 OECD 평균에 대해 각각 2.5%와 25.9% 였다는 것을 보여준다.

한국의 재분배가 적다는 것은 위에서 지적한 바와 같이 GDP에 대비한 비율로 사회복지를 위한 공공지출이 상대적으로 낮다는 것을 보여준다. 따라서 한국과 OECD 국가 사이의 가처분소득의 지니계수가 비슷하다는 것은 한국 정부가 OECD 국가들에 비해 상대적으로 높은 사회복지 제공을 했다고 지적하지 않는다. 오히려 가처분소득 불평등이 한국과 OECD가 비슷한 것은 가처분소득과 임금의 양극화에 기인하는 것으로 보인다. 위에서 지적한 바와 같이 가처분소득에 따른 빈곤율은 상대적으로 높고 임금근로자 상당수의 임금수준은 최저생계비에도 못 미친다. 즉, 앞서 논의한 바와 같이 일정한 크기의 지니계수에 대해서 소득 양극화의 정도는 다른 OECD 국가보다 한국이 더 큰 것에 기인한다. 그러므로, 공정성과 정의에 대한 국민들의 의식을 향상시키기 위해, 정부는 사회복지 프로그램을 OECD 평균수준까지, 특히 핵심 빈곤층을 대상으로 확대해야 한다.

5.5.2 교육 양극화에 미치는 소득 불평등의 영향

교육이 인적 자원의 개발과 기술 변화를 촉진함으로써 한국은 가장 가난한 국가 중 하나에서 선진 산업국가로 변모하는 데 핵심적인 역할을 했다는 것은 잘 알려진 사실이다. 1960-1980년대 사이에, 교육기회는 사람들 사이에서 상당히 공평하게 주어졌지만, 근래에는 더 이상 그렇지 않았다. 제3장에서 알 수 있듯이, 교육은 한국의 소득, 직업, 권력, 사회적 위신, 지위, 사회적 이동성의 주요 결정 요인이었다. 특히 대학 교육이 갈수록 중요해짐에 따라 특히 명문대학의 한정된 자리를 놓고 치열한 경쟁을 벌이게 되었다. 점점 더 치열해지는 교육 경쟁은 교육의 기회가 더 이상 모든 사람들에게 공평하게 제공되지 않는다는 것을 보여준다; 교육의 기회는 가족의 소득과 배경에 의존한다.

제3장에서 논의한 것처럼, 명문대학을 향한 경쟁은 어린 시절부터 시작된다. 한국의 교육제도는 영유아돌봄보육(ECEC: 유치원 또는 어린이집), 초등학교 6년, 중고등학교 각 3년, 대학(전문대학, 종합대학) 3-4년제 등이다. 또한, 한국에서 아주 독특하게 비공식적인 개인지도 사립교육기관(학원)들은 교육 과정의 중요한 부분이다. 교육의 양극화는 ECEC에서 시작하여 긴 교육 과정을 통해 발생한다.

5세 미만 아동에 대한 ECEC는 균등하게 제공되지 않고 오히려 가계소득 수준에 따라 달라진다. 어린이의 인지, 사회생활, 정서적 능력 개발을 위한 ECEC의 가치를 인식한 한국 정부는 2013년부터 5세 미만의 모든 영유아를 대상으로 유아교육을 지원하기 시작했다. 그럼에도 불구하고, 2013년 ECEC 프로그램에 유아를 보내는 데는 평균 한 가구 소득의 4.5%를 차지하는 민간 비용이 여전히 수반된다(국가통계포털, 2015). 또한, 공공 및 민간 ECEC 센터가 존재하며, 민간 ECEC가 질적으로 더 좋고 더 비싸다. 2015년 국공립 어린이집에 대한 참여율이 전체 유아의 34.2%에 불과한 것이 시사하듯이 일부 가난한 가정은 유아를 ECEC 프로그램에 보내지 못할 수 있다. 유아를 ECEC에 보내더라도 가난한 가정은 민간(사립)보다 질이 떨어지는 국공립 어린이집에 아이를 보낼 가능성이 높다. 유치원에서의 아동교육은 보육과 상당히 비슷해서 가난한 가정의 아이들이 비싼 사교육비 때문에 유치원 교육을 받는 데 있어서 불이익을 받을 수밖에 없다. 2015년 유치원의 참여율이 49.4%로 낮게 나타난 것은 가난한 가정들이 유치원에 자녀를 보내는 어려움이 반영된 것이다.[34] 따라서, 가난한 가정의 아이들은 정규 교육의 시작부터 불이익을 받고 교육의 양극화가 싹트기 시작한다.

교육의 양극화는 12년간의 정규 교육을 통해 더욱 악화되는데, 이는 주로 과외(학원) 참여와 비용 때문이다. 최근에는 참여율은 다소 낮아졌지만 2017년(국가통계포털, 2018b: 176)에는 학생의 70.5%가 학원에 다니는 것으로 나타났다. 과외 참여율이 높은 것은 사교육을 학생들이 교육경쟁에서 승리하고 명문대 입학을 달성하는 데 도움이 되는 것으로 국민이 인식하고 있기 때문이다. 이러한 인식의 바탕에는 학교 성적과 학원 참여 사이에 존재하는 직접적인 상관관계가 깔려 있는 것으로 판단된다. 제3장에서 증명된 바와 같이 학원 참여율과 학교 성과의 상관계수는 0.99로 학원 참여에서 학교성적까지의 인과관계가 가장 유력했다. 대학 입학은 두 가지 객관적인 기준 즉, 고등학교 성적과 대학수학능력시험에 기초한다. 제3장에서 보듯이, 일반적으로 학교에서 더 나은 점수를 받는 학생들은 수능에서 더 좋은 성적을 내고 대학에 입학할 수 있는 더 좋은 기회를 갖는다.

하지만 비용이 많이 들기 때문에 사교육 참여는 가계소득에 달려 있다. 학생 1인당 월평균 사교육비는 2016년 가구소득의 5.2%에 달했다(국가통계포털, 2018c). 따라서, 가난한 가정들은 그들의 아이들을 학원에 자주 보낼 여유가 없다. 제3장에서 보듯이, 2017년 가계의 월소득이 200만 원 미만인 가정의 학생은 43.1%에 불과했고, 월소득이 800만 원 이상인 가정의 학생은 83.9%에 달하였다(국가통계포털, 2018b). 가계소득과 학원 참여율 사이의 상관계수는 0.91이었고, 가족 소득이 학원 참여의 원인일 가능성이 가장 높았다. 이 모든 정보는 사교육 참여율이 가계소득과 밀접한 관련이 있으며 가계소득에 의해 교육의 양극화가 심화된다는 것을 보여준다.

가계소득에 의한 교육의 양극화는 가족 배경에 의해 더 악화된다. 아버지가 중학교 졸업장을 받은 학생의 사교육 참여율은 2013-2017년 평균 37.8%인 반면, 아버지가 대학 학위를 받은 학생의 사교육 참여율은 76.9%로 나타났다(국가통계포털, 2018c). 사교육 참여율이 가계소득과 부모의 학력에 의하여 일관되게 다른 것은 교육 차이가 한국의 소득 차이의 주요 결정요인이기 때문이다. 이는 세대에 걸쳐 교육과 소득의 양극화가 지속되어 세대 간 사회적 및 소득 이동성이 감소함을 의미한다. 이것은 한 실증분석에서 지지되고 있다. 이 분석에 의하면 경제적 이동성(즉, 저소득층에서 중산층으로의, 그리고 상위층으로의 이동)이 2006년 32.4%에서 2013년 22.6%로 감소했고, 같은 기간 저소득층이 같은 저소득층에 머물 확률은 67.6%에서 77.4%로 높아졌다. 따라서, 낮은 경제적 이동성은 낮은 사회적(세대 간) 이동성으로 이어질 가능성이 높다.[35] 소득 불평등에서 사회적 비이동으로의 연계성은 한국의 교육을 통해 결정된다.

소득과 교육의 불균형이 서로를 강화하고 세대간 사회적 이동성을 방해한다는 위의 주장은 한국의 국내 자료에 근거한다. 이 주장은 또한 OECD(2017a)에 의해 뒷받침되며, 이는 교육이 소득뿐만 아니라 고용률도 향상시킨다는 것을 보여준다. 한국은 2000-2016년 대학 교육을 받은 25-34세 고용률이 75%인 데 비해 같은 연령층의 고졸 학력자의 고용률은 65%로 나타났다. 또 2015년 고졸자는 학사 학위 소지자 소득의 69%를 벌어들였다. 또한, 부모의 교육 수준은 아이들의 교육 성취도에 영향을 미친다. 한국의 경우 2015년 대학 교육을 받은 부모 1명 이상이 있는 성인(30-44세)의 대학 교육 달성률이 54%인 반면, 부모 2명 모두 대학 교육을 받지 못했을 경우 그 성인의 대학 교육 달성률이 25%에 불과했다.[36] 요컨대, 비용이 많이 들고 가정환경이 열악하기 때문에 빈곤 가정의 어린이는 부유한 가정의 또래들과 비교했을 때 ECEC에서 고등학교까지의 중요한 교육 과정 전반에 걸쳐 상대적으로 양질의 교육을 받지 못한다. 이로 인해 교육의 양극화를 초래하고, 결국 소득 불평등이 심화되어 소득과 교육의 불평등이 서로를 강화시키게 된다. 이 과정은 여러 세대에 걸쳐 진행되어 세대간 사회적 이동성을 감소시킨다. 세대간 사회적 이동성의 감소는 한국 사회가 최근 수십 년간 폐쇄적이고 경직된 사회가 되어 왔음을 보여줌으로써 향후 사회경제적 양극화를 심화시킬 것임을 시사한다.

교육 양극화를 최소화하려면 어떻게 해야 하는가? 한국의 교육 시스템의 분석 결과에서 도출된 메시지는 분명하고 설득력이 있다. 교육과 소득 불평등을 완화하기 위해서는 교육에 대한 평등한 접근을 촉진함으로써 교육 시스템을 개선할 필요가 있다. 첫째, ECEC에 대한 공공투자의 증가는 저소득층 가정의 아이들에게 더 나은 교육 기반을 제공할 것이다. 둘째, 학원의 광범위한 활용은 불평등을 영속시킨다. 이는 공교육 제도와 대학입시 제도를 개선함으로써 예방할 수 있다. 셋째, 높은 등록금에도 불구하고 낮은 수준의 학자금 대출 및 보조금은 저소득층 학생들의 수준 높은 대학 교육에 대한 접근을 제한하고 있어 학자금 대출과 보조금의 실질적인 증가를 시사한다. 넷째, 부모는 자녀 교육의 현재 관행에 따른 자녀들의 신체적, 정신적 영향을 인식해야 한다. 한국 학생들의 상대적인 생활 만족도는 낮았다. OECD의 2015년 국제학생평가 프로그램(PISA) 결과에 따르면 한국 학생들의 생활 만족도 평균 점수는 6.4점(0-10점 만점)으로 터키에 이어 OECD 국가 중 두 번째로 낮았고 OECD 국가 평균인 7.3점과 대조된다. 학부모들은 또한 학교와 학원에서의 암기식 학습이 자녀들이 성공적인 직업을 위해 요구하는 창의성과 혁신의 요건과 일치하지 않는다는 것을 인식해야 한다. 이러한 문제는 정부가 동시에 해결해야 한다.

5.5.3 건강 양극화에 미치는 소득 불평등의 영향

국가 보건시스템은 빈곤층을 차별하여 건강의 양극화를 초래한다. 2011년에 국가 보건시스템은 전체 의료비용의 55%만을 감당하고, 환자가 비용의 45%를 부담했다. 한국의 55%는 OECD 평균 72.2%와 비해 많이 낮다. 개인 의료비는 주로 환자가 요구하는 특정 의사, 총 입원비용과 의료 시스템이 제공하는 의료비 차이 및 병원 내에서 환자의 간병비 등 3가지에서 발생한다. 2015년 우리나라에서 환자 본인이 부담하는 의료비 지출은 가계소비의 5.1%로 OECD 평균(3.0%)보다 OECD 국가 중 두 번째로 높았다. 의료비 본인 부담 비중이 높으면 가난한 사람들에게 상대적으로 무거운 부담이 가중된다. 최하위 5분위의 경우 가계소득과 관련된 의료비 지출 비중이 24.6%로 최상위 5분위 2.4%에 비해 매우 높았다. 총소득에 비해 본인의 높은 의료비 지출은 가난한 사람들이 적절한 치료를 받지 못하게 한다. 따라서, 병을 치료하지 못하는 비율이 최상위 5분위의 12.0%에 비해 최하위 5분위에서는 20.5%로 나타났다.

최근 평균수명은 향상됐지만 한국인이 인식하는 건강수준은 낮아졌다. 〈표 5-7〉에서 보듯이 한국인의 건강 인식률은 2005

년 43.9%에서 2016년 32.5%로 점진적으로 감소했다. 2015년 한국의 32.5%는 OECD 국가 중 가장 낮았고, OECD 평균 68.2%와 대조된다. 한국인의 건강 인식 수준이 낮은 것은 2015년 한국의 기대수명이 82.1세로 OECD 평균인 80.6세보다 높은 것과 흥미로운 대조를 이룬다(OECD, 2017c: 49).

표 5-7 소득수준별 건강상태 인식, 15세 이상 인구: 한국 및 OECD*

	2005	2010	2011	2013	2014	2015	2016
한국(전체)	43.9	37.6	36.8	35.1	32.6	32.5	32.5
한국(최상위 소득**)	54.7	41.8	43.6	41.5	39.4	38.1	37.9
한국(최하위 소득**)	39.5	33.5	30.5	30.9	26.6	26.2	28.7
OECD 평균(전체)	N/A	N/A	69.0	68.6	68.9	68.2	N/A
OECD(최상위 소득**)	N/A	N/A	79.8	79.0	N/A	78.5	N/A
OECD(최하위 소득**)	N/A	N/A	61.3	61.0	N/A	59.4	N/A
한국(고학력자)	56.8	41.1	40.0	42.2	38.4	39.3	37.9
한국(저학력자)	30.4	33.7	29.8	25.6	25.3	24.3	25.3

주: * 소득수준별 '좋은 건강'과 '매우 좋은 건강'으로 보고하는 성인의 비율

** 5분위수.

출처: OECD(2017c), OECD.Stat(2018).

한국 사람들은 초등학교부터 고등학교까지의 교육 경쟁에서 최상이나 상위권과 비교하기를 좋아하는 습성이 그들의 건강 수준을 바람직한 수준과 비교하게 하는 것으로 보인다.[38] 아주 완벽하지 않다면, 그들은 자신의 건강에 만족하지 않거나 건강 수준에 관심을 가지며, 따라서 그들의 건강 인식을 낮춘다. 따라서 그들의 건강에 대한 걱정은 그들이 더 자주 건강 검진을 받도록 유도한다. 2017년 한국인들은 외래환자 진료 검사에 평균 16.0번으로 나타나 OECD 평균 7.0번 하는 OECD 국가 중 가장 높았

다.[39] 의료 검사를 너무 자주 실시함으로써 한국인들은 의학적 문제에 대해 더 의식하거나 인지하고 있는 것처럼 보이며 의식된 건강 수준을 더욱 떨어뜨린다.

건강 수준은 소득 수준에 따른 차별적 의료 시스템뿐만 아니라, 사회경제적 환경 때문에 소득 수준에 따라 불평등하다. 가난한 사람들은 열악한 주거환경, 열악한 영양섭취, 오랜 통근 시간 등이 건강을 위해 상대적으로 불리한 사회적 환경에 살고 있다. 의사나 병원을 방문하는 기회비용과 본인 부담 의료비 지출에 대한 소득분배는 빈곤층에게 더 높다. 이 모든 것은 가난한 사람들이 제때에 의사를 방문하지 못하도록 하여 결과적으로 그들의 건강 상태를 악화시키고 위에서 언급한 바와 같이 병을 치료하지 못하는 비율이 높아진다. 소득에 따른 건강 수준의 차이는 빈곤층과 부유층 사이의 인식된 건강의 차이에도 반영된다. 〈표 5-7〉과 같이, 최하위 5분위가 인지하는 건강 상태의 비율은 2005-2016년 사이에 평균적으로 최상위 5분위의 약 71%였다. 한국은 최하위 5분위권과 최상위 5분위권 사이의 인식건강 상태 격차가 OECD 평균보다 훨씬 높았다(〈표 5-7〉). 교육은 또한 건강에 중요한 변수다. 15세 이상 인구 중 저학력자의 인식건강 수준은 고학력자의 약 66%로 나타났다(〈표 5-7〉).

소득과 건강의 불균형은 서로를 강화시켜, 건강의 악순환과 양극화를 더 심화시킨다. 건강하지 못한 빈곤층 사람들이 일을 할 수 없는 순간, 그들은 의료 및 사회 프로그램에 의해 적절히 보장되지 않는 시간급 또는 비정규직 근로자들이 될 가능성이 높기 때문에 소득을 잃을 수도 있다. 만약 그들의 건강 문제가 지속된다면, 그들은 그들의 가난을 악화시키면서 그들의 직장에서도 해고될지도 모른다. 위에서 지적한 바와 같이 소득 불평등이 경제성장을 둔화시키는 이유 중의 하나는, 가난한 사람들은 의료나 건강 문제에 더 취약하기 때문에, 그들의 생산성은 낮아지고, 경제에 대한 기여도는 감소하는 과정을 통하여 경제성장을 저해한다는 것이다. 저조한 경제발전은 가난한 사람들이 첫 번째 희생자가 될 수도 있기 때문에 더 큰 피해를 줄 것이다. 경제성장 둔화는 또한 가난한 사람들을 지원하는 사회 프로그램의 실행을 방해할 것이다. 소득 불평등에서 비롯된 건강의 모든 양극화 과정은 결국 소득 불평등을 심화시킬 것이다.

건강 양극화를 완화하려면 국가 의료 시스템의 보장 범위를 높이고 의료비 지출의 본인 부담분을 줄여야 한다. 의료 시스템에 대한 정부의 지원은 상대적으로 부족하다. 2013년 한국 정부의 GDP 대비 건강 지출은 7.5%로 OECD의 평균 9.5%에 비해 낮았다(OECD, 2016c: 45).

5.5.4 사회적 신뢰에 미치는 소득 불평등의 영향

문헌에는 소득 불평등이 사회적(대인관계와 제도적) 신뢰 수준과 관련된 가장 중요한 변수 중 하나임을 보여주는 연구 결과가 많이 있다.[40] 소득 불평등–사회적 신뢰 관계의 근간을 이루는 이론적 메커니즘은 매우 설득력이 있다. 소득 불평등은 사회적 계층화, 부정당, 갈등, 사회적 가치관 차이의 중요한 원천이기 때문에 높은 소득 불평등은 대인관계 신뢰에 악영향을 미치게 된다. 이 모든 것이 대인관계의 신뢰를 떨어뜨린다. 공정한 소득분배는 정부의 중요한 임무이며, 소득 불평등이 높으면 정부에 대한 신뢰가 낮아진다. 소득 불평등의 중요한 원천들 중 하나는 임금수준을 결정하는 민간기업 부문과 노동시장이다. 따라서, 소득 불평등이 높아지면 기업과 노동시장에 대한 신뢰가 낮아질 것이다. 많은 경험적 연구에 의해 도출된 전반적인 결론은 소득 불평등과 사회적 신뢰 사이에는 강력한 부의 관계가 있다는 것이다.

한국은 소득 불평등–사회적 신뢰 관계를 연구하는 데 있어 가장 적절한 사례이다. 이 장 전반에 걸쳐 나타난 바와 같이, 한국의 소득 불평등은 악화되고 있으며, 이로 인해 여러 사회적 영역에서 양극화를 초래하고 있다. 제3장에서는 한국의 사회 갈등의 심각한 문제를 논의했는데, 그 핵심 원인은 바로 소득 불평등이다. 제4장에서는 한국에 대한 사회적 신뢰 지표를 다양하게 보여주었는데, 모두 아시아 세 호랑이 국가들의 지표보다 상당히 지속적으로 낮았다. 한국에서 소득 불평등–사회적 신뢰의 연결고리의 압도적인 중요성을 고려하여, 소득 불평등–사회적 신뢰의 세부적인 관계를 이 책의 나머지 부분인 제II부에서 논의한다. 다음 장(제6장)에서는 한국인의 대인관계 신뢰를 논의하는데 대인간 신뢰와 소득 불평등과의 관계도 논의하게 된다. 연이어 제7장에서 정부에 대한 사회적 신뢰와 그것이 사회경제적 양극화에 미치는 영향에 대해 논의한다. 나머지 두 장(제8장 및 제9장)은 각각 기업과 노동에 대한 사회적 신뢰와 소득 불평등에서 발생하는 영향에 대해 논의할 것이다.

5.6 결론

이 장은 소득 불평등이 증가하여 최근 한국의 소득 양극화를 심화시키고 있음을 증명했다. 소득 불평등 증가는 경제성장뿐만 아니라 사회의 다양한 영역에도 심각한 악영향을 미치기 때문에 한국에서 가장 중요한 경제 및 사회적 이슈 중 하나가 되었다. 높은 소득 불평등이 경제성장을 둔화시킨다는 증거가 충분히 있다. 따라서, 최근 한국의 부진한 경제성장은 부분적으로는 소득 불평등 증가에 기인할 것이다. 소득 불평등은 한국 사회의 공정성과 정의에 대한 사람들의 인식을 낮추고 사회적 갈등을 조장하고 사회적 신뢰를 떨어뜨렸을 가능성이 높다.

소득 양극화는 한국의 교육과 건강 양극화로 이어진다. 소득 불평등은 교육의 불평등을 증가시키며, 이는 소득 불평등을 더 심화시키고 세대간 사회 이동성을 저해한다. 소득 불평등은 또한 비교적 높은 자기부담 의료비 때문에 가난한 사람들의 건강에 악영향을 끼친다; 그들의 건강이 나빠지면 그들의 생산성과 수입이 감소하여 그들의 소득 상태를 더욱 악화시킨다.

소득 불평등과 그 악영향은 상호 보완적이며 악순환을 낳고 있다. 소득 불평등의 증가는 경제성장을 둔화시키고, 이는 다시 가난한 사람들에게 더 나쁜 영향을 미치며, 소득 불평등을 악화시킨다. 소득 불평등에서 비롯되는 사회적 공정성과 정의에 대한 낮은 인식은 높은 사회적 갈등과 낮은 사회적 신뢰로 이어지며, 두 가지 모두 차례로 경제성장을 끌어내린다. 소득 양극화로 인한 교육과 건강의 양극화는 빈곤층에게 더 나쁜 영향을 미쳐 소득 불평등을 심화시킨다. 따라서, 한국의 소득 불평등은 더 많은 소득 불평등을 낳고 소위 '불평등 덫(inequality trap)'으로 이어지며, 그 결과에서 벗어나기 어렵다.

한국의 현재 소득 불평등과 사회경제적 양극화 상태가 지속 가능한 사회경제적 발전을 위해 유지될 수 없다는 것은 의심의 여지가 없다. 소득 불평등과 사회 양극화는 밀접한 관련이 있지만, 전자는 한국의 핵심이자 시급한 정책 문제 중 하나라는 점에 유의해야 한다. 따라서 정부는 재분배 정책을 통해 악순환을 끊으려고 노력해야 한다. 이런 악순환이 멈추지 않는 한 선진국의 문턱을 넘으려는 염원을 이루기는 어렵다.

한국 정부가 소득 불평등과 사회의 다양한 측면에 미치는 부작용에 대해 충분한 주의를 기울이지 않았다는 것이 입증된다. 이것은 사회복지를 위한 낮은 공공지출로 증명된다. 악순환의 고리를 끊고 불평등 덫을 깨기 위해서는 소득 불평등의 주요 원인인 임금 불평등을 완화해야 된다. 이를 위하여 몇 가지 정부 정책을 살펴보면, 첫째, 최저임금을 인상하고, 정규직의 고용보호를 완화하고, 비정규직의 사회보험 적용 범위를 확대하고 보조함으로써 노동시장의 이원화를 해소해야 한다. 둘째, 재벌과 중소기업의 임금 격차는 전자의 후자에 대한 착취를 막고 중소기업의 생산성을 향상시킴으로써 해결해야 한다. 셋째, 무엇보다도, 정부가 사회 지출을 OECD 국가 전체의 평균에 버금가는 수준으로 확대하고, 특히 노인들을 위한 사회복지의 수급자 해당 목표를 더 잘 세우는 등 기존의 사회복지 시스템을 개선해야 한다. 넷째, 정부는 또한 저소득층이 대학 교육과 의료 서비스의 혜택을 쉽게 받을 수 있게 개선해야 한다. 위의 첫째와 둘째 정책과제는 제9장과 제8장에서 각각 심층 분석된다. 제4장은 한국에 대한 사회적 신뢰가 이웃 아시아 호랑이 나라들의 사회적 신뢰보다 현저히 낮다는 증거를 보여주었다. 한국의 낮은 사회적 신뢰의 주요 원인 중 하나는 높은 소득 불평등이다. 다음 장에서는 한국의 대인관계 신뢰에 대한 조사의 일환으로 소득 불평등-사회적 신뢰 관계를 탐구한다.

주

1 한국의 1966–1997년 간의 지니계수를 위해서 Kwon(2010: 337) 참조. The World Bank Database에 의하면 비슷한 기간 동안 비슷한 수준으로 성장한 홍콩, 싱가포르, 대만, 한국의 지니계수가 1997년에 각각 0.520, 0.444, 0.320, 0.318로 나타났다. 이 수치는 가처분소득을 기준으로 계산된 대만을 제외한 3개국은 모든 가계 시장소득을 기준으로 한 것이다. 시장소득으로 계산된 대만의 지니계수는 위의 0.320보다 높을 것으로 본다(World Bank Group, 2016).

2 소득 양극화의 지표로서 이 책에서는 지니계수, 십분위 비율, 중산층 감소 등과 같은 소득 불평등의 표준적 척도를 채택한다. 소득 불평등과는 다른 소득 양극화의 정도를 측정하기 위한 많은 연구 논문이 존재하지만(Esteban and Ray, 1994; Gigliarano and Mosler 2009), Zhang and Kanbur(2001)는 다른 소득 양극화 측정은, 적어도 중국에 한해서는, 표준적 소득 불평등 척도와 다른 결과를 낳지 않는다고 주장한다.

3 WID World(2016) 참조.

4 국내 한 연구는 김호기 외(2015)임. 이것 외 최성근, 이준엽(2015)도 같은 주장을 한다.

5 중산층 프로필에 관하여 최성근, 이준엽(2015) 참조.

6 갤럽의 여론조사에 관하여 김호기 외(2015: 5) 참조. 현대경제연구원의 추정에 관하여 현대경제연구원(2014) 참조.

7 The Financial Post(2016)는 세계에서 가장 부유한 1%가 나머지 99%를 합친 것보다 더 많은 부를 소유하고 있다고 보도하면서, 이런 불평등이 세계 경제 복지에 가장 큰 위협 중 하나라고 주장했다. 1988년의 소득과 총자산의 지니계수는 Choi and Kwon(1997)에서 발췌.

8 2015–17년 총자산 지니계수는 Credit Suisse(2017: 152)에서 발췌. 2000년부터 2014년 상위 10%의 부 소유비중은 Credit Suisse(2014: 33)에서 발췌.

9 임금에 대한 지니계수는 고용노동부의 '기본임금 구조 조사'를 기반으로 하며, 10명 이상 직원이 있는 사업장의 정규직 근로자만을 대상으로 하고 있다. 저임금 근로자는 일반적으로 소규모 사업장과 비정규직에 집중되어 있다. 따라서 실제 임금 지니계수는 〈표 5–5〉에 표시된 계수보다 높을 것이다. 자세한 내용은 Cheon et al.(2013: 33) 참조.

10 기술 발전은 OECD 국가들의 소득 불평등 증가에 가장 큰 기여를 했는데, 이는 90번째와 10번째 백분위수 소득자 사이의 임금 격차의 거의 3분의 1을 차지한다(Dabla–Norris et al., 2015: 19).

11 한국노동연구원(2018)의 분류와는 다른 OECD 분류에 의한 '임시직근로자' 비율은 한국이 3년(2007, 2016, 2017년) 동안 평균 22.4%를 기록했는데 비하여 OECD 평균은 11.5%였다. 이 OECD 분류에 의하면 한국은 2017년 OECD 국가 중 6번째로 높은 임시근로자 점유율을 기록했다(OECD, 2018: 286).

12 대기업과 중소기업의 관계에 관하여 Kwon(2010: 236–37) 참조.

13 대기업 대비 중소기업의 수익성 비율과 생산성 비율에 관하여 Kwon(2010: 235) 참조. 1인당 대기업 대비 중소기업의 임금 비율은 장하성(2015: 94) 참조.

14 수출 및 첨단기술 대기업과 시중은행의 임금 누적증가는 각각 장하성(2015: 96)과 한국노동연구원(2018: 145)에서 발췌.

15 미국식 급여 구조 모델과 최저임금 규제 실행에 관하여 각각 C.S. Lee(2014)와 Cheon et al. (2013: 6) 참조.

16 한국 노인들의 높은 빈곤율은 높은 자살률에 기여했다. 2014년 한국 전체 인구의 자살률은 28.7명(인구 10만 명 당)으로 OECD 국가 중 가장 높았다. 65세 이상 노인의 자살률은 OECD 평균치보다 현저히 높다(OECD, 2016b: 128).

17 국민연금제도(NPS) 외에 공무원(공무원연금), 사립학교 교사(사학연금), 재향군인(군인연금) 등을 위한 국민연금도 있다. 이러한 국민연금 수급자들은 대체로 부유하고 노년 빈곤층에 속하지 않기 때문에 이 책에서는 다루지 않는다.

18 '목표 효율성'의 개념은 목표로 하는 수혜자(빈곤선 이하의 사람)만이 목표로 하는 수혜금액(빈곤선)을 받는 정도를 말한다. 상세한 것은 Garfinkel and Haveman(1974)을 참조. 노인을 위한 3 프로그램이 낮은 '목표 효율성'은 한국보건사회연구원(2016: 69)에 잘 나타나 있다.

19 이 정보를 위하여 조선일보(2017a) 참조.

20 전체 주식의 81.8%를 부유한 1.0%가 갖고 있다는 정보는 새사연(2014: 208)에서 발췌. 부유층이 상속세를 회피한다는 데 대하여 장하성(2014: 472) 참조. 한국의 가장 부유한 100명 부자 중 76명이 상속재산으로 부자가 된 반면, 미국에서는 상속재산으로 부자가 된 사람이 29명, 창업으로 부자가 된 사람이 71명이었다(장하성, 2014: 472).

21 문재인 정부(2017–2022)는 아직 사회보장 프로그램에 대해 주목할 만한 변화나 개선책을 내놓지 않고 있다. 최근 사회복지제도의 발전에 대해서는 Kwon(2010)을 참조.

22 이 책은 소득 불평등의 정치적 영향을 분석하지는 않지만, 높은 불평등은 한 나라의 정치적 안정을 위협한다. 왜냐하면 더 많은 사람들이 그들의 경제적 지위에 불만을 가지고 있기 때문에, 고소득층과 저소득층 사이에서 정치적 합의에 도달하는 것을 어렵게 하기 때문이다. 한 나라의 정치적 불안정은 투자의 위험을 증가시키고, 따라서 그 나라의 경제발전 잠재력을 약화시킨다.

23 이 점에 관하여 OECD(2015a), Ostry et al.(2014), Gould and Hijzen(2016) 참조.

24 긍정적 불평등–성장 관계에 관하여 Kuznets(1955), Okun(1975), Benabou(1996) 참조.

25 부정적 불평등–성장 관계에 관하여 Alesina and Rodrik(1994), Galor and Zeira(1993), Bernstein(2013) 참조. 문헌에서 소득 불평등–성장 관계를 논의할 때, 이상하게도 소득 불평등의 사회적 영향과 이것이 결국 경제성장에 미치는 영향에 관하여 관심을 두지 않았다. 이 장의 다음 절에서 분석하는 바와 같이, 소득 불평등은 사회에 심각한 영향을 미치며, 이는 다시 경제성장에 영향을 미친다.

26 이 고전적 가설은 Kuznets(1955)와 Benhabib(2003)이 제안하였다.

27 2007년 OECD의 평균 지니계수는 0.317이었고 34개 OECD 국가 중 지니계수가 0.245 미만인 나라는 단 2개국에 불과했다. 2012년부터 지니계수가 0.245 미만인 OECD 국가는 없다(OECD, 2016a).

28 장하성(2015: 314)이 밝힌 바와 같이 2016년 말까지 한국의 성장에 미치는 소득 불평등 효과를 추정할 수

있는 실증연구는 문헌에서 찾아볼 수 없었다.

29 예를 들어 〈표 5-2〉에서 보듯이, 2014년에 가처분소득 지니계수가 0.302에 비해 시장소득 지니계수는 0.307로 정부의 재분배 프로그램을 통해 전자가 1.6% 감소했다. 이 정도의 재분배는 성장률을 0.16% 포인트 끌어올릴 것이다. OECD 국가 전체에서 가처분소득 지니계수 0.315에 비해 시장소득 지니계수는 0.431로 27% 감소했다. 한국의 지니계수가 그 정도로 변하면 경제성장률은 2.7% 포인트 높아진다.

30 이것은 Australian Collaboration(2009)이 채택한 '공정한 호주'의 주요 특징 중 일부이다. Australian Collaboration은 위의 세 가지 특징 외에도 개인 간의 차별로부터 자유로운 사회를 유지하는데 필요한 '존경하는 관계'를 포함하고 있다.

31 이 두 가지 지침은 각각 Corning(2011)이 제안한 '공정한 사회'의 제1원칙과 제2원칙이다.

32 '임시직'(한국의 '비정규직'과 유사)에서 '영구' 고용(한국의 정규직)으로의 전환은 OECD가 조사한 16개 OECD 국가 중 한국이 가장 낮은 수준으로 상당한 차이를 보였다(장하성, 2015: 122).

33 최저생계비 이하의 임금 노동자 주는 장하성(2015: 312)에서 발췌. 최저임금 이하의 근로자 비중은 OECD.Stat(2017)에서 발췌.

34 2015년 국공립 ECEC 참여율은 e-나라지표(2016a)에서 발췌. 2015년 유치원 참여율은 e-나라지표(2016b)에서 발췌.

35 이 실증분석은 김호기 등(2015: 17)이다. 또 국민여론도 사회적 이동성이 낮다고 본다. 현대경제연구원(HRI)이 2015년 8월 실시한 조사에 따르면, 인구의 81%가 개인의 노력과 관계없이 사회적 이동성이 매우 낮다고 답했다(한국일보, 2015).

36 외국에서도 소득 불평등-사회적 비이동성은 야기되는데 Baron and Mocetti(2016), Wilkinson and Pickett(2009)의 실증 연구가 보여주고 있다.

37 2011년 환자의 의료비용 부담율은 새사연(2014: 278)에서 발췌. 2015년 환자 부담 의료비의 가계소비 비율은 OECD(2017c: 93)에서 발췌. 한국의 5 분위별 본인 의료비의 가계소득 비율은 새사연(2014: 282)에서 발췌. 5분위별 병을 치료하지 못하는 비율은 OECD(2015b) 참조.

38 OECD(2017b)는 한국 학생들의 82%가 학급에서 최고가 되기를 원하는데 비하여 OECD 전체의 평균은 59%였다고 밝혔다.

39 한국사람들의 외래환자 진료 검사 평균은 조선일보(2017b)에서 발췌.

40 문헌에서 많이 인용되는 연구들은 Delhey and Newton(2003), Gustavsson and Jordahl(2008), Steijn and Lancee(2011), Cheon et al.(2013), Barone and Mocetti(2016), Gould and Hijzen(2016) 등을 포함한다.

제2부

최근 한국의 사회적 신뢰 변화와 사회경제적 영향

제6장 한국의 대인관계 신뢰와 사회경제적 영향

6.1 머리말

제1장은 낮은 사회적 신뢰가 최근 한국에서 심각한 사회경제적 문제가 되고 있음을 보여주었다. 또한, 사회적 신뢰의 개념, 유형 및 결정 요인에 대해서도 논의했다. 이 책은 서로 연관되어 있는 사회적 신뢰의 두 가지 구성 요소로 대인관계 신뢰와 제도적 신뢰를 각각 조사한다. 제4장에서 보듯이 세계가치조사(WVS)가 측정한 한국의 대인관계 신뢰는 최근 몇 년간 감소하고 있으며, 아시아의 네 마리 호랑이의 대인관계 신뢰보다 현저히 그리고 지속적으로 낮아지고 있다. 한국에서는 소송, 재산 범죄, 위조죄 및 위폐의 증가 등 대인관계 신뢰가 낮은 지표들이 다수 존재한다. 낮은 대인관계 신뢰는 상호 관련된 여러 경로들을 통해 경제와 사회에 악영향을 미친다. 예를 들면, 거래비용을 높임으로써 경제 발전의 발목을 잡을 수 있다. 또한, 사람들의 법치주의 준수, 사회적 갈등, 그리고 한 국가의 사회복지 수준에도 영

향을 미친다. 앞서 언급한 문제들에 관련하여 이 장에서는 한국의 낮은 대인관계 신뢰와 그 원인을 분석하고 개선 방안을 제시한다.

6.2 한국의 대인관계 신뢰 현황

제1장에서 논의한 바와 같이 대인관계 신뢰는 다른 사람이 자신에게 유익하게 행동하거나 최소한 해를 끼치지 않는 행동을 할 것이라는 개인들의 기대로 정의된다.[1] 대인관계 신뢰는 법적인 약속 없이 타인의 신뢰성에 대한 사람들의 주관적인 관점을 반영하고 있으며, 어느 정도의 위험과 불확실성이 수반된다. 신뢰 관계는 "A는 B가 X를 할 것으로 믿는다"로 개념화할 수 있다.[2] 대인관계 신뢰는 B가 누구인지에 따라 가족 구성원, 친척, 친구 및 그룹 구성원을 신뢰하는 제한적이거나 두터운 대인관계 신뢰와 낯선 사람을 신뢰하는 일반화된 대인관계 신뢰 등 두 가지 형태가 있다. 이 두 가지 형태의 대인관계 신뢰는 부정적으로 연관되어 있는데, 왜냐하면 두터운 대인관계 신뢰를 갖고 살아가는 사람들은 집단 구성원들 밖으로 사회적 상호 작용 범위를 확대할 필요가 없기 때문이다. 제한적인 대인관계 신뢰가 높은 사회의 여러 유형의 집단이 자신의 이익을 위해 다른 집단과 경쟁하고 있어 일반화된 대인관계 신뢰가 낮아지고 있다. 낯선 사람들 사이에 일반화된 대인관계 신뢰는 문헌에서 흔히 사용되는 대인관계 신뢰 개념이다. 이 장의 나머지 부분에서는 대인관계 신뢰를 일반화된 대인관계 신뢰로 간주하면서 그 분석을 시도한다.

제1장에서 검토한 바와 같이 본 연구는 세계가치조사(WVS)

가 제시한 대인관계 신뢰 측정치를 활용한다. “대부분의 사람들을 신뢰할 수 있습니까?”라는 질문에 “그렇다”고 대답한 어떤 국가의 인구 비율은 WVS가 그 나라의 대인관계 신뢰 수준으로 간주하고 있다. WVS는 1981년부터 1984년까지 1차 조사를 시작으로 여섯 번의 조사를 실시했다. 이용 가능한 마지막 여섯 번째 조사는 2010년부터 2014년 기간에 실시됐다. 〈표 6-1〉에서 볼 수 있듯이 한국의 대인관계 점수는 1차 조사(1981-1984년) 때 36.0에서 6차 조사(2010-2014년) 때 26.5로 감소했으며, 여섯 번의 조사 평균 점수는 30.3을 기록했다(WVS, 2015). 동아일보(2014)의 보도에 의하면 2014년 중고등학생을 대상으로 한 설문조사에서 12.4%만이 “대부분의 사람들을 신뢰할 수 있다”고 응답한 것으로 나타나 한국에서는 향후에도 대인관계 신뢰가 높아질 것 같지는 않다.

표 6-1 한국의 대인관계 신뢰 수준

기간*	W1	W2	W3	W4	W5	W6
신뢰 수준(%)	36.0	33.6	30.3	27.3	28.0	26.5

주: *W1(1981-1984), W2(1989–1993), W3(1994–1998), W4(1999–2004), W5(2005–2009), W6(2010–2014).
출처: 세계가치조사(WVS, 2015).

한국의 대인관계 신뢰는 다른 나라에 비해 상대적으로 낮다. 6차 조사(2010-2014년)에 따르면 한국의 대인관계 신뢰는 26.5로 가장 높았던 네덜란드의 66.1에 비해 현저히 낮았다. 일본, 중국, 홍콩, 대만, 싱가포르를 포함한 인접 아시아 국가들은 많은 북유럽 국가들과 마찬가지로 한국보다 대인관계 신뢰도가 높았다. WVS가 실시한 여섯 번의 설문 조사는 서로 다른 수의 국가가 포함되어 있다. 조사 대상 국가 간의 차이를 감안하여 여섯

번에 걸친 조사에서 한국은 평균 38번째 백분위 수를 차지했다.[3]

한국 사회의 수많은 사회 지표들은 낮은 대인관계 신뢰를 보여준다. 예를 들면, 위에서 언급한 바와 같이 소송에 대한 한국인의 태도에 급격한 변화가 일어났다. 한국은 전통적으로 화합을 강조하는 유교의 영향을 받았기 때문에 한국인들은 법원의 판결에 의존하지 않고 사람들 사이의 분쟁을 해결하려고 시도해왔다. 그러나 그들은 이제 소송을 더 많이 하고, 법원을 더 의지하며, 법적 청구를 더 진행하려는 의지가 강해졌다. 예를 들어, 통계청 자료에 의하면 민사소송사건은 1975년 9만 2천 건에서 2016년 670만 건으로 73배 또는 연간 11.0% 증가했다(국가통계포털, 2018). 또한, 국내 민사소송 건수는 일본의 민사소송 건수의 10배에 이른다고 한다.[4] 이러한 증가는 사회 윤리와 도덕성의 저하, 다양성의 관용, 타협 기술 및 대인관계 신뢰가 저하되어 감을 보여준다. 오바마 미국 전 대통령의 말처럼 법은 사회적 도덕의 체계화다.[5] 성문화된 법은 최후의 수단으로 사회적 문제를 총괄하며, 사회적 관례로는 해결할 수 없는 갈등을 해결한다. 사회규범과 신뢰가 쇠퇴함에 따라 사람들 사이의 분쟁과 갈등은 고조될 수밖에 없고, 이를 해결하기 위해 소송에 더 의존하게 될 것이다. 후쿠야마(Fukuyama, 1995)는 그의 유명한 《신뢰(Trust)》라는 저서에서 1970년대와 1980년대 정부 개발전략의 일환으로 발전한 대기업(재벌)을 제외하면 한국은 대인관계 신뢰가 낮기 때문에 대기업을 발전시킬 수 없을 것이라고 주장했다. 또한, 2016년 전체 고용에서 고용 없는 자영업자 비율이 한국은 25.5%였는데 비해 OECD 평균은 16.2% 였다(OECD, 2018). 한국의 자영업자 비율은 2016년 OECD 34개국 중 여섯 번째로 높았다. 한국의 높은 자영업 비율은 대인관계 신뢰가 낮음을 보여준다. 개인 간 신뢰 수준이 낮으면 공동 사업체를 설립하거나 협업하기가 어렵다.

6.3 한국의 대인관계 신뢰가 낮은 이유

6.3.1 도덕성에 기반한 대인관계 신뢰

제3장에서 논의한 바와 같이 한국은 오랜 역사를 통해 계층 간 권력과 위신의 격차가 크고 경직되어 있는 수직적인 사회구조를 가지고 있어 국민의 사회적 지위에 대한 인식이 높아지게 되었다. 사회적 계층 간의 권력 격차는 상류층과 하류층 사이의 유대관계 형성을 어렵게 하기 때문에 대인관계 신뢰를 떨어뜨린다.[6] 조선시대에는 시민들이 사회적 계급(즉 양반, 중인, 상민, 천민)을 숙명으로 받아들였다. 1970년대의 급속한 산업화와 도시화는 사회구조에 심오한 변화를 일으켰고, 사람들이 농촌의 기반을 벗어나면서 전통적인 사회 계층화는 사라졌다. 전통적인 지배계급이 사라지면서 교육을 기반으로 한 새로운 지배계급과 엘리트계급이 등장했다. 한국사회는 교육을 중시하는 유교적 영향과 지배계급에 고학력 학자를 포함시키는 전통 때문에 교육에 높은 가치를 부여한다. 교육의 문화적 중요성을 수용하는 인적자원관리는 한 개인의 교육 수준이 특히 민간 부문에서 채용, 승진, 보상의 핵심 결정요인이 되도록 발전했다. 또한, 정부, 기업, 법조계, 의료계 등에서 높은 지위를 차지하고 있는 신흥 사회 엘리트 집단은 대체로 일류대학에서 교육을 받았다. 사회 계층화를 위한 교육의 중추적인 역할은 결국 명문대학에 입학하기 위한 치열한 경쟁을 초래했다.

제5장에서 논의한 것처럼 한국사회가 산업사회에서 정보화 사회로 변화했음에도 불구하고 사회 계층화는 계속 유지되고 있으며, 교육은 소득, 직업, 권력, 명성을 결정하는 핵심요소로 남아있다. 따라서 한정된 명문대학 입학을 위한 치열한 경쟁은 유년기 교육과정에서 시작되어 시간이 지날수록 치열해진다. 한국의 가족 중심 집단 사회에서 부모들은 자녀들이 명문대 입학에 유리한 고지를 선점할 수 있도록 자녀 교육에 모든 자원을 기꺼이 사용한다. 그들은 이른 아침부터 늦은 저녁까지 그들의 아이들을 학교—정규학교가 끝나면 사교육 기관(학원)—에 보낸다. 점점 치열해지는 경쟁적인 교육 시장을 수용하고, 대학 입학시험을 준비하는 데 도움을 주기 위해 학원들이 생겨났다. 지금은 사교육기관들이 대학 입시를 위한 학원 이상으로 전문 자격증, 취업 준비 등과 같은 다양한 강좌를 개설하고 있다.

1985년 11,000여 개였던 사교육기관은 2017년 80,000여 개로 32년 동안 연평균 6.4%의 성장률을 보였다. 같은 기간 학원 강좌를 수강한 개인은 연간 8.9% 증가해 2017년 1,100만 명에 달했다. 학원 수강생들의 이런 증가 추세는 같은 기간 학생 수(유치원에서 대학원까지)가 -0.4%로 점진적으로 감소한 것과는 대조적이다(국가통계포털, 2018). 2010년 학원에 다닌 초·중·고교생 비율은 74%로 OECD 국가 중 가장 높았으며, OECD 평균의 2배에 달했다. 사교육비는 1999년 국내총생산(GDP)의 1.2%에서 2010년 1.8%로 증가해 2010년 가계소득의 7.9%에 달했다.

이렇게 치열한 교육 경쟁 상황에서 도덕성, 협동성, 예의범절, 기타 사회 관례 및 사회화 능력을 포함한 인성교육은 학교 제도에서 큰 주목을 받지 못했다. 치열한 경쟁은 학교 교육에만 국한되지 않는다. 한국 가정은 자녀들의 명문대 입학을 위한 준비에만 집착하고 있어 도덕성에는 별 신경을 쓰지 않고 자녀들의 교육을 위해 서로 경쟁한다. 1960년대부터 1980년대까지 정부가 급속한 경제성장을 추구한 것과 맞물려 시민 개개인은 빈곤에서 벗어나 사회계층의 사다리를 오르기 위해 열심히 일하기 시작했다. 직장에서의 기회의 자연적인 한계로 인해 개인들 사이의 경쟁은 성인이 될 때까지 계속된다. 그 결과 어린 시절부터 대인관계 신뢰를 도덕적 가치로 키우지 못했고, 사회화 능력도 키우지 못했기 때문에 치열한 경쟁에 대한 성향은 성인이 되어서도 변함이 없다. 따라서 사회는 협력과 연민이 결핍되어 그 결과 도덕성에 기초한 대인관계 신뢰는 한국에서 낮을 수밖에 없다.

6.3.2 한국 문화

제1장에서 살펴본 바와 같이 문화는 윤리, 정직, 협력, 보답, 존중 및 자선의 기초가 되므로 사회적 신뢰는 부분적으로 문화에 내재되어 있다. 이 책에서는 문화를 한 국가의 사람들이 오랜 기간 배워서 공유하는 행동 양상으로 정의한다. 그것은 종교, 지리적 환경, 지배적인 정치, 사회 및 경제 체제, 그리고 국가의 언어로 인해 시간이 지남에 따라 서서히 발전한다. 한국 사회는 한국인들이 공통의 문화와 언어뿐만 아니라 공통의 민족적 배경을 갖고 있다는 점에서 단일민족사회이다.

한국의 계층적 집단주의는 일반화된 대인관계 신뢰를 희생하면서 두터운 대인관계 신뢰를 불러일으켰다. 유교의 강력한 영향 아래 한국은 독특한 사회 계층화를 주요 문화적 특성으로 한 계층적 집단주의를 발전시켰다. 한국어는 집단주의를 수용하고 강화하면서 계층적 언어로 발전했다.[8] 역사 속에서 한국의 사회 계층화는 세습되었고, 지배적인 귀족 집단은 가부장적 성씨를 통해 권력과 사회적 위신을 유지했다. 따라서 한국에서 집단성의 핵심적 기반은 가족이나 씨족이었고, 소위 가부장적 가족주의가 발달하였다. 교육이 사회 계층화에 결정적인 역할을 했던 산업화 기간 동안 집단주의의 토대는 학교와 지역으로 확대되었다.

한국의 강력한 집단주의는 국제 경제계에서 광범위하게 활용되어 온 호프스테더(Hofstede, 1991)의 실증적 연구에 의해 뒷받침되고 있다. 호프스테더는 개인주의, 권력거리(권력의 불평등은 돌이킬 수 없는 현실로 간주됨), 불확실성 회피, 남성성, 장기적 지향성 등 다섯 가지 문화적 차원에 대한 구체적인 지표를 제공한다. 호프스테더의 추정치는 한국의 문화적 가치로 개인주의와 권력거리에 대해 각각 18과 60을 보여준다. 한국은 개인주의 수준이 가장 낮은 국가(또는 집단주의 수준이 가장 높은 국가) 중 하나이며, 권력거리가 높은 국가 중 하나이다. 여러 세대에 걸쳐 탄탄한 계급구분이 두드러진 경직된 사회질서를 가진 고도로 계층화된 한국사회에서 일반화된 대인관계 신뢰는 뿌리를 내릴 수 없었으며, 집단 내부자 사이의 신뢰는 시간이 갈수록 두터워졌다.

한국이 오랜 역사 동안 이웃 국가들과 맺은 지정학적 관계는 한국에서 강한 종족적 민족주의를 발전시키는 데 일조했고, 그 결과 국내로만 대인관계 신뢰의 반경을 제한하는 데 기여했다. 한국은 오랜 역사를 통해 여러 차례 이웃 나라들로부터 침략을 받았으며, 다른 나라를 침공하는 디딤돌로도 이용되었다. 일제강점기(1910-1945년)에는 조선시대 때 발아된 종족적 민족주의가 더욱 강화되었고, 이 시기에 일본은 한국문화를 뿌리뽑고 한국을 일본에 동화시키려고 했다. 갈등과 격동의 역사에서 한국인은 상호 신뢰를 잃었을 것이다. 1990년대 중반부터 한국은 경제적, 사회적(결혼) 이유로 외국인들에게 한국을 개방하기 시작했다. 현재 한국의 외국인 인구는 전체 인구의 3.6%에 달한다. 한국의 종족적 민족주의는 현저히 퇴색했지만 인종 간 갈등이 다양한 형태로 발생하여 대인관계 신뢰를 떨어뜨리고 있다. 또한, 호프스테더가 지적한 바와 같이 타인을 신뢰하는 것은 위험이 수반되기 때문에 한국인은 위험 회피성이 강해 대인관계 신뢰를 더욱 낮게 한다.

6.3.3 사회 갈등

제3장에서 논의한 바와 같이 1960년대 이후 사회적 진보를 위한 정책적 관심없이 급속한 경제 성장을 집중적으로 추구하는 것이 한국의 사회 갈등의 씨앗을 뿌렸다. 이러한 갈등은 사회적 불평등뿐만 아니라 소득, 부, 경제적 기회의 불평등 등 다양한 원천에서 일어났다. 또한, 제3장에서 살펴본 바와 같이 한국에는 이념, 정당, 세대 간, 성별, 고용주와 근로자 간 문제, 재벌과 중소기업 간 문제, 교육 수준, 정규직과 비정규직의 문제, 지역 등 수많은 형태의 사회적 갈등이 존재한다. 한국의 사회적 갈등은 1987년 민주화 이후 확실히 악화되었고, 심각한 사회 문제가 되었다. 제3장은 다른 OECD 국가들에 비해 한국의 사회적 갈등 수준이 상대적으로 높은 것과 관련된 국내외 양적 연구를 다수 제공했다. 나아가 여유진 외(Yeo et al., 2013: 5)가 제시한 것처럼 사회적 갈등이 커지고 있다.

델헤이와 뉴턴(Delhey and Newton, 2003)은 그들의 경험적 연구로부터 갈등을 야기시키는 사회적 현상이 대인관계 신뢰의 중요한 결정요인 중 하나라는 사실을 밝혀냈다. 따라서 한국의 다양한 높은 사회적 갈등은 대인관계 신뢰를 낮추는 중요한 원인이 되어야 한다. 첫째, 한국의 수많은 사회적 갈등 중에서 이념적 갈등은 한국 사회에서 매우 독특하고 깊게 자리 잡고 있어 다른 나라보다 대인관계 신뢰에 더 악영향을 미친다. 조선 시대에는 백성들은 사회 계급 간의 깊은 분열을 그들의 운명으로 받아들였다. 일제강점기(1910-1945년)에는 식민 지배자에 대한 동조자들과 나머지 국민들 사이에 또 다른 사회적 분열이 일어났다. 1945년 일본으로부터 독립하자 한국은 남북으로 나뉘어졌다. 전자는 미국의 지원을 받아 민주주의와 자본주의를 채택했고, 후자는 구 소련의 지원을 받아 공산주의를 채택했다. 남한 내에서 공산주의 동조자들과 자본주의 지지자들 사이에 깊은 이념적 분열이 일어났다. 조선과 일제 강점기의 사회적 분열은 공산주의와 자본주의의 이념적 분열과 다소 겹쳤으며, 조선 시대의 최고 계급(양반)과 일제의 식민지 권위에 동조하는 사람들은 대체로 자본주의를 지지하는 입장을 취했다. 1945년부터 1950년 사이에 두 집단의 지지자들을 테러하고 살해하는 등 갈등으로 이념적 분열은 급속도로 깊어졌다. 냉전시대의 반공운동은 이념적 갈등을 유지하는 데 도움이 되었다. 남한의 공산주의 동조자들은 여전히 많은 사회적, 법적 오명을 받고 있는데 이것은 한국 사회의 분열을 심화시키고 있다. 이 분열은 한국의 대인관계 신뢰를 떨어뜨렸다.[9]

둘째, 한국의 세대 간 갈등은 상당히 독특하고 심각하여 낮은 대인관계 신뢰에 기여하고 있다. 한국의 이념적 갈등은 세대 간 갈등과 겹치거나 전자가 후자의 근본 원인일 수 있다. 이념은 사람들의 핵심 가치나 신념으로서 사람들의 자아감이나 정체성에 강하게 묶여 있다. 사람들의 정체성은 한국에서 나이와 밀접한 관련이 있다. 각 세대는 그 시대의 주요 역사적 사건, 사회적 경향 및 문화적 현상의 영향을 받아 사상, 기대, 가치관(즉, 이념)을 형성한다. 한국의 기성세대는 한국전쟁과 그에 따른 빈곤, 냉전시대 반공산주의 추진, 급속한 경제 발전, 1997년 외환위기 등을 경험했으며, 40세 이하 세대는 1997년 위기만 경험했다. 따라서 노년층은 반공주의를 받아들이고, 젊은 세대는 반공주의에 도전했다. 최근 들어 고용, 복지, 사회보장제도와 같은 경제 현안과 관련된 갈등이 고조되면서 세대 간 갈등이 심화되어 구세대와 청년세대 사이의 신뢰가 더욱 낮아지고 있다.

셋째, 정치적 갈등은 또한 독특하고, 한국의 심각한 사회적 갈등이며, 낮은 대인관계 신뢰에 기여하고 있다. 정치적 갈등은 한국의 비교적 짧은 민주주의 경험, 대중의 타협 기술 부족, 지역에 기반을 둔 정당, 불안정한 정당 제도, 그리고 5년 단임 대통령 임기 등 많은 요인들에 기인한다. 1980년대 말까지 우리 나라는 일련의 권위주의 정권에 의해 통치되었다. 따라서 정치인과 정당은 타협 기술이 부족하다.[10]

또한, 위에서 살펴본 것처럼 이념적 갈등은 한국의 정치적 갈등과 겹친다. 이념 갈등의 한 유형은 다른 민주주의 선진국과 마찬가지로 보수주의 대 자유주의(또는 진보주의)의 전형적인 정치적 이념의 차이에서 비롯된다. 그러나 다른 민주주의 국가들과는 달리 한국의 보수주의는 보수적인 사회적 가치뿐만 아니라 반공주의와 높은 경제성장에 뿌리를 두고 있으며, 진보주의자들은 진보적인 사회적 가치뿐만 아니라 소득분배를 성장의 최우선 순위로 받아들인다. 보수정당과 동조자들은 진보주의자들을 북한이나 사회주의 동조자로 의심해 정치적 타협을 더욱 어렵게 만들고 있다.

한국의 경제 갈등으로 정치적 갈등이 심화되고 있다. 1960년대부터 1980년대까지 급속한 성장기를 거치면서 동남권의 강한 정치권력 기반과 정치 지도자와 경제계 인사들의 결속에 의해 정부는 그 지역에 산업용지를 위치시키고, 기업별 산업정책으로 동남권(영남) 지역을 발전시켰다. 이러한 산업정책의 지역적 편향은 지역들 사이에 사회적 갈등의 원인이 되었다. 따라서 이러한 경제적 갈등은 지역에 기반을 둔 정당과 겹친다.

정치적 갈등은 세대 간 갈등과 겹친다. 국내 양대 정당은 보수정당과 진보정당으로 구분된다.[11] 이러한 이념의 분열은 세대 간 이념의 차이에 반영되어 있다. 예를 들어, 2012년 대선에서 보수정당을 대표하는 후보가 50세 이상 인구의 3분의 2의 지지를 받은 반면, 20대와 30대 인구는 3분의 1만이 지지했다. 이에 비해 진보정당을 대표하는 후보는 20대와 30대 인구의 3분의 2의 지지를 받은 반면, 50대 이상은 3분의 1만이 지지했다.[12] 한국의 오랜 역사 동안 지역 갈등이 뿌리를 내렸고 군사정권 동안 악화되었다. 왜냐하면 이들 정권의 산업화 정책이 호남지역이 아닌 영남지역에 유리했기 때문이다. 오늘날 정치인들은 정치적 편의를 위해 지역 갈등을 이용하여 기존의 지역 갈등을 강화한다.

다섯째, 다른 여러 사회적 갈등도 한국에서 독특하다. 예를 들어, 제8장에서 더 자세히 살펴볼 재벌-중소기업 관계는 주로 재벌의 공급자인 중소기업에 대한 재벌들의 불공정한 전술 때문에 사회적 갈등의 원인이 되어 왔다.

여섯째, 제9장에서 추가적으로 조사한 바와 같이 고용주와 피고용자 사이의 갈등이 심하다. 역사적으로 내재된 가부장제 경영 때문에 고용주들은 근로자들을 부당하게 대우하는 경향이 있다.

일곱째, 정규직과 비정규직 간의 갈등은 한국에서 심각한 사회적 문제로 제9장에서 추가로 조사되었다. 정규직과 비정규직의 갈등은 동일 자격을 갖추고 같은 종류의 일을 하면서도 임금과 비임금 혜택 면에서 현저히 다르게 취급되기 때문에 발생한다.

여덟째, 성 차별, 급속한 고령화 인구, 외국인 거주자 증가 등은 위에서 논의한 바와 같이 모두 사회적 갈등의 잠재적 원천으로 대인관계 신뢰를 떨어뜨린다.

제3장에서 논의한 바와 같이 최근 한국의 사회 계층들 사이에 특이한 사회 현상이 전개되고 있다. 이러한 현상을 '갑질(gapjil)'이라고 하는데, 이는 타인을 경멸하는 형태로 다른 사람들 보다 권력의 지위가 높은 사람들의 오만하고 권위적인 태도를 가리킨다. 갑질은 하층민에게 굴욕감, 체면 상실, 사회적 불의의 감정, 박탈감, 분노를 느끼게 한다. 갑질은 사회적 갈등이 대인관계 신뢰에 미치는 악영향을 더욱 심화시켰다.

6.3.4 소득 불평등

이 절에서는 한국의 소득 불평등과 대인관계 신뢰 간의 관계를 탐구한다. 앞서 살펴본 바와 같이 한국은 대인관계 신뢰가 낮고 감소하고 있다. 제5장에서는 최근 몇 년간 소득 불평등이 증가했음을 보여 주었다. 따라서 소득 불평등의 증가가 대인관계 신뢰 하락에 기여했는지에 대한 의문이 제기된다. 만약 그렇다면 소득 불평등은 제5장에서 살펴본 바와 같이 직접적으로 경제 성장에 나쁜 영향을 미칠 뿐만 아니라 대인관계 신뢰도를 낮춤으로써, 제4장에서 보듯이 간접적으로 경제성장에 악영향을 미치게 될 것이다. 소득 불평등과 대인관계 신뢰의 연관성에 대한 경험적 추정은 이 책의 범위를 벗어난다. 오히려 이 장은 불평등-신뢰 관계에 대한 경험적 증거와 문헌에서 이용할 수 있는 근본적인 이론적 이유나 메커니즘을 바탕으로 최근 한국의 맥락에서 소득 불평등이 대인관계 신뢰에 영향을 미치는 중요한 이론적 경로를 평가한다. 이를 통해 이 장은 문헌의 경험적 증거가 한국에 대해 지지될 것인지 아니면 거부될 것인지를 나타낼 수 있다.

문헌에는 소득 불평등과 대인관계 신뢰 사이의 관계에 대한 이론적이고 경험적인 연구가 풍부하다. 다수의 경험적 연구가 도달한 일반적인 결론은 소득 불평등과 대인관계 신뢰 사이에 강력한 부정적인 관계가 존재한다는 것이다. 여러 연구들을 두 그룹으로 나눌 수 있는데 한 그룹의 연구는 국가 간 데이터를 기반으로 하는 반면, 다른 연구그룹은 국가 내(광역자치단체 간 또는 기초자치단체 간) 데이터를 기반으로 하고 있다.[13] 비외른스코프(Bjørnskov, 2007)는 WVS의 대인관계 신뢰 데이터를 사용하여 지니계수가 1 표준편차만큼 감소하면 신뢰도가 표준편차의 35%에서 40%까지 증가한다는 것을 알아냈다. 구스타프손과 조달(Gustavsson and Jordahl, 2008)은 국가 내 연구를 통해 스웨덴에서 P50/P10이 12.6% 증가하면 신뢰가 최대 신뢰 수준의 14%까지 감소하는 것을 발견했다. 이 결과는 스웨덴의 소득분배 하단에 있는 개인들 사이에서 부정적인 관계가 강하다는 것을 나타낸다.[14]

요컨대 국가별 자료와 범위가 다르기 때문에 이들 실증연구에서 발견한 불평등-신뢰 관계의 크기를 비교하기는 어렵지만, 모든 연구에서 소득 불평등이 대인관계 신뢰에 상당히 부정적인 영향을 미치고 있음을 보여주었다.

문헌에서 경제적 불평등과 신뢰 관계의 근본적인 이론적 메커니즘은 주로 세 가지 경로에 초점을 맞추고 있다. 첫 번째 경로는 소득 불평등이 가치의 다양성, 사회적 계층화, 사회적 갈등의 원천이 되어서 신뢰를 떨어뜨린다는 것이다. 이러한 다양성은 결국 서로 다른 집단들 사이에 사회적 장벽을 만들고, 권한이 약한 사람들의 시기심과 질투심을 심어줌으로써 사람들의 전반적인 신뢰감을 떨어뜨린다. 두 번째 경로는 기회의 불평등과 사회적 이동성의 부족과 관련이 있는데, 두 가지 모두 사람들의 공정성, 정의감, 미래에 대한 낙관을 낮춤으로써 타인, 정부 및 기타 기관에 대한 국민의 신뢰를 떨어뜨린다.[15]

불평등-신뢰 관계에 관한 문헌은 세 번째 경로로 인식된 불평등의 역할에 대해 충분한 주의를 기울이지 않은 것으로 보인다. 스테인과 랜시(Steijn and Lancee, 2011)는 이 영역을 탐색하려고 시도했다. 대부분의 사람들은 소득이나 기회의 실제 분포나 소득분배 사다리에서의 자신의 위치를 알지 못한다. 따라서 사람들이 경제적 불평등에 대응하여 타인에 대한 신뢰감을 낮춘다면 실제 불평등이 아니라 인식된 불평등에 의해 신뢰감을 낮출 것이다. 사람들이 심리상태와 문화를 포함한 현실을 인식하는 렌즈가 다르기 때문에 현실에 대한 인식은 사람(또는 국가)에 따라 다르다. 소득 불평등의 경우 사람들은 소득 불평등에 대한 언론 보고서와 사회적 지위, 생활 수준(또는 소득) 및 타인과의 소비 패턴에 대한 비교 등 다양한 경로를 통해 이를 인식할 수 있다. 인식된 불평등은 다른 사람들이 불공정하거나 불법적인 방법에 의해서 소득과 부를 획득하는 것에도 영향을 받을 수 있다. 이러한 과정을 통해 발생하는 인식 정도는 실제 불평등의 정도보다 더 높을 수 있으며, 실제 불평등보다 타인에 대한 신뢰감을 더 낮출 것이다.[16]

불평등-신뢰 관계의 첫 번째 경로에서 알 수 있듯이 한국의 소득 불평등은 분명히 대인관계 신뢰에 부정적인 영향을 미쳤을 것이며, 이는 아마도 경험적 연구 문헌에서 제시된 것보다 더 많을 것이다. 제5장에서 보듯이 지니계수와 십분위비율(D10/D1)로 측정한 소득 불평등과 임금 불평등 모두 최근 몇 년간 증가했다. 자산 불평등은 소득 불평등보다 더 심했다. 또한, 최상위 부유층의 소득 점유율이 눈에 띄게 늘었다. 이러한 이유로 사회 계층에 대한 사람들의 인식이나 소득에 따른 계층화가 증가하면서 사회 계급 전반에 걸쳐 서로 다른 사회적 가치와 갈등이 생기고 대인관계 신뢰가 낮아졌다. 이와 관련하여 김호기 외(H.K. Kim et al., 2015)와 여유진 외(Yeo et al., 2013)의 전국적인 조사에서는 한국의 소득과 부의 불평등 증가가 사회 갈등의 중요한 원인 중 하나로 간주되고 있는 것으로 나타났다. 또한, 한국의 불평등이 신뢰에 미치는 영향은 그들의 부정적인 상관관계에서 알 수 있듯이 한국에서도 사실인 것처럼 보인다. 1991년에서 2012년 사이에 소득 불평등(가처분소득에 대한 지니계수)은 증가한 반면, WVS가 측정한 대인관계 신뢰도는 감소해 상관계수가 -0.84로 나타났다.

불평등–신뢰 연결고리의 두 번째 요인은 기회의 불평등과 사회적 이동성의 부족과 관련이 있다. 제5장에서 논의한 바와 같이 기회 불평등과 사회적 신분 향상 부족 모두 한국에서 높고, 다른 OECD 국가에 비해 상대적으로 높다. 한국은 롤스의 윤리(Rawlsian ethics)에 기초한 소득분배라는 두 가지 정의 원칙을 충족시키지 못하고 있다. 또한, 제5장에서 논의한 바와 같이 한국의 소득 불평등 증가는 교육과 건강의 불평등을 야기시켜 교육 기회와 사회적 신분 이동성을 떨어뜨렸다. 이러한 문제로 인해 한국인의 미래에 대한 공정성, 정의 및 낙관에 대한 인식이 줄어들어 대인관계 신뢰가 감소했다.

한국의 불평등에 대한 인식은 실제 불평등보다 높고 서방 선진국에 비해 상대적으로 높을 것이다. 제5장에서 언급한 바와 같이 계층적 집단사회에 살고 있는 한국인들은 사회에서 상대적인 위치에 대해 민감하게 반응하며 다른 사람들과 비교하여 자신의 위치를 평가하는 경향이 있다. 이러한 문화적인 태도는 학교에서의 치열한 경쟁의 교육문화에 의해 강화되어 더 나아가 다른 사람들과 자신을 비교하는 한국인의 성향을 키워왔다. 상대적인 위치를 평가할 때 사람들은 소득뿐만 아니라 소비 패턴, 주택 크기, 학원 및 자녀를 위한 과외 교육, 그리고 얼마나 자주 외식을 하고 휴가를 가는지 등 삶의 질과 같은 다양한 측면을 비교한다. 상대적인 사회적 지위를 유지하거나 향상시키기 위해 사람들은 또한 외모, 복장, 액세서리, 자동차에 관심을 가진다. 이러한 태도는 사람들이 의류, 핸드백, 보석류, 액세서리를 눈에 띄게 소비하는 경향으로 이어진다. 그들은 부자들의 생활방식을 따를 수 없을 경우 가짜나 모조품을 구매하기도 한다. 또한, 한국인은 서양인 보다 일상 생활에서 소득과 재산 규모, 주택의 규모를 부담 없이 더 쉽게 드러내는 경향이 있다. 한국인들이 무심코 자신의 부를 드러내는 것은 상대적인 부에 대한 근거 없는 소문을 쉽게 퍼뜨린다. 이러한 문화적 이유 외에도 한국의 정치와 경제 지도자들이 저지른 대규모 부정부패와 불법행위가 발생하여 불평등에 대한 국민의 인식이 높아졌다. 따라서, 이러한 여러 과정을 통해 인식되는 소득 불평등의 정도는 한국의 실제 소득 불평등의 정도보다 클 가능성이 높다. 한국의 높은 불평등 인식은 실제 불평등 보다 다른 사람에 대한 신뢰감을 더 떨어뜨린다.[17] 따라서 한국의 소득과 부의 불평등 증가는 아마도 문헌에 나타난 것보다 더 많이 대인관계 신뢰를 떨어뜨릴 것임을 확신할 수 있다.

6.3.5 낮은 법치주의 준수

제1장에서 논의한 바와 같이 한 국가의 법률제도의 질과 시행은 대인관계 신뢰를 배양하는 데 중심적인 역할을 하며, 동시에 높은 대인관계 신뢰는 더 나은 법률제도와 그 시행으로 이어진다. 수준 높은 법률제도는 한 나라의 시민들로 하여금 법치를 지키도록 이끈다. 법을 잘 준수하면 다른 사람들의 부적절한 행위에 대해 보호받는다고 느끼기 때문에 사람들의 신뢰하는 태도와 행동의 발달로 이어진다. 높은 법 준수를 위해서는 법률제도의 질을 높게 유지해야 할 뿐만 아니라 공정하고 공평하게 시행해야 한다. 국민들이 공식적인 법이 불공정하게 시행되고 있다고 인식하면 그 제도에서 부당함을 느끼고, 이것이 법률 준수를 저하시킨다. 또한, 신뢰하는 태도를 가진 사람들은 공식적인 제도를 설계하고 시행하는 데 협력하고 참여하는 경향이 있기 때문에 사회가 법치와 같은 효율적인 공식 제도를 수립하고 시행하는 데 성공하려면 대인관계 신뢰가 필수적이다. 아울러, 대인관계 신뢰가 높으면 다른 사람이 법을 지키는 것을 믿고 그들도 똑같이 할 것이다. 대인관계 신뢰와 법치주의 준수 간의 관계는 대인관계 신뢰와 법치주의가 상호 관련성을 갖게 하고 그들 사이에 악순환(선순환)을 만들어 낸다. 한 국가에서 법 준수율이 지속적으로 낮으면 시간이 지남에 따라 그 나라의 문화로 발전하여 법률제도와 대인관계 신뢰 사이의 순환 관계를 끊기 어렵게 한다.

한국의 법치주의 준수 수준은 현저히 낮으며 다양한 출처에서 볼 수 있듯이 더욱 감소하고 있는 것으로 보인다. 첫째, 범죄 건수가 빠르게 증가하고 있다. 〈표 6-2〉에서 보듯이 범죄 건수는 1975년 39만 4천 건에서 2016년에 2백만 8천 건으로 연간 4.1%

표 6-2 한국의 법치주의 지표와 성장률, 1975-2016

단위: 천 건

	민사소송사건	범죄 및 검거	재산범죄	위조 및 모조범죄	정부 공무원의 범죄행위	경찰 수
1975	92	394	125	4	1637	44
1980	120	604	155	4	674	56
1985	2647	815	190	6	362	60
1990	3051	1175	158	6	493	80
1995	4422	1399	265	10	1291	91
2000	5035	1868	368	20	2646	95
2005	5558	1894	442	24	1662	101
2010	6216	1917	569	24	2009	109
2015	6362	2021	622	21	3286	121
2016	6748	2008	673	19	3103	123
연간 성장률	11.0%	4.1%	4.2%	3.9%	1.6%	2.5%

출처: 국가통계포털(KOSIS, 2018)

증가했다(국가통계포털, 2018).[18] 형사범죄 중 재산범죄(절도, 강도, 사기, 공갈, 횡령 등)와 위조 및 모조범죄(악세사리, 보석류, 국고물품, 공문서, 학술문서, 금융증명서의 위조품 제작 행위 포함)는 대인관계 신뢰와 가장 밀접한 관련이 있거나 직접적인 영향을 미칠 것이다. 같은 기간(1975-2016년) 동안 재산 범죄와 위조 및 모조범죄 건수는 각각 연 4.2%와 3.9% 증가했다. 허위(사기, 무고, 허위 증인 또는 위증 포함) 관련 범죄 건수는 2000년 5만 5천 건에서 2013년 30만 1천 건으로 5.5배 증가 또는 연간 14.0% 증가했다(김대중, 2016). 이것은 일본의 경우보다 1인당 165배 더 높다.[19] 체포 및 기소된 범죄 증가에 대한 이러한 증거는 관련 법 시행의 엄격함과 높은 효과를 나타낼 수 있음을 유의해야 한다. 그러나 대략적인 관찰은 법 시행의 개선이 아니라 법률 위반이 증가하고 있음을 나타내는 것으로 보인다. 같은 기간 범죄 발생 건수와 검거 건수의 비율,

표 6-3 법치주의 지표: 한국과 OECD*

	한국	OECD 평균	한국/OECD
법치주의 (WGI, 2000-2016)	0.97(27위)	1.31	0.73
사법적 독립성 (WEF, 2006-2017)	4.03(24위)	5.18	0.78
경찰서비스의 신뢰성 (WEF, 2006-2017)	4.97(24위)	5.37	0.93

주: * 국정관리지수(WGI) 지표의 범위: -2.5 - +2.5; WEF 지표의 범위: 1 - 7.
출처: WBG(1996-2017), WEF(2006-2017).

경찰 수 대비 검거 건수의 비율도 거의 변하지 않았다(국가통계포털, 2018).

둘째, 세계 여러 단체들도 한국의 법치 준수 수준이 선진국에 비해 상대적으로 낮다고 지적하고 있다. OECD(2016a: 133)에 따르면 2007년에서 2009년 사이에 한국의 전체 범죄율(즉, 인구 10만 명당 경찰 및/또는 형사사법시스템에 공식 저촉된 사람의 수)은 OECD 평균 2,179명에 비해 한국은 4,846명이었다. 제4장에서 살펴본 바와 같이 세계은행그룹(WBG)은 공공 거버넌스의 여섯 가지 차원으로 제도적 성과 지표를 추정한다. 그 지표 중 하나는 사회의 규칙 준수, 범죄와 폭력 발생 가능성에 대한 인식, 사법부의 법 집행의 질을 측정하는 '법치'이다. 〈표 6-3〉에서 볼 수 있듯이 2000년에서 2016년 사이 한국은 평균 0.97로 OECD 평균 1.31보다 현저히 낮다. 이 기간 동안 한국은 OECD 34개 국가 중 평균적으로 27위를 기록했다. 마찬가지로 세계경제포럼(WEF)은 법치와 관련된 여러 지표를 추정한다. 이러한 지표 중 두 가지('사법적 독립성'과 '경찰 서비스의 신뢰성')는 법 준수와 직접적으로 관련된다. 이 두 지표의 경우 2006년부터 2017년 사이 한국의 평균 점수는 각각 4.03과 4.97인 반면, OECD 평균은 각각 5.18과 5.37이었다. 두 지표 모두에서 한국은 OECD 국가 중 24위를 차지했다.

6.3.6 높은 부패

문헌에는 부패와 대인관계 및 제도적 신뢰 사이의 관련성에 대한 연구가 풍부하다.[20] 부패는 법치를 위반하고 개인적 이익을 위해 공무원이 권력을 남용하는 것이다. 여기에는 공적자금 횡령, 공공 계약에 대한 특혜를 제공하는 과정에서 야기되는 뇌물수수, 형사범죄 축소, 세금 감면, 법원 판결 조작 등 광범위한 활동이 포함된다. 부패는 여러 경로를 통해 대인관계 신뢰에 영향을 미친다.[21] 첫째, 사람들이 언론에서 듣는 부패는 일반적으로 저명한 사회 엘리트와 지도자에 의해 저질러진다. 따라서, 사람들은 사회 대다수의 사람들의 신뢰도를 아는 것이 불가능하기 때문에 이러한 사회 지도자들의 행동을 일반 사람들이 행동의 지표로 삼을 수도 있다. 둘째, 사회 지도자들은 적어도 일반 시민들만큼은 정직해야 한다. 부패한 사회 지도자들을 보거나 그들의 부패 소식을 들을 때 많은 시민들이 다른 사람들도 의심스러운 행동을 하고 있다고 의심할 수 있기 때문에 전반적으로 사람들에 대한 불신, 비관, 냉소주의가 팽배해지고, 자신도 그렇게 하고 싶은 유혹을 받을 것이다.

셋째, 사회 지도자나 엘리트를 포함한 대부분의 다른 사람들이 부패하고 신뢰할 수 없다고 추론하면서 다른 사람들에게 뒤쳐지지 않기 위해 부패한 행동에 참여할 수 있다. 넷째, 부패는 일반적으로 서로를 신뢰할 수 있는 집단 구성원 사이에서 발생한다. 두터운 대인관계 신뢰를 바탕으로 집단 구성원 간의 불법행위를 함으로써 내부 구성원들은 외부 집단 구성원을 소외시키고 더 나아가 이들을 불신하게 된다. 내부 구성원들 사이의 불법 활동은 외부인들이 내부자에 대한 박탈감과 분노를 느끼게 한다. 다섯째, 부패는 법을 위반하기 때문에 위에서 언급한 바와 같이 법치를 훼손하고 대인관계 신뢰를 떨어뜨린다. 이러한 여러 경로를 통한 대인관계 신뢰에 대한 부패의 부정적인 영향은 여러 계량적 연구에 의해 뒷받침되고 있다.[22]

국내 및 국제기구가 측정한 한국의 높은 부패 수준은 대인관계 신뢰를 낮추는 심각한 주범 중 하나일 것이다. 부패는 전형적으로 은밀하게 진행되기 때문에 본질적으로 측정하기가 어렵다. 공식 통계에 기록된 뇌물 혐의는 비리의 전반적인 실체를 드러내지 않을 가능성이 높고, 시간이 흐르면서 뇌물 혐의의 변화는 경찰 행정의 엄격함과 실효성을 반영할 수도 있다. 따라서 한 나라의 부패 수준을 측정하기 위해서는 특히 다른 나라와 비교했을 때 부패 인식의 측정치를 공식적인 부패 혐의보다 더 신뢰할 수 있을 것이다. 따라서 여러 국가에서 사용 가능한 부패 측정은 설문조사를 기반으로 한 부패 인식 측정이다. 그러나 설문조사로 부패 인식 정도를 측정하는 것은 당연히 주관적이고 편견과 오류가 발생하기 쉽다. 사람들은 또한 설문조사를 수행할 때 발생한 특정 사건에 민감하게 반응하며 시간이 지남에 따라 항상 불안정해진다. 따라서 제4장에서 주장한 바와 같이 국가 간 부패 수준을 비교하기 위해서는 일정 기간의 평균치가 더 나은 지표이다.

제7장에서 자세히 살펴본 바와 같이 한국의 부패에 대한 인식 수준을 추정하는 많은 국내외 기관들이 존재한다. 국민권익위원회(ACRC)와 한국행정연구원(KIPA)은 대한민국의 부패인식수준을 측정하는 두 기관이다. 국민권익위원회는 매년 일반 국민 1,400

표 6-4 부패 수준: 한국(점수 및 순위)과 OECD 평균 점수

	한국	OECD(34) 평균	한국/OECD
CPI(TI, 2000-2017, 점수: 0-10)	5.08(26위)	6.96	0.73
CCI(WBG, 2000-2016, -2.5 to +2.5)	0.49(27위)	1.32	0.37
뇌물과 부패(IMD, 2000-2017, 1-10)	3.66(25위)	5.59	0.65
부정수급과 뇌물(WEF, 2010-2017, 1-7)	4.49(27위)	5.47	0.82
Korea/OECD 평균비율			0.64

출처: TI(1999-2018), WBG(1996-2017), IMD(1995-2017), WEF(2010-2017).

명을 포함하여 4,530명을 조사한다. 조사 결과 2006년부터 2017년 사이에 일반 국민의 평균 57.7%가 한국 사회가 부패했다고 인식하고 있고, 향후에도 그 정도에 변함이 없을 것으로 예상했다(국민권익위원회, 2018). 한국행정연구원은 사업 운영 과정에서 공무원과 접촉할 가능성이 높은 1,000명의 사업가를 대상으로 매년 조사한다. 이 기간(2006-2017) 동안 조사 대상 기업인의 평균 63.4%가 공공부문의 부패가 심각하다고 생각했다(한국행정연구원, 2017). 다시 말하면, 대다수의 국민이 한국 사회와 공공부문이 부패했다고 인식하는 셈이다.

다수의 세계기구가 측정한 부패 수준을 보면 다른 선진국들과 비교했을 때 한국에서 지속적으로 높았다. 국가 간 부패 수준 측정은 국제투명성기구(TI)의 부패인식지수(CPI), WBG의 부패통제지표(CCI), IMD의 뇌물과 부패, WEF의 부정수급과 뇌물 등이 광범위하게 사용된다. 〈표 6-4〉는 최근 한국의 부패에 대한 평균 인식수준이 OECD 34개 국가의 평균보다 현저히 높았다는 것을 보여준다. 한국의 순위는 OECD 국가 중 25위에서 27위까지 상

당히 일정하다.[23] 이 네 가지 지표에 대한 한국/OECD 비율의 평균은 0.64로 한국의 부패인식수준이 상대적으로 높다는 것을 분명히 나타낸다. 국내와 국제기구들이 측정한 한국의 부패 정도가 상대적으로 높았던 것이 대인관계 신뢰에 부정적인 영향을 미쳤을 것이다.

6.4 한국의 대인관계 신뢰를 높이는 방법

위에서 살펴본 바와 같이 한국의 대인관계 신뢰가 낮은 원인들은 대인관계 신뢰를 강화할 수 있는 여러 가지 방법들을 제시한다. 세습을 기반으로 한 한국의 전통적인 사회 계급은 사라졌지만, 교육과 소득에 바탕을 둔 권력, 부, 사회적 위신의 사회 계급 사이에 새로운 큰 격차가 나타났다. 사회적 계층 사다리를 올라가는 방법으로 활용되는 교육 경쟁이 치열해 도덕성, 정직성 및 협력과 관련된 인성교육이 학교에서 큰 주목을 받지 못하고 있다. 이 문제는 국가 교육정책을 통해 바뀌어야 하며, 이에 대해서는 곧 자세히 설명할 것이다.

한국의 이념적 갈등은 독특한 역사적 배경에서 발전해 왔으며 정치적, 세대적 갈등과 겹친다. 이러한 갈등은 정치적 편의를 위해 악용된 것으로 보인다. 따라서 제3장에서 논의한 바와 같이 이념적 갈등과 관련된 정치적 남용을 최소화하기 위해 정치제도, 특히 국회의원 선거제도를 바꾸어야 한다. 소득 불평등은 낮은 대인관계 신뢰의 주요 원인 중 하나이다. 제5장에서 논의한 바와 같이 소득 불평등을 완화하기 위해 정부는 경제 성장뿐만 아니라 고용, 사회보장 및 교육 기회를 개선하는 포괄적인 발전전략을 채택해야 한다. 또한, 제7장에서 추가로 조사하게 될 법 준수를 강화하고 부패를 낮추기 위해서는 법치주의를 엄격하고 공정하게 시행해야 한다.

대인관계 신뢰가 낮은 다른 모든 원인의 근본적 핵심은 한국사회의 도덕적 가치 하락일 것이다. 도덕적 가치 하락은 국가의 경제성장 중심의 발전전략에 발을 맞추어 국민들이 시민의 의무, 책임, 양심 등을 무시하고 개인의 부, 권력 및 사회적 지위를 맹목적으로 추구한 데 기인한다. 개인의 목표를 추구하는데 있어서 교육은 주요 도구였다. 교육수단에 의한 개인 목표의 맹목적인 추구는 학교에서 치열하게 경쟁하는 교육문화를 발전시켰다. 제한된 정원의 명문대학에 다른 경쟁자를 제치고 입학하기 위해 학생과 학부모들은 부도덕하고 심지어 불법적인 행위를 아주 쉽게 한다. 결국 치열한 교육경쟁에서 비롯되는 도덕성의 저하로 인해 교육제도가 한국에서 낮은 대인관계 신뢰의 다른 모든 요인의 근본 원인이 되고 있다. 따라서 대인관계 신뢰의 향상을 위하여 교육제도를 개선하는 것에서 근본적인 해결책을 찾아야 한다. 따라서 이 장의 나머지 부분에서는 한국의 교육문화 분석을 통해 대인관계 신뢰 강화 과제를 탐구하려고 한다.

6.4.1 한국 교육문화

제3장에서 논의한 바와 같이, 교육은 경제성장이 어려운 시기에 한국사회에서 중요한 역할을 해왔다. 또한, 교육은 산업화 및 현대화된 한국사회에서 소득, 직업, 권력 및 위신을 결정하는 핵심 요소였다. 적절한 사회보장제도가 없는 상황에서 부모들은 자녀들의 교육적 성공이 가족의 부와 명성을 높이는 것뿐만 아니라

은퇴 후 그들을 위한 보험으로 간주해 왔다. 개별 목표를 추구하는 교육의 중추적인 역할은 학교에서 비교적 높은 점수를 받는 것과 대학수학능력시험에 교육이 주안점을 두어 명문대학에 입학하는 것을 중심으로 시간이 지날수록 심화되는 학교에서의 '과열' 경쟁을 일으켜 왔다.[24] 이런 종류의 교육문화 속에서 인성교육은 학교에서 거의 관심을 끌지 못했다. 게다가 교육 기관들은 학생들의 독립적인 능력과 창의성을 개발하는 데 중점을 두지 않았다. 이런 형태의 교육문화는 사회를 협력, 동정, 공감 및 사회적 신뢰의 빈곤으로 이끌었다.

지금이야말로 한국이 주입식 교육과 사설 입시학원의 교육문화를 타파하고 학교뿐만 아니라 사회에서도 인성교육을 활성화해야 할 때다. 첫째, 한국의 교육문화와 우수해야 한다는 압력은 학생들의 스트레스, 불행, 심지어 자살까지도 초래했다. 한국 학생들은 국제학생평가프로그램(PISA)에서 최고의 성과를 거두고 있다. 2015년 PISA의 결과에 따르면 한국 학생들은 과학, 독서, 수학 부문에서 각각 11위, 8위, 7위를 차지했다. 세 과목 평균 성적은 519점으로 OECD 평균 492점 보다 5.5% 높았다. 그러나 한국 학생들은 학교에서 덜 효율적이고 덜 행복한 것으로 나타났다. 주 40시간 이상 공부하는 학생 비율은 한국이 72.2%로 OECD 국가 중 가장 높았는데, 이는 2015년 OECD 국가 평균 51.9%에 비해 높은 수준이다. 2015년 한국 학생의 삶의 만족도는 6.4점(0~10 범위)으로 OECD 국가 중 가장 낮았는데, OECD 국가 전체의 평균은 7.3점이었다. 방과 후 부모와 대화를 나눈 학생의 비율은 OECD 평균 86.1%에 비해 OECD 국가 중 가장 낮은 79.4%였다.[25] 한국 학생들에 관한 이러한 정보는 학생들의 행복 수준에 반영되어 있다. 아동세계(Children's World, 2015)라는 잡지에 의하면, 2014년에 '전반적인 삶'에 대한 만족도와 관련하여 조사대상 15개국 중 한국 학생들이 가장 낮은 순위를 차지했고, 10세와 12세 어린이의 경우 여러 면에서 최악이었다. 위의 정보는 다른 OECD 국가의 학생들에 비해 한국 학생들이 더 오래 공부하지만 더 불행하다는 것을 보여준다. 이와 관련된 여러 연구에 의하면 긍정적인 정신 태도로 삶에 만족하고 행복해하는 사람들이 더 성공적이고 신뢰할 수 있다고 주장하는 것은 주목할 만하다.[26]

둘째, 부모와 사회는 스트레스를 받는 경쟁 속에서 오랜 시간의 공부가 아이들의 정서적, 정신적 행복에 부정적인 영향을 미친다는 것을 깨달아야 한다. Park(2015)은 14-19세의 한국 학생들의 65%가 심각한 우울증을 앓고 있다고 밝혔다. 우울증의 높은 발병률은 높은 자살률로 발전하여 자살이 청소년 사망의 주요 원인이 되고 있다. 2004년 한국 청소년(15-19세)의 자살률은 인구 10만명 당 5.4명으로 조사 대상 90개국의 평균 7.4명에 비해 높지 않았다. 그러나 한국 청소년(15-19세)의 자살률은 2012년 8.2명으로 증가하였는데, OECD 국가 전체 평균은 6.3명으로 그 중 한국은 7위로 높았다.[27]

셋째, 한국인은 가족 구성원들이 서로를 받쳐주는 전통적인 대가족 제도가 사라지고 있음을 깨달아야 한다. 공식적인 조사에 따르면, 은퇴 후 가족 구성원이 부양할 것으로 기대하는 사람들의 비율은 1998년 89.9%에서 2014년 31.5%로 꾸준하고 빠르게 감소했으며, 이는 연평균 6.3%라는 놀라운 감소세를 보이고 있다(한국보건사회연구원, 2016: 29). 동시에 제3장에서 지적한 노인 빈곤과 자살률이 높은 것은 물론 독거노인의 증가가 보여주듯이 은퇴 후 부모를 부양하려는 형제 자매의 의지도 퇴색하고 있다. 따라서 자녀 교육이 은퇴 후 부모의 보험이 될 것이라는 인식은 현실과 동떨어질 수 있다.

넷째, 한국 학생들의 주입식 학습은 지식기반경제와 맞지 않다. 세계 경제뿐만 아니라 한국 경제도 지식기반경제로 변모하고 있어 창의성과 혁신이 필요하다. 암기 위주의 학습은 창의적 사고와 혁신의 독자적 역량을 키울 수 없다. 애플의 창업자인 스티브 잡스(Steve Jobs)에 따르면, 창의성은 기존 개념, 정보, 기술 및 재료를 연결시켜 소비자를 위해 새로운 디자인으로 새로운 것으로 합성하는 것이다. 마찬가지로 창의성에 관한 전문가 중 한 명인 하버드대학의 클레이턴 크리스텐센(Clayton Christensen)은 창조적인 사람들의 습관적인 특성에는 질문, 관찰, 연결, 네트워크 구축, 실험 수행 등이 포함되어 있다고 주장했다.[28]

다섯째, 주입식 학습은 세계화와 정보화 시대의 일자리를 찾는 데 도움이 되지 않는다. 세계화로 인한 끊임없는 경쟁으로 인해 한국 기업을 비롯한 기업들이 살아남기 위해서는 끊임없는 혁신이 필요하다. 혁신 개발과 관련된 어려움과 한계로 인해 기업들은 글로벌 네트워크를 구축하고 다른 기업들과 협력한다. 따라서 기업들은 창의적이고 긍정적이며 적극적이고 신뢰할 수 있으며 성실한 리더십을 갖고 글로벌 네트워크를 만들 수 있는 인재를 모집하려고 한다. 최근 대한상공회의소의 한국 기업에 대한 설문 조사에 따르면, 관련 지식과 창의성뿐만 아니라 인성까지 갖춘 인재를 채용하려는 것으로 나타났다(대한상공회의소, 2012).

요컨대, 학생과 학부모는 수동적인 주입식 학습과 사설 학원을 통해 학교에서 남보다 앞서야 한다는 근시안적인 집착에서 벗어나 인성교육을 실천하고 그 실천과정에 참여해야 한다. 이러한 변화는 학생들의 건강과 삶의 질은 물론 학생들의 창의성과 미래의 직업에도 긍정적으로 작용할 것이다. 인성교육은 또한 학생들의 신뢰와 사회화 기능을 향상시키고 대인관계 신뢰와 사회적 결속력 향상에 기여할 수 있다.

6.4.2 인성교육

인성교육에 대한 면밀한 분석은 이 책의 범위를 확실히 벗어난다는 것을 인정하면서, 이 장은 한국의 교육문화의 맥락에서 인성교육을 사회적 관점에서 논의한다. 인성교육에 관한 광범위한 문헌은 학생들이 건전한 인격을 개발하고 사회에서 용인할 수 있는 사람으로서 지역 사회에서 타인과 함께 살아가는 데 필요한 능력을 발달시키는 데 도움이 되는 방식으로 학생들을 가르치는 것을 말한다. 급격히 쇠퇴한 한국 시민의 윤리를 강화하기 위해서는 인성교육이 시급하다는 것은 국내에서도 잘 알려진 사실이다. 2014년 한국교육개발원(KEDI)의 설문조사에 따르면 인성교육은 가장 강조되어야 할 교육내용 중 1위를 차지했다. 인성교육에 대한 사회적 요구에 부응하여 인성교육을 실시하기 위한 법적 기반으로서 〈인성교육발전법〉이 2015년에 제정되었다. 이 법에 따른 인성교육은 본질적으로 위와 동일하게 정의되며, 그 핵심원칙으로 '성실성, 효도, 정직, 책임감, 공감 및 협력'을 포함한다.[29]

학교에서의 인성교육은 몇 가지 유형의 미덕을 가르치는 것이 아니라 전인교육을 하는 것이다. 따라서 교과과정에는 위에서 언급한 핵심원칙뿐만 아니라 민주주의 시민으로서의 자존심, 자기수양, 비판적 사고와 창의성, 건강, 의사결정과 타협하는 능력, 인권의 공정성과 존중 및 타 문화에 대한 개방성과 관용이 포함되어야 한다.[30] 인성교육 과정을 통해 이러한 내용을 모두 가르칠 수는 없다. 오히려 학생들이 수강하는 모든 과목을 통해 인성교육을 해야 하고 학생들의 성적 평가에는 '학업적 태도'와 학업성취도뿐만 아니라 '사회적 태도'도 포함되어야 한다고 주장되고 있다. 제1장에서 논의한 바와 같이 인성교육뿐만 아니라 창의성 개발을 위해 주입식 학습보다 팀이나 그룹을 만들어 하는 공부가 더 나은 접근법이라는 것이 일반적으로 받아들여지고 있다. 무엇보다 학교에서 이루어지는 인성교육의 중요한 요소 중 하나는 교사들이 학생들의 롤 모델이 되는 것이라 점에도 주목해야 한다.

인성교육의 성공을 위해서는 인성교육이 학교에만 국한되어서는 안 되며, 가정과 사회에서도 실시되어야 한다. 가정에서의 인성교육의 일환으로 부모들은 시대의 요구에 부합해 자녀들을 안내하고 지도해야 할 뿐만 아니라 도덕적 청렴을 보여줌으로써 롤 모델이 되어야 한다. 많은 문헌이 지적한 바와 같이, 긍정적인 태도, 정직, 협력, 상호주의, 존중, 자비심을 포함한 개인적인 특성은 유년시절부터 오랜 기간에 걸쳐 발달한다.[31] 자녀의 롤 모델이 되려면 부모는 아이들과 더 많은 시간을 보내야 한다. 이러한 필요성은 특히 한국에서 절실하다. 위에서 언급했듯이, 다른 OECD 국가에 비해 상대적으로 적은 비율의 한국 학생들이 방과 후 부모와 대화를 나눈다. 또한, OECD(2015) 자료에 의하면 OECD 평균인 150분에 비해 한국인 부모들이 하루에 50분을 자녀와 함께 보내는 것을 보여 주었다.

세계화와 정보화 시대에는 국경을 넘어 타인과의 전략적 네트워킹, 협업 및 협력이 필요하다. 이러한 필요성은 결국 적극적인 대인관계, 사회화 기능 및 팀워크 정신의 함양을 요구한다. 이를 위해 아동 별 커뮤니티 팀 스포츠에 대한 참여를 제안한다. 또한, 창의성과 혁신은 개념과 원리에 대한 깊은 이해뿐만 아니라 광범위한 지식을 요구한다. 이를 위해 부모는 자녀가 폭넓은 책을 읽도록 권장함으로써 지적 시야를 넓히도록 장려해야 한다. 인성교육에는 학생들의 독립성과 자존심 개발이 포함된다. 이런 점에서 한국의 부모들은 부모의 교훈적인 지시와 자녀들을 대신하여 결정을 내리는 것을 최소화해야 한다. 대신 부모는 자녀의 미래와 관련된 문제에 대해 자녀들이 의사결정 과정에 참여하도록 권장해야 한다.

사회에서도 인성교육이 이뤄져야 한다. 정치인과 사회 지도층의 부패와 불법 행위, 부도덕 행위가 사회에 만연한다면 인성교육은 가정이나 학교에서 통하지 않을 것이다. 따라서 정치인들, 관료들, 교사들, 그리고 실업계의 고위 관리들을 포함한 포괄적이고 전국적인 인성교육 캠페인 만이 가정과 학교에서의 교육과 함께 학생들의 인성 향상에 기여할 것이다. 또한, 사회의 교육 수준에 따른 계층적 집단주의가 팽배해 있다는 점에서 한국인은 학력에 따라 사람들을 차별하는 문화를 바꿔야 한다. 문화를 바꾸는 것은 어려운 일이지만 불가능한 도전은 아니다. 전국적인 인성교육을 통해 개인은 타인에 대한 공감대를 형성할 수 있게 된다. 서양 문화와는 상당히 다른 한국 사람들은 종종 일상생활에서 동료나 다른 사람들의 교육 배경에 대해 이야기한다. 이와 관련해 언론은 때때로 정치인, 국무위원 및 대학 교수진의 교육 배경을 확인해서 보도하는 역할을 한다.

6.5 결론

이 장에서는 한국의 대인관계 신뢰가 이미 낮은 데다가 감소하는 추세에 있고 이것이 한국에서 중요한 사회적 이슈로 부상한 것을 인정하면서, 대인관계 신뢰가 낮은 주요 원인을 조사하고 이에 대한 몇 가지 개선 방안을 제시했다. 학생들이 도덕에 대해 많이 배우지 않거나 사회화 능력을 습득하지 못한 채 학교에서 치열한 경쟁을 치르기 때문에 한국에서는 도덕을 기반으로 하는 대인관계 신뢰가 낮다. 한국은 오랜 역사를 통해 계층적 집단사회와 그에 따른 '두터운 대인관계 신뢰'를 발전시킨 결과 '일반화된 대인관계 신뢰'는 발전되지 못했다. 한국의 이념갈등은 독특한 역사적 배경으로 인해 발전했으며 정치적, 세대적 갈등을 심화시켰다. 이러한 갈등은 낮은 대인관계 신뢰의 주요 원인 중 하나가 되어 왔다. 이러한 사회적 갈등에 더해 증가하는 소득 불평등, 낮은 법치주의 준수, 높은 부패 등도 대인관계 신뢰를 낮추는데 기여했다. 또한, 한국 현대 문화의 일부는 사회적 갈등을 조장하고 대인관계 신뢰를 떨어뜨린다. 한국의 계층적 집단주의 사회에서는 학벌과 사회적 지위에 따른 편견과 차별이 여전히 존재한다. 이런 한국 문화의 면모를 반영하듯 언론은 사회 엘리트, 정치인, 고위공무원, 민간기업의 고위직 임원의 교육 배경을 파악해 보도함으로써 사회적 갈등에 기여하고 있다.

한국의 낮은 대인관계 신뢰의 원인이 대인관계 신뢰를 향상시킬 수 있는 방법을 제시하기는 하지만, 낮은 대인관계 신뢰의 가장 근본적인 원인은 한국의 경쟁적인 교육문화임을 알아야한다. 한국에서는 교육이 부와 권력, 사회적 지위를 획득하려는 개인의 목표를 추구하는 주요 수단이었고, 이는 결과적으로 학교에서 치열하게 경쟁하는 교육문화를 만들었다. 한국의 낮은 대인관계 신뢰의 핵심 원인이 치열한 경쟁 교육이기 때문에 교육 시스템의 변화가 대인관계 신뢰 증진의 중요한 열쇠임을 알아야 한다. 즉,

인성교육을 실시함으로써 근본적인 해결책을 모색해야 한다.

한국인들은 자녀를 학교의 또래보다 우월하게 만들어야 한다는 근시안적 집착에서 벗어나야 하고, 도덕성, 협동성, 예의성, 사회화 기능, 삶의 만족도 등 학생들의 삶에 대한 장기적인 시각으로 인성교육을 활성화해야 한다. 세계화 시대와 지식기반경제에서 창의성과 혁신은 고용의 필수 조건이지만, 한국의 수동적인 주입식 학습과 사설 입시학원은 학생들의 협력과 사회화 기능이나 창의성과 혁신을 발전시킬 수 없다. 학교에서의 끊임없는 경쟁의 스트레스 속에서 오랜 시간 공부하는 것은 아이들의 정서적, 정신적, 육체적 행복에 큰 타격을 준다. 학교 성적이 우수해야 한다는 압박감에 자살이 청소년들의 주요 사망원인이 될 정도로 학생들은 불행하고 심각한 우울증에 시달리고 있다. 자녀 교육이 노후 대비 보험이라는 전통적인 인식이 환상에 불과하다는 것을 부모들이 깨달아야 한다.

한국 정부는 인성교육의 중요성을 인식하고 있다. 인성교육의 성공을 위해서는 학교, 가정 및 사회에서 동시에 이루어져야 한다. 학교에서의 인성교육은 학생들의 도덕성과 장기적 행복뿐만 아니라 비판적 사고의 독자적인 능력까지 포함한 전인적인 교육에 중점을 두어야 한다. 부모들은 롤 모델이 되고, 좋은 도덕적 원칙을 보여 주며, 자녀들과 더 많은 시간을 보내면서 자녀들의 인성 교육에 참여해야 한다. 사회가 인성교육에 참여하는 한 방법으로 한국은 학력과 사회적 지위에 기반한 편견과 차별 문화에서 벗어나기 위한 공공 캠페인에 나서야 한다. 사회 지도자들은 어린 학생들에게 높은 수준의 도덕성, 법 준수와 타협 기술을 보여주는 모범이 되어야 한다. 정부의 정책 입안자들은 인성교육은 물론 대인관계와 제도적 신뢰에 대한 정책적 효과에 더 많은 관심을 기울여야 한다. 한국의 낮은 대인관계 신뢰는 물론 낮은 제도적 신뢰가 사회경제적 발전에 중요한 문제가 되고 있다. 다음 제7장에서는 한국의 또 다른 중요한 이슈인 정부에 대한 사회적 신뢰를 탐구한다.

주

1 문헌에서 널리 이용되는 이 신뢰 정의는 Coleman(1990)에 의해 제안되었다.

2 이 신뢰 관계의 표현은 Morrone et al.(2009) 등이 제안하였다.

3 Algan and Cahuc(2013: 524)는 1981년과 2008년 사이(1–5단계)에 한국이 31.7점으로 31위에 올랐음을 보여줬다. 이는 위와 같이 여섯 차례 조사에서 한국의 38백분위수 순위와 일치하는 것으로 나타났다.

4 송호근(2015), 《나는 시민인가》, 문학동네, 141쪽을 참조.

5 Obama, B.(2006), ***Audacity of Hope***, New York: Crown/Three Rivers Publishing.

6 한국인들은 처음 만나자마자 그들이 졸업한 학교, 성장한 지역, 일하는 회사 등 개인적인 문제에 대해 궁금한 질문을 한다. 이 질문들은 사회적 위계에서 누가 어디에 있는지 결정하는 데 사용된다.

7 학부모들은 한국의 비효율적인 교육 시스템을 학원 탓으로 돌린다. 동시에 그들은 자녀를 학원에 보내지 않고, 대신에 정규학교를 지원함으로써 정규학교 제도를 개선할 수 있을 것이라고 이해한다. 그러나 부모들은 서로를 신뢰하지 않기 때문에 다른 부모들이 그들의 자녀들을 그들처럼 정규학교에 보내는 것을 기대할 수 없다고 느낀다. Jones, R. S.(2013) 참조.

8 한국 문화에 대한 자세한 고찰은 Kwon(2008: §4)을 참조.

9 Delhey and Newton(2005: 318)은 내전과 그 원인이 일반화된 대인관계 신뢰와 부정적으로 관련되어 있음을 발견했다. 그들의 발견은 한국의 이념갈등과 일치한다.

10 정치인과 정당 간의 신뢰 부족은 정치적 타협과 관련된 어려움의 근본 원인이다. 타협은 상충되는 주장과 원칙을 조정하여 당사자가 합의하는 것으로, 상대방이 제시한 주장과 원칙을 포함하여 사람들이 서로를 신뢰하지 않으면 타협이 어려워진다.

11 조선일보(2015)가 실시한 국민 여론조사에 따르면 2007년 한국인의 41.1%는 보수주의자, 26.0%는 진보주의자, 28.1%는 중립주의자로 나타났다. 이러한 이념적 성향이 2015년에는 각각 28.7%, 20.5%, 47.4%로 바뀌었다.

12 e-나라지표, 선거투표율(https://www.index.go.kr/unify/idx-info.do?idxCd=4268) 참조

13 국가 간의 분석을 한 첫 번째 그룹에는 Bjornskov(2007), Leigh(2006), Barone and Mocetti(2016) 등이 있다. 한 국가 내의 광역자치단체나 기초자치단체 간의 분석을 하는 두 번째 그룹에는 Gustavsson and Jordahl(2008), Fairbrother and Martin(2013), Gould and Hijzen(2016)이 있다.

14 이 외도 국가 간과 국내 지역 간의 실증적 분석이 문헌에 많이 있다. 예를 들면, 국가 간의 분석으로 Leigh(2006: 123)는 지니계수 10점 상승은 신뢰도가 5–6% 하락하는 것과 관련이 있음을 발견했다. Barone and Mocetti(2016)는 지니계수가 1% 포인트 상승하면 신뢰도가 약 2% 포인트 하락한다고 밝혔다. 국내 지역 간의 분석으로 Gould and Hijzen(2016)의 최근 종합 연구는 미국과 유럽 선진국에 대한 전

반적인 불평등과 신뢰 사이의 부정적인 관계에 대한 강력한 증거를 제공했다. 미국의 경우 이 기간(1980–2000년)에 따른 실제 불평등 증가가 관찰된 신뢰 하락의 44%를 설명했다는 것을 보여줬다. Gustavsson and Jordahl(2008)의 결과와 유사하게 Gould and Hijzen(2016)은 분배 하단의 불평등에 특히 강한 효과가 있었다고 덧붙였다.

15 이 분야의 문헌으로서 다음 것들을 추천한다. Barone and Mocetti(2016), Gould and Hijzen(2016), Steijn and Lancee(2011), Uslaner(2009).

16 Steijn and Lancee(2011)의 인지된 불평등 추정치는 설문조사를 통해 9개의 전형적인 직업의 실제 소득의 개별적인 추정치에 근거했다. 그들은 두 변수 중 약 20 %의 분산이 공유된다는 것을 발견했는데, 이는 인지된 불평등이 실제 불평등과 경험적으로 다르다는 것을 보여준다.

17 인지된 소득 불평등과 실제 소득 불평등 사이의 차이는 실제 소득의 중산층 크기 보다 인지된 중산층 크기가 상당히 작은 것과 유사하다. 이는 제5장에서 논의한 바와 같이, 중산층에 속하는 사람들이 상대적 소득을 실제보다 적게 인식하기 때문에 발생한다.

18 J. O. Kim(2013)에 의하면 1965년에서 2012년 사이에 형사사건이 연평균 4.17%의 증가율을 보였는데, 이는 국가통계포털(2018) 통계와 일치하는 것으로 나타났다.

19 사기가 만연하는 것은 모든 위조서류를 가지고 명문대학에 입학하는 것과 관련된 에피소드에도 나타난다. 사기를 주도한 이 학생의 어머니는 경찰에 '왜 나만 탓하느냐? 다들 한다'고 불평했다(윤평중, 2014). 그녀의 발언은 그녀의 뻔뻔스러움과 들킬 위험에 대한 무감각뿐만 아니라 한국에서 사기와 규칙 위반이 만연함을 드러냈다.

20 부정부패는 불법행위이므로 이 절은 '낮은 법치주의 준수'에 대한 앞 절의 일부가 되어야 한다. 그러나 한국의 특수성과 심각성 때문에 부패는 별도로 조사 분석된다. 부패와 사회적 신뢰 관계에 관해서는 Rothstein and Uslaner(2005), Bjornskov(2007), Richey(2010), Rothstein(2013), Serritzlew et al.(2014) 참조.

21 제7장에서 더 논의한 바와 같이 부패는 사회적 신뢰를 낮추고 거래비용을 증가시킴으로써 경제성장에 해를 끼친다. 또한, 부패는 지하경제를 조성하고, 공무원들이 지대추구 활동을 하게 하는 등 자원의 잘못된 배분으로 이어져 경제성장을 저해한다. Serritzlew et al.(2014)은 새로운 기업이 공공부문의 지대추구에 더 취약하기 때문에 부패가 혁신을 저해한다고 지적했다. 1980년대 부패한 청와대 때문에 파산한 한국 재벌인 국제그룹의 증언처럼 부패가 심한 나라에서는 재산권이 잘 보호되지 않는다. 약한 재산권은 경제성장을 방해한다.

22 Richey(2010), Serritzlew et al.(2014), Villoria et al.(2013) 참조.

23 표 6–4와 같이 TI가 측정한 부패인식지수에서 한국은 OECD 국가 중 26위에 비해 2000년에서 2017년 사이 조사한 약 170개국 중 평균 43위를 차지했다. IMD가 제시 한 뇌물 및 부패 지표에서 한국은 2000년에서 2017년 기간 동안 약 60개국 중 평균 30위를 기록했다.

24 한국 부모들은 자녀가 시험에서 99점을 받았을 때 다른 아이가 100점을 받았다면 만족하지 못한다고 한다.

25 국제학업성취도평가(PISA)의 여러 정보에 관해서는 OECD(2016b, 2017)를 참조

26 이를 뒷받침하는 연구로는 Warren(1999)과 Newton(2013) 등이 있다.

27 청소년 자살율에 관한 정보는 Wasserman et al.(2005)와 OECD(2016a) 참조.

28 한국의 주입식 교육과 창의력 개발에 관해서는 Kwon(2016)을 참조.

29 인성교육에 관한 국내 문헌으로 정미경(2015), 현주(2015)와 권오율(2016)을, 외국문헌으로 Nucci et al.(2014), Tatman et al.(2009), Edsall(2017)을 참조.

30 Edsall(2017)은 인성교육을 통해 길러진 인성 강점(즉, 인내심, 근면성, 근성, 탄력성, 호기심, 미래 지향성, 자기 통제력, 자기 수양, 충동 조절, 유예된 만족감)이 미국에서 성인기의 성공과 신분상승에 상당한 기여를 한다는 연구결과를 보고했다.

31 이 분야의 문헌으로 Larzelere and Huston(1980), Fukuyama(1995), Uslaner(2008), DeSteno and Valdesolo(2011)를 참조.

제7장 한국 정부에 대한 사회적 신뢰와 사회경제적 영향

7.1 머리말

제1장에서 살펴본 바와 같이 제도적 신뢰에는 정부, 기업, 노동, 기타 공공 및 민간 단체에 대한 신뢰가 포함된다. 정부에 대한 사회적 신뢰는 제도적 신뢰의 일부이며, 사회경제적 발전에 중요한 역할을 한다. 첫째, 정부에 대한 사회적 신뢰는 광범위한 공공정책의 성공을 위해 중요하다. 정부와 정책에 대한 시민의 신뢰가 행동에 반영되고, 이 행동이 공공정책의 성공을 부르기 때문이다. 둘째, 정부에 대한 사회적 신뢰는 경제활동을 수행하는 데 있어 거래비용에 영향을 미치기 때문에 경제에 중요하다. 기업의 정부에 대한 신뢰 부족은 기업 활동뿐만 아니라 투자와 혁신을 방해한다. 셋째, 정부에 대한 신뢰는 대인관계 신뢰와 법치주의 준수에 영향을 미치기 때문에 사회발전에 중요하다. 대인관계 신뢰와 제도적 신뢰 관계가 긴밀하고 시간이 흐르면서 대인관계 신뢰가 상당히 안정돼 있는 점을 감안할 때 정부는 단기적 시

도로서 정부에 대한 신뢰를 강화하여 사회적 신뢰를 높이기 위한 방안을 모색해야 한다.

한 국가의 정부에 대한 사회적 신뢰(이후 정부에 대한 신뢰)는 본질적으로 시민, 기업, 기타 조직의 정부에 대한 신뢰이다. 정부에 대한 낮은 신뢰는 세계적인 현상이었고(OECD, 2017a: 19), 한국의 경우는 다른 OECD 국가보다 현저히 낮았다. 〈표 7-1〉에서 볼 수 있듯이 4년(2007, 2012, 2014, 2016년) 동안 한국의 정부에 대한 평균 신뢰 수준은 26.3%로 OECD 평균 42.3%에 비해 훨씬 낮았다(OECD, 2017b). 이 기간 동안 한국은 OECD 국가 중 정부에 대한 신뢰 수준에서 평균 하위 5위를 기록했다. 2013년 35.4%에서 2017년 32.4%로 하락했던 한국행정연구원(KIPA, 2017a)이 측정한 한국 정부의 신뢰 수준은 OECD가 측정한 한국의 신뢰 수준과 일관성이 있는 것으로 보인다(〈표 7-1〉). 그러므로 한국은 정부에 대한 사회적 신뢰를 강화하기 위해 노력해야 한다.

표 7-1 정부에 대한 신뢰: 한국과 OECD 평균, 2007-2016

	년도	한국	OECD 평균	한국/OECD
정부에 대한 신뢰*	2007	24	45	0.53
	2012	23	40	0.58
	2014	34	42	0.81
	2016	24	42	0.57
	2007-2016	26.3	42.3	0.62

주: * 신뢰 수준은 '당신은 중앙정부에 대한 확신이 있습니까?' 라는 질문에 '예'로 응답한 비율을 나타냄.
출처: OECD(2017b).

한국에서 제기되는 중요한 질문은 (i) 정부에 대한 낮은 신뢰의 심각성, (ii) 경제와 사회에 미치는 영향, (iii) 주요 원인, (iv) 정부에 대한 낮은 신뢰의 가능한 해결책에 관한 것이다. 이 장의 목적은 이러한 질문들을 한국에 초점을 맞추어 조사하는 것이다. 이를 위해 먼저 정부에 대한 신뢰의 개념, 영향, 결정 요인 및 측정에 관한 문헌을 간략히 검토한다. 또한, 문헌을 통해 정부에 대한 신뢰가 시민, 기업 및 기타 단체의 태도에 미치는 영향을 분석함으로써 정부에 대한 신뢰가 경제와 사회에 영향을 미치는 메커니즘을 검토한다. 둘째, 국내외 정보원으로부터 시간이 흐름에 따른 한국 정부에 대한 신뢰 수준을 조사한다. 셋째, 문헌에 있는 원인 분석을 바탕으로 한국 정부에 대한 신뢰도가 낮은 주요 원인을 탐구한다. 마지막으로 이 장에서는 문헌에서 이용 가능한 증거와 경험을 바탕으로 한국 정부에 대한 신뢰 수준을 높이기 위한 가능한 조치들에 대해 논의한다.

7.2 정부에 대한 신뢰의 개념, 영향, 결정요인 및 측정

7.2.1 정부에 대한 신뢰의 개념

제1장에서 살펴본 바와 같이 제도적 신뢰는 제도에 대한 사회나 시민의 신임이다. 시민들은 제도가 법에 의해 배정되거나 규제되는 역할을 효율적이고 효과적이며 공정하고 진실하게 이행되기를 기대한다. 따라서 제도적 신임이나 신뢰는 시민들의 기대와 제도적 기능 수행에 대한 시민들의 평가에 근거한다. 시민들은 기대 대비 평가 결과를 바탕으로 제도의 신뢰에 대한 인식을 확립한다.

정부에 대한 신뢰는 정부가 맡은 업무를 법적으로 일관되고 신뢰할 수 있는 방식으로 공정하고 능률적으로 수행하는지에 대한 시민, 기업 및 기타 단체의 신임이다. 정부의 업무수행에 대한 평가는 정부나 정치인 또는 관료에 의해 행해질 수 있다. 공공기관과 민간단체가 수행한 평가 결과는 정부 발표, 학술 연구, 언론, 인터넷, 소셜 네트워크 서비스(SNS) 및 사교 모임과 같은 다양한 채널을 통해 대중에게 전달된다. 시민, 기업, 기타 단체들은 자신들의 기대와 정부 성과평가 결과를 바탕으로 정부, 정치인, 관료 등의 신뢰에 대한 인식을 확립한다. 이러한 인식은 정부에 대한 신뢰로 측정된다.

7.2.2 정부에 대한 낮은 신뢰가 경제와 사회에 미치는 영향

정부에 대한 신뢰는 사회경제적 발전뿐만 아니라 공공정책과 제도를 설계하고 시행하는데 있어 효율적이고 효과적인 공공 거버넌스를 위한 필수 요건이다(OECD, 2013: 35). 정부에 대한 낮은 신뢰는 정부 규칙과 규정에 의해 통제되는 경제활동의 거래비용을 높여 경제에 악영향을 미친다. 일단 기업이 정부 정책과 조치를 의심하게 되면 그들은 물적, 인적 자원에 대한 투자를 하지 않을 수도 있다. 정부에 대한 적절한 수준의 신뢰가 없다면 시민들은 공공정책 설계와 제도를 지지하지 않을 것이다. 또한, 공공 서비스의 효과적인 전달과 사회 공공시설 제공을 위해 협력하지 않을 것이다. 시민들이 정부를 신뢰하지 않는 한 연금, 의료, 교육, 기후변화 등과 관련된 단기적인 희생을 감수하면서 미래 지향적인 프로그램을 지원하지 않을 것이다. 정부에 대한 신뢰는 정부의 중재를 통해 사회적 갈등을 해결하는데 있어 필수적이다. 사회 공공시설의 제공은 사회적 갈등을 야기할 수밖에 없고, 정부에 대한 신뢰 없이는 사회적 타협에 도달할 수 없다. 마찬가지로, 사회경제적 발전을 위해 필요한 구조개혁은 일반적으로 국민과 사회단체 사이에 이해충돌을 불러일으킨다. 이러한 갈등이 정부의 중재를 통해 해결되지 않는 한 구조개혁 협상은 교착 상태로 끝나고 개혁은 이루어지지 않을 것이다.

정부에 대한 신뢰는 사회발전에도 중대한 역할을 한다. 제1장에서 논의한 바와 같이 정부에 대한 신뢰는 사회적 진보의 열쇠인 사회적 통합과 관련된 정부 정책에 영향을 미치거나 대인관계 신뢰에 간접적으로 영향을 줌으로써 사회발전에 직접적인 영향을 미친다. 정부에 대한 높은 신뢰는 법치주의에 대한 높은 준수로 이어지고, 이는 결국 높은 대인관계 신뢰로 이어져 사회적 결속력을 향상시킨다는 실증 분석도 있다. 높은 대인관계 신뢰 뿐만 아니라 정부에 대한 높은 신뢰는 정부가 건강, 교육, 공공안전, 주거, 사회경제적 평등과 관련된 포괄적인 사회 프로그램을 시행할 수 있게 함으로써 사회적 포용성을 향상시킨다.[1]

7.2.3 정부에 대한 신뢰의 결정요인

위에서 언급한 바와 같이 시민들의 정부에 대한 신뢰는 그들의 기대치에 대한 정부의 성과에 대한 그들의 평가에 기반한다. 따라서 정부에 대한 신뢰의 결정요인은 정부 운영평가의 차원에 기반한다. 광범위한 문헌 검토를 통해 OECD(2017a: 21)는 정부에 대해 상호 연관된 두 가지 폭넓은 신뢰 차원을 포함시켰다.

- 공공 기능 수행 역량(competence)
- 정부 운영에 기반한 가치(윤리) (value and ethics)[2]

역량은 미시적 의미와 거시적 의미 모두에서 고려될 수 있다. 미시적 의미에서 역량은 개별 시민에게 공공 서비스를 제공하는 것과 관련이 있으며, OECD(2017a: 22)는 이에 대한 대응력과 신뢰성을 포함한다. 대응력은 국민의 요구와 기대를 적절한 시기에 효과적이고 효율적으로 해결하는 양질의 시민 중심 공공 서비스를 제공하는 능력을 말한다. 신뢰성은 정부가 공공 서비스를 제공함에 있어 일관되고 예측 가능한 방식으로 행동할 수 있는 능력을 말한다.[3]

거시적으로 볼 때 정부에 대한 신뢰의 원천으로서의 역량은 '좋은 공공 거버넌스'의 문제이며, 이는 대중의 요구가 시기 적절하고 효과적이며 효율적이고 공정하게 서비스되는 것을 의미한다. 문헌에서 좋은 공공 거버넌스의 여러 차원 중에서 실효성, 효율성, 투명성, 책임성 및 참여가 정부에 대한 신뢰와 가장 관련이 있는 것으로 보인다. 실효성(effectiveness)은 정부의 전반적인 목표 달성 정도와 좋은 공공 거버넌스 원칙을 준수하는 정도를 나타낸다.[4] 확실히 시민들은 정부가 적절한 경제성과를 달성하고 증가하는 소득의 공정한 분배를 포함한 그들의 의무와 책임을 효과적으로 수행하기를 기대한다.

따라서 정부에 대한 신뢰의 원인으로서의 **실효성**은 경제적 성과, 소득분배 및 거버넌스의 효과로 측정될 수 있다.[5] 후자는 공공 서비스의 질, 공무원의 역량, 정치인으로부터 공무원의 독립성에 의해 측정될 수 있다. 또한, 규제는 시민과 정부 사이의 가장 중요한 접점의 일부이며, 시민의 사회경제 활동에 직접적인 영향을 미치기 때문에 규제의 질은 거버넌스 실효성을 측정하는 척도가 될 것이다. 결과적으로 규제의 질은 그 나라의 법치 준수 정도와 부패 수준에 반영될 것이다.

공공 거버넌스 구현의 **효율성**(efficiency)은 시민의 세금 납부액이 공공 서비스 제공에 가장 효율적으로 사용되어야 한다는 점에서 정부에 대한 신뢰의 필수조건 중 하나가 되어야 한다. 효율성은 상대적인 용어 또는 산출 대 투입의 비율이다. 공공부문의 생산량과 생산성 측정이 어려운 점을 감안하여 공공부문의 투입으로 효율성을 측정할 수 있다.

투명성은 모든 정부의 기본 운영 요구사항 중 하나로 점차 높게 고려되고 있다. OECD에 따르면, 투명성은 정부에 대한 신뢰를 높이는 데 필수적인 수단이다. 투명성의 부재는 수많은 실증 연구에서 보듯이 정부에 대한 신뢰도가 낮은 주요 원인 중 하나인 부패에 해당한다. 투명성은 정부와 대중 사이에 방해 받지 않는 정보의 흐름을 필요로 하며, '열린 정부'의 초석이거나 동전의 양면이다.[6]

책임성은 투명성과 밀접한 관련이 있다. 투명성은 시민들이 정부의 행동과 절차에 대해 더 쉽게 책임을 물을 수 있게 한다. 투명성, 개방성 및 책임성은 거버넌스의 실효성을 높이고, 법치를 강화하며, 부패를 최소화함으로써 정부에 대한 신뢰를 향상시킨다. 공공 거버넌스의 투명성은 대중이 온라인 정보를 통해 정보에 더 쉽게 접근할 수 있도록 함으로써 개선될 수 있다. 따라서 투명성은 대중의 규칙과 법률의 준수 정도, 부패 수준, 전자정부의 이용 정도, 그리고 언론의 자유에 의해 측정될 수 있다.

정부에 대한 신뢰를 위해 의사결정 과정과 공공행정 조치의 이행에 대한 이해관계자의 **참여**가 점차 강조되고 있다.[7] 공공 경영의 성공은 정부가 사회적 관심을 얼마나 포괄적으로 통합하느냐에 달려 있다. 정부 이해관계자들은 시민, 기업, 그리고 특수이익 단체들의 다양한 혼합체이며, 종종 매우 다른 가치와 목표를 가지고 있다. 이러한 상충되는 관점을 대중의 이익에 가장 부합하고, 전략적 목표를 달성하는 하나의 전략적 행정절차로 축소하는 것은 정부의 몫이다. 국민적 합의를 도출하는 이 과정에는 정부 이해관계자들의 참여가 필요하다. 언론의 자유를 강화하고, 공공부문과 민간부문 간의 정보 전달을 촉진하기 위한 협의회를 설립함으로써 참여가 향상될 수 있다. 참여는 협의회가 공공 관리에 관여하는 정도와 전자정부의 이용 정도로 측정할 수 있다. 따라서 전자정부는 투명성 뿐만 아니라 거버넌스에 대한 참여도 향상시키는 중요한 도구이다.

정부에 대한 신뢰의 두 번째(가치) 차원은 시민들이 정부와 그 대리인, 그리고 직원들이 공공 활동을 위해 따를 것을 기대하는 윤리 지침이다. 가치에 대한 대중의 기대에는 진실성, 개방성, 공정성 등 3가지 차원의 신뢰성이 수반된다(OECD, 2017a: 23). 진실성(또는 부패의 결여)은 정부에 대한 신뢰의 가장 중요한 결정요인 중 하나이다. 개방성은 포용성과 투명성을 내포하고 있다. 공정성은 시민들이 정책 설계 및 실행(절차 공정성) 과정과 정책 결과의 배포(분배 공정성) 과정에서 정부로부터 위엄과 존중을 받으며 공정하게 대우받고 있음을 의미한다.[8]

OECD(2017a)는 많은 정부부처 중에서 정부에 대한 신뢰를 위해서는 사법제도에 대한 신뢰가 중요하다고 주장했다. 시민들이 사법제도에 쉽고 평등하게 접근하고 만족하는 것은 정부에 대한 모든 신뢰의 근본이다. 따라서 정부에 대한 신뢰를 높이기 위해 모든 시민들에게 법률과 사법 서비스를 효율적이고 공정하게 제공해야 한다. 또한, 정보통신기술(ICT)을 통한 법률 및 사법 서비스 제공이 사법제도에 대한 신뢰를 높일 것이라는 주장도 제기됐다.

7.2.4 정부에 대한 신뢰도 측정

앞에서 언급했듯이 시민들의 정부에 대한 신뢰도는 정부 운영에 대한 신뢰에 따라 결정되며, 이는 정부 운영에 대한 평가를 기반으로 한다. 그러나 실제 평가결과 그 자체는 신뢰 수준이 아니다. 신뢰는 시민들이 정부가 어떻게 운영되기를 기대하는 측면에서 미래지향적이다. 시민들은 다양한 채널을 통해 전달되는 평가결과와 정부(또는 정부 인사, 기관, 프로그램)에 대한 자신의 경험을 통해 정부에 대한 신뢰 수준을 인식한다. 따라서 정부에 대한 신뢰는 일반적으로 표본조사를 통해 측정되며, 시민, 기업 및/또는 전문가에게 정부, 정치인, 관료, 특정 공공 프로그램(예: 의료 및 교육) 및 특정 정부기관(예: 경찰, 사법제도)을 신뢰하는지 여부를 질문한다. 정부에 대한 신뢰는 시민들의 주관적 인식에 바탕을 두고 있기 때문에 시간이 지남에 따라 측정이 불안정하다. 따라서 시간 경과에 따른 평균값은 특히 국가 간 비교를 위해 단기 변동을 평준화하면서 더 나은 정보를 제공한다.

제4장에서 언급했듯이 많은 국제기구들이 사회 지표를 측정하기 위해 여러 나라에 걸쳐 조사를 실시하고 있다. 여기에는 갤럽여론조사(GWP), 세계가치조사(WVS), 세계경제포럼(WEF), 국제경영개발원(IMD), 세계은행그룹(WBG), 국제투명성기구(TI) 등이 포함된다. 이러한 기관들은 일반적으로 정부에 대한 신뢰 지표를 포함하여 여러 사회적 신뢰 지표와 관련된 조사를 통해 사람들의 주관적 인식을 측정한다. 정부에 대한 신뢰가 결정되는 여러 채널이 존재하기 때문에 정부에 대한 신뢰 지표를 측정할 때 가능한 많은 변수를 고려해야 한다. 각 측정 기관은 자체 조사 설문지, 변수 집합, 적용 대상 국가의 수, 조사기간 및 응답

척도에 대한 범위를 가지고 있다. 따라서 이들 기관의 정부에 대한 신뢰 측정치를 비교하는 것은 어렵다.

7.3 한국 정부의 신뢰 현황

한국에서 정부에 대한 신뢰가 감소하고 있다. 한국행정연구원(KIPA)은 2013년부터 설문조사를 통해 정부에 대한 신뢰도를 측정하기 시작했다. 기간은 짧지만(2013년부터 2017년까지) 신뢰 수준이 모두 크게 증가한 2017년까지 정부 5개 부처 모두에서 신뢰 하락 추세가 존재하는 것으로 보인다. 이러한 증가는 2017년 대통령(박근혜) 탄핵과 새 정부(문재인) 출범이라는 두 가지 큰 정치적 사건에 기인한 것으로 보인다. 〈표 7-2〉에서 볼 수 있듯이 정부에 대한 신뢰도는 2013년 35.3%에서 2016년 24.6%로 감소했지만 2017년에는 40.8%로 크게 증가하여 이 기간 평균 33.1%를 기록했다. 국회(당선 의원)에 대한 신뢰도는 다른 정부부처에 대한 신뢰도에 비해 현저히 낮다. 2013년과 2017년 사이에 평균적으로 인구의 15.5%만이 선출된 국회의원을 신뢰했다. 같은 기간 5개 정부부처의 평균 신뢰 수준은 35.4%에서 32.4%로 낮아져 평균 31.7%를 기록했다. 이러한 결과는 인구의 3분의 2 이상이 정부를 신뢰하지 않았다는 것을 보여준다.

이 연구에서는 정부에 대한 신뢰의 측정 척도로 국제기구들이 추정한 여러 지표들을 선정했다. 한국의 정부에 대한 상대적인 신뢰도를 평가하기 위해 특정 기간 동안 한국에서 정부에 대한 신뢰를 위해 선택된 지표들의 평균값을 OECD 국가 전체의 해당 평균값과 비교한다. WBG의 세계거버넌스지표(WGI)는 정

표 7-2 대한민국 5개 정부부처에 대한 신뢰(%)*

	2013	2014	2015	2016	2017	평균
정부에 대한 신뢰	35.3	32.9	31.9	24.6	40.8	33.1
국회에 대한 신뢰	16.7	18.0	15.3	12.6	15.0	15.5
사법부에 대한 신뢰	41.0	37.6	35.0	29.8	34.3	35.5
검찰에 대한 신뢰	38.6	36.0	34.3	27.4	31.3	33.5
경찰에 대한 신뢰	45.4	40.1	40.1	37.6	40.7	40.8
평균	35.4	32.9	31.3	26.4	32.4	31.7

주 : *이 수치는 '어느 정도'와 '대단히' 두 가지 신뢰 범주의 합임.
출처: 한국행정연구원(2017a: 174).

부에 대한 한 국가의 신뢰 인식을 가장 적절하게 보여주는 공공 거버넌스의 여섯 가지 상호 관련된 차원들을 파악한다. 제4장에서 검토한 바와 같이 WGI의 이 여섯 가지 차원은 (i) 참여와 책임성, (ii) 정치적 안정과 폭력/테러의 부재, (iii) 정부의 실효성, (iv) 규제의 품질, (v) 법치, (vi) 부패의 통제이다. 이것들은 모두 정부에 대한 신뢰의 차원과 밀접한 관련이 있다.

참여와 책임성은 공공 행정의 의사결정 과정과 집행에 이해관계자의 참여를 반영한다. 따라서 그것은 정부 신뢰에 대한 대응력, 신뢰성 및 참여 차원의 지표로 사용될 수 있다. 〈표 7-3〉에서 보듯이 참여와 책임성의 경우 2000년에서 2016년 사이에 OECD 평균 1.17과 비교하여 한국은 평균 0.67(-2.5 - +2.5 범위)을 기록했다. 한국의 점수가 현저히 낮다는 것은 이해관계자들의 참여뿐만 아니라 정부의 대응력과 신뢰성이 정책 결정과 집행에 미흡하다는 것을 분명히 보여줌으로써 한국 정부에 대한 신뢰도가 낮아지는 원인이 되고 있다.

정치적 안정과 폭력/테러의 부재는 정부에 대한 신뢰에 많은 영향을 미친다. 정치적 안정은 학생, 노조, 특수 이익단체 등 특정 사회 부문이 정부를 상대로 한 헌법적 불안정이나 강력한 항의없이 정치 과정이 실행되는 것을 의미한다. 정치적 안정은 또한 정부가 일관되고 효과적으로 운영되고 있음을 나타낸다. 따라서 정치적 안정은 정부에 대한 신뢰 뿐만 아니라 경제발전에 기여한다. 정치적 안정과 폭력/테러 부재의 경우 한국은 0.30으로 OECD 평균인 0.71의 절반에도 못 미쳐 상대적으로 낮은 수준의 한국 정부에 대한 신뢰에 기여하고 있는 것으로 나타났다.

WGI의 **정부 실효성**은 공공 거버넌스의 효과를 나타내며, 그 범위는 정부에 대한 신뢰의 효과 차원 보다 좁아 보인다. WGI의 정부 실효성은 공공 서비스와 관료조직의 질, 공무원의 역량, 정치인들로부터 공무원 조직의 독립성을 측정하려고 시도한다. 그러나 위에서 논의한 바와 같이, 정부에 대한 신뢰의 실효성 차원에는 WGI의 정부 실효성 뿐만 아니라 경제적 성과, 규제의 질, 법치 준수, 부패 수준이 포함된다. 이러한 차이를 인정하면서 2000년에서 2016년 동안 OECD 평균 1.35에 비해 한국의 정부 실효성 가치는 1.06이라는 점에 주목해야 한다.

규제 품질, 법치, 부패 통제는 정부에 대한 신뢰의 실효성 차원의 구성 요소들이다. 또한, 규제 품질이 높으면 법치주의 준수도 높을 것이라는 점에서 서로 밀접한 관련이 있다. 결과적으로 부패는 더 잘 통제될 것이다. 그러나 이러한 변수들 각각은 공공 거버넌스 뿐만 아니라 정부에 대한 신뢰에도 그 자체로 중요하다. 높은 규제 품질은 특히 기업 운영을 위한 공공 거버넌스의 실효성을 향상시켜 비즈니스 관점에서 정부의 신뢰성을 높인다. 법치와 부패 통제는 진실성, 개방성, 공정성, 투명성, 공공 거버넌스의 실효성 등 정부에 대한 다양한 차원의 신뢰를 반영한다.

〈표 7-3〉에서 볼 수 있듯이 한국은 규제 품질에 대해 평균

표 7-3 정부에 대한 신뢰 지표: 한국과 OECD 평균

	한국	OECD 평균	한국/OECD
전 세계 거버넌스지표(WBG, 2000-2016)			
참여와 책임성	0.70	1.17	0.60
정치적 안정과 폭력/테러의 부재	0.33	0.73	0.45
정부 실효성	1.06	1.35	0.79
규제 품질	0.89	1.29	0.70
법치	0.96	1.31	0.73
부패 통제	0.49	1.31	0.37
평균	0.74	1.19	0.61
정부에 대한 신뢰(IMD, 2000-2017)			
국가 효율성 (6 변수)	3.67	4.71	0.78
경쟁과 규제 (6 변수)	4.82	5.76	0.84
노동 규제 (2 변수)	4.42	4.78	0.92
사회적 기본체제 (6 변수)	5.00	6.00	0.83
평균	4.48	5.31	0.84
정부에 대한 신뢰(WEF, 2007-2017)			
공공 제도(5 하위 범주)	4.10	4.78	0.86
부패인식지수(TI, 2000-2017)	5.08	6.96	0.73
세계가치조사(WVS, W4,W5,W6)			
정부 6개 부처 평균 신뢰도	42.5	43.2	0.98

출처: WBG(2017), IMD(2017), WEF(2017), TI(2018), WVS(2014), OECD(2017b).

0.87을 기록한 반면, 해당 OECD 평균은 1.29를 기록했다. 법치의 경우 한국의 평균 점수는 0.96으로 OECD 국가의 평균 1.31과 비교된다. 한국은 부패 통제에서 현저히 낮은 점수를 받았는데 한국의 점수 0.49는 OECD 평균 1.31과 대조된다. 한국은 규제 품질이 낮고, 법치에 대한 준수가 낮으며, 부패 통제가 부적절하기 때문에 정부에 대한 신뢰는 상대적으로 낮아야 할 것으로 보인다. 문헌(Chang and Chu, 2006; Choi and Woo, 2015)에서 알 수 있듯이 부패 통제는 특히 한국에서 정부에 대한 신뢰의 가장 중

요한 변수 중 하나이다. 따라서 한국의 부패는 7.5절에서 별도로 더 논의된다. WGI 6개 지표의 단순 평균은 OECD 국가의 평균이 1.19인데 비해 한국의 평균은 0.74이다. WGI의 이 모든 지표는 한국의 전반적인 공공 거버넌스가 상대적으로 열악하고, 정부에 대한 신뢰도가 상대적으로 낮음을 나타낸다.

IMD는 정부 효율성 하에서 국가 효율성, 경쟁과 규제, 노동 규제 및 사회적 기본 체제에 대한 지표를 측정한다(〈표 7-3〉). 이 지표들은 특히 비즈니스 관점에서 정부에 대한 신뢰 평가와 관련이 있으며, 여러 변수들이 포함되어 있다. 국가 효율성은 6가지 변수를 포함하며, 비즈니스 관점에 중점을 두고 국가 효율성에 대한 인식을 측정한다.[9] 경쟁과 규제에 포함된 9가지 변수 중 이 장에서는 주로 기업의 정부에 대한 신뢰 인식과 가장 관련성이 높은 6가지 변수를 중점적으로 다룰 것이다.[10] 노동 규제에 포함된 4가지 변수 중 이 장에서는 노동 규제와 실업에 관한 규제 두 가지만 선택되었다. 전자는 노동 규제를 통해 기업 활동을 방해하는 것으로 인식된 정도를 측정하는 반면, 후자는 일자리를 찾으려는 동기부여에 대한 인식의 정도를 측정한다. 사회적 기본 체제에 대한 12가지 변수 중 6개만이 정부에 대한 신뢰를 측정하는데 관련이 있으며, 이 6가지 변수들은 주로 시민들이 갖게 되는 정부에 대한 신뢰 인식과 관련이 있다.[11]

IMD가 측정한 지표는 한국의 정부에 대한 신뢰가 OECD 국가의 평균 보다 현저히 낮음을 지적한다(〈표 7-3〉). 2000년에서 2017년 사이에 한국의 국가 효율성 평균 점수는 3.67(1-10의 범위)로 OECD 국가의 해당 평균 4.71과 비교된다. 경쟁과 규제의 경우 한국의 점수와 OECD 평균은 각각 4.82와 5.76이었다. 노동 규제에서 한국은 4.42점을 받은 반면, OECD 국가 평균은 4.78점을 기록했다. 마지막으로, 사회적 기본 체제의 경우 OECD 평균 6.00에 비해 한국은 5.00을 기록했다. 이 네 가지 지표에서 한국의 평균 점수는 OECD 평균의 84%에 달해 다른 OECD 국가들에 비해 정부에 대한 신뢰도가 상대적으로 낮은 것으로 나타났다.

WEF는 경영진 의견조사를 통해 정부에 대한 신뢰도 평가와 관련된 여러 지표를 측정한다. 이 지표들 중에서 공공 제도가 정부에 대한 신뢰와 가장 관련이 있는 것으로 보인다. 공공 제도에는 재산권, 윤리 및 부패, 부당한 영향력, 공공부문 성과, 보안 등 다섯 가지 요소들이 포함되어 있다. 2007년에서 2017년 동안 한국의 공공 제도의 평균 점수는 4.10(1-7의 범위)으로 OECD 평균 4.78보다 상당히 낮았으며, 이는 다른 OECD 국가에 비해 한국 정부에 대한 신뢰도가 상대적으로 낮음을 나타낸다(〈표 7-3〉).

TI는 1996년부터 매년 여러 국가의 부패인식지수(CPI)를 측정하기 시작했다. 이 지수는 전문가 평가와 여론조사를 통해 인지된 부패 수준을 종합해서 나타낸다. CPI는 여러 국가에서 장기간에 걸쳐 지속적으로 발행되어 왔기 때문에 정부의 신뢰 수준을 측정하는 데 있어 매우 가치가 높다. CPI의 경우 2000년에서 2017년 동안 한국은 평균 5.08점(1-10점 범위)으로 OECD 평균 6.96보다 훨씬 낮았으며, 34개 OECD 국가 중 25위를 기록했다(〈표 7-3〉).

한국의 부패 정도가 상대적으로 높은 것은 다른 국제기구들에서도 나타났다. 4개 기관(WBG, IMD, WEF, TI)이 측정한 인식된 부패 수준은 〈표 7-4〉에 요약되어 있다. 이들 기관들은 한국의 부패인식수준이 OECD 평균보다 현저히 높다고 추정했다. 4개 기관에서 OECD 회원국들에 대한 한국의 평균 가치 비율은 0.65였다. OECD 국가와 비해 상대적으로 높은 한국의 부패 수준은 정

표 7-4 WBG, IMD, WEF, TI에 의해 측정된 부패 지표

	한국	OECD 평균	한국/OECD
WBG의 부패 통제	0.44	1.25	0.35
IMD의 투명성, 뇌물, 부패	3.82	5.34	0.72
WEF의 윤리와 부패	3.63	4.52	0.80
TI의 부패인식지수	5.08	6.96	0.73
평균			0.65

출처: WBG(2017), IMD(2017), WEF(2017), TI(2018), WVS(2014), OECD(2017b).

부에 대한 상대적으로 낮은 신뢰 수준에 기여했을 것이다.

WVS는 6개의 정부기관(즉, 중앙정부, 정당, 의회, 공무원, 경찰, 법원)에 대한 인식된 신뢰 수준을 측정한다. 그러나 WVS가 측정한 데이터는 간헐적으로 파동(wave)에만 측정되었고, 포함된 조사대상 국가도 여러 기간에 걸쳐 일관성이 없다는 점에서 단절되어 있어 이용가능성이 적다. 특히, 대부분의 서유럽 OECD 국가들은 가장 최근의 조사에서 제외되어 WVS의 추정치는 현재 목적에 대한 유용성이 제한된다. 그러나 서유럽 OECD 국가가 없어도 3개 파동(4, 5, 6 wave)에 걸쳐 6개 기관의 한국 평균 점수는 42.5로, OECD 국가의 해당 평균 43.2 보다 약간 낮았다(〈표 7-3〉).

마지막으로, GWP는 많은 국가의 정부에 대한 신뢰 수준을 추정한다. 〈표 7-1〉에서 볼 수 있듯이 한국은 4년(2007, 2012, 2014, 2016년) 동안 정부에 대한 평균 신뢰 수준이 26.3%로 OECD 평균 42.3%에 비해 현저히 낮았다. 〈표 7-3〉에서 제시된 저명한 5개의 국제기구로부터 제공된 통계적 증거는 한국 정부에 대한 신뢰가 절대적으로 낮았으며, 한국의 수준이 OECD 국가의 평균보다 현저하고 일관되게 낮았다는 것을 보여준다. 그렇다면 왜 한국에서 정부에 대한 신뢰가 그만큼 떨어졌는지, 어떻게 하면 이 상황

을 바로 잡을 수 있을지에 대한 중요한 의문이 생긴다. 이 질문은 다음에서 논의된다.

7.4 한국 정부에 대한 신뢰가 낮은 주요 요인 —공공부문의 역량 부족

비록 한국 정부에 대한 신뢰가 낮은 많은 원인들이 존재하지만, 이 책은 공공부문의 역량과 가치와 관련된 중요한 원인에 초점을 맞출 것이다. 1997년 IMF 외환위기 이후 연이은 정부(김대중 정부에서 박근혜 정부에 이르기까지, 1998-2017년)는 여러 공공부문 개혁에 착수했다. 다수의 한국 분석자들은 이러한 공공부문 개혁이 공공부문 경영을 위해 비즈니스 원칙과 경영을 채택하고, 규제완화, 탈집중화, 탈관료화 및 맞춤화를 강조하는 새로운 공공경영(NPM)의 개념과 일치한다고 주장했다. 그러나 역대 정부들은 개혁과 관련한 청렴성(부패 방지), 법치, 참여 및 정부의 개방성 등 '좋은 공공 거버넌스(GPG)'의 원칙을 강조했다.[12] 개혁의 기조에 흐르는 근본적인 개념에 관계없이 일련의 정부 구조 및 경영 개혁은 비록 초점과 캐치프레이즈 분야는 다르지만 본질적으로 공공 거버넌스의 역량과 윤리(가치)를 향상시키는 것을 목표로 했다. 따라서 공공부문 개혁은 효율성, 실효성, 투명성(반부패), 참여, 개방성, 맞춤화 등의 측면에서 평가할 수 있다.[13] 전술한 바와 같이, 이들 평가 기준은 모두 정부에 대한 신뢰를 위한 공공부문의 평가 차원으로 포함된다. 다시 말해, 이 장에서 정부에 대한 신뢰가 낮은 원인을 탐구하는 것은 최근 한국의 공공부문 개혁에 대한 평가와 일치한다.

7.4.1 공공부문의 낮은 효율성

1997년 위기 이후 역대 정권에서 다양한 개선 방안들이 도입되었지만, 최근 한국의 공공부문의 효율성은 크게 개선되지 않은 것으로 보인다. 이러한 조치에는 새로운 행동강령, 성과지침, 공무원 인센티브 제도, 성과주의 인사관리 및 고위공무원직에 대한 민간인 고용 허가 등이 포함된다.[14] 공공부문의 생산량과 생산성 추정치는 한국에서 쉽게 구할 수 없기 때문에 공공부문의 효율성은 공공 투입의 주요 원천인 공무원 수로 평가된다. 1997년 위기 직후 공무원 수가 크게 줄었지만 2003년부터 증가하기 시작해 2000년에서 2016년 사이에 연평균 1.1% 증가율을 기록했다(〈표 7-5〉). 인구 대비 공무원 수는 2000년 1.83%에서 2016년 2.1%로 꾸준히 증가했다. 전체 정부 지출의 비율에 따라 공무원 급여는 2002년 9.8%에서 2016년 10.7%로 증가했다. 2002년에서 2016년 사이에 GDP 대비 급여 지급 비율이 1.6%에서 1.8%로 증가함에 따라 공무원 급여는 경제보다 상대적으로 빠르게 증가했다.

공무원은 민간부문보다 적게 일하지만 더 많은 임금을 받는다. 공무원 1인당 급여는 2002년에서 2016년 기간 동안에 연평균 7.6%씩 증가한 반면(〈표 7-5〉), 같은 기간 모든 비농업 산업의 임금 수준은 4.6% 증가했다(한국노동연구원, 2018: 62). Oh(2017)에 따르면, 2014년 공무원과 민간부문의 관리직, 전문직, 사무직의 연간 근로시간이 각각 2,179시간, 2,247시간인 반면, 연봉은 각각 6,260만 원, 5,900만 원으로 나타났다. 동일한 취업 경력을 가진 직원의 경우에도 공무원은 민간 직원보다 약 6.5% 더 많은 임금을 받았다. 또한, 공무원은 고용 보장, 후한 연금, 사고 보험, 유급 출산 휴가, 사회적 명성 등 민간부문에 비해 다양한 특권을

표 7-5 공무원 급여에 대한 지출, 2000-2016

	공무원 수 (천명)	공무원 비중 (%)	총 급여 (조원)	공무원 급여 / 정부지출(%)	공무원 급여/ GDP(%)	급여/공무원/ 년간(천원)*
2000	870	1.83	N/A	N/A	N/A	N/A
2002	890	1.85	10.7	9.8	1.6	12,022
2005	931	1.91	17.2	12.8	2.1	18,475
2010	980	1.98	21.3	10.8	1.7	21,735
2015	1021	2.00	27.6	10.7	1.8	27,032
2016	1030	2.10	29.8	10.7	1.8	28,971

주: * 총 급여를 공무원 수로 나눈 값.

출처: 국가통계포털(2018a : 739).

누리고 있다. 공공부문에서 효율성이 낮다는 이러한 지표들은 공무원에 대한 원망, 반감, 질투심을 불러일으켜 정부에 대한 대중의 신뢰를 떨어뜨릴 것이다.

7.4.2 공공부문의 낮은 실효성

한국 공공부문의 실효성은 경제사회 발전이라는 국가의 전략적 목표 달성 정도와 공공서비스 제공의 실효성 등 여러 지표로 측정할 수 있다. 후자는 다시 기초 공공서비스 제공, 공무원의 역량, 규제의 질, 법치, 부패 등 여러 지표로 측정될 수 있다.

경제발전과 관련된 국가의 전략적 목표에는 경제성장과 공평한 소득분배가 포함된다. 제2장에서 알 수 있듯이 한국경제는 21세기 벽두부터 부진한 모습을 보였다.[15] 제5장에서는 최근 소득불평등이 증가하고 있음을 보여 주었다. 특히, 한국 정부의 소득재분배 정도는 OECD 국가 중에서 멕시코, 터키, 칠레에 이어 네 번째로 적었다. 3년(2007, 2011, 2014년) 동안 가처분소득에 대한 지니계수 평균은 시장 소득에 대한 지니계수 보다 한국에서는

7.6%가 낮은데, OECD 평균은 27.8%였다. 최근 경제성장 둔화, 소득 불평등 심화, 재분배 정도가 낮은 추세는 한국 정부에 대한 신뢰가 낮은 주요 원인이 될 것이다.

국가의 사회발전 전략 목표는 사회적 갈등을 최소화하고, 사회적 통합이나 응집력을 도모하는 것을 포함한다. 제3장에서 살펴본 바와 같이 한국사회에는 수많은 유형의 사회적 갈등이 존재하며, 심각한 사회문제로 대두되고 있다. 또한, 한국의 사회적 통합 수준은 OECD 국가들에 비해 상대적으로 낮다. 사회적 통합이 낮다는 것은 결국 사회발전이 경제발전을 따라가지 못하고, OECD 국가들과 어깨를 나란히 하지 못했다는 것을 의미한다. 제3장에서 논의한 바와 같이 사회적 갈등의 원천은 소득, 교육 및 보건의 양극화 증가와 높은 부패를 포함한다. 사회발전이라는 한국의 전략적 목표와 관련된 부진한 성과가 정부에 대한 신뢰도 저하에 기여했을 것이다.

정부는 세 가지 핵심 공공서비스(보건의료, 교육, 사법제도)를 효과적이고 공정하게 제공할 것으로 기대된다. 이런 공공서비스는 시민과 정부 사이에 직접적인 상호작용을 일으키고, 시민의 경제적·사회적 복지에 영향을 미치기 때문이다. 한국의 의료제도에 대한 국민의 만족도는 최근 3년 동안(2007, 2014, 2016년) 평균 68%를 기록하는 등 점차 개선되었으나 OECD 평균 71%보다 다소 낮은 수준을 보이고 있다(〈표 7-6〉). 그러나 앞에서 논의한 바와 같이 한국에서 의료제도가 상당히 불공평한 것으로 간주되고 있다. 이 문제는 2015년 최종 가계소비의 5.1%를 차지하는 높은 본인 부담 의료비에서 발생하는데 이는 2015년 OECD 평균 3.0에 비해 OECD 국가 중 두 번째로 높은 수준이다(OECD, 2017c: 93). 높은 개인 의료비는 가난한 사람들에게 상대적으로 높은 재정적 부담을 초래하여 의료 서비스에 대한 접근성과 상대적인 건강 수준을 낮춘다. 동아일보(2017)에 따르면 2015년 소득 5분위의 기대수명이 85.1세인 반면, 소득 1분위의 기대수명은 78.6세로 6.5년 차이가 났다. 기대수명의 이러한 차이는 부자와 가난한 사람 사이의 인지된 건강상태의 차이가 반영된 것으로 보인다. 제5장에서 언급한 바와 같이 2005년에서 2016년 사이 소득 5분위의 양호한 건강상태는 42.4%로, 소득 1분위의 30.8%에 비해 높았다(〈표 5-7〉).

한국인의 교육에 대한 신임은 보건의료와 비슷하다. 한국의 교육제도에 대한 국민의 만족도는 3년 동안(2007, 2014, 2016년) 평균 54%로 OECD 평균 67%보다 훨씬 낮아 OECD 최하위권 국가 중에서 7위를 차지했다(〈표 7-6〉). 한국인들은 교육이 '치열한 경쟁 과정' 또는 '시험 지옥'으로 간주되기 때문에 그들의 교육제도에 만족하지 않는다. 또한, 대부분의 학생들이 학원을 거치기 때문에 교육의 경제적 부담이 크다. 2013년 한국의 사교육비 비중은 67.5%로 OECD 국가 중 가장 높았는데 이는 OECD 평균 30.2%와 비교된다(OECD, 2017b: 237). 또한, 제5장에서 살펴본 바와 같이 한국의 교육제도는 매우 불평등하며, 교육 양극화를 초래하여 소득 불평등과 사회적 이동성 부족을 초래한다.

한국 정부는 OECD 국가에 비해 사법제도에 대한 신뢰도가 현저히 낮다는 것에서 알 수 있듯이 한국의 사법제도와 법치주의가 비효율적인 것으로 여겨져 왔다. 한국의 사법제도에 대한 신뢰 수준은 2년(2007년과 2014년) 평균 28%로 OECD 평균 53%와 비교된다(〈표 7-6〉). 사법제도에 대한 한국의 신뢰도가 상대적으로 낮은 것은 WBG에 의한 법과 규제의 질에 대한 신뢰도가 상대적으로 낮은 것과 상당히 일치한다(〈표 7-3〉). 사법제도에 대한

표 7-6 의료, 교육 및 사법제도에 대한 시민의 만족도: 한국과 OECD 평균

(2007, 2014, 2016년, %)

	2007		2014		2016		2007-2016	
	한국	OECD	한국	OECD	한국	OECD	한국	OECD
의료	63	71	70	71	72	70	68	71
교육	52	66	53	67	57	67	54	67
사법제도	29	52	27	54	N/A	N/A	28	53

출처: OECD(2017b).

신뢰가 낮으면 국민들이 제도에서 억울함을 느끼고 법 준수를 낮추게 되며, 이는 결국 사법제도에 대한 신뢰가 더 떨어지는 결과를 낳게 된다. 사법제도에 대한 신뢰와 법 준수 간의 상호 강화 관계는 한국의 법 준수 수준이 현저히 낮거나 낮아지고 있는 것을 반영하고 있는 것으로 보인다. 제6장에서 논의한 바와 같이 민사소송, 형사범죄, 재산범죄, 위·변조범죄, 공무원의 형사범죄와 같은 법치주의 지표가 최근 악화되었다(〈표 6-2〉). 법치 준수가 감소하는 것은 한국 정부의 사법부 뿐만 아니라 검찰과 경찰에 대한 신뢰가 낮고 감소하는 데에도 반영될 것이다(〈표 7-2〉).

공공부문의 실효성 중 일부는 공무원들의 역량에 의해 결정되는데, 한국에서는 공무원의 역량을 높게 보지 않는다. 공무원의 역량을 향상시키기 위하여 관료주의와 인적자원관리의 문화를 변화시켜야 된다. 그러나 권위주의적 관료 문화를 보다 고객지향적인 공공서비스 스타일로 변화시키는 것은 문화적 관성 때문에 크게 성공하지 못했다. 관료들이 인사관리의 변화에 저항하기 때문에 민간과 공공부문에서 경쟁을 통한 인재와 전문가의 채용, 성과 기반의 승진과 같은 새로운 인적자원관리시스템의 도입이 적극적으로 추진되지 않았다. 또한, 정치인들로부터 공무원의

독립성이 눈에 띄게 향상되었음을 보여주는 증거는 존재하지 않는다. 한국에서는 대통령 임기가 5년 단임제이기 때문에 거버넌스 실효성의 일부인 정책 일관성을 실현하기 어렵다. 거버넌스의 일관성이 정치적 안정에 반영된다고 보면, 공공부문 개혁의 일관성 부족은 WBG가 측정한 한국의 정치적 안정성의 낮은 점수에서 나타난다(〈표 7-3〉).

한국의 부패 수준이 높다는 것은 공공부문의 실효성이 떨어진다는 것을 의미한다(〈표 7-4〉). 정부가 부패했거나 부패를 통제할 수 없다면 정부의 실효성은 높지 않다는 실증적 연구도 있다.[16] 다음 7.5절에서 추가적으로 조사한 바와 같이 한국의 부패 수준은 절대적으로도 상대적으로도 높았으며, 개선되고 있는 것 같지 않다.

요약하면, 한국 정부는 최근 경제사회 발전이라는 국가의 전략적 목표 달성, 핵심 공공서비스 제공, 공공부문의 새로운 인적자원관리시스템 추구, 부패 통제에 있어 비효율적이었다. WBG의 '정부 실효성' 평가에 의해 뒷받침되는 공공부문의 낮은 실효성은 정부에 대한 낮은 신뢰도에 기여했을 것이다(〈표 7-3〉).

7.4.3 투명성, 참여 및 개방성

공공 거버넌스의 투명성은 공공부문의 실효성의 일부다. 투명성은 책임성과 참여와 함께 정부 활동의 신뢰성을 높이고 부패를 최소화한다. 무엇보다도 전자정부를 구축함으로써 공공서비스 제공에 있어서 투명성, 책임성, 효율성, 실효성 및 시민 참여를 촉진할 것이라고 주장되고 있다. 이를 위해 한국은 전자정부를 괄목할 만한 수준으로 발전시켰으며 이 분야에서 글로벌 리더로자리 매김했다. 한국 정부는 1999년 전자정부를 발족하여 2001년 전자정부에 관한 최초의 포괄적인 법안(즉, 〈전자정부구현을 위한 행정업무 등의 전자화촉진에 관한 법률〉)을 통과시켰다. 이 법에 따라 전자정부는 인터넷을 일상적인 행정절차와 신청, 정보의 공개, 공적 피드백, 정부 조달, 중앙정부, 지방정부 및 지방정부 간의 연락을 위한 '원스톱 처리' 지점으로 활용할 것으로 기대된다. 정부는 2003년에 '세계 최고의 개방형 전자정부' 실현을 위한 비전과 구체적인 전략 및 실천계획을 발표했다(Kwon, 2012).

그 결과 한국은 전자정부에서 탁월한 지위를 획득하게 되었다. 이 같은 성과는 전자정부 개발 지표를 제공하는 유엔 글로벌 전자정부 조사에서 한국의 순위 향상에 반영됐다.[17] 2003년까지 한국은 10위 안에 들지 못했지만 2004년 유엔 전체 회원국 중 5위를 차지했다. 한국은 2010년 1위를 차지한 후 2014년까지 이 순위를 유지하다가 2016년에 3위로 떨어졌다(UNDESA, 2016).

투명성을 높이는 또 다른 방법은 대량의 데이터를 개방하여 무료로 접근 가능한 형식으로 제공하고, 대중이 이를 사용할 수 있도록 하는 것이다. OECD(2017b: 193)는 데이터 가용성, 데이터 접근성 및 이를 활용하기 위한 정부 지원 등 세 부분으로 구성된 개방형 정부 지수를 추정한다. 2017년 세 지수의 산술평균에서 OECD 평균 0.18에 비해 한국은 0.31점으로 OECD 국가 중 1위를 차지했다.[18]

전자정부와 열린 정부를 장려하려는 한국의 캠페인은 매우 성공적이었으며, 투명성, 책임성 및 참여에 기여했을 것이다. 그럼에도 불구하고 한국은 이러한 분야에서 선진국보다 훨씬 뒤처져 있는 것으로 보인다. 위에서 살펴본 바와 같이 IMD가 측정한 투명성 지수의 경우 2000년부터 2017년 동안 OECD 평균은 5.08에 비해 한국의 점수는 3.98로 OECD 34개 국가 중 25위를 차지했다. 참여와 책임에 관련하여 WBG는 '참여와 책임성'을 추정하는데 2000년부터 2016년 동안 OECD 평균 1.17과 비교하여 한국은 평균 0.70을 기록했다(〈표 7-3〉). IMD와 WBG의 이러한 모든 정보 집합들은 전자정부와 데이터 가용성 측면에서 공공부분의 투명성, 참여 및 개방성 등에서 현저하게 개선되었음에도 불구하고 한국이 공공부문 운영에 대한 투명성, 책임성 및 이해관계자 참여가 여전히 부족하다는 것을 보여준다.

요컨대 한국 공공부문에 대한 효율성, 실효성, 투명성 및 공공부문 참여에 대한 평가를 통해 정부에 대한 신뢰의 역량 차원이 한국 정부에 대한 신뢰를 낮춘다는 결론을 도출할 수 있다. 한국의 부패 수준이 높은 것처럼 정부에 대한 신뢰의 가치 차원 역시 적절하게 수행되지 않은 것으로 보이며 이는 다음 절에서 더 자세히 살펴볼 것이다.

7.5 한국 정부에 대한 신뢰가 낮은 주요 요인 —높은 부패 수준

7.5.1 부패가 정부의 신뢰에 미치는 영향

위에서 언급한 바와 같이 정부에 대한 신뢰의 가치 차원의 주요 구성요소는 부패(또는 진실성)이다. 부패는 일반적으로 사적 이익을 위한 공권력의 남용으로 정의되며, 뇌물수수, 사기, 공금횡령, 족벌주의, 편협주의, 후견주의 등 광범위한 활동을 포함한다. 부패가 정부에 대한 신뢰에 미치는 부작용은 잘 문서화되어 있고, 실증적 연구에 의해 뒷받침되고 있다.[19] 부패행위는 비도덕적이고 불법이기 때문에 정부나 공무원의 부패가 정부에 대한 신뢰를 낮추는 것은 당연하다.

또한, 부패는 경제와 사회에 부정적인 영향을 미쳐 정부에 대한 신뢰에 악영향을 끼친다. 많은 경험적 연구에 따르면 부패와 경제성장 사이의 부정적인 관계가 밝혀졌다.[20] 부패는 부패하거나 비효율적인 기관의 높은 거래비용, 불확실성을 높이고 투자 자원의 배분을 왜곡하여 투자 방해, 제한적인 무역 정책, 생산활동에서 지대추구 활동에 이르기까지 인재와 자본의 잘못된 배분, 외국인 직접투자 유입 둔화, 국제 경쟁력 저하 및 혁신 억제 등 여러 경로를 통해 경제성장에 악영향을 미친다. 이러한 연구 중 하나에 따르면 한국의 부패 수준이 1995년부터 2010년 기간 동안 4.7점(1-10 범위)에서 OECD 평균 7.0점으로 개선되면 연간 명목 GDP 성장률이 0.65% 포인트 증가할 것임을 보여준다. 또 하나는 부패 지수의 1 표준편차 개선이 1인당 GDP의 연간 성장률의 0.8% 포인트 증가와 관련이 있음을 발견했다. 이와 유사하게 부패 지수의 1 표준편차 증가가 연간 0.34%의 경제성장 감소와 관련이 있음을 발견했다.[21]

공무원에게 뇌물을 주고 그 대가로 이익을 얻는 능력이 부자들에게 더 유리하게 주어지기 때문에 부패는 소득불평등 격차를 악화시킨다. 부자들은 지대추구 활동에 참여하거나 입법, 법률 해석 및 시행, 과세 등 공공부문의 다양한 과정에 영향을 미칠 수 있는 더 많은 자원들을 갖고 있다.[22] 또한, 고소득층에 속한 사람들의 인맥이 더 좋기 때문에 부패로 인한 혜택이 부유층에 더 많이 발생할 가능성이 높다. 부패는 일반적으로 부유하거나 연줄이 있는 사람들에게 유리한 탈세와 잘못된 세무행정으로 이어질 수 있다. 부패가 높을수록 소득불평등이 높아지는 것을 발견한 실증 연구도 있다.[23] 곧 논의되겠지만 불평등은 부패를 야기하며, 따라서 불평등과 부패는 서로를 강화시키는 악순환을 만들어 내고, 이는 경험적 연구에 의해 뒷받침된다.[24]

사회적 영향에 대해서는 제6장에서 논의한 바와 같이 부패는 다양한 경로를 통해 대인관계 신뢰에 부정적인 영향을 끼친다. 첫째, 부패는 일반적으로 서로를 신뢰할 수 있는 집단 내 구성원들 사이에서 발생한다. 높은 집단 내 신뢰를 바탕으로 집단 구성원 간에 불법적이거나 부도덕한 행위를 함으로써 내부 구성원들은 집단 외부 구성원들을 더욱 불신하게 되고 그 반대의 경우도 마찬가지이다. 둘째, 사람들이 사회 지도자와 관료들의 부패한 행동을 관찰함으로써 대부분의 다른 사람들이 부정직하거나 신뢰할 수 없을 것이라고 기대할 수 있다. 셋째, 부패는 법치를 훼손하고, 좋은 거버넌스의 제도적 기반을 약화 시키며, 정치적 안정을 위태롭게 한다. 사회에서 부패가 오랫동안 지속된다면 시민들은 법치주의뿐만 아니라 정부기관에도 불만을 갖게 되는 반면, 규칙 위반행위는 정당하거나 사회관례라고 받아들인다. 따라서 지속적인 부패는 사람들의 정직성을 낮추고 제도적 신뢰와 대인관계 신뢰를 파괴한다. 많은 경험적 연구는 부패가 대인관계 신뢰에 미치는 역효과를 뒷받침한다.[25]

부패의 또 다른 사회적 영향은 사회적 갈등을 일으켜 결국 사회적 통합과 대인관계 신뢰에 부정적인 영향을 미친다는 것이다. 한국보건사회연구원(KIHASA)의 조사에 따르면 한국 사회갈등의 주요 원인 중 하나가 부패라고 한다.[26] 많은 나라의 일반 대중들은 부패, 특히 대규모(거대) 부패는 일반적으로 사회 엘리트들과 사회적 연줄이 더 좋은 사람들에 의해 저질러진다고 인식한다.

이 대규모 부패는 불평등, 부당성, 불공정한 법체계와 같은 사회에 부정적인 영향을 미친다. 따라서 일반 대중은 부패한 사회 지도자와 부유한 사람들에 대해 분개하고 질투하게 되며, 이로 인해 다른 사람들에 대한 사회적 갈등과 불신이 증가하게 된다. 부패가 경제와 사회에 미치는 이러한 모든 부작용은 정부에 대한 낮은 신뢰도에 기여한다.

7.5.2 한국의 부패 정도

본래 부패를 측정하는 것은 본질적으로 어렵다. 사적 이익을 위한 공권력의 '남용' 기준은 국가와 문화에 따라 다르므로 국가 간 부패 수준을 비교하기가 어렵다. 부패는 일반적으로 은밀하고 비밀리에 행해지고 쉽게 적발되거나 드러나지 않는다. 뇌물 혐의 수치의 변화는 실제 부패 수준이 아니라 반부패 행정의 엄격함과 실효성의 변화를 반영할 수 있다. 따라서 부패 수준을 측정하는 일반적인 방법은 표본조사를 통해 국민들이 갖고 있는 부패 인식을 측정하는 것이다.

한국의 부패 수준을 추정하는 국제 및 국내 기구가 다수 존재한다. 4개의 국제기구(예: WBG, IMD, WEF, TI)가 추정하는 부패 지표는 이미 위에서 논의되었으며 〈표 7-4〉에 제시되어 있다. 이 모든 기관들은 한국의 부패 수준이 OECD 평균보다 현저히 높다는 것을 보여준다. 네 기관에서 한국의 평균값은 해당 OECD 평균의 65%에 달한다. 한국은 OECD 국가 중 부패 지표가 상당히 낮은 순위를 차지했다. 예를 들어, 국가별 부패 수준의 지표로 가장 널리 사용되는 TI의 CPI에서 한국의 순위는 2000년에서 2017년 사이 평균 26위를 기록했다.[27]

한국의 부패 수준은 국민권익위원회(ACRC)와 한국행정연구원(KIPA) 두 기관이 추정하고 있다. 국민권익위원회는 다수의 사회집단으로부터 많은 사람들을 선발하여 조사함으로써 사회 전체의 부패를 측정하려고 시도한다. 사회의 다양한 구성요소들이 지각하는 인식수준은 뚜렷한 추세를 나타내지 않고 광범위하게 변동한다. 예를 들어, 일반 국민의 인식수준은 2006년에서 2017년 사이에 44.3%에서 66.8%로 변동했으며 평균값은 57.7%였다(〈표 7-7〉).[28] 다시 말해 일반 국민의 절반 이상이 한국사회가 부패한 것으로 인식하고 있다.

표 7-7 국민권익위원회와 한국행정연구원에 의한 한국 공공부문의 부패인식수준, 2006–2017(%)

	2006	2008	2010	2012	2013	2014	2015	2016	2017	평균
ACRC	63.4	59.1	51.6	44.3	53.7	62.8	59.2	51.9	66.8	57.7
KIPA	58.6	64.8	59.6	61.8	57.6	61.0	66.9	69.6	55.4	63.4

출처: 국민권익위원회(2018), 한국행정연구원(2017b).

한국행정연구원은 사업 운영 과정에서 직간접적으로 공무원과 접촉할 가능성이 높은 1,000명의 기업인을 대상으로 매년 발송되는 설문조사를 통해 한국 공공부문의 부패인식수준을 측정한다.[29] 한국행정연구원은 2000년부터 조사를 시작하여 2017년까지 17년간 16차례 조사를 실시했다. 이 기간(2006-2017년) 동안 공공부문의 부패를 심각하게 생각하는 기업인의 비율은 55.4%에서 69.6%로 크게 변동했으며, 평균은 63.4%였다(〈표 7-7〉). 인식수준이 2017년 55.4%(한국행정연구원, 2017b: 439)로 크게 감소했는데 이것은 2016년 9월에 제정된 〈청탁금지법〉 때문일 수 있다. 또한 문재인 정부 첫 해이기 때문일 수도 있다.

한국행정연구원의 분석에 따르면 대다수 기업인들은 부패를 기성 사회문화의 일부이자 공무원을 대하는 표준 관행의 일부로 간주하고 있다. 2000년부터 2017년 동안 평균 58.6%의 응답자가 한국사회에서 뇌물수수가 일상적이라고 응답했다(한국행정연구원, 2017b: 426). 같은 기간 공무원에게 금융 및 비금융(접대) 혜택을 제공한 경험이 있는 기업인의 비율은 2000년 24.8%에서 2017년 0.8%로 점차 감소했다(한국행정연구원, 2017b: 413). 그러나 대다수의 기업인들(67.5%)은 여전히 뇌물이 공무원과의 거래에 긍정적이고 의도적인 영향을 미친다고 여겼다. 그러므로 기업인들이 비록 뇌물수수의 효과를 믿지만, 그들 자신은 부패 활동에는 관여하지 않는다는 점을 주목하는 것은 흥미롭다. 그럼에도 불구하고 그들은 공공부문의 부패를 심각한 사회문제로 인식하고 있다. 이러한 기업인들의 부패에 대한 인식과 뇌물수수와 관련된 그들 자신의 태도 사이의 불일치는 한국의 부패 원인을 더욱 흥미로운 문제로 만든다.

국민권익위원회와 한국행정연구원에 의해 측정된 부패 수준은 질문지, 질문에 대한 답변 방법, 부패 원인 조사 및 표본에 추출된 사람들이 모두 다르기 때문에 쉽게 비교할 수 없다. 그럼에도 불구하고 〈표 7-7〉과 같이 두 기관이 측정한 부패 수준의 메시지는 명확하다. 한국의 부패는 최근에 높았으며 한국의 사회문화의 일부로 여겨지고 있다. 이 두 기관의 메시지는 현대경제연구원(HRI)의 조사에 의해 뒷받침 된다. 현대경제연구원은 2014년 소규모 조사(성인 802명)를 실시해 응답자들에게 부패 인식과 관련한 '높음'과 '낮음' 중 하나를 선택하도록 요청했다. 압도적 다수(88.5%)는 한국의 부패 정도가 높다고 인식했다. 응답자의 거의 절반이 부패 수준이 앞으로도 거의 동일하게 유지될 것으로 예상했다. 한국의 뇌물수수는 2014년 304명의 희생자를 낸 세월호의 비극적인 침몰에 의해서도 뒷받침되고 있다. 이 사건은 여객선 운항과 관련한 공직 구석구석에 비리가 발생한 것에 기인한다. 게다가 박근혜 대통령은 2016년 12월 부패 혐의로 탄핵되었다. 왜 한국에서는 부패 수준이 이렇게 높고 지속적일까?

7.5.3 한국 부패의 주요 원인

부패의 원인은 문헌에서 다수 확인된다. 부패는 일반적으로 개인간에 이루어지기 때문에 이들의 부패 동기와 기회가 부패의 핵심 원인이 되어야 한다. 동기부여의 기저에는 윤리, 도덕, 문화, 교육 수준, 생활 수준, 소득 불평등 및 법 준수가 포함될 것이다. 기회는 정부의 경제 개입 등 규제와 정치경제 시스템의 투명성과 복잡성에 따라 달라진다. 부패는 범죄 및/또는 비도덕적인 행위이므로 부패의 동기와 기회 뿐만 아니라 적발될 확률과 처벌 또는 제재의 정도도 중요한 원인이 된다. 체포될 확률과 처벌의 정도는 결국 제도나 법 체계에 달려있다.[30]

이 간략한 문헌 검토에서 부패의 근본적인 요인은 정치 기반(예: 정치제도와 정당제도), 경제제도와 구조(예: 경쟁, 정부 개입, 소득 수준, 소득 불평등), 제도적 기반(예: 규제와 법률제도) 그리고 사회/문화 기반(예: 윤리, 도덕, 문화, 교육 수준, 법 준수)으로 분류될 수 있다. 문헌에서 확인된 부패의 원인을 고려할 때 국민권익위원회와 한국행정연구원에 의해 확인된 한국의 부패의 원인은 상당히 관련이 있고 유용한 것으로 보인다. 국민권익위원회는 다음과 같이 심각성 순서에 따라 원인들을 열거했다(국민권익위원회, 2018).

(i) 부패를 조장하는 사회 문화
(ii) 시민 윤리의 결여
(iii) 돈이 많이 드는 정치제도
(iv) 부적절한 법률 및 규정
(v) 부패한 개인에 대한 낮은 수준의 적발 및 느슨한 처벌

한국행정연구원(2017b: 517)은 다음과 같은 심각성 순서로 열거된 몇 가지 원인을 확인했다.

(i) 사업 과정에서 일상화된 비윤리적 관행과 문화
(ii) 느슨한 처벌
(iii) 조직 내 비윤리적 행동
(iv) 사회 전반에 걸친 비윤리적이고 비이성적인 문화
(v) 개별 공무원의 윤리 의식 결여
(vi) 시민들의 높은 질투심
(vii) 친척과 친구들 사이에서 서로를 지지하는 전통
(viii) 부적절한 규칙 및 규정

문헌상의 원인과 일치하는 두 한국 기관이 확인한 공통된 주요 원인은 다음과 같다.

(i) 한국 사회의 독특한 문화
(ii) 사회에서의 윤리 결여
(iii) 느슨한 처벌
(iv) 부적절한 규칙 및 규정

한국 문화

문헌에는 다양한 문화적 측면과 부패 사이의 밀접한 관계에 대한 연구가 많이 있다.[31] 한국 전통문화의 두드러진 특징들이 한국 부패의 중요한 원인인 것 같다. 사실상 위의 첫 두 가지 공통적인 원인(즉, 독특한 문화와 윤리의 결여)은 모두 문화적인 문제다. 다양한 문화적 특징 중에서도 한국사회의 **정**, **체면**, 집단주의, 정치문화, 내부 고발 등과 관련된 문화는 부패와 밀접한 관련이 있는 중요한 요소들이다.

정(情) 한국인은 '**정**'이라는 독특한 문화 코드를 갖고 있는데, 이는 부패를 유발할 가능성이 높다. **정**은 대인관계 내에서 발전하는 애틋함, 배려심, 기대기, 유대감, 애착감 등으로 일컬어진다.[32] 한국인들은 **정**을 매우 중요하게 여기며, 이것을 한국인의 결정적인 자질 중 하나로 여긴다. 한국인들은 **정**이 '우리'라는 강한 연대/의식을 요구하고 또 발전시키기 때문에 깊이에서 사랑보다 더 중요하다고 믿는다. 정의 핵심 기반(또는 반경)은 가족이지만 **정**에 대한 '우리'는 일반적으로 동일한 씨족, 동창회 및 출신 지역 등 일정한 공통적 근거를 기반으로 집단구성원으로 확장된다. 정에 의해 일단 엮이면 사람들은 서로 주고받는 관계를 맺고 필요할 때 서로를 돕는다. 상호 도움을 통해 **정**은 발전하거나 느껴지거나 드러난다. 정이 많은 사람은 덕망이 높은 인격자라고 칭송을 받으며, 자신의 희생이나 이성적인 한계를 넘어서도 아낌없이 이타적으로 '우리' 구성원들에게 도움을 준다.

정은 또한 한국에서 부패의 중요한 원인이다. **정** 관계에 있는 사람은 같은 **정** 집단 내에 속한 다른 사람에게 특별한 호의를 요청할 수 있다. 호의 요청을 받는 사람은 상식, 합법성, 사회 정의를 넘어서도 그렇게 해야 할 의무가 있다고 느낄 것이다. 그렇지 않으면 그 사람은 **정**이 없는 무관심하고 동정심이 없는 사람으로 집단 구성원들에 의해 제재를 받을 것이다.[24] 한국의 전통은 **정** 관계를 바탕으로 결혼식이나 장례식과 같은 특정 상황에서 사람들이 선물을 주고받거나 서로를 지원하는 것으로 발전해 왔다.[25] 조직 내에서 일반적으로 고위직은 조직 내 뿐만 아니라 조직 밖의 결혼식이나 장례식과 같은 폐쇄적인 행사에서 부하직원들을 지원함으로써 그의 자애로운 **정**을 표시한다. 부하직원들은 추석, 설날 등 명절에 상사에게 선물 바구니를 선물하는 등 성원에 대한 감사의 표시로 선물한다. 비즈니스 세계에서는 호의를 받는 사람들이 사업 관계를 유지하기 위해 선물이나 사례금으로 보답해야 한다. **정** 문화의 일환으로 한국인은 친한 친구, 친척 또는 **정** 회원이 저지른 사소한 비리를 무시한다(Chang, 2015). **정**과 관련된 이러한 문화적 측면은 정 관계의 구성원들 사이에서 부정행위를 묵인하고 받아들이는 부패가 발생한다는 것을 강하게 시사한다.

한국은 어떻게 정이라는 독특한 문화 코드를 발전시켰을까? 정은 가족과 마을생활에서 유래했을 것이다. 전통적으로 한국사회는 가족 단위를 기반으로 높은 사회 계층화로 이루어져 있었다. 일단 한 가족 구성원이 과거시험에 합격해 **양반**(귀족) 계급으로 지정되면 모든 가족 구성원과 그 자손들도 자동으로 같은 계급이 되었다. 한국의 오랜 역사를 통틀어 하층계급이 상류층이나 귀족 계급에 의해 종종 이용당했기 때문에 그들은 같은 지역에 살면서 일종의 보호를 서로 제공하기 위해 종종 함께 뭉쳤다. 또한, 하층민이 대부분 농부였던 만큼 같은 지역에 거주함으로써 서로 생산물을 나누어 갖기도 하고, 노동력을 지원하면서 생존 가능성이 높아졌다. 이렇게 하층계급이 특정 지역에서 함께 뭉치는 것은 외부 세력의 공격을 받았을 때 가족 단위로 분리되는 것보다 공격에서 더 쉽게 살아남을 수 있었다.

체면 한국 사회를 부패에 취약하게 만드는 또 하나의 독특한 문화적 특징인 **체면**은 문자 그대로 '얼굴'을 의미하며 자신의 대중적 이미지 보존을 의미한다. 한국의 전통적인 계층 사회에서 사람들은 자신의 사회 계급에 따라 행동하거나 자신을 꾸밀 것으로 기대되었다. 오늘날의 현대 한국사회에서도 사람들은 교육과 소득을 바탕으로 각자의 사회적 지위를 갖고 그에 상응하는 사회적 이미지를 유지하려고 한다. 다른 사람이 자신의 사회적 지위에 해당하는 사회의 기대에 부응하지 못한다는 타인의 인식은 깊은 수치심이나 '체면 손상'의 근거가 된다. 동료(즉, 친구, 급우 또는 직장 동료) 앞에서 체면을 유지하는 것이 특히 중요하다.

고도로 도시화된 현대 사회에서 사람들이 서로를 모르는 경향이 있기 때문에 그들은 다양한 방법으로 사회적 이미지를 향상시킨다. 첫째, 그들은 명품 가방과 옷으로 자신을 치장함으로써 자신의 외모를 개선하려고 노력한다. 한국 사람들은 2012년에 사치품 소비에 2,200억 유로를 사용했는데 이는 세계 시장의 3.9%에 달하고, 한국을 사치품 8위 시장으로 만들었다. 소득 백분율로 보면 한국인은 세계에서 명품 수입에 소득의 5.0%를 지출하였는데 이는 세계에서 제일 높은 비율이다.[33]

이러한 유형의 과시적 또는 눈에 띄는 소비는 질투와 사회적 갈등을 유발한다. 명품을 살 여유가 없는 사람들은 짝퉁에 의지한다. 그 결과 한국 소비자의 72.2%가 위조품을 구매했으며, 54.9%의 소비자가 앞으로도 기꺼이 짝퉁 구매 의향이 있는 것으로 나타났다. 2014년 한국인은 위조품에 262억 달러를 지출하여 세계 위조품 시장의 1.4%를 차지함으로써 한국을 11위 위조품

시장으로 만들었다. 체면을 차리거나 유지하는데 관심이 있는 사람들에게 명품은 선물이나 뇌물로 제공할 수 있는 완벽한 물건이다.[34] 사치품을 선물함으로써 뇌물수수를 쉽게 할 수 있기 때문에 과시적인 소비는 부패의 원인이 될 수 있다.

둘째로, **체면**을 향상시키는 가장 중요한 방법은 가족이 명문대학에 다니는 것이다. 제3장에서 논의한 바와 같이 지난 수십 년 동안 교육이 소득과 사회적 지위의 가장 중요한 요소가 되었을 뿐만 아니라 가족의 체면에도 큰 몫을 하고 있다. 특히, 명문대학 진학은 소득이 높은 가장 권위있는 사회 계급 진출과 그에 상응한 가족 체면 향상의 핵심 열쇠가 되었다. 이러한 **체면**을 위한 교육의 역할은 교육 경쟁을 심화 시켰으며, 사람들이 교육을 위해 그들의 분수에 넘치는 소비를 하도록 유혹했다. 이로 인해 사람들은 교육비를 지불하는 데 도움이 되는 추가 소득에 대한 유혹에 매수되어 부정을 범하기 쉽다.

집단주의 문헌에는 집단주의 문화가 강한 나라들이 부패 수준이 높다는 것을 보여주는 연구들이 많다.[35] 좋고 화목한 인간관계를 유지하는 데 중점을 둔 결과 집단사회의 사람들은 족벌주의, 편애주의, 편협주의를 갖기 쉽고, 동시에 동료들과 상사들의 부패한 처사를 고발하는 것을 꺼리는 경향이 있다. 한국의 집단주의는 정 관계를 위해 서로를 지원하는 과정을 통해 사회에서 발전하고 깊이 뿌리내렸다. 정의 문화적 코드에 근거한 집단주의는 그 기저에 흐르는 유교에 의해 강화되었는데, 유교가 조화로운 인간관계에 대한 올바른 행동을 반복해서 가르쳐주고 머리 속에 심어주고 있다.

정에 얽매이면 '집단 안'과 '집단 밖'을 만들고 구별할 수밖에 없다. 서로 정을 나누는 '우리'는 모든 사람을 포함할 수는 없다.

오히려 한국의 집단 안은 가족, 씨족, 학력과 지역 배경이 같은 사람들로 구성되어 있다. 호프스테더(Hofstede)의 개인주의 지수에서 알 수 있듯이 집단 안과 집단 밖을 구분하는 이러한 정 문화로부터 한국은 세계에서 가장 집단주의적인 사회 중 하나로 발전했다(Hofstede, 1991). 한국은 100점 만점에 18점(53개국 중 개인주의는 하위 43위, 집단주의는 상위 11위)으로 미국(가장 개인주의 사회) 91점, 일본(개인주의 22위) 46점과 비교됐다. 친구나 집단 안 구성원들을 돕는 것이 윤리적이고 이성적인 것으로 간주되기 때문에 집단사회에서 집단 안 사람들 사이의 두터운 신뢰에서 부패가 번성한다.

정치 문화 국민권익위원회(ACRC, 2018)는 한국의 높은 부패의 원인 중 하나는 비용이 많이 드는 정치체제라고 지적했다. 한국의 가장 최근의 헌법은 선진국 민주주의 규범을 근접하게 따르고 있으며, 정부 삼부(입법부, 사법부, 행정부) 사이의 견제와 균형 체제를 갖춘 공식적인 구조를 갖고 있다. 그러나 한국 문화의 두드러진 특징은 독특한 방식으로 정치의 발전을 형성해 왔다. 지난 50년간 한국 정치의 발전을 이끈 문화는 유교였다. 한국사회는 크게 변했지만 개인적 인간관계, 계층적 사회 구조, 권위와 노인 존중에 대한 강조와 같은 유교적 가치는 여전히 강하다. 한국은 또한 유교의 영향을 받는 가부장적 사회였다. 그러한 사회에서 정치 지도자들은 도덕적으로 강하고 정직하고 **정**이 많고 지식이 풍부하며 동정심이 많은 자비로운 자질을 지닌 가부장적인 사람이 될 것으로 기대된다. 이러한 정치적 리더십을 강조함으로써 한국 정치는 제도적 측면 보다는 인격적 측면에 기반을 두고 있다.

한국 정치에서 지도자의 인성이 중요시 되는 곳인 정당 체제에서 보다 더 분명하게 나타난다. 한국의 주요 정당들은 그들의 지도자를 통해 크게 인정받고 있다. 여러 정당의 강령과 프로그램을 구별하는 것은 거의 불가능하다. 왜냐하면 그들은 모두 비슷하고 동시에 대중들은 정치적 강령에 별로 관심을 기울이지 않기 때문이다. 또한, 한국의 정당들은 당원들이 사회와 정치 지도자 사이의 정치적 대화 창구역할을 하는 대신 정치 지도자의 추종 세력인 것으로 보인다는 점에서 지도자에게 종속되어 있다. 이러한 상황에서 제도화된 정당들이 뿌리를 내리지 못하고 있다. 이처럼 정당은 최근 2017년 선거를 포함한 대선과 함께 만들어지고 해산되는 경우가 많다.

한국 정치의 '지도자 숭배' 접근법은 다양한 정치체제에 의해 강화되었다. 한 당의 국회(단일 입법부)의원 후보를 서구 선진국처럼 지역구 당원이 선출하는 것이 아니고, 그 당의 당수가 사실상 공천권을 갖고 있으며, 공천하는 과정은 불투명하다. 따라서, 국무위원에 관심이 있는 당원이라면 당 대표에 도전할 엄두를 내지 못할 것이다. 국회의원의 6분의 5(245명)는 국민투표(즉, 각 선거구당 후보 1명)로 직접 선출하고, 나머지 의석(54)은 직접 선거에서 5석 이상을 얻은 정당에 비례해 배분한다. 비례 대표에 대한 정당 공천 제도는 투명성이 부족하다.

한편, 이러한 압도적인 권력과 명성을 가진 정치 지도자들은 추종자들에게 재정적 지원을 함으로써 자비심을 보여야 하며, 이런 과정을 통하여 당 지도자와 당을 유지하는 데 비용이 많이 들게 마련이다. 이러한 유형의 정치문화와 정당 체제는 정치인들 사이에서 후견주의(clientelism: 지도자와 추종자의 관계에 의존하는 사회)를 유발하고 부패하기 쉽다.

마지막으로, 유교의 영향을 반영하여 한국의 정치 권력은 대통령을 중심으로 매우 집중되어 왔는데, 대통령은 또한 일반적으로 정당의 대표자이기도 하다. 5년 단임제의 대통령은 대기업, 관료, 정치인들로 구성된 상호 연결된 엘리트 집단으로 둘러싸여 있으며, 지연, 학연 및 우정 관계로 묶여 있다. 이러한 종류의 정치문화와 정치체제 하에서 부패를 근절하기 위한 강력한 정치적 의지와 정치 지도층의 헌신을 기대하기 어려운데, 이 두가지 모두 성공적인 부패 통제를 위한 불가결한 요건이다.[36]

내부고발 문화 내부고발과 내부고발자 보호의 중요성은 부패방지장치로 잘 알려져 있다(OECD, 2016). 직원들은 일반적으로 직장에서 부패 행위를 가장 먼저 인식한다. 따라서 그들이 보복에 대한 두려움 없이 발언하도록 격려하고 권한을 부여하는 것은 당국이 법과 규정의 위반을 감지하고 저지하는 데 도움이 될 수 있다. 공공부문에서 내부고발자 보호는 뇌물수수, 공적자금의 오용 및 다른 형태의 부패를 적발하는데 도움이 된다. 민간부문에서 내부고발자 보호는 당국이 뇌물수수, 비자금 조성 및 기타 기업들이 저지른 부패 행위들의 사례를 규명하는데 도움을 준다. 따라서 광범위한 보복으로부터 내부고발자를 보호하는 것은 공공부문과 민간부문 모두에서 부패를 방지하고 청렴성을 증진시키는데 필수적이다. 따라서 OECD 회원국을 포함한 대부분의 선진국들은 공공 및 민간부문에 대해 내부고발자 보호를 포함한 부패방지법을 도입했다.

한국에서 부패를 막기 위해 1948년부터 여러 개의 반부패 기관들이 설립되었다. 잇따른 부패 스캔들 전개 이후 1999년 대통령 자문 부패방지위원회가 설립되었고, 2001년 공직사회 내부고발자 보호를 포함한 〈부패방지법〉이 제정됐다. 이 법에 따라 국가청렴위원회(KICAC)는 2002년에 설립되었는데, 이것은 한국 역사상 최초로 반부패 활동만을 전담하는 공식 기관이다. 2008년 KICAC는 옴부즈맨 사무소 행정심판위원회와 함께 국민권익위원회(ACRC)로 통합되었다. 2011년에는 공익을 위하여 민간부문의 광범위한 내부자고발을 보호하기 위해 〈공익신고자 보호법〉이 제정되었다. 2016년 9월 〈부정청탁 및 금품 등 수수의 금지에 관한 법률(청탁금지법)〉이 통과되었다.[37] 이 새로운 법은 공무원(기자, 사립학교 교사 및 그 배우자, 공무원 포함)이 5만 원 이상의 선물, 10만 원 이상의 기부 또는 3만 원 이상의 식사비를 받는 것을 불법으로 규정했다. 이 법의 목적은 앞에서 설명한 바와 같이 부패의 근간이 되는 한국 문화의 특징인 정을 교환하는 방법으로 한국의 선물 주는 전통을 깨는 것이었다.

새로운 법의 실효성은 아직 평가되지 않았지만, 내부고발자 보호는 물론 다수의 대통령 직속 위원회를 포함한 여러 가지 부패방지법들이 한국의 부패를 통제하지 못하고 있다. 이렇게 부패척결이 어렵고 실패하게 되니 그 근본적인 이유를 생각하게 한다. 한국의 부패는 본질적으로 쉽게 변하지 않는 전통 문화에 뿌리를 두고 있다. 한국처럼 엄격한 계층적 사회문화와 구조를 가진 국가들은 고위 임원들이 후배들로부터 그들의 행동을 반대하는 경우나 내부고발을 당하는 경우가 거의 없기 때문에 부패가 심하다고 주장되고 있다.[38]

한국사회에서 내부고발은 계층적 사회구조뿐만 아니라 독특한 문화 때문에 특별히 어렵다. 사회에 깊이 뿌리 내린 고도의 계층적 집단주의하에서 한국 기업은 여전히 소유주 가족에 의해 지배를 받고 있으며, 최고 경영진의 직원은 친인척, 친구 및 동창회 회원이 되는 경향이 있어 오너 일가에 대한 충성도가 높다. 게다가 관리자들은 그들 자신의 추종자를 고용한다. 또한, 부하

직원들은 상사에게 무조건 복종함으로써 그들로부터 더 많은 돈을 기대하게 된다. 이러한 긴밀한 충성 네트워크는 상하의 인간관계를 규정하는 유교에 의해 강화된다. 상급자들은 하급자에 대한 책임과 자비의 의무를 지고 행동해야 한다. 그 대가로 부하직원들은 상사에게 감사하고 충성해야 한다. 충성심에 고착된 지휘계통이 뚜렷한 이런 조직문화 아래에서 잘못에 대한 어떤 정보도 상층부로 스며들기는 어렵다. 내부고발 등 기업의 윤리강령을 어기는 사람이 있으면 회사 구성원 뿐만 아니라 사회 전반의 제제를 받게 된다. 따라서 한번 해고된 내부고발자는 좋은 사회 규범을 어긴다는 오명을 주었을 것이기 때문에 새로운 기업에서 새로운 일자리를 찾는 것이 어렵다. 그러므로 공공부문과 민간부문 모두에서 그러한 조직 문화 아래 있는 사람이 내부고발자가 되는 것은 극히 어려운 일이다.[39]

개인 윤리의 부족

낮은 정직성 개인 윤리 가치에는 여러 유형이 있다.[40] 국민권익위원회(2018)가 한국 부패의 주요 원인으로 지목한 개인 윤리의 핵심 가치는 정직과 준법정신인 것으로 보인다. 오랜 기간 동안 부패와 다른 규칙 위반이 만연한 것은 낮은 정직성이 그 주요 원인 중 하나로 보인다. 한국의 언론 매체를 통해 재계 거물, 정치인, 고위 공무원 및 사회 엘리트 등이 연루된 대형 부패 사건들이 보도되었다. 박정희 전 대통령을 제외한 전직 대통령 또는 그 가족 모두가 부패에 연루되었다. 지명된 국무위원 자격에 대한 텔레비전으로 중계된 국회 청문회에서 임명직 공직자 대부분이 규칙을 위반하거나 위반한 사실이 드러났다. 〈표 7-7〉에서 언급한 바와 같이 일반 국민과 기업인의 약 60%가 한국의 부패 수준이 매우 높다고 인식하고 있다. 제6장에서 지적한 바와 같이 허위(예: 사기, 무고, 허위 증언, 위증)와 관련된 형사범죄의 경우는 매년 14.0% 증가하여 일본보다 1인당 165배 더 높다.[41]

한국에서 시간이 지날수록 부패와 사기 등 규칙 위반이 만연해 왔기 때문에 사람들의 정직성은 낮을 수밖에 없다고 주장된다.[42] 시간이 흐르면서 규칙 위반이 만연해지면 사람들은 사회의 대부분의 사람들이 부정직하고 신뢰할 수 없는 것으로 추론하는 경향이 있다. 부정직을 사회적 관례로 인식하면 도덕성에 대해 반성하지 않고 다른 사람에게 뒤쳐지지 않기 위해 부정직한 행동에 가담할 것이다. 이런 과정을 통하여 사람들의 정직성은 떨어진다.

법 준수 이처럼 규칙 위반과 부패가 높고 장기적으로 확산되어 법 준수 정도는 낮을 수밖에 없다. 게다가 제3장에서 논의한 바와 같이 한국은 법을 준수하지 않는 독특한 역사적 이유를 갖고 있다. 일본 식민 당국에 대한 규칙 위반은 용감한 애국 활동이라는 찬사와 영예를 받았다. 이러한 규칙 위반의 유산은 주로 1987년 이전의 군사독재로부터 민주적 전환을 통해 학생들에 의해 이루어졌으며, 학생들의 법 위반은 사회에 의해 묵인되거나 동조되었다. 1987년에 일어난 정치적 민주화 이후 노동조합은 종종 불법적이고 폭력적이며 파괴적인 대중 시위와 항의 시위가 빈민층과 빈민층의 목소리를 대변한다고 주장하고 있다. 명분을 떠나 시간이 지남에 따라 이러한 모든 불법 활동은 사람들의 법 준수 정신을 떨어뜨렸을 것이다.

이러한 유형의 사회현상 하에서 법 준수와 관련된 윤리의 부족이 여러 가지 방식으로 나타난다. 한국인 대다수(65.8%)는 법을 어기는 것이 필요악이라고 믿게 되었다. 또한, 한국인의 60.7%

가 공무원과의 업무처리 속도를 높이기 위해 일정 금액의 '급행료'를 기꺼이 부담할 의사가 있는 것으로 나타났다.[43] 2014년과 2016년 한국 국민의 준법 정도를 측정한 전국 조사에 따르면, 평균 68.9명은 스스로 법을 준수한다고 답한 반면, 다른 사람들은 35.2%만 법을 준수한다고 응답했다(국가통계포털, 2018b: 356). 한국인의 법 준수율은 OECD 국가 평균에 비해 상대적으로 낮다. 앞서 살펴본 바와 같이 WBG에 의해 추정된 한국의 법치지수는 OECD 평균의 73%에 달했다(〈표 7-3〉).

느슨한 처벌

위에서 지적한 바와 같이 부패는 일반적으로 범죄이기 때문에 적발 확률과 예상된 처벌의 정도는 부패와 중요한 관계가 있다. 부패에 대한 느슨한 처벌은 국민권익위원회와 한국행정연구원에 의해 확인된 부패의 중요한 원인 중 하나이다.[44] 예를 들어, 한국행정연구원(2017b: 299)은 80% 이상의 기업인들이 시간이 지남에 따라 느슨한 처벌이 가장 심각한 부패의 원인이라고 인식하고 있음을 발견했다. 비슷한 비율의 기업인들은 유죄 판결을 받은 공직자에 대한 처벌 기간이 일반적으로 3년으로 짧은 것이 느슨한 처벌과 뇌물수수의 관행에 이어 세 번째로 중요한 부패 원인으로 보고 있다. 사람들은 부패 범죄로 유죄 판결을 받은 정계와 제계 인사들의 대통령 사면 사례에 대해 자주 들었다. 특히, 재벌 총수들은 종종 불법행위로 집행유예를 선고받는 경우가 많다. 그들이 실형을 선고받았을 때 당시 대통령은 투옥으로 인해 발생할 수 있는 경제에 미칠 악영향을 우려한다는 핑계로 특별사면을 하는 경우가 자주 있었다.[45] 그러나 국민들은 정부와 민간 기업체 사이의 친밀한 관계로 인해 대통령 사면과 기업체 및 고위 공직자에 대해 느슨한 처벌이 이루어졌다고 의심했다.

부패와 관련된 느슨한 처벌에 대한 인식은 일부 다른 범죄의 느슨한 처벌에 기인할 수 있다. 노동조합은 지난 수십 년에 걸쳐 종종 불법적이고 파괴적인 폭력 시위를 벌여왔다. 정부가 시위자들의 요구에 굴복한 수많은 사례가 발생했다. 이러한 시위를 담당하는 현직 장관은 통상적으로 임기가 짧기 때문에, 불법행위에 대한 적절한 처벌도 하지 않고, 또 해결의 장기적인 파급효과에 대한 심각한 우려도 없이 신속하게 문제를 해결하고자 한다. 불법행위를 저지른 노조 간부들에 대한 법적 소송은 일반적으로 합의의 일환으로 기각된다. 또한, 사람들은 시위대가 아무런 체포나 처벌도 받지 않고, 각목으로 경찰관을 때리고 폭력적인 언어를 사용하는 등 사법기관을 상대로 행한 폭력적이고 불법적인 행동을 자주 본다. 위법행위의 확산과 법의 무시는 처벌이 느슨하다는 인식뿐만 아니라 준법정신이 낮은 사회문화까지 조성하고 있다.

재계 거물들과 그 밖의 강력한 집단에 대한 이러한 느슨한 처벌은 그들이 법 위에 있으며 법체계가 불공평하다는 대중의 인식을 조성한다. 사람들이 법체계의 부당함을 인식하는 것이 부패의 주요 원인 중 하나라고 주장한다.[46] "정의가 공정하게 집행되는가"라는 설문조사에 근거한 IMD의 '정의' 추정치에서 한국의 법체계 불공정성에 대한 높은 인식을 엿볼 수 있다. 이 지표에서 2000년에서 2017년 동안 한국은 OECD 평균인 6.41에 비해 4.78을 기록했다(IMD, 2017).

부적절한 규정

규제가 심한 나라에서는 부패가 더 높다는 주장이 제기됐다. 과도한 규제는 공무원들이 규제 혜택을 받을 수 있는 기회를 제공하기 때문에 부패를 부추긴다는 것은 명백하다. 마찬가지로, 불투명한 규제는 해당 공무원의 재량적 해석의 여지를 제공하여 부패의 기회를 늘린다. 본 연구에서는 부패와 관련하여 한국의 두 가지 규제 즉, 사업 관련 규제와 부패 통제와 직접 관련된 규제들을 검토한다. 한국행정연구원의 조사에 따르면 기업인의 3분의 2가 기업 관련 규제가 과도하고, 품질이 떨어지며, 투명성이 결여되어 공무원에게 지나치게 많은 재량권을 부여하여 부패의 원인이 된다고 밝혔다(한국행정연구원, 2017b). 한국의 규제의 질은 다른 OECD 국가의 규제의 질에 미치지 못했다. 앞서 살펴본 바와 같이 WBG가 측정한 규제의 질에 대해 2000년부터 2016년 동안 한국의 지수는 OECD 평균의 70%에 불과했다(〈표 7-3〉).

부패 방지를 위한 규칙과 규제는 효과가 없었다. 앞서 언급한 바와 같이 한국은 〈부정청탁 및 금품등 수수의 금지에 관한 법률〉(일명 김영란법)이 제정된 2016년 이전에 부패 방지를 위한 일련의 규칙과 규제를 도입했다. 2016년 이전까지 이 모든 반부패 규칙과 규제는 부패 척결에 효과가 없었던 것으로 보인다. 만약 규칙과 규제가 적절하지 않다면 사람들이 뇌물수수를 저지른 후에 체포되지 않을 수도 있다. 이와 관련하여 기업인의 절반가량은 공무원이 뇌물수수를 저질러도 그 20% 미만이 구속되고, 구속되어도 80%가 자기들의 직위를 유지한다고 인식하고 있다(한국행정연구원, 2017b: 293). Park et al.(2016: 223)은 특히 부패와 관련된 규칙과 규제가 너무 '모호해서' 한국에서 실효성이 없다고 주장했다.

2016년 이전에는 부패와 싸우는 데 있어 규칙과 규제와 관련된 많은 문제들이 있었다. 첫째, 중요한 문제 중 하나는 공무원의 유죄판결을 확보하기 위해서는 뇌물에 대한 대가로 공무원이 제공하는 혜택 사이의 직접적인 연결고리가 필요하다는 것이다. 이 일은 무척 어려운 일이었고 그만큼 많은 뇌물수수 혐의자들은 처벌을 모면했다. 둘째, 정을 보여주기 위한 방법이나 사회적 예의로 선물을 주는 문화적 관행을 감안할 때 선물의 가치나 돈의 액수가 뇌물로 명확하게 명시되지 않았다. 셋째, '공무원'의 범주가 너무 좁았다.

2016년에 도입된 새로운 〈부정청탁금지법〉은 이러한 문제들을 해결하기 위한 것이었다. 첫째, 새로운 법은 제공된 선물과 그에 대한 보답 사이에 직접적인 연관성을 증명할 필요성을 없앴다. 둘째, 앞서 언급한 바와 같이, 선물에 대한 허용 한도가 명확하게 명시되었다. 이러한 한계를 넘어선 선물은 뇌물수수로 간주된다. 셋째, 법은 공무원 뿐만 아니라 공무원, 기자, 사립 학교 교사 및 공무원의 배우자를 포함하여 공무원 범주를 확대했다. 따라서 새로운 법에 따라 허용 한도 이상의 직무와 관련하여 국내 공무원에게 제공되었거나 공무원이 받는 모든 유형의 경제적 이익은 뇌물수수로 간주된다. 선물을 주는 사람과 받는 사람 모두 처벌을 받는다. 비록 새로운 법의 효과를 평가하기에는 아직 이르지만, 이 법은 한국의 선물을 주는 문화와 부패 환경을 상당히 변화시킬 것으로 보인다.

한국 부패의 원인으로서의 불평등

한국의 반부패 정책에 관여하고 있는 두 기관(국민권익위원회와 한국행정연구원) 중 어느 곳도 소득 불평등을 한국의 주요 부패 원인 중 하나로 파악하지 못하고 있는 반면, 문헌에서 소득 불평등은 부패의 중요한 요인으로 간주되고 있다는 점이 흥미롭다.[48] 소득 불평등은 부자들이 자신의 부를 보호하고 확장하기 위해 공무원에게 뇌물을 줄 수 있는 자원이 더 많은 반면, 가난한 사람들은 부자들의 부패를 막을 수 있는 자원이 없기 때문에 부패를 야기시키지 못한다. 유종성(You, 2015)의 종합 연구에 따르면, 불평등은 후견주의와 포획이라는 두 가지 경로를 통해 부패를 키운다고 제안했다. 가난한 사람들과 정치인들이 호혜적인 이익을 위해 가난한 사람의 투표와 정치인이 제공하는 정부보조금을 교환하면서 사소한 부패를 초래함에 따라 후견주의가 발생한다. 포획은 부자들이 자신의 이익을 위해 뇌물을 주어 국가나 그 기관을 사로잡아 큰 부패를 일으킬 때 발생한다.

유종성과 카그람(You and Khagram, 2005)의 주장은 적어도 최근 한국에서는 잘 맞지 않았다. TI가 CPI 추정을 시작한 1995년부터 2015년 사이에 한국의 소득 불평등은 심화된 반면, 부패는 그들의 주장과 달리 개선되었다. 한국의 가처분소득에 대한 지니계수는 2013년까지 증가하다가 이후 소폭 감소한 반면, CPI는 점차 증가(부패 감소를 의미)했다. 이 기간(1995-2015년) 동안 한국의 지니계수와 CPI의 상관계수는 0.41로 이들이 제시한 것과 반대되는 신호였다. 불평등에서 비롯된 빈곤층과 정치인들 사이의 후견주의에 대한 그들의 주장은 한국에서는 미미하다. 선거는 깨끗하고 투명하기 때문에 정치인들은 감히 유권자들에게 아첨하는 편익을 주지 않는다. 그럼에도 불구하고 후견주의는 한국에서는 가난해서가 아니라 집단 구성원들 사이에서 서로를 지지하는 전통의 일부로서 대인관계 또는 **정** 관계에서 발생할 수 있다.

한국에서는 포획과 관련된 부패에 대한 유종성과 카그람(2005)과 유종성(2015)의 주장이 설득력이 없다. 1997년 위기에 대응하여 국가 주도의 발전전략이 시장 중심 경제정책으로 바뀐 뒤

기업과 재벌에 대한 국가권력이 현저히 감소했다. 그러나 국가나 정치인들은 불법행위를 하기 위해 기업인들에게 포획되고 있지 않다. 오히려 국가는 여전히 정부-기업 관계에서 우위를 점하고 있다. 1970년대에는 기업을 중심으로 한 산업정책 과정에서 대대적인 부패가 일어날 수밖에 없었다. 그러나 이러한 거대부패는 부자와 정부 사이에서 필연적으로 일어난 것이 아니라 재산 수준과 관계없이 집단 외부 사람들을 배제한 채 혈연, 학연, 지연을 바탕으로 한 집단 안으로 연결된 공무원과 기업 지도자들 사이에서 발생했다.[49] 이런 전통에서 볼 때 정부는 여전히 기업에 대한 실질적인 권력을 갖고 있다. 실제로 정부는 세금이나 다른 조사를 수행하고, 압수수색을 강행하며, 파산을 초래하는 등 민간기업을 괴롭힐 수 있다. 따라서 일단 기업이 정부에 반항하면 그들의 사업을 잃을 위험이 존재한다는 인식이 지배적이다. 이미 정부가 부여한 네트워크와 특권을 유지하려면 기업들이 정부와 좋은 관계를 유지해야 한다.[50]

우슬라너(Uslaner, 2008)는 불평등이 부패를 일으키며, 특히 대인관계 신뢰의 통로를 통해 거대 부패를 야기한다고 주장했다. 소득 불평등이 대인관계 신뢰에 미치는 부정적인 영향은 많은 경험적 연구에 의해 잘 문서화 되고 뒷받침되고 있다. 불평등으로 인한 대인관계 신뢰의 감소는 결국 집단 밖의 사람들의 원망을 낳고, 집단 내 정체성과 신뢰의 강화로 이어진다. 도덕적, 법적 경계를 넘어 서로를 지지하는 형태로 두터운 신뢰를 공유하는 집단 내 구성원들 사이에 부패가 번성하여 외부 집단 사람들로부터 스스로를 보호한다. 집단 내부자들 사이에서 부패한 활동을 수행하는 이러한 후견관계는 강한 집단 내 유대감과 외부 집단에 대한 적대감을 더욱 강화시킨다. 우슬라너(2008)는 더 나아가 부패가 불평등을 일으키고 불평등과 부패 사이에 악순환을 만든다고 주장했으며, 대인관계 신뢰와 불평등의 고착과 부패의 지속을 그 증거로 제시하였다. 따라서 그는 이 악순환은 일단 시작하면 이탈하기가 어렵기 때문에 '불평등 함정'이라고 불렀다.

우슬라너(2008)의 주장은 여러 가지 이유로 한국에 잘 맞지 않는다. 제6장에서 지적했듯이 한국에서 불평등이 대인관계 신뢰에 미치는 부정적인 영향이 사실이지만, 한국에서 대인관계 신뢰가 부패에 미치는 영향은 잘 나타나지 않는다. 1996년에서 2012년 사이에 대인관계 신뢰는 감소한 반면, TI의 CPI는 상관계수가 -0.25로 증가(부패 수준 감소)했으며, 이는 우슬라너가 주장한 것과 반대되는 신호였다. 같은 기간 동안 WBG에 의해 측정된 대인관계 신뢰와 부패 억제 지표 사이의 상관계수는 -0.74이었다. 비록 그 상관관계가 탄탄하지 않지만, 한국의 대인관계 신뢰와 부패 수준 사이에 부정적인 관계를 나타내는 지표(즉, 신뢰 하락과 부패 증가)는 존재하지 않는다. 위에서 언급했듯이 거대 부패는 혈연, 학연, 지연으로 연결된 사회적 엘리트들 사이에서 발생하며, 외부 집단으로부터 자신을 보호할 필요에서 발생하는 것은 아니다.

소득 불평등–부패 연계의 중개자로서 대인관계 신뢰에 대한 논쟁은 한국에서는 미약한 것으로 보인다. 한국에서는 소득 불평등 외에 경제 불평등, 이념적 차이, 재벌과 중소기업의 불평등, 정규직과 비정규직의 불평등과 같은 다양한 불평등이 존재한다. 이러한 다양한 유형의 불평등은 비록 낮은 대인관계 신뢰에 기여하지만 지니계수로 측정되는 소득 불평등에 완전히 반영되지는 않는다. 따라서 낮은 대인관계 신뢰가 부패의 원인이 되더라도 그것은 소득 불평등 뿐만 아니라 한국의 다른 형태의 불평등에도 기인한다. 마지막으로, 대인관계 신뢰가 낮으면 정부에 대한 신뢰를 포함한 제도적 신뢰가 저하된다. 정부에 대한 낮은 신뢰는 시민들이 정부의 반부패운동에 협조를 하지 않을 뿐만 아니라 시민들의 낮은 법 준수를 통해 부패를 야기시킨다. 결론적으로 소득 불평등에서 부패에 이르는 인과관계는 한국에서는 타당성이 희박해 보인다. 이런 타당성이 희박한 불평등-부패 인과관계 때문에 반부패 운동과 관련된 한국의 두 기관이 불평등을 부패의 원인으로 포함시키지 않은 것으로 보인다.

7.5.4 한국의 부패 척결 방안

한국의 부패를 막기 위해서는 위에서 논의한 원인에 초점을 둔 과감하고 기발한 전국적 장기 캠페인이 필요하다. 한국은 부패를 막기 위해 수많은 정치적, 법적 조치를 취했음에도 불구하고 부패에 시달려왔다. 부패는 사회문화의 한 부분으로 사회에서 깊이 자리 잡으면서 경제성장, 소득분배, 사회적 진보 및 정부에 대한 신뢰에 악영향을 미치고 있다. 부패의 원인은 한국의 정치, 경제, 사회 및 문화적 토대에 스며들었다. 부패가 사회에 깊숙이 자리 잡고 있음을 인식하면서 반부패 정책은 과감한 접근방식을 취해야 한다.

부패의 결정적 요인 중 하나는 전통문화에 바탕을 두고 있다. 따라서 문화나 사람들의 사고 방식을 바꾸는 것은 부패 통제를 위한 가장 기본적인 요소 중 하나이다. 이를 위해 비윤리적이고 불법적인 활동을 묵인하고 수용하는 국민의 전통을 바꾸고, 청렴과 준법 문화를 촉진하기 위한 명확한 국민운동이 전개돼야 한다. 결국 이 전국 캠페인은 제6장에서 논의한 바와 같이 학교와 가정 뿐만 아니라 사회에서도 인성교육을 필요로 한다. 2016년

제정된 〈부정청탁금지법〉은 부패방지는 물론 사람들의 사고방식을 바꾸고 예방하는 것과 관련하여 적절한 조치인 것으로 보인다. 이 새로운 법은 선물과 향응을 제공하는 사회 관례를 제한하기 위해 시도하고 있기 때문에 **정**과 **체면** 문화와 대립하는 과감한 조치다. 이 법은 예외를 두지 않고 확고하고 일관되게 시행되어야 한다.

위에서 논의한 바와 같이, 부패를 저지른 사람의 적발과 적절한 처벌은 부패를 통제하는 또 다른 중요한 방법이다. 이를 위해, 우선 공공부문의 규제 완화와 투명성뿐만 아니라 규칙과 규제를 개선함으로써 부패 기회를 예방해야 한다. 둘째, 부패뿐만 아니라 느슨한 처벌과 불공정한 법 체계에 대한 국민의 인식을 예방하기 위해 부패의 적발과 적절한 처벌을 강화해야 한다. 정실관계에 따른 혜택을 근절하기 위해서는 정부의 경제 개입을 최소화하고 민간기업의 지배구조를 개선해야 한다. 무엇보다 한국과 한국사회를 '부패의 덫'에서 구하기 위해서는 강력하고 전례 없는 정치적 헌신과 리더십이 요구된다.[51]

7.6 정부에 대한 신뢰를 높이는 방법

정부에 대한 신뢰는 사회경제적 발전을 위해 필수적이다. 하지만 한국 정부에 대한 신뢰는 OECD 국가뿐만 아니라 이웃 국가들보다 상대적으로 낮았다. 정부에 대한 신뢰는 시민들의 기대와 정부의 성과에 대한 시민들의 평가에 기초한다. 시민들은 유능하고 윤리적인 정부 운영을 기대하기 때문에 **역량**과 **가치**라는 두 가지 광범위하고 상호 관련된 평가 부문이 존재한다. 역량 부문에는 효율성, 실효성, 투명성 및 참여도가 포함된다. 가치 부문의 중요한 구성 요소는 부패에 반영된다. 역량과 가치 부문을 바탕으로 한국 정부에 대한 신뢰가 낮은 원인을 이 장에서 조사하였다. 이러한 원인을 바탕으로 정부에 대한 신뢰를 높이는 방법을 다음과 같이 탐구한다.

7.6.1 공공부문의 역량 강화

효율성을 높이는 방법 1997년 외환위기 이후 역대 정부들은 새로운 행동강령, 성과 지침, 공무원 인센티브 제도, 성과주의 인사관리, 고위공무원 민간인 임용 허용 등 공공부문의 효율성을 개선하기 위한 다양한 조치들을 도입했다. 그러나 공무원 수와 임금 측면에서 평가해 보면, 효율성은 여전히 상당히 낮다. 공무원 수는 인구보다 빠르게 증가했으며, 임금은 민간부문의 임금보다 눈에 띄게 빠르게 오르고 있지만, 민간부문 보다 적게 일하고 다양한 특권을 부여받고 있다. 이러한 모든 요소는 공공부문의 비효율성을 나타내는 지표이며, 공무원에 대한 원망과 악감정 및 질투심을 유발하여 정부에 대한 국민의 신뢰를 떨어뜨린다. 동시에 청년들은 공무원이라는 직업을 최고의 직업 중 하나로 여기고 공무원 시험을 준비하는 데 몇 년을 보낸다. 이것은 국가의 청년들의 지식과 재능을 낭비하는 것으로 경제의 효율성을 떨어뜨릴 수 있다.

공공부문의 효율성을 개선하기 위해 도입된 조치들은 실패했다. 한국은 집단주의 문화가 강해 특정 집단의 구성원에 대한 인센티브 제도가 제 역할을 적절히 수행하지 못한다. 한국의 공공부문에서 종신고용 관행과 연공서열제도가 만연하고 있어 선발된 특정 구성원 만을 대상으로 한 금전적 인센티브 제도가 집단의 화합과 **체면유지**에 역행한다. 한국 집단사회의 강한 친족주의(nepotism) 때문에 고위 공무원직에 민간인을 채용하는 것은 악용될 수 있고, 결과적으로 공공부문의 효율성을 악화시킬 우려가 있다.

한국에서 공공부문 효율성 개선에 성공하기 위해서는 공무원들이 평생 고용 관행 하에서 스스로 혁신적인 아이디어나 제안을 제시할 가능성이 낮기 때문에 정치 지도자들이 주도하는 하향식 접근법이 반드시 실행되어야 한다. 이와 관련하여 몇 가지를 제안한다. 첫째, 인센티브 제도가 작동하려면 먼저 객관적이고 투명한 성과 측정을 추정해야 한다. 한국에서는 아직 그러한 정보를 얻을 수 없다. 따라서 정부는 영국 정부가 하는 것처럼 공공부문의 효율성 측정에 착수해야 한다.[52] 이러한 측정 기준이 없으면 성공적인 프로그램을 식별하기가 어려울 것이다.

둘째, 5년 단임제 대통령 후보들은 세금에 대한 영향을 고려하지 않고 서비스를 부가적으로 제공한다는 과도한 정치적 공약을 하는 경향이 있다. 이런 무절제한 정치나 정치적 공약을 억제하기 위해서는 미국 의회 예산처와 같은 정치적 공약의 세금 영향을 측정하는 독립기구가 설립돼야 한다. 문재인 대통령은 제9장에서 논의한 바와 같이, 2017년 일자리 창출 운동의 일환으로 예산 및 경제적 영향을 제시하지 않은 채 공무원 수를 늘리고 공공부문의 비정규직 근로자를 정규직 근로자로 전환하겠다고 약속했다.

셋째, 정부 운영을 개선할 여지가 있다. 중소기업을 위한 프로그램과 같이 정부의 여러 프로그램을 위하여 각 프로그램마다 여러 부처가 참여하고 있으며, 각 부처는 자신의 영역을 보호하기 위해 노력하고 있다. 각 부처의 역할과 관계를 명확하게 하고 정부 내 조정을 개선함으로써 단편적인 행정을 능률화하여 효율성을 향상시킬 수 있다. 무엇보다 공공부문의 효율성을 현저히 개선한 김대중 정부가 입증한 바와 같이, 정치적 의지와 리더십은 한국의 공공부문 효율성 향상에 가장 필요한 요소이다.

실효성을 높이는 방법 정부에 대한 신뢰의 근간으로서 국민들은 정부가 경제사회발전이라는 국가의 전략적 목표를 달성하고, 핵심 공공서비스를 효과적으로 제공하며, 법치주의를 효과적으로 시행하고, 부패를 근절하기를 기대한다. 이 책 전반에 걸쳐 강조한 것은 경제와 사회 사이에 역동적인 상호관계가 존재한다는 것이다. 따라서 공공부문의 실효성과 정부에 대한 신뢰를 높이기 위해 정책 입안자들은 어떤 정책이 사회와 경제발전에 미치는 상호 효과를 고려하여 정책 설계와 시행을 하는 총체적인 접근방식을 채택해야 한다. 예를 들어, 지속 가능한 경제 발전을 위해 정책 입안자들은 전통적인 정책 방식 뿐만 아니라 그 정책 도구에도 한계가 있음을 인식해야 한다. 예를 들어, 경제성장에만 초점을 두면 불평등이 악화되어 결국 많은 사회적 문제와 사회적 부조리를 불러올 것이다. 사회적 부조리는 물론 불평등 증가도 경제발전에 걸림돌이 될 뿐만 아니라 사회적 갈등과 붕괴를 더욱 심화시킬 것이다. 동시에 경제정책 입안자들은 사회적 신뢰 향상, 사회적 양극화, 사회적 갈등 및 부패 최소화 등 사회적 문제 개선이 경제에 미치는 긍정적인 영향을 고려해야 한다. 예를 들면, 정부는 핵심 공공서비스를 공정하게 제공하는데 더 많은 관심을 기울여야 한다. 핵심 공공서비스의 공정한 제공은 사회적 발전뿐만 아니라 경제성장과 형평성도 향상시킨다.

투명성 향상 방법 UNDESA의 전자정부개발지표와 OECD의 공개정부지표의 관점에서 볼 때 한국 공공부문의 투명성은 다른 선진국에 못지않다. 그렇다면 한국에서 IMD의 투명성지표는 왜 그렇게 낮은가? 투명성과 밀접한 관련이 있는 부패가 왜 이렇게 높은가? WBG가 측정한 '시민의 능동적인 참여'가 왜 그렇게 낮은가? 이는 규제의 질이 낮고, 행정규제와 운영이 불투명하며, 불확실하기 때문인 것으로 보인다. 한국행정연구원(2017b: 273-91)는 기업인의 약 70%가 행정 절차와 규제의 모호성과 불확실성, 공무원의 과도한 재량권을 부패의 원인으로 지적했다. 위의 지표들은 모두 규제와 행정 절차의 질적 저하로 인해 한국 공공부문의 투명성이 결여되어 있음을 보여준다. 한국은 투명성 개선을 통해 정부에 대한 신뢰를 높이기 위해 규제 완화는 물론 규제 개혁과 규제 절차의 간소화가 더욱 필요하다. 위에서 논의한 것처럼 규제 개선은 또한 공공부문의 부패를 통제하는 중요한 방법이다.

7.7 결론

정부에 대한 신뢰는 사회와 경제발전을 위해 필수적이지만 최근 한국에서는 현저히 낮았다. 인구의 3분의 2가 정부를 신뢰하지 않는다. 이 장의 목적은 정부에 대한 신뢰의 정도, 그것이 경제와 사회에 미치는 영향, 정부에 대한 신뢰가 낮은 주요 원인, 그리고 그것을 증진시킬 수 있는 가능한 개선 방법을 조사하는 것이다. 정부에 대한 신뢰는 거래비용, 투자 결정, 미래 지향적인 정부 프로그램 및 구조 개혁에 영향을 줌으로써 경제에 영향을 미친다. 또한, 사회 진보의 요소인 사회통합을 위한 포용적 사회 프로그램, 대인관계 신뢰, 법 준수 등과 같은 정부정책에 미치는 영향을 통해 사회발전에 영향을 미친다.

정부에 대한 신뢰의 결정요인은 공적 기능을 수행하는 역량과 정부 운영에 기초하는 윤리 또는 진실성 두 가지로 구분된다. 전자는 효율성, 실효성 및 투명성을 포함하고, 후자는 부패에 반영된다. 한국은 공공부문 운영 효율성이 낮은 것으로 나타났다. 경제성과, 소득 불평등, 핵심 공공서비스의 효과적이고 공정한 제공, 투명성 및 사회적 통합 등 공공부문의 실효성을 보여주는 핵심 지표는 모두 낮아 정부에 대한 신뢰를 떨어뜨린다.

한국의 부패 정도는 지속적으로 높았으며, 정부에 대한 신뢰가 낮은 가장 중요한 원인 중 하나로 여겨진다. 부패의 주요 원인은 문화와 제도적 기반시설이라는 두 집단으로 분류된다. 한국의 길고 독특한 역사적 배경은 집단 외부인을 희생시키면서 법적 경계를 넘어서 집단 구성원들이 서로 돕고 지원하는 두드러진 문화적 특징과 강력한 집단사회를 발전 시켰다. 격동의 역사 속에서 법치주의, 양질의 규제, 공정한 법제도 등 준법 윤리와 제도가 제대로 발전하지 못하고 있다. 특히, 재벌을 정책 전달자로 삼고 30년 넘게 '성장 우선' 전략을 구사하는 산업정책은 사회적 변칙, 정실주의 및 불평등의 씨앗을 뿌렸다. 준법 윤리와 제도의 부적절한 발전은 높은 부패의 원인이 되었으며, 이는 한국의 정치, 경제, 사회 및 문화적 토대에도 스며들었다.

부패 통제는 정부에 대한 신뢰 증진과 관련하여 한국이 직면한 가장 어려운 과제 중 하나가 될 것이다. 위에서 확인된 부패의 원인과 관련하여 새로운 〈부정청탁금지법〉의 확고하고 공정한 시행, 규제 완화, 단순화 및 품질 개선에 초점을 맞춘 규제 개혁, 부패 범죄에 대한 적절한 처벌 등 부패를 통제하기 위한 여러 제안이 제시됐다. 무엇보다도 정치인들은 진실성 측면에서 모범을 보이고 부패를 통제하기 위한 지도력과 의지력을 발휘할 필요가 있다. 사회와 시민들은 윤리, 진실성 및 법 준수 증진을 위한 국가적 캠페인에 동참해야 한다. 학교 교육을 시작으로 한 전국적이고 장기적인 추진력이 없다면 깨끗한 사회에 대한 전망은 보이지 않을 것이다.

결론적으로 이 장의 연구에 비추어 정책 입안자들은 기존의 정책 접근방식의 한계를 인식하고, 공공정책을 수립하고 시행함에 있어 역동적인 사회경제적 관계를 고려해야 한다. 따라서, 정부에 대한 신뢰를 높이고, 선진국이 되고자 하는 국가의 염원을 이루기 위해서는 정책 패러다임이 기존의 편협한 접근방식에서 벗어나 경제와 사회발전 사이의 역동적인 관계를 감안하여 총체적인 접근방식으로 전환하고, 동시에 해결하는 방안을 모색해야 한다.

주

1 사회발전을 위하여 정부에 대한 신뢰의 중요성을 강조하는 연구들은 문헌에 아주 많다. 그중 널리 알려진 것으로 Warren(1999), Newton(2006), Putnam(2000) 등이 있고 실증분석을 위해서 Marien and Hooghe(2010) 참조. 한국과 관련하여 Nam and Woo(2015)는 어떤 형태의 사회 신뢰라도 복지를 위해 더 많은 세금을 기꺼이 지불하려는 사람들의 의지를 고양시킨다는 사실을 발견했으며, 적절한 사회복지 프로그램이 부족한 한국에서는 특히 정부에 대한 신뢰가 대단히 중요하다고 주장했다.

2 Wang(2016)은 국민들이 자신들의 정부가 유능할 뿐만 아니라 윤리적일 것으로 기대하지만, 정부는 유능함보다는 윤리에 무게를 두고 있다는 사실을 발견했다.

3 OECD(2017a)는 정부가 양질의 공공서비스를 신속히 대응하여 신빙성 있게 제공하는 것이 정부에 대한 신뢰에 긍정적인 영향을 미친다는 연구결과를 문헌에서 보여 주었지만, 미시적 관점에서 대응성, 신빙성 및 역량을 측정하는 방법은 제시하지 않고 있다.

4 실효성을 강조한 문헌으로 Nakamura and Kim(2010), Wong et al.(2011), Choi and Woo(2015) 참조. 광범위한 문헌 검토 후 Mimicopoulos(2007)는 다양한 조직들이 인권 보호, 민주주의, 투명성, 정권 참여, 분권화된 권력 공유, 책임, 법치, 실효성, 공평 및 전략적 비전 등 공공 거버넌스를 위한 다양한 측면을 제시했다고 지적했다.

5 OECD(2017b)는 경제적 성과를 고려하지 않고 거버넌스와 소득분배의 실효성을 통해 정부에 대한 신뢰를 측정하는 것으로 보인다. Nakamura and Kim(2010)과 Wong et al.(2011)은 정부에 대한 신뢰를 위해 경제적 성과가 가장 중요하다고 주장한다.

6 정부에 대한 신뢰를 위한 투명성 강조에 대해서는 OECD(2017a)를 참조. 그 실증분석에 대해서는 Uslaner(2008), Choi and Woo(2015), Wang(2016) 참조. OECD(2017b)는 투명성을 갖춘 정부를 '열린 정부'라고 한다. 열린 정부의 목표와 투명성은 서로 같거나 매우 일관성이 있는 것으로 보인다.

7 참여를 강조하는 문헌으로 Mimicopoulos(2007), OECD(2017a) 참조.

8 부패 수준에 근거하여 측정할 수 있는 진실성 외에 문헌에서는 개방성과 공정성을 위한 구체적인 측정 방법을 쉽게 찾아볼 수 없다.

9 이 여섯 가지 변수는 법률과 규제 체계, 정부 정책의 적응성, 정부의 의사결정, 투명성, 관료주의(기업 활동을 방해하지 않는), 뇌물 및 부패이다.

10 이러한 변수에는 보조금, 기업의 국가 소유권, 경쟁 법, 지하경제, 사업의 용이성 및 회사 설립 등이 포함된다.

11 이러한 변수는 정의, 신변 안전 및 사유재산권, 사회의 고령화, 정치적 안정의 위험, 사회통합 및 동등한 기회 등이다. 경제발전에 대한 고령화 인구의 부담을 측정하는 사회의 고령화를 제외한 모든 용어는 의

미가 뚜렷하다.

12 이 책의 영문 원본을 집필할 당시에 문재인 정부(2017–22)에서는 공공부문의 구체적인 개혁이 아직 발표되지 않았다. 공공부문 개혁에 관한 한국 분석자들은 Kwon(2012), Han and Kim(2017)을 참조. NPM에서 GPG로의 정부행정 운영의 진화에 대해서는 Osborne(2006)을 참조.

13 맞춤화는 고객지향적인 서비스의 제공을 나타낸다. 이것은 강력한 엘리트 공무원의 전통에서 보다 고객중심의 공공서비스를 제공하는 관료주의 문화로 변화하는 것을 의미한다.

14 이런 공공부문 개선방안에 관하여 Kwon(2012) 참조.

15 이런 전략적 목표를 주장한 연구자로는 Nakamura and Kim(2010)과 Wong et al.(2011) 가 있다. 1990년대 이전에는 일본의 정부에 대한 신뢰가 상당히 높았다. 그러나 1990년대부터 시작된 오랜 경기침체를 거치면서 현저하게 감소했다(Nakamura and Kim 2010).

16 이런 연구를 위해서 Uslaner(2008) 참조.

17 이 주장에 대해서는 O'Donnell, M., and M. Turner(2013), UNDESA(2016) 참조.

18 피상적인 관찰을 통해 UNDESA의 전자정부지수와 OECD의 공개정부지수가 상당히 일치하고 있음을 알 수 있다. OECD 국가 중 5개 나라가 두 지표 모두 상위 10위에 속하며, 17개 나라가 두 지표 모두 상위 20위에 속했다.

19 부패와 정부 신뢰 간의 실증적 연구로 Chang and Chu(2006), Villoria et al.(2013), Choi and Woo(2015), Wang(2016), OECD(2017a) 참조.

20 이런 연구를 위해서 North(1990), Mauro(1995), Pellegrini and Gerlagh(2004), Pellegrini and Gerlagh(2004), Murphy et al.(1993), Wei(2000), Serritzlew et al.(2014) 등 참조.

21 이 세 실증적 연구는 Chang(2015), Mauro(1995), Pellegrini and Gerlagh(2004) 이다.

22 이런 주장을 하는 연구자는 Glaeser et al.(2003), Batabyal and Chowdhury(2015) 등이 있다. 실제 예로는 2017년 말 미국의 세제 개혁이 대표적 사례인 것 같다(Krugman, 2017). 부유층들은 그들의 정치 기부금과 압력을 통해 부자들에게 유리하도록 세법을 변경했다.

23 이 연구를 위하여 Gupta et al.(2002) 참조. 이 연구에서 한 국가의 부패 지수가 1표준편차(0–10척도에서 2.52점)로 악화된 것은 지니계수의 평균이 39인 것을 감안하면 지니계수가 약 11점 증가한 것에 해당함을 발견했다.

24 Uslaner(2013), Batabyal and Chowdhury(2015) 참조.

25 이점에 관하여 Uslaner(2008), Villoria et al.(2013) 참조.

26 한국보건사회연구원(2016)이 밝힌 바와 같이 부패 이외의 사회 갈등의 주요 원인은 이념, 정규직–비정규직 노동자, 노사관계 및 소득 불평등이다.

27 한국보건사회연구원(2016: 82)은 한국의 부패 측정치를 발표했는데 이 것은 2009년과 2016년 2년 동안 한국의 부패 수준은 상당히 증가했고, 두 해 모두 1위를 차지했다. 한국의 상대적 부패 수준에 대한 한국보건사회연구원(2016)의 추정치는 〈표 7–4〉에 제시된 국제기관들이 측정한 데이터와 상당히 일관성이 있는 것으로 보인다.

28 2017년 국민인권위원회는 일반인 1,400명, 기업체 임원 700명, 정치, 법조계, 교육, 언론, NGO 등 다양한

분야의 전문가 630명, 주한 외국인 400명, 공무원 1,400명 등 4,530명을 대상으로 설문조사를 실시했다(국민인권위원회, 2018: 1). 백분율은 "한국사회가 부패했습니까?"라는 질문에 "그렇다"고 답한 응답자의 비율을 나타낸다. 2017년 기업체 임원, 전문가, 외국인 및 공무원의 부패인식수준은 각각 47.2%, 58.9%, 23.8%, 18.0%로 나타났다(국민인권위원회, 2018: 4).

29 한국행정연구원의 조사에는 1,000명의 기업인들(일반기업 600명, 자영업소상공인 400명)이 참여한다. 이 조사는 "부패 수준에 대해 공무원이 저지른 정도를 얼마나 심각하게 생각하십니까?"라고 묻고, 참여자들에게 부패 수준을 1(최소)에서 6(최대)까지 평가하도록 요청한다. 심각성을 상위 3단계(4, 5 또는 6)로 평가한 응답자의 비율은 심각한 부패 수준으로 평가된다.

30 부패의 다양한 원인에 대하여 You and Khagram(2005), Uslaner(2008), Serritzlew et al.(2014), You(2015), Lederman et al.(2005), Lee and Guven(2013) 참조.

31 부패의 원인으로 문화를 중시하는 문헌으로 Seleim and Bontis(2009), Yeganeh(2014), Hira(2016), Jha and Panda(2017) 등 참조.

32 영어 문헌에서 한국의 정을 정의한 것으로 Tudor(2012: 92) 참조.

33 한국사람들의 사치품 소비액과 명품 수입이 소득에 차지하는 비율은 각각 Jang and Choo(2015)와 Tudor(2012: 114) 참조.

34 한국 사람들의 위조품 구매에 관하여 Jang and Choo(2015) 참조. 사람들이 사회적 지위나 권력이 높은 사람에게 저녁식사나 술 대접하거나 선물을 할 때 그들은 가능한 한 최선을 다한다. 그렇지 않으면 받는 사람의 체면을 잃게 할 수도 있다.

35 집단주의 문화와 부패와의 관계에 관하여 Seleim and Bontis(2009), Jha and Panda(2017) 참조.

36 이점에 관하여 Uslaner(2008: 208) 참조.

37 김영란은 새로운 법을 도입한 국민권익위원회의 의장이었다. 한국의 부패방지법과 위원회의 역사적 발전은 D.R. Lee(2015)와 OECD(2016)를 참조.

38 이런 주장에 관하여 La Porte et al.(1997) 참조.

39 여기에 제일 적합한 사례는 삼성의 김용철 수석 변호사가 내부고발자가 되었을 때이다. 삼성에 대한 그의 가장 심각한 의혹을 검찰은 기각했으며, 그는 삼성에서 해고된 후 법률적인 일을 찾지 못하고 무명으로 전락했다(Financial Times, 2014). 한국사회에서 잘 알려진 이 사건은 내부고발자가 될 사람들을 좌절시킨다.

40 개인 윤리의 철학적 개념을 연구하는 것은 이 책의 범위를 벗어난다. 윤리의 여러 유형에 관하여 Nagy(2011) 참조.

41 전두환 전 대통령은 자신의 부패 혐의에 대해 심문을 받을 때 "왜 나만 괴롭히느냐?"라며 반발했다. 이 발언은 규칙 위반의 파렴치함과 한국의 만연한 부패 수준을 여실히 드러낸다(윤평중, 2014).

42 이 주장은 Gachter and Schulz(2016)가 한 것이다. Gachter and Schulz(2016)는 그들의 연구결과가 정직의 심리학적 이론을 뒷받침하고, 제도와 가치관의 공진화(co-evolution) 이론과 일관된다고 주장했다.

43 이 정보는 Chang(2015)에서 발췌됨.

44 Lee and Guven(2013)은 그들의 경험적 연구를 바탕으로 부패 범죄를 처벌하는 정부의 역할이 부패 수준에 영향을 미친다고 주장했다.

45 삼성 이건희 회장이 부패 혐의로 2008년 징역 3년에 벌금 1,100억 원을 선고받은 잘 알려진 사례가 대표적이다. 몇 달 후 이명박 대통령이 그를 사면했다. 이재용 삼성 부회장은 2017년 비리 혐의로 구속 기소돼 5년 징역형을 받았으나 2018년 항소심에서 집행유예 4년으로 풀려났다(Glove and Mail, 2018).

46 이 점에 관하여 Uslaner(2008) 참조.

47 이 정보는 Holcombe and Boudreau(2015)에서 발췌됨.

48 이 점에 관하여 You and Khagram(2005), Uslaner(2008), Batabyal and Chowdhury(2015), You(2015) 참조.

49 1980년대 중반까지 존재했던 재벌 대기업 창업자의 대다수가 정치 권력의 기반이 된 영남지역 출신이라는 것을 알 수 있다.

50 정부가 2018년 동계올림픽 입장권을 대량 구매하라고 개별 기업에 압력을 넣었고, 회사들은 감히 그런 제안을 거절할 수 없었다는 언론 보도가 있었다.

51 Uslaner(2008: 26)가 지적한 바와 같이, 싱가포르와 홍콩의 부패 척결 성공은 부분적으로 강력한 정치적 의지와 리더십에 기인한다.

52 이 점에 관하여 Micheli and Neely(2010) 참조.

제8장 한국의 기업에 대한 사회적 신뢰와 사회경제적 영향

8.1 머리말

제도적 신뢰의 한 구성요소로서 기업에 대한 사회적 신뢰는 경제와 사회에 중요한 영향을 미친다. 기업에 대한 사회적 신뢰(이하 기업에 대한 신뢰)는 시민과 사회가 기업부문에 대해 갖고 있는 신뢰를 의미한다. 제7장에서 살펴본 바와 같이 정부에 대한 신뢰와 마찬가지로 기업에 대한 신뢰는 거래비용, 사업에 대한 투자, 제품의 브랜드명, 수입품 대신 국산품에 대한 소비자 선호, 외국인직접투자 유입, 노사관계 등 다양한 경로를 통해 경제에 영향을 미친다. 또한, 기업에 대한 신뢰는 사회적 신뢰의 여러 다른 요소, 법 준수, 사회적 갈등, 사회적 공정성 및 정의 등 다양한 사회 측면에 영향을 미침으로써 사회 발전에 영향을 준다. 기업에 대한 신뢰와 이 신뢰의 다양한 측면은 다수의 국내 및 국제기구에서 측정하고 있으며, 측정지표를 살펴보면 한국이 기업에 대한 신뢰가 낮음을 알 수 있다. 한국행정연구원(KIPA)이 실시한

다수의 조사에 따르면 2013년에서 2017년 사이에 기업, 특히 대기업에 대한 신뢰 수준은 평균 34.1%로 거의 변하지 않고 있다. 곧 아래에서 논의하겠지만 IMD와 WEF가 추정한 여러 가지 기업 신뢰 지표들은 한국의 기업 신뢰도가 OECD 평균보다 현저히 낮다는 것을 보여준다. 한 외국연구기관의 설문조사에 의하면 한국인의 55%가 지난 10년간 기업의 사회적 책임감이 낮아졌다고 생각하는 것으로 나타났으며, 이 수치는 조사 대상 25개 국가 중 가장 높은 수치였다.[1]

이 장에서는 한국의 기업에 대한 신뢰와 관련하여 여러 가지 중요한 질문들을 할 것이다. 질문에는 (i) 그 심각성, (ii) 경제와 사회에 미칠 수 있는 영향, (iii) 주요 원인, (iv) 가능한 해결책 등이 있겠다. 이러한 질문들을 다루면서 이 장에서는 첫째, 기업에 대한 신뢰의 개념, 결정 요인, 영향 및 측정에 관한 문헌들을 간략히 검토한다. 또한, 문헌 고찰에서는 경제와 사회에 미치는 영향을 분석하기 위해 기업에 대한 신뢰가 시민, 기업 및 기타 조직의 태도에 영향을 미치는 메커니즘을 조사한다. 둘째, 시간 경과에 따른 한국 기업의 신뢰 수준뿐만 아니라 OECD 국가들과 비교한 상대적 기업 신뢰 수준을 비교 분석한다. 셋째, 문헌상의 원인분석을 토대로 한국에서 기업에 대한 신뢰도가 낮은 주요 원인을 탐색한다. 넷째, 이 장에서는 문헌 속 자료들을 바탕으로 한국에서 기업 신뢰 수준을 높이기 위한 가능한 방안들을 논의한다. 기업에 대한 신뢰와 관련된 문제를 조사하기 위한 필수 전제 조건은 다음 절에서 논의할 한국 기업부문의 발전과 핵심적인 특성을 이해하는 것이다.

8.2 최근 기업부문 발전—재벌과 중소기업

한국의 기업부문은 지난 반세기 동안의 급속한 경제발전과 함께 급격한 변화를 겪어 왔다. 한국전쟁(1950-1953년)의 여파로 전쟁 직후 몇 개의 소규모 민간기업이 존재했다. 그 후 2015년까지 그 수는 무려 360만 개 이상으로 증가했다. 그 중 99.9%가 중소기업이고, 300명 이상 종업원을 가진 대기업은 3,891개에 불과했다(중소벤처기업부, 2018a). 근로자 수로 보면 중소기업이 90.2%, 대기업이 9.8%를 차지했다(중소벤처기업부, 2018b).

한국에서는 중소기업과 대기업의 관계가 특이하게 발전해 왔고, 중소기업의 상대적 지위는 시간이 지남에 따라 현저히 악화되었다. 제조업 부문에서 대부분의 중소기업은 대기업에 원자재를 공급하는 하청업체 역할을 하고 있다.[2] 중소기업이 대기업에 하도급할 때 비대칭적인 협상 관계가 존재한다. 수요독점자로서 대기업은 원재료비 상승으로 인한 납품단가 인상 거절, 가격 인하, 제품공급 취소, 반품, 구두 형태의 하도급, 중소기업의 기술개발에 의한 원가절감 만큼의 공급가격 인하, 중소기업이 개발한 신기술 이전 강요, 중소기업 인수 등 다양한 불공정 전술을 통해 중소기업을 착취한다.[3] 중소기업은 대기업과의 비즈니스 관계를 유지하기 위해 이러한 불공정한 관행에 굴복할 수밖에 없다.

그 결과 중소기업의 수익성, 생산성 및 임금은 대기업보다 훨씬 낮다. 중소기업의 평균 임금 수준은 1980년 대기업 임금 수준의 96.7%에서 2014년 62.3%로 감소했다. 2016년 중소기업의 영업이익률은 3.9%인 반면, 대기업은 6.6%를 기록했다(중소벤처기업부, 2018c). OECD는 중소기업의 생산성이 1980년 대기업의 55.0%에서 2015년 32.5%로 꾸준히 감소했다고 지적했다. OECD

국가들과 비교했을 때 2012년 한국의 소기업(종업원 1-9명) 생산성과 중소기업(종업원 10-299명)의 생산성은 모두 OECD 국가 중 최하위였고, OECD 평균의 각각 22%와 62%에 달했다.[4] 중소기업의 수익성, 생산성, 임금률 등이 대기업에 비해 훨씬 낮기 때문에 중소기업은 투자나 유능한 인력을 유치할 수 없어 중소기업과 대기업의 불균형이 지속되고 있다.

한국 기업부문의 가장 두드러진 특징은 소위 재벌이라고 불리는 소수의 대기업에 의한 지배력이다. 재벌은 법적 주체가 아닌 다품종 사업체로서, 특정 필요 자산을 보유한 단일 창업가문이 지배하는 계열사가 다수 존재한다. 공정거래위원회가 재벌로 지정하면 채무 보증 및 계열사 간 순환출자, 금융 및 보험 계열사 참여 등 다양한 규제가 시행된다. 정부는 1998년부터 계열사 간 상호지급보증을 금지하기 시작했다. 1986년 도입 이후 여러 차례 개정된 상호출자제한은 '상호출자제한규정'과 '출자총액제한규정' 두 가지 요소로 이루어져 있다.[5] 전자의 규정에 따르면 재벌의 한 계열사는 같은 계열사의 자매 회사가 전자의 지분을 소유하고 있는 경우에는 그 계열사(전자)가 자매 계열사(후자)의 지분을 매수할 수 없다. 후자는 총자산이 10조 원 이상인 재벌의 사내 투자 총액을 계열사 수에 관계없이 재벌 자산의 40% 이하로 제한한다.

재벌로 지정되기 위하여 필요한 자산규모는 시간이 지날수록 증가해 2017년 기준으로 10조 원으로 설정되었다. 이 기준에 따르면 1,266개의 계열사를 거느린 지정 재벌이 31개 존재한다. 세분화하면 재벌 당 40.8개의 계열사에 이른다.[6] 한국의 경제력은 수많은 산업에 걸쳐 광범위하게 다각화되면서 이러한 지정된 재벌에 집중되어 왔다. 2010년에는 55개의 재벌과 계열사가 626개의 업종에 참여해 전체 1,131개 업종의 55.3%에 달했다. 계열사는 전체 업종의 23.7%인 268개 업종에서 시장점유율이 가장 높았다. 매출액 기준으로는 이들 55개 재벌이 한국경제 전체 매출의 29.1%, 제조업의 49.9%, 서비스업의 18.4%를 차지했다. 제조업 전체 매출에서 재벌이 차지하는 비중은 1970년대와 1980년대 약 35%에서 2010년 49.9%로 높아졌다.[7] 자산별로 보면 명목 GDP 대비 재벌이 보유한 자산 비율은 2001년 69%에서 2016년 149%로 꾸준히 증가했다. 부가가치 금액으로 보면 상위 30대 재벌의 총 부가가치 비중은 1995년 16.2%에서 2002년 17.7%로 높아졌다.[8] 경제 전반에 걸쳐 재벌의 중요성이 압도적으로 크기 때문에 이 장에서는 한국 기업부문의 낮은 신뢰도를 조사하기 위한 방법으로 지정된 재벌에 초점을 맞추고 있다.

왜 재벌에 이러한 경제력이 집중되었는지에 대한 의문이 자연스럽게 제기된다. 이 문제에 대한 철저한 논의는 이 장의 목적을 벗어난 것이지만 재벌과 그 경제력의 확대가 한국에서 기업에 대한 신뢰에 중요한 영향을 미치기 때문에 여기서 간단히 그 문제를 검토하고자 한다.[9] 첫째, 한국 문화의 특이한 특성이 사업 구조에 독특한 영향을 미쳤다. 한국인들은 그 독특하고 계층적인 집단사회에서 가족구성원들 사이의 충성, 효, 순종, 신뢰를 강조한다. 동시에 제7장에서 논의했듯이 한국인들은 상호주의 개념을 강조한다. 개인은 그들의 사회적 계급이나 조직적 계급에 관계없이 집단성을 강화하거나 '**정**' 관계를 유지하기 위하여 다른 사람들이 자기들에게 베푸는 선하고 경건한 행위에 보답해야 할 도덕적 의무가 있다고 여긴다. 그러한 집단사회의 개인은 외부인을 차별하는 경향이 있는 반면, 동료 집단구성원들에게 더 높은 수준의 신뢰를 부여한다. 이러한 사회에서 한국 기업들은 비가족 구성원들에 대한 신뢰 수준이 낮기 때문에 가족 구성원을 중심으로 발전하고 운영되어 왔다. 소유주는 그들에 대한 종업원의 호혜적 충성심을 기대하면서 종업원들을 돌볼 의무가 있는 가부장적 지도자 역할을 한다. 한국인들은 권위에 충성하면서 근면하고, 교육을 잘 받았으며, 부지런하고, 잘 훈련된 사람들로 유명하다. 한국 기업들은 문화적 전통뿐만 아니라 이러한 인적자원을 활용하여 가족에 기반을 두고 한국의 급속한 경제발전과 함께 번창하고 확장되었다.

둘째, 그렇다면 왜 상대적으로 제한된 수의 재벌들만 번창했을까? 분명히 대기업의 성공은 인적자원만으로는 부족하다. 그런 점에서 1960년대 이후 한국 특유의 경제정책과 그에 따른 제도들이 가장 결정적인 요인이었다. 수출주도형 산업화와 1970년대 중화학공업 정책 하에 소수의 대기업이 선정되었고, 이 기업들이 정부의 정책 전달자(conduits) 역할을 했다. 정부는 은행 신용과 같은 다양한 인센티브를 통해 그들에게 지원과 보호를 제공했고, 그들이 국제무역에서 규모의 경제와 범위의 경제를 확장하고 활용할 수 있도록 돕기 위해 다양한 규제를 제공했다. 1960년대 초 정부는 다수의 시중은행을 국유화하고, 재벌을 포함하여 민간기업이 은행을 소유하거나 통제하는 것을 금지했다. 따라서 정부는 자신의 목적에 따라 신용을 통제하고 분배할 수 있었다. 특히, 중화학공업은 많은 자본과 상당한 위험이 수반되기 때문에 그에 대한 정책으로 정부는 소수의 대기업을 선호했다. 이렇게 지정된 기업은 우대금리로 은행 신용을 제공받았고 외채도 보장받았다. 또한, 국내로 유입되는 외국인직접투자(FDI), 수입 및 적대적 M&A로부터 보호받았다.

더욱이, 재벌 확장과 다각화에 기여한 두 가지 매우 중요한 유형의 제도화된 특권 즉 동일한 재벌 계열사간 상호출자제도와 상호지급보증제도가 제공되었다. 다수의 계열사가 있는 대기업만이 이러한 제도를 활용할 수 있었다. 이 두 제도는 재벌들이 상대적으로 적은 투자를 하면서 여러 계열사에 대한 경영권을 가질 수 있게 했다. 재벌의 확장과 다각화로 인해 계열사간 상호보조, 그룹 내 내부거래, 자본과 노동의 이동이 용이해져 재벌에게 더욱 불공정한 이점을 제공했다. 국가의 개입과 그에 수반되는 제도화된 특권의 영향으로 정부와 재벌 사이에 유착관계가 발전하였고, 재벌은 이해관계자의 권리 보호, 공개, 투명성, 경영상의 책임(responsibility)과 법적인 책무(accountability)와 같은 기업지배구조의 문제에 별로 관심을 두지 않고 운영되었다.

셋째, 한국 정부가 재벌의 성장에 결정적인 역할을 했지만 재벌 창업자들의 기업 확장에 대한 기업가적 재능을 간과해서는 안 된다. 이러한 제도화된 특권을 이용해 재벌들은 시장거래를 내실화함으로써 거래비용을 최소화할 뿐만 아니라 규모의 경제와 범위의 경제를 활용하는 방법으로 확장 및 다각화 되었다. 더 확장하고 다각화함으로써 그들은 또한 사업 위험을 통합하고 줄일 수 있었고, 결국 '대마불사'라는 인식을 불러일으켰다. 만연되어 있는 재벌의 무과실(infallibility) 인식과 기업에 대한 지배력을 유지하려는 그들의 열의 때문에 재벌들은 부채자본을 사용하여 확장되고 다각화되었다. 1997년 상위 30대 재벌의 평균 부채비율이 519.0%로 재벌의 부채자본 의존도는 현저히 높게 나타났다.[10]

한국 문화, 제도화된 특권, 사업 전략 모두 제한된 수의 재벌이 한국 기업부문을 지배하는 데 기여했다. 제2장에서 논의한 바와 같이 부채자본에 의한 확장과 다각화로 인해 부채비율 증가는 재벌을 금융 위기에 취약하게 만들었고, 1997년 IMF 외환위기의 결정적 주범의 하나가 되게 했다. 한국에 대한 IMF 구제금융의 조건 중 하나는 구체적인 목표를 달성하도록 기업부문을 대대적으로 개혁하는 것이었다. 그중 하나가 부채비율을 200%로 낮춰 재무구조를 개선하자는 것이었다. 또 다른 목표는 주주권, 다른 이해관계자의 권리, 공개, 투명성, 각 재벌 이사회의 책임과 책무 분야에서 기업지배구조를 개선하는 것이었다. 또한, 이 개혁은 계열사 간 상호출자와 상호지급보증을 방지하거나 제한함으로써 재벌의 경제력 집중을 제한하려는 것이었다. 마지막으로, 이 개혁은 회생 불가능한 기업을 시장에서 퇴출시키고 생존 가능한 기업을 회생시킴으로써 사업 효율성을 향상시키기 위한 것이었다. 위기 직후 기업부문은 이러한 목표에 따라 실질적으로 개혁되었다.[11]

제2장에서 논의한 바와 같이 재벌의 재무구조가 개선된 것을 제외하고는 기업부문의 개혁은 성공하지 못했는데, 재벌의 부채비율은 1997년 519%에서 2002년 말 135%로 감소했다. 앞서 살펴본 바와 같이 재벌의 경제력 집중 증가는 억제되지 않았다. 조만간 추가 논의될 예정이지만 기업지배구조는 개선되지 않았으며, 지배주주들은 여전히 소액주주들을 희생시키면서 자신들의 그룹에 대한 경영권을 행사하고 있다.[12]

한국의 기업부문 개혁의 불완전성은 OECD 국가들에 비해 상대적으로 기업지배구조 운영에서 저조한 실적을 보인 것이 반영된다. IMD는 기업지배구조의 성과와 관련된 여러 지표를 추정해 왔다. 〈표 8-1〉에서 보듯이 IMD의 지표는 주주의 권리, 기업 이사회, 감사 및 회계 관행 등 기업지배구조의 기본 요소를 보여준다. 2000년부터 2017년 동안 이 세 가지 지표의 한국 평균 값은 4.87로 OECD 평균 6.58의 74% 수준이었다. OECD 국가 중에서

표 8-1 IMD가 조사한 한국 및 OECD의 기업지배구조 지표, 2000-2017년 평균 (척도: 1-10)

	한국	OECD	한국/OECD
주주의 권리	4.85	6.78	0.72 (34위)
기업 이사회	4.17	5.75	0.73 (33위)
감사 및 회계 관행	5.58	7.20	0.78 (33위)
평균	4.87	6.58	0.74

출처: IMD(2000-2017).

한국의 주주의 권리는 34위, 기업 이사회와 감사 및 회계 관행은 각각 33위를 차지했다.

8.3 기업에 대한 신뢰의 개념, 결정요인, 영향 및 측정

8.3.1 기업에 대한 신뢰의 개념과 결정요인

제도적 신뢰의 한 유형인 기업에 대한 신뢰는 시민이나 사회가 기업에 대해 갖고 있는 신뢰를 의미한다. 정부에 대한 신뢰와 마찬가지로 기업에 대한 신뢰는 한 국가의 기업이나 기업부문에 대한 시민들이 갖고 있는 신임(confidence)을 의미한다. 그리고 시민들의 신임은 기업 운영에 대한 시민들의 기대와 평가에 근거를 두고 있다. 두 가지 핵심 평가 기준은 기업의 경쟁력과 윤리다.[13] 역량 측면에는 실효성, 투명성, 이해관계자의 경영 참여 등이 포함된다. 기업부문의 실효성은 국가경제 전반에 걸친 성과뿐만 아니라 생산성, 고용 수준, 외국인직접투자의 유입과 유출, 기술혁신과 채택 가능성, 노사관계, 기업 내부관리 등과 같은 여러 지표에 반영될 수 있다. 투명성과 참여는 기업지배구조의 문제이며, 기업지배구조의 원칙을 준수하는 정도에 반영된다.

기업에 대한 신뢰의 가치 차원에는 기업의 사회적 책임, 윤리경영, 종업원과 고객에 대한 공정한 대우, 주주가치 보호 등과 같은 기업의 윤리적 이슈가 포함된다. 이러한 윤리적 문제 역시 기업지배구조의 문제이며, 기업이 윤리를 준수하는 정도가 기업지배구조의 원칙을 준수하는 정도에 반영될 것이다. 이와 관련하여 OECD가 제안한 기업지배구조의 원칙은 이번 장에서 채택하고 간략하게 검토한다.[14]

기업지배구조는 기업을 지시하고 통제하는 규칙, 관행 및 과정의 한 시스템이다. 기업지배구조의 목적은 이해관계자들 간의 이익의 균형을 맞추는 것이고, 법치에 부합하는 자유롭고 공정하며 개방적이고 경쟁적인 시장을 위한 비즈니스 여건을 조성하는 것이며, 전체 경제의 장기적이고 지속 가능한 번영을 촉진하는 효과적이고 신중한 경영을 용이하게 하는 것이다. 이를 위해 기업지배구조는 이사회, 경영자, 주주, 직원, 고객, 공급업체, 금융인, 정부 및 지역사회와 같은 기업의 이해관계자들 간의 권리와 책임의 분배를 명시한다. 기업지배구조에 대한 이러한 잘 알려진 정의에 따라, OECD는 정책 입안자들이 경제적 효율성, 지속 가능한 성장, 재무안정성을 지원하기 위해 기업지배구조에 대한 법적, 규제적, 제도적 틀을 평가하고 개선할 수 있도록 일련의 구체적인 원칙을 제시했다. OECD 원칙은 다음과 같다.

(i) 효과적인 기업지배구조 틀(framework)
(ii) 법률에 의해 확립된 이해관계자의 권리에 대한 인식 및 보호
(iii) 모든 주주에 대한 공평한 대우
(iv) 기업의 재무 상황, 성과, 소유권 및 지배구조를 포함한 모든

중요사안 공개 및 투명성

(v) 기업의 전략적 지침, 경영진의 효과적인 감시를 보장하기 위한 이사회의 책임

(vi) 기업과 주주들에 대한 이사회의 책임

(vii) 기업 진실성(integrity) 원칙

진실성 원칙(vii)은 특히 기업지배구조 프레임워크에 기업 진실성에 대한 고려를 통합하여 기업 진실성과 기업에 대한 신뢰를 높이는 것을 목적으로 한다. 진실성 원칙에 대한 책임있는 사업수행의 범위에는 고용과 노사관계, 인권, 환경, 소비자 이익, 경쟁, 과세 및 뇌물수수 방지와 같은 광범위한 기업활동이 포함된다. 부패는 기업이 사회와 기업에 대한 신뢰에 미치는 주된 부정적인 영향이기 때문에 기업 진실성의 범위 내에서 기업 부패방지는 가장 중요하게 다뤄져야 한다.[15] 이 장에서는 OECD의 기업지배구조 원칙을 기준으로 삼아 한국 재벌의 기업지배구조를 평가하고자 한다.

8.3.2 기업에 대한 신뢰가 경제와 사회에 미치는 영향

정부에 대한 신뢰와 마찬가지로 기업에 대한 신뢰는 경제사회 발전에 중요한 역할을 한다. 위에서 언급했듯이 기업에 대한 신뢰는 거래비용, 투자 결정, 소비자 행동 및 노사관계에 영향을 주어 경제에 영향을 미친다. 기업에 대한 신뢰는 또한 기업부문에 대한 정부의 감시 및 규제의 범위에 영향을 줌으로써 기업 운영을 통해서 경제에 영향을 미친다. 세계화 하에서 기업에 대한 신뢰가 더욱 중요해졌으며, 결과적으로 세계 전반의 생산성, 효율

성, 고용 및 생활 수준 향상에 크게 기여했다. 글로벌 기업인들이 기업에 대한 신뢰가 낮은 국가와는 거래하기를 꺼려하기 때문에 한 국가에서 기업에 대한 신뢰가 낮으면 무역과 해외직접투자 등 세계화의 이점을 이용하는 데 걸림돌이 된다.

기업 부패의 핵심 원인인 기업 비리는 경제에 심각한 악영향을 끼치며, 이는 제7장에서 논의한 정부 부패가 경제에 미치는 부작용과 유사하다. 기업 부패는 거래비용을 증가시키고, 기업 투자를 방해하고 왜곡하며, 해외로부터의 외국인직접투자 유입을 늦추고 국제 경쟁력을 떨어뜨리게 되어 경제에 부정적인 영향을 미친다. 한편, 기업이 저지른 부패와 기업지배구조 원칙의 위반은 기업 평판 훼손, 브랜드 이미지, 고객, 신용 및 자본 가치의 손실, 높은 자본비용, 과태료 또는 벌금 등을 포함하여 기업에 직간접적인 비용을 초래한다. 고위경영진과 이사진은 기업의 잘못된 행동에 대해 법적 책임을 질 수 있고, 개인적인 법적 책임을 질 수도 있다. 반면, 기업 진실성 원칙을 준수하는 기업은 이해관계자와의 관계를 개선하고 장기적으로는 더 높은 주가수익률과 보다 경쟁력 있고 지속적으로 우수한 실적을 누릴 수 있다. 또한, 기업지배구조 질 개선이 국민총생산, 총요소생산성 및 투자/GDP 비율에 긍정적이고 유의미한 영향을 미친다는 것을 보여 주었다.[16]

기업에 대한 신뢰는 또한 대인관계 신뢰, 법 준수, 사회적 갈등, 사회적 공정성, 정의 및 평등과 같은 사회의 다양한 측면에 영향을 줌으로써 사회 발전에 영향을 미친다.[17] 특히, 기업 부패는 사회에 심각한 영향을 미친다. 한 기업의 부패한 사업활동을 관망하므로 다른 회사도 그런 부패 활동을 따라 할 수 있으며, 불법적이고 부도덕한 활동을 유도하고 서로의 부정행위를 강화할 수 있다. 기업 부패가 지속되면 사회의 규범에 변화를 야기시키고, 사람들의 정직성과 서로에 대한 신뢰가 위축된다. 기업의 사회적 책임에 위배되는 기업 활동들은 환경오염이나 한정된 자원의 과대 사용과 같은 사회적 외부효과를 유발할 수 있다. 이러한 활동들은 불법은 아니지만 확실히 무책임한 행동이므로 기업에 대한 신뢰를 낮추고 경제와 사회에 악영향을 미친다.

8.3.3 기업에 대한 신뢰도 측정

기업에 대한 신뢰는 기업 운영에 대한 시민들의 신임에 의해 결정된다. 시민들은 다양한 채널을 통해 전달된 경영 평가 결과를 고려하여 기업에 대한 신임이나 신뢰를 인식한다. 따라서 다른 유형의 사회적 신뢰와 마찬가지로 기업에 대한 신뢰는 일반적으로 표본조사에 의해 측정되며, 시민들에게 기업의 경쟁력과 가치 측면 뿐만 아니라 기업지배구조 원칙의 준수와 관련한 기업에 대한 신임 또는 신뢰에 대해서도 질문을 한다. 앞 장에서 언급했듯이 시간이 지남에 따라 사람들의 인식이 변화하기 때문에 시간 변화에 따라 측정된 기업 신뢰 측정 지표의 평균 값이 국가간 비교에 활용된다. 많은 국제기구가 기업에 대한 신뢰 지표를 측정하기 위해 여러 국가에서 설문조사를 실시했다. 또한, 한국의 한 기관(한국행정연구원)은 매년 설문조사를 실시해 국내 기업의 신뢰 지표를 측정하고 있다.

8.4 국내 기업에 대한 신뢰도

8.4.1 한국행정연구원(KIPA)이 측정한 국내 기업에 대한 신뢰도

한국행정연구원은 2013년부터 2017년 동안 한국의 기업(주로 대기업)에 대한 신뢰 수준을 추정했는데, 이는 34.1% 내외로 거의 변동이 없었다(〈표 8-2〉). 제7장에서 지적한 것처럼 기업에 대한 신뢰 수준은 같은 기간 정부 평균 신뢰 수준의 33.1%와 비교된다. 기업인들이 정부와 기업의 신뢰 수준이 상당히 비슷하다고 인식했다는 점은 흥미롭다. 한국행정연구원은 기업에 대한 신뢰와 관련된 기업 진실성에 대한 인식 수준을 추정했다. 평균적으로 2013년에서 2017년 동안 응답자의 26.5%만이 대기업들이 그들의 사업을 정직하게 운영한다고 인식했다(〈표 8-2〉). 이러한 낮은 수준의 진실성은 기업의 낮은 신뢰 수준에 반영될 것이다.

표 8-2 한국행정연구원이 조사한 2013-2017년 동안 한국 기업(대기업)에 대한 신뢰(%)

	2013	2014	2015	2016	2017	평균
기업에 대한 신뢰*	33.6	37.8	33.8	34.3	31.2	34.1
기업 진실성**	23.4	29.5	25.0	28.4	26.2	26.5

주: * 대기업을 '어느 정도'와 '매우 많이' 신뢰한다고 응답한 비율.
** 대기업이 '어느 정도'와 '높은 정도'의 진실성을 유지한다고 생각한 응답자 비율.
출처: 한국행정연구원(2017a).

8.4.2 국제기구가 측정한 한국 기업에 대한 신뢰도

다수의 국제기구들이 전세계 기업에 대한 신뢰 지표를 추정했는데 이를 통해 한국의 기업 신뢰 수준을 OECD 국가와 비교할 수 있게 되었다. IMD는 '기업에 대한 신뢰' 그 자체를 측정하지 않는다. 대신 〈표 8-1〉과 〈표 8-3〉에 나타난 것처럼 기업에 대한 신뢰의 다양한 측면을 측정한다. 앞에서 언급했듯이 〈표 8-1〉의 세 가지 지표(즉, 주주의 권리, 기업 이사회, 감사 및 회계 관행)는 기업 지배구조의 주요 구성요소의 실효성을 측정한다. 이 세 가지 지표의 경우 2000년부터 2017년 동안 한국의 평균값은 OECD 평균의 74%에 달했다. 한국에서 이 세 가지 지표의 값은 기업 이사회가 주주에 의해 통제되기 때문에 기업 이사회가 역할을 수행하는 데 효과적이지 못하고 투명하지 않다는 것을 보여준다.

〈표 8-3〉의 첫 세 지표(항목 1-3)는 기업에 대한 신뢰의 가치 차원을 측정한다. 한국은 OECD 국가들보다 훨씬 낮은 성적을 보였는데, 그 지표들은 OECD 평균의 각각 93%, 83%, 81%에 달했다. 다음 두 지표(항목 4와 5)는 주주 이외의 이해관계자(즉, 종업원과 고객)의 이익이 보호되는 정도를 측정하였다. 이러한 이해관계자들에게 한국은 OECD 평균보다 비슷하거나 더 나은 성과를 거두었다. 마지막 두 지표(항목 6과 7)는 기업에 대한 신뢰의 역량 차원을 반영하는 기업 효율성을 보여 준다. 이들은 한국의 대기업이 국제기준에 비해 효율성이 높은 반면, 중소기업의 기업 효율성은 OECD 국가보다 현저히 낮은 4.26점으로 OECD 평균 6.28점의 68%에 불과했다. 대기업의 효율성에 비해 중소기업의 효율성이 상대적으로 낮다는 것은 위에서 논의한 바와 같이 불공정한 발전 과정뿐만 아니라 중소기업과 재벌 간의 불공정한 관계를 보여준다. 10개 지표(〈표 8-1〉과 〈표 8-3〉) 모두 한국의 평균점수는 5.44점으로 OECD 평균점수 6.45의 84.3%에 달했고, OECD 34개 국가 중 30.4위를 차지했다. IMD의 이러한 지표들은 한국의 기업에 대한 신뢰 수준이 상대적으로 낮다는 것을 확신하게 한다.

표 8-3 2000-2001년 IMD가 조사한 한국과 OECD의 기업에 대한 신뢰지수 평균값

(척도: 1-10)

	한국	OECD	한국/OECD
사회적 책임	5.43	5.81	0.93(33위)
윤리 실천	5.35	6.46	0.83(24위)
경영자 신뢰도	4.89	6.07	0.81(33위)
기업 가치*	6.12	6.33	0.97(33위)
고객 만족	7.48	6.87	1.09(19위)
기업 효율성: 대기업	6.31	6.94	0.91(28위)
기업 효율성: 중소기업	4.26	6.28	0.68(34위)
평균	5.44	6.45	0.84(30.4위)

주: * '기업 가치'는 종업원의 가치도 고려함.
출처: IMD(2017).

전 세계 기업에 대한 신뢰 지표를 추정하는 또 다른 국제기구는 세계경제포럼(WEF)이다. 한국과 OECD 국가들의 기업에 대한 신뢰에 대한 다양한 측면과 관련된 추정치는 〈표 8-4〉에 나와 있다. 〈표 8-4〉의 10가지 지표 중 첫 번째 지표(즉, 책임)는 기업지배구조의 주요 구성요소의 실효성을 측정한다. 2007년에서 2017년 사이 한국의 평균점수는 4.45로 OECD 평균 5.05와 비교하면 OECD 34개 국가 중 30위였다. 항목 2에서 알 수 있듯이 기업윤리는 OECD 평균 5.10에 비해 한국은 OECD 국가 중 27위인 4.13으로 상대적으로 낮다. 다음 6개 지표(항목 3-8)는 기업운영의 역량을 보여준다. 한국 기업이 수행한 역량은 OECD 국가의 평균과 비교해도 손색이 없다. 마지막 두 지표(항목 9와 10)는 제한된 수의 기업에 의한 시장 지배력을 측정한다. WEF 추정치는 한국의 경제력이 소수의 재벌에 집중되어 있음을 분명히 보여준다. 시장 지배력 부재의 정도를 측정한 지표에서 한국은 OECD 평균 4.54에 비해 OECD 국가 중 30위인 3.59를 기록했다. 한국의 높

은 시장 지배력은 OECD의 평균 4.77에 비해 한국은 4.58인 것에서 알 수 있듯이 한국에서 반독점 정책이 제대로 작동하지 않음을 의미한다.

IMD와 WEF의 기업에 대한 신뢰의 다양한 측면에 대한 추정치는 상당히 일관성이 높으며, 한국의 기업에 대한 신뢰 수준이 OECD 국가 평균보다 상당히 낮음을 나타낸다. 이는 한국행정연구원이 측정한 한국의 기업에 대한 낮은 신뢰 수준을 강하게 지지한다. 다음 절에서는 한국의 기업에 대한 신뢰가 낮은 주요 원인에 대해 살펴 본다.

표 8-4 2007-2017년 WEF가 조사한 한국과 OECD의 기업에 대한 신뢰지표 평균값

(척도: 1-7)

	한국	OECD	한국/OECD
책임성*	4.45	5.05	0.88(30위)
기업윤리	4.13	5.10	0.81(27위)
현장 교육	4.57	4.82	0.95
고객 지향 정도	5.36	5.11	1.05
금융시장 발달	4.16	4.63	0.90
기술 채택	5.36	5.44	0.99
사업 정교함	4.95	4.89	1.01
연구개발 혁신	4.83	4.62	1.05
시장 지배력 범위	3.59	4.54	0.79(30위)
독과점 방지 정책의 효과	4.58	4.77	0.96
평균	4.63	4.88	0.95

주: * '책임성'에는 감사 및 보고 기준의 강도, 기업 이사회의 효율성, 소액주주의 이익 보호 및 투자자 보호의 강도가 포함됨.

출처: WEF(2017).

8.5 한국의 기업에 대한 신뢰가 낮은 원인

8.5.1 재벌의 경제력 집중

범위와 특성

문헌 검토와 한국 내 기업부문 현황에 대한 검토 결과 한국에서 신뢰가 낮은 여러 가지 원인이 명확해졌다. 한 가지 원인은 재벌의 높은 경제력 집중이다. 위에서 논의한 바와 같이, 재벌의 경제력 집중과 그들의 다각화는 최근 들어 줄어들지 않고 오히려 그들의 경제력은 더욱 확대되고 다양해졌다. 위에서 지적했듯이 재벌의 총매출 비중, 재벌이 보유한 총자산의 GDP 대비 비율, 재벌의 국가 부가가치 점유율은 시간이 지날수록 모두 증가했다. 경제력 집중도를 보여주는 또 다른 지표는 집중비율이다. 한국의 경우 재벌이 참여한 모든 업종에서 2010년 3개 기업(CR3)의 집중도는 51.8%인 반면, 재벌의 참여가 없는 집중도는 43.9%로 나타났다.[18] 한국은 OECD 국가보다 경제적 집중도가 상대적으로 높다. 〈표 8-4〉에서 보듯이 한국의 시장 지배력 범위는 2007년부터 2017년 사이 평균적으로 OECD 국가 중 다섯 번째로 높았다. 재벌의 경제력 집중도가 높아짐에 따라 불공정과 불의에 대한 사회의 인식이 높아짐은 물론이고, 외부충격에 대한 국가 경제적 취약성에 대한 사회적 우려가 높아져 재벌과 기업 전반에 대한 신뢰가 낮아졌다. 재벌에 의한 다각화도 확대되었다. 앞서 언급한 바와 같이 2010년 지정 재벌과 그 계열사가 626개의 업종에 종사했는데, 이는 전국 1,131개 업종 전체 수의 55.3%에 해당한다. 재벌과 그 계열사가 참여한 626개 중 268개의 업종에서 이들 계열사의 시장점유율이 가장 높았다. 지정 재벌 1개 당 계열사

수는 2016년 26.7개에서 2017년 40.8개로 증가했다. 이들 계열사 중 상당수가 자신의 재벌에 납품하고 있다고 지적했다.[19] 재벌 계열사들은 인적자원, 자본, 정보, 구매력 및 공급물자 확보와 관련하여 서로를 지원하기 때문에 중소기업에 비해 부당한 이점을 갖고 있다. 따라서 새로운 기업을 창업하거나 중소기업이 생존하기는 매우 어려울 것이다. 게다가 계열사 대부분이 비상장 회사다. 예를 들어, 2016년에는 1,736개 계열사 중 14.3% 만이 상장되었다(OECD, 2018: 81). 투명성과 책임성을 포함한 기업지배구조의 원칙은 이러한 비상장 자회사들에 의해 잘 지켜지지 않을 것이다.

경제력은 최근 몇 년간 소수의 재벌에 더욱 집중되어 왔다. 2017년 지정 재벌 31개 중 가장 큰 4대 재벌(삼성, 현대, SK, LG)이 전체 자산의 52.7%, 전체 매출의 56.2%, 총 31개 재벌 순이익의 72.7%를 차지했다. 재벌의 다각화마저 양극화 된다. 2017년 지정 재벌 31개 중 상위 4개의 재벌은 각각 평균 70개의 자회사를 나머지 27개의 재벌은 각각 37개의 자회사를 갖고 있었다.[20]

한국 경제력 집중의 또 다른 독특한 특징은 소수의 개인에게 경제력이 집중되었다는 것이다. 재벌들은 상호출자와 계열사간 상호지급보증 이라는 두 가지 제도화된 특권을 통해 확장되고 다각화되었다. 이 두 제도를 통해 재벌의 창업자와 그 가족은 상대적으로 적은 투자로 그룹 전체를 지배할 수 있게 되었다. 30대 재벌 창업자 가족의 지분투자(또는 현금흐름) 비중은 1989년 16%에서 2016년 4%로 감소했다. 그러나 창업주 일가와 계열사 소유 주식을 포함한 누적 의결권으로 대표되는 창업주 일가의 지배력은 1989년 31%에서 2016년 51%로 증가했다.[21] 현금흐름권과 의결권의 격차가 큰 것은 재벌들이 동일한 규제를 적용 받지 않는 그룹 내 금융기관을 이용한 순환출자 패턴으로 위에서 언급한 '상호출자 제한규정'과 '자본출자총액 제한규정'을 우회할 수 있기 때문이다.[22]

2017년 4대 그룹의 창업주 일가의 지분율이 특히 적어 2.0%에 불과했던 점에 주목해야 한다.[23] 결과적으로 적은 투자로 창업주 일가가 재벌 그룹의 소유권과 경영권을 모두 장악하고 있다. 따라서 재벌 구조에는 경영을 감시하고 통제하는 역할을 수행할 내부 메커니즘이 없다. 경영에 대한 내부 감시와 통제의 부재는 경영의 투명성 부족으로 이어져 재벌에 대한 사회적 감시와 규제를 감소시킨다.

경영을 감시하고 통제하기 위한 대내외 메커니즘이 없는 상황에서 재벌 총수/경영자는 시장에서 불공정한 경쟁을 벌이며, 적정 금액의 상속세를 내지 않고 통상 자회사 간 내부거래를 통해 2, 3세들에게 경제력을 물려줄 수 있다. 재벌 총수의 경제력을 2세에게 물려주는 과정은 다음과 같다. 재벌이 창업주 2세들이 소유한 비상장 자회사를 설립한다. 비상장 자회사의 수익성을 높이기 위해 재벌은 다른 계열사를 희생하여 임의적 가격으로 이 회사와 다른 계열사 간의 내부거래를 수행한다. 이 비상장 자회사의 수익성이 높으면 창업주가 주식을 주식시장에 상장시켜 큰 이득을 얻게 되고, 재벌의 경제력은 2세대로 넘어간다.[24] 이러한 과정은 통계적으로 뿐만 아니라 삼성을 포함한 다수의 유명한 실제 사례에 의해 뒷받침되어 왔다. 2013년 전체 재벌의 내부거래가 전체 매출의 12.5%에 이른다는 것을 보여주었다. 총수 일가가 보유한 비상장 계열사의 내부거래는 전체 매출의 23.0%인 반면, 상장 계열사의 내부거래는 8.1%에 그쳤다.[25] 총수 일가가 소유한 비상장 자회사와 나머지 자회사 간 내부거래의 격차가 큰 것은 재벌들이 내부거래를 통해 비상장 자회사의 수익성을 높이려는 의도가 엿보인다.

오너 일가가 다른 계열사의 수익성보다 자신의 이익을 우선할 수 있게 하는 이런 식의 취약한 기업지배구조는 주가를 떨어뜨린다. 이러한 낮은 주가는 코스피지수(KOSPI)가 글로벌 경쟁사에 비해 현저히 낮은 주가수익비율(PER)을 기록하고 있음을 의미하는 이른바 '코리아 디스카운트'에 반영될 것이다. OECD에 따르면 지난 몇 년간 전 세계의 주가수익비율이 한국의 거의 두 배에 달했다.[26]

경제사회적 영향

제한된 수의 재벌에 대한 경제력 집중은 한국의 경제사회 발전에 다양한 부작용을 초래했다. 경제력 집중 자체가 산업구조가 취약하고 경쟁적 시장체제를 방해한다는 것을 의미한다. 위에서 보듯이 재벌이 참여하는 모든 산업에서 51.8%의 집중비율은 해당 산업이 과점산업이며, 시장의 효율적인 경쟁을 저해하고, 다른 기업의 진입을 방해한다는 것을 의미한다. 그룹 계열사 간의 내부거래는 중소기업을 포함한 다른 기업들의 새로운 진입이나 경쟁을 막고 재벌의 확장과 다각화를 가능하게 한다. 공정거래위원회가 불법 내부거래를 적발하고 과징금을 부과했더라도 다른 잠재적 경쟁자들이 살아남기에는 일반적으로 너무 늦은 결정이었다. 재벌들에 의한 많은 가격 담합 사례에서 알 수 있듯이 산업계의 과점들은 특히 한국 집단사회에서 가격담합에 빠지기 쉽다.[27] 이러한 담합은 소비자를 희생하여 독점적 이익을 얻거나 새로운 시장 진입을 막기 위한 것이다. 과점기업들이 가격과 시장을 통제할 수 있기 때문에 그들은 기술혁신을 소홀히 한다. 이와 관련하여 광범위한 한 실증연구는 최근 몇 년간 재벌 성장의 낙수 효과가 급격히 감소하면서 현재의 재벌 의존적 수출주도형 성장 체제가 한국경제의 지속 가능한 성장에 한계에 직면했다고 주장했다.[28] 재벌 성장의 낮은 낙수 효과는 결국 재벌들이 글로벌 가치사슬의 일환으로 중국과 동아시아 경제에 크게 의존하고 있으며, 한국 중소기업의 혁신과 역동적인 조정이 부족하기 때문이다. 게다가 수출주도형 영업에 주력하는 제한된 수의 재벌에 과도하게 의존함으로써 한국경제는 협소한 경제가 되었고 끊임없는 경제적 위험과 외부 경제 충격에 취약하다.

다각화를 통해 수많은 산업에 걸쳐 재벌의 높은 경제력 집중이 한국 경제와 기업에 비효율을 초래해 기업가치에 반영될 수 있었다. 이와 관련한 한 경험적 실증연구 결과 한국의 소유권 집중도와 기업가치는 집중률이 약 50%에 달할 때까지 함께 상승하는 것으로 나타났다. 그 점을 넘어서면 기업 가치가 하락했다. 위에서 볼 수 있듯이 재벌의 경제력 집중은 이미 변곡점을 지나쳐 기업가치에 걸림돌이 될 것이다.[29]

한국사회는 재벌에 대한 특유의 존경–적대감 콤플렉스(admiration-hostility complex)를 발전시켰다. 다른 한편으로 사회는 국가의 경제적 번영과 세계적인 명성과 이미지에 기여하는 재벌의 사업 성공을 존경하고 높이 평가한다. 재벌을 향한 존경은 대기업에 취업하기를 원하는 대부분의 젊은이들의 열망에 반영되어 있다. 반면, 사회는 중소기업을 희생시키면서 재벌의 지속적인 확대와 다각화로 인해 사회적 불공정과 불공평이 높아지는 것에 대해 크게 우려하고 있다.

또한, 사회는 중소기업이 주도하는 보다 혁신적이고 서비스 지향적인 경제를 육성하려는 국가의 시도를 재벌이 방해할 것이라는 전망에 걱정하고 있다. 재벌이 한국의 정치, 사회, 사법 제도, 언론 매체에 미치는 영향은 너무 커서 정책 입안자들이 중립적 관점을 잃을 위험이 있다.[30] 재벌은 경제에 널리 퍼져 있고 영향을 미치기 때문에 정책 입안자들은 재벌의 실패를 경제적 실패로 간주하고 어떤 대가를 치르더라도 이를 막으려고 할 수 있다. 정책 입안자들이 갖고 있는 이러한 인식은 재벌들이 "너무 중요해서 실패할 수 없다"는 '대마불사' 인식과 사회가 그들의 볼모로 잡혀 있다는 인식에서 발생하는 도덕적 해이에 대한 사회적 우려를 불러일으킨다. 또한, 재계 거물들이 저지른 불법행위에 대한 언론의 광범위한 보도는 그들에 대한 사회적 분노와 적대감을 불러 일으키고 재벌을 모든 사회적 병패의 주요 원인으로 여기는 사회적 인식을 야기시킨다. 널리 알려진 '갑질'(즉, 봉건 영주처럼 행동하는 재벌 총수 일가의 부하직원과 하청노동자 학대) 사건도 다수 존재한다.[31] 한국 사회에서 최근에 발전하고 있는 이 모든 재벌에 대한 우려와 적대감은 오랫동안 끓어 오르는 대중의 분노를 표면화시키고, 경제력과 정치 권력의 부당함과 불평등을 바로잡아야 한다는 대중의 분노를 불러일으킨다.

8.5.2 기업지배구조 원칙에 대한 낮은 준수

한국의 기업지배구조 현황

기업지배구조의 원칙에 대한 높은 준수는 위에서 논의한 바와 같이 기업에 대한 신뢰를 높일 뿐만 아니라(제 8.3절) 기업의 가치와 기업성과도 향상시킨다. 보다 나은 기업지배구조 개선은 관련 이해관계자의 협력을 높이고, 외자 유치와 국제협력을 용이하게 한다. 결과적으로 더 나은 기업지배구조 시스템은 기업의 시장 가치를 높일 것이다. 기업지배구조의 개선은 국가의 경제적 성과 향상으로도 이어진다고 주장한 연구도 있다.[32] 그러나 〈표 8-1〉과 〈표 8-5〉에서 보듯이 한국 기업들은 기업지배구조 원칙은 물론 소액주주 권리와 기업윤리 등 기본요소 준수 측면에서 OECD 국가들 보다 훨씬 뒤처져 있다.

한국 기업의 지배구조, 특히 내부통제 메커니즘 면에서 1988년과 2006년 사이에 전반적인 기업지배구조 상태가 현저하게 개선되었다고 주장하는 연구도 있다. 하지만 다른 나라에 비해 여전히 상대적으로 낮은 수준이다. 국제지배구조메트릭스(GMI, Governance Metrics International)가 기업지배구조 관행을 조사한 결과 2007년 조사대상 50개국 중 한국은 40위를 차지했다. 한국의 순위는 2010년 38개국 중 28위로 다소 상승했지만 2010년은 여전히 OECD 국가 중 최하위권인 6위 수준이었다.[33] 기업지배구조의 두 가지 차원, 즉 회계 공시와 투명성에 근거한 기업지배구조 품질(CGQ) 지수를 추정한 것도 있다. 이 지수에 의하면 2000년부터 2003년 사이 한국은 신흥 아시아 시장 10곳 중 9위를 차지했다.[34] 다수의 기관으로부터 받은 위의 정보를 바탕으로 볼 때 OECD 국가들뿐만 아니라 대부분의 신흥 아시아 국가들과 비교했을 때도 한국의 기업지배구조가 현저하게 열악했음을 알 수 있다. 기업지배구조가 부실하면 한국의 기업에 대한 신뢰도 낮아진다.

열악한 기업지배구조의 원인

그렇다면 왜 한국이 기업지배구조를 선진국 수준이나 주변국 수준으로 개선하지 못했는지 의문이 제기된다. 기업지배구조 제도 때문이 아니라 실효성 없는 시행과 제도 준수 때문인 것으로 보인다. 한국은 1997년 외환위기 이후 영미식 기업모델에 따라 기업부문 개혁을 단행했는데, 이는 분산된 주식 소유권, 주주이익 최우선, 전문경영인의 기업 지배력, 투명성과 책임성에 초점을 맞춘 다수의 사외이사로 구성된 이사회 등의 특수성을 담고 있다. 증권산업, 기업, 학계, 시민단체 및 기타 관련 연구기관을 대표하는 23명의 전문가들로 구성된 기업지배구조위원회는 2003년 한국의 기업지배구조 모범사례 규약을 개발했다. 기업지배구조 규약은 OECD가 제시한 기업지배구조 원칙과 일치한다. 또 기업지배구조의 실행과 법적 집행을 위해 필요한 규제기관이 완전히 설립되었다.[35]

그럼에도 불구하고 기업지배구조 원칙의 집행과 준수는 한국에서 비효율적이었다. 한 조사는 한국의 기업지배구조에 대한 두 가지 지표를 추정했는데 하나는 제도적 조정을 위한 것이고 다른 하나는 그 집행을 위한 것이다.[36] 전자는 11개 기업지배구조 요소에 대해 평균 0.80을 기록했고, 후자는 0.45를 기록해 상대적으로 제도 집행이 미흡한 것으로 나타났다. 기업지배구조의 원칙 준수가 낮은 데에는 여러 가지 이유가 존재한다. 첫째, 문화적 관점에서 보면 한국의 기업지배구조는 근본적으로 가족경영의 전통에 뿌리를 두고 있다. 따라서 재벌들은 가족경영 시스템의 폐지를 꺼리고 국민들은 왜곡된 기업지배구조를 용인하고 있다. 둘째, 제7장에서 논의한 바와 같이 한국의 계층사회에서는 직원들이 불법과 부적절한 행위에 대해 내부감시자 또는 내부고발자 역할을 꺼린다. 셋째, 제6장에서 본 바와 같이 시민들의 법률 준수율이 낮다는 점을 감안할 때 공식 제도의 실행이 상대적으로 저조한 것은 놀라운 일이 아니다. 넷째, 기업지배구조 규칙과 규정의 주요 집행기관은 공정거래위원회이다. 공정하고 경쟁적인 시장 제도를 추진함에 있어 공정위는 정치인들뿐만 아니라 정치적으로 강하고 로비를 많이 하는 재벌 그룹의 도전에 직면해 있다. 공정위 위원장의 임기가 3년임에도 불구하고 약 1년의 짧은 임기에서 알 수 있듯이 효율적이고 일관성 있게 역할을 수행할 정부로부터의 독립성이 부족한 것이 분명하다.[37] 정부로부터의 강력한 독립이 없다면 공정위는 그 막강한 힘을 잃게 될 것이다.

8.5.3 불공정한 재벌-중소기업 관계

위에서 논의한 바와 같이 한국사회는 재벌−중소기업 관계와 관련하여 불공정하고 불공평하다는 인식이 강하다. 2011년 전 국민들을 대상으로 한 설문조사에 따르면 국민의 81.2%는 대기업과 중소기업의 관계가 불공정하다고 생각하는 반면, 88.1%는 대기업과 중소기업의 상생 파트너십이 국가의 지속 가능한 성장을 위해 매우 중요하다고 답했다. 조사 대상 대기업의 58.2%가 중소기업과의 관계가 불공정하다고 인식했고, 중소기업의 89.5%는 대기업과의 관계가 불공정하다고 응답했다는 점이 흥미롭다.[38] 이렇게 불공정에 대한 대중의 높은 인식은 재벌과 한국 기업 전반에 대한 낮은 신뢰로 이어진다.

이러한 불공정한 관계는 정부 정책으로 인해 발전되었다. 위에서 간략히 논의한 바와 같이(8.2절) 중소기업의 중요성에도 불구하고 한국의 경제발전 초기 경제정책의 기본 추진력은 재벌의 지원을 통해 성장과 수출목표를 달성하는 것이었고, 중소기업은 불리한 입장에 처하게 되었다. 정부가 1970년대부터 다양한 정책수단으로 중소기업 육성에 나섰지만 중소기업은 재벌과의 관계에서 불리한 위치를 극복하지 못하고 있다. 1997년 위기 이후 중소기업은 신용경색, 치솟는 금리, 대규모 발주자(재벌)의 지급 지연 또는 채무불이행 등으로 재벌보다 더 큰 타격을 받았다. 정부는 중소기업에 대한 다양한 지원책으로 대응했지만 중소기업의 고충을 완화하는 데는 실패했다.

두 실체 간의 양극화는 본질적으로 구조적인 것으로 보이며 개선될 기미가 보이지 않는다. 재벌들은 막대한 자본과 계열사간 상호지원으로 시장 지배력이 압도적인 상황에서 앞서 언급했듯이 다양한 전술을 통해 독립적인 중소기업을 육성하는 것을 막아왔다. 그 결과, 제조업에 종사하는 중소기업 중 한국 기업 네트워크에 독립 사업자로 진출한 기업은 극히 일부에 불과하고, 이 중 81.6%가 재벌의 하청업체 및 공급업체 역할을 하고 있다. 선진국과 비교하여 한국의 제조업에서 중소기업의 하청업체 비율이 2005년 약 70%로 서구 선진국의 40%에 비해 높다고 주장되었다.[39] 이러한 재벌과 중소기업 사이의 수요 독점적 관계는 수익성, 생산성, 임금률의 측면에서 두 실체 간의 양극화를 심화시켜 불공정한 관계가 영구화되었다.

중소기업에 대한 정부 지원 정책의 일환으로 정부는 수입에 의존하는 대신 제조업 분야에 대한 국내 생산 정책을 채택했다. 이 정책은 생산 효율을 향상시켰지만 중소기업의 신제품 개발이나 제품 마케팅은 개선되지 않았다.[40] 이 정책은 수직적 재벌-중소기업 관계의 강화에 기여했다. 일단 중소기업이 재벌의 하청업체가 되고 수직적 권력관계가 성립되면, 앞서 살펴본 바와 같이 재벌은 수많은 불공정 거래 관행을 통해 중소기업을 착취했다. 중소기업은 재벌과의 사업 관계를 유지하기 위해 이러한 불공정한 관행을 받아들이지 않을 수 없다. 게다가, 재벌들은 최근 몇 년 동안 해외에서 그들의 투입물(원자재, 부품, 인력 등)을 아웃소싱하는 것을 주저하지 않았기 때문에 중소기업은 특히 중국과 기타 신흥 동아시아 국가와의 국제 경쟁 심화에 직면하게 되었다. 이러한 새로운 변화는 두 실체 간의 양극화를 더욱 심화시켰고, 이로 인해 한국사회와 경제에 심각한 영향을 줄 뿐만 아니라 기업에 대한 신뢰도를 낮추었다.

8.5.4 높은 기업 부패 정도

기업에 대한 불신의 원인

기업에 대한 신뢰의 가치 차원의 주요 구성요소는 기업의 비윤리적인 운영에 대한 직접적인 지표인 기업 부패다. 한국에는 정부 관계, 공급업체 관계(주계약업체 직원과 하도급업체 직원 간), 고객관계(대리점을 포함한), 내부 인적자원 관리(채용, 승진, 배치) 등 다양한 기업 부패의 원인이 존재한다. 출처와 관계없이 기업 부패는 다양한 경로를 통해 기업에 대한 신뢰에 부정적인 영향을 미치고, 그것이 기업 번영 뿐만 아니라 경제와 사회 발전에 미치는 영향이 매우 크다.

기업 부패는 높은 거래비용, 투자 방해, 생산 활동에서 지대추구 활동으로의 잘못된 경제 자원 배분, 혁신 억제 등 여러 경로를 통해 경제 및 관련 기업에 부정적인 영향을 미친다. 한국경제는 개방적이고 국제 비즈니스에 크게 의존하고 있기 때문에 기업 부패는 해외 소비자, 투자자, 주주 등 국제 이해관계자들의 비협조적인 행동을 통해 기업은 물론 경제에도 부정적인 영향을 가져온다. 국제 경제계의 협력 부족은 낮은 직접투자 유입과 국제경쟁력 및 기업가치 상실로 반영된다. 괄목할 만한 한 실증연구는 공공부문 부패에 비해 기업 부패가 1인당 실질 성장에 더 민감하다고 주장한 것이다.[41] 이 연구에 의하면 기업 비리가 10% 줄면 국내 1인당 실질성장률이 10.3% 향상되는 반면, 공공부문 비리가 같은 수준으로 줄어들면 1인당 실질성장률이 9.8% 증가한다고 추산했다.

한국의 기업 부패는 대인관계 신뢰, 공공부문 부패, 법치주의 준수, 사회적 공정성 및 정의 등 사회의 여러 측면에 부정적인 영향을 미침으로써 사회발전을 방해해왔다. 한 기업이 저지른 비리는 다른 기업에게 경쟁력 유지를 위해 전례를 따르고 싶은 유혹에 빠지게 하는 등 부정적인 외부효과를 야기시킨다. 부정적인 외부효과는 환경에 대한 원치 않는 영향으로부터 발생할 수 있다. 기업 부패의 가장 중요한 원인은 정부 관계에서 발생하기 때문에 기업 부패와 공공부문 부패는 밀접한 관련이 있다. 기업 지도자들이 빈번히 저지른 부정행위 사건은 시간이 지나면서 사람들의 진실성, 법 준수, 대인관계 신뢰 등 사회규범의 변화에 기여한다. 특히, 재벌 총수들이 저지른 기업 비리는 재벌들이 부패를 통해 부를 축적했다는 것을 암시하기 때문에 불공정에 대한 사람들의 인식을 높인다.

한국의 기업 부패 정도

기업 부패는 한국에만 국한된 것이 아니라 세계적인 현상이자 관심사다. 갤럽 여론조사에 따르면 기업이 부패했다고 느끼는 비율이 2006년 44%에서 2013년 59%로 증가했다(OECD, 2015b: 25). 그러나 한국의 기업 비리는 OECD 국가들 보다 더 심각한 것으로 보인다. 〈표 8-5〉와 같이 한국행정연구원의 연간 조사에서는 대기업 비리를 감지한 응답자 비율이 2009년에서 2017년 사이 9년

표 8-5 직업별 부패인식수준: 한국행정연구원에 의한 공공 부문, 대기업 및 사회 부문 2009–2017(%)*

	2009	2010	2013	2014	2015	2016	2017	평균
공공부문**	65.7	67.8	65.5	60.2	62.1	61.8	60.7	65.9
대기업	75.4	62.6	75.0	72.5	75.1	70.3	74.0	73.2
사회부문***	59.1	56.1	55.8	57.1	57.3	57.0	55.3	56.8

주: * 백분율은 '공무원 부패 수준이 심각합니까?'에 대해 '심각하다'고 응답한 비율을 나타냄.

** 공공부문의 값은 3부(즉 입법부, 사법부, 행정부)의 평균임.

*** 사회부문에는 언론매체, 시민단체, 예술, 노동조합에 고용된 개인이 포함됨.

출처: 한국행정연구원(2017b).

동안 73.2%를 맴돌았다.[42] 〈표 8-5〉에서 보듯이 대기업의 부패가 공공부문 부패보다 더 심각하다는 점을 주목해야 한다.

국민권익위원회(ACRC)의 추산에 따르면 민간기업의 부패 수준은 공공부문보다 낮다. 〈표 8-6〉은 2012년에서 2017년 사이에 공공부문의 부패에 대한 국민의 인식수준이 3.16(범위는 1(가장 부패한)에서 10(전혀 부패하지 않은))인 반면, 민간기업의 부패 수준은 4.01로 나타났다. 즉, 일반 국민이 인식하는 공공부문의 부패 정도는 68.4%인 반면, 민간기업은 59.9%였다. 공공부문에 비하면 다소 낮지만 민간기업의 부패는 여전히 높다. 한국의 두 기관(한국행정연구원과 한국보건사회연구원)이 측정한 한국의 기업 비리가 OECD 국가들의 기업 비리에 비해 높으며 개선추세를 보이지 않는다고 분명히 밝히고 있다.

표 8-6 국민권익위원회에 의한 공공부문과 민간기업에 대한 일반 대중의 부패인식수준, 2012–2017*

	2012	2013	2014	2015	2016	2017	평균
공공부분	3.55	3.27	2.84	3.09	3.06	2.84	3.16
민간기업	4.43	3.97	3.84	3.90	3.91	3.75	4.01

주: * 부패 수준 값의 범위는 1(가장 부패한)에서 10(전혀 부패하지 않은)이며, 공공부문의 값은 3부의 평균임.

출처: 국민권익위원회(2017).

한국의 높은 기업 부패 원인

기업 부패의 원인 중 하나는 기업윤리와 윤리경영의 부족이다. 1997년 외환위기 이후 많은 재벌들의 기업 부패와 연쇄적 기업 도산은 한국의 기업부문에서 기업윤리가 상대적으로 부재했음을 시사했다. 이 위기에 대응하기 위해 정부는 기업 개혁에 착수했고, 기업이 윤리적 기준을 준수하도록 하기 위한 법과 규제를 강화했다. 그러나 부패의 심각성과 그것이 한국의 기업부문에 미치는 결과에도 불구하고 정부의 광범위한 기업개혁 프로그램은 기업윤리를 한국 기업문화에 정착시키는 데 어려움을 겪어왔다. 왜냐하면 국민과 정부가 재벌의 나쁜 행동을 엄격하게 처벌하는 것이 기업의 성공을 통해서 경제적 번영을 추구하는 국가적 열망에 부정적인 영향을 미칠 것이라고 믿었기 때문이다. 그 결과 현재까지 일련의 부패사건이 여실히 보여주고 있듯이 외환위기 이후의 연이은 정부들은 기업의 비윤리적인 행위에 대해 처벌하려는 정치적 의지가 결여되어 있다.

그럼에도 불구하고 2001년 미국 엔론사의 파산 이후 한국뿐만 아니라 글로벌 경제계에서도 기업윤리의 중요성이 높아지고 있음을 인식하면서 한국 기업들은 기업윤리와 윤리경영에 관심을 갖기 시작했다. 기업윤리는 기업활동의 옳고 그름에 대한 판단의 근거이자 기업이 사회에서 책임 있는 행위자가 되려면 무엇을 해야 하고 하지 말아야 하는지에 대한 판단의 근거로서 기업행동에 특정한 윤리적 기준을 적용하는 것을 의미한다. 윤리경영이란 기업이 기업윤리, 법률, 규정에 따라 기업을 운영하는 것을 말한다.

기업윤리 준수의 주장은 규범적 측면에서 뿐 아니라 실증적 측면에서도 정당화된다. 규범적 측면에서 볼 때 기업윤리는 기업이 기본적인 윤리적 기준을 준수해야 하며, 법에 명시된 기준과 책임을 넘어 사회에 일정한 책임을 다해야 한다고 주장한다. 기업이든 개인이든 경제주체가 도덕적 의무를 다하지 않는다면 자유시장체제는 살아남지 못할 수 있다. 기업의 사회적 역할과 영향력이 증가함에 따라 기업 행동에 대한 일정한 권한을 갖고 있는 주주와 다른 이해관계자들도 책임이 있다. 기업이 사회로부터 받은 지원을 인정하고 이것을 다시 사회에 환원해야 한다.

최근 실증적 측면에서 기업윤리의 중요성은 증가하고 있다. 기본적인 도덕적 의무를 준수하는 것은 기업에 유익할 수 있고, 때로는 그들의 생존에 필수적일 수 있다는 것을 알게 되었다. 시장에서의 기업성과는 비용효율성과 생산성뿐만 아니라 사회와 직원에 대한 이미지, 고객에 대한 신뢰성, 그리고 사회가 인식하는 브랜드에 따라 달라진다. 기업윤리의 기준을 준수하면 단기적으로 경영의 안정성과 효율성이 향상되고, 부도덕하고 불법적인 기업활동으로 인해 발생하는 비용을 절감할 수 있으며, 평판 훼손의 위험을 방지할 수 있다. 장기적으로는 윤리경영이 효율적인 직원의 채용 및 유지와 시장 평판, 기업에 대한 신뢰, 브랜드 이미지, 기업가치 향상에 기여한다. OECD를 비롯한 기타 연구자들은 한국과 OECD 여러 국가에서 윤리경영과 기업성과 및 장기적 지속가능성 사이에 긍정적인 관계가 있다는 여러 증거를 보여주었다.[43]

그러나 대부분의 기업이 윤리경영에 나섰지만 한국에서는 윤리적 경영 성과가 성공적이지 못한 것으로 보인다. 윤리경영 추진에는 윤리강령 제정, 시행 매뉴얼 개발, 윤리담당관 선임, 임직원 윤리교육 실시, 내부고발자 보호 등의 절차를 포함한다. 전국경제인연합회(FKI)의 2002년 조사에서는 표본조사 기업의

49.7%가 윤리강령을 갖고 있는 것으로 나타났는데, 일본은 90%가 윤리강령을 갖고 있었다. 2005년 대한상공회의소(KCCI) 조사 결과 조사대상 300개 기업 중 53.2%가 윤리강령을 가지고 있었고, 64.4%가 직원을 위한 윤리지침이 마련 되어 있었으며, 30.9%가 윤리담당관을 선임하였고, 56.8%가 임직원을 대상으로 윤리교육을 제공하고 있었으며, 48.2%가 내부고발 및 모니터링 제도를 갖추고 있었다.[44]

윤리경영 프로세스가 확립되어 있다고 해도 그 실행은 전혀 다른 문제이다. 대한상공회의소의 조사에 따르면 대기업과 중소기업의 윤리경영 채택 수준은 선진국 선도기업의 채택률의 각각 65.1%와 55.2%에 불과했다.[45] 한국의 윤리경영 실천 정도는 OECD 국가들과 비교해 평가할 수 있다. 위의 〈표 8-3〉과 같이 IMD가 측정한 윤리경영 실천 정도의 경우 한국은 2000년부터 2017년 동안 평균 5.35점을 받아 OECD 국가 중 24위를 차지했다. 이와 유사하게 〈표 8-4〉는 WEF가 측정한 기업윤리의 경우 2007년에서 2016년 동안 한국은 평균 4.13점을 받아 OECD 국가 중 27위를 차지했다. 또한, 윤리경영에는 기업지배구조 분야에서 투명하고 공정하며 철저한 관리를 하는 것도 포함된다. 〈표 8-3〉과 〈표 8-4〉는 기업지배구조의 다양한 측면에서 윤리 경영 관행이 OECD 국가 평균보다 한국이 현저히 낮은 것으로 나타났다.

윤리경영 이행의 가장 큰 걸림돌은 한국 기업에 대한 강한 집단주의와 높은 충성도의 전통적인 기업문화일 것이다. 대한상공회의소의 조사에 따르면 비윤리적인 행위를 하는 직원들은 회사를 위해 그렇게 한다고 생각하고 적발될 위험도 없다고 한다. 적발되더라도 자기의 회사에 의해 보호 및 구제된다고 믿고 있다.

또한, 제7장에서 논의한 바와 같이 기업 내 내부고발 관행은 기업문화 때문에 어렵다. 대한상공회의소가 직원들의 윤리의식에 대한 인식을 조사한 결과 미국 근로자의 50%에 비해 한국 근로자의 21% 만이 동료의 비리를 보고할 것으로 나타났다.[46]

윤리경영 실패의 또 다른 중요한 원인은 윤리적 리더십 부족이다.[47] 한국에서는 재벌 창업자들의 윤리적 리더십이 기업의 윤리적 풍토와 결부되어 있다. 재벌 창업자나 그 후손들이 연루되거나 기소되거나 유죄판결을 받는 부정부패 스캔들에 대한 언론의 잦은 보도는 재벌들의 윤리적 풍토를 훼손시킨다. 마지막으로 한국 기업계는 여전히 윤리경영을 도덕적(또는 규범적) 의무로 보고 있으며, 윤리경영 준수로 인한 실증적 혜택에 대한 이해는 부족한 것으로 보인다.

한국 대기업 비리의 주요원인은 재벌 계열사 간 내부거래다. 위에서 논의한 바와 같이 재벌들은 내부거래를 이용하여 다른 기업의 신규 진입과 경쟁을 막고, 상속세를 내지 않고 2세, 3세에게 재산을 물려주었다. 재벌이 자기 재산을 타인에게 전가하는 수단으로 내부거래하는 것은 법적으로 소액주주의 권리, 공정거래, 법인세 및 상속세 관련 법률에 대한 명백한 위반이다. 이러한 법적 혐의를 피하기 위해 재벌들은 당국에 뇌물을 주는 경향이 있다. 제7장에서 논의 했듯이 한국의 정치 문화와 제도 때문에 정치 지도자가 되거나 정당을 운영하는 것은 비용이 많이 든다. 한국에는 합법화된 로비산업이 존재하지 않기 때문에 정치인과 정당은 재벌에게 재정적 지원을 요청하고 재벌은 자신의 잘못된 행동으로 인해 발생하는 문제를 해결하기 위해 정부의 호의를 받을 수 있도록 정치인들을 지원해야 한다.[48]

그러나 시간이 지남에 따라 경제력이 높아지면서 재벌들은 자신의 사익을 위해 정치, 언론, 법제도에 더 큰 영향력을 행사하게 된다. 정치인과 정당에 재정적 인센티브를 제공함으로써 재벌들은 정책 결정과 실행에 영향력을 행사한다. 재벌들은 재정 지원을 통해 학계와 법조계에도 영향을 미친다. 언론매체에 광고를 싣거나 언론사를 소유함으로써 재벌들은 언론과 사회적 의견에 영향을 미친다.[49] 따라서 정부는 재벌과 관련된 규칙과 규정을 엄격하게 감독하거나 집행할 수 없다. 사실상 재벌의 권력은 너무나 널리 퍼져 있어 정치인들은 언젠가 재벌들이 그들에게 보답할 것이라고 믿으면서 직접적인 보상 제공 없이도 그들에게 호의를 베풀 것이다. 따라서 재벌의 소유권과 경영권을 재벌 일가가 쥐고 있는 한 재벌과 정부의 대규모 비리는 끝나지 않을 것이다.

또 다른 한국 특유의 기업 부패의 원인은 재벌-중소기업 관계이다. 재벌-중소기업 거래에서 권력관계는 수직적이고 일방적이다. 1차 계약자인 재벌과 중간 관리자들은 중소기업(투입물을 공급하는 하도급자)에 대해 많은 자유재량권을 갖고 있다. 이처럼 재벌과 그 중간 관리자들은 여러 가지 불공정한 전술을 통해 중소기업을 착취할 수 있다. 중소기업은 이런 재벌의 계약적 권력 남용으로부터 스스로를 보호하기 위해 물밑 협상을 하지 않을 수 없다. 일반적으로 규모가 작기 때문에 이러한 유형의 부패에 대한 객관적 데이터나 증거는 쉽게 발견되지 않는다. 그러나 그것은 기업 부패에 대한 인식에 반영될 것이다.

8.6 한국의 기업에 대한 신뢰를 높이는 방법

8.6.1 재벌의 경제력 집중

기업에 대한 신뢰가 낮은 주요 원인은 재벌의 경제력 집중이 증가하는 것으로 요약 될 수 있는데, 이는 기업지배구조뿐만 아니라 법질서를 준수하는 정도가 낮고 중소기업에 대한 불공정한 사업 전략 때문이다. 따라서 기업지배구조와 경쟁 정책을 강화함으로써 기업에 대한 불신을 낮추는 해법을 찾아야 한다. 그러나 한국의 정치경제적 맥락에서 볼 때 이 과제는 여러 가지 이유로 인해 극도로 힘든 도전이다. 첫째, 기업에 대한 국가 권력은 그 일부가 지방정부에 위임되면서 쇠퇴하였다. 둘째, 대통령 임기가 5년 단임제이기 때문에 정부는 시간이 지남에 따라 재벌에 대한 정책을 일관되게 유지할 수 없다. 셋째, 정당이 자주 생겨나고 사라지면서 재벌에 대한 명확한 경제적 원칙을 확립할 만큼 오랫동안 남아 있는 정당은 없다. 넷째, 정치인과 정당은 주요 정치자금 원천으로 재벌에 의존하고 있기 때문에 재벌을 법률에 의해 엄격하게 다루기를 꺼린다.

특히, 재벌의 증가하는 경제력 집중을 억제하는 것이 가장 어려운 과제다. 첫째, 1997년 위기 이후 기업 개혁은 기업지배구조를 개선하지 못했으며, 재벌의 경제력 집중을 제한하는 데 실패했다. 둘째, 재벌은 경제뿐만 아니라 정치와 사회 여론에 대해서도 재정적 인센티브를 휘두르며 힘을 키워왔다. 셋째, 외국 자본이 한국 기업부문에 침투했다. 1990년대 초 외국인에게 한국 자본시장을 개방한 이후 많은 외국 자본이 한국으로 유입됐다. 2018년 4월 현재 외국인들은 주식시장 시가총액의 약 33%를 보유하고 있으며, 이들은 한국의 여러 대형 공기업 및 사기업의 주요 주주이다(한국거래소, 2018). 한국경제에 외국 자본이 침투하면서 정부가 기업부문에 간섭하기가 더 어려워졌다.

재벌에서 발생하는 사회경제적 문제의 핵심 원인은 소수의 지분을 가진 창업자 가족이 전체 재벌 그룹의 소유와 경영을 지배하는 데 있다. 경영권을 장악함으로써 오너 경영자는 대내외적으로 감시 받지 않고 불투명한 경영을 유지하고, 재산을 2세와 3세에게 물려주고, 내부거래를 통해 시장에서 불공정한 경쟁을 벌이며, 재벌과 중소기업 간의 성장 불균형을 심화시킨다. 이러한 현상을 강화시킨 필수 도구는 계열사 간 상호출자 및 내부거래다. 특히, 최근에는 기업투자 촉진 등 다른 정책 목표를 달성한다는 핑계로 재벌에 유리하게 순환출자 메커니즘과 세부 내용이 여러 차례 조정됐다. 이 메커니즘은 순환출자와 관련된 동일한 규정의 적용을 받지 않는 그룹 내 금융과 보험사를 활용하여 순환출자를 할 수 있는 것 등 일부 허점을 내포하고 있다. 따라서 재벌의 경제력 집중으로 인해 발생하는 사회경제적 문제를 고려할 때 일부 자유시장 원칙을 희생하더라도 순환출자를 통제하는 강력한 메커니즘이 요구된다. 이와 관련하여 재벌그룹 총수 일가의 의결권과 현금흐름(소유지분) 간 격차는 4:1과 같은 일정한 비율로 제한되어야 한다. 정부는 계열사 간의 내부거래를 제한하기 위해 정부로부터 공정거래위원회의 독립성을 강화해야 하며, 관련 법률을 엄격하게 시행하고 계열사 간의 내부거래를 감시해야 한다.

1999년에 도입된 지주회사제도는 적극 추진돼야 한다.[50] 2001년 지주회사로 선정된 LG그룹은 한국 지주회사의 모범 사례다. 지주회사와 자회사 간의 소유권 통제 구조는 투명하다. 지주회사제도는 자회사 간의 수평적 상호 및 순환적 지분 보유를 허용하지 않고 단일 계열의 수직적 지분투자만 가능하다. 수직적 지분 소유권을 통해 동일한 사업 영역의 자회사들이 하위그룹으로 발전한다. 이 과정은 예를 들어 LG그룹이 결국 관련 사업 영역을 기준으로 한 다수의 비교적 소규모 기업집단으로 분열될 것임을 의미한다. 특정 산업을 전문화함으로써 각 그룹은 사업 효율성과 경쟁력을 향상시킬 것이다. 무엇보다 불투명한 소유구조 하에 수많은 관련 없는 업종에 분산되어 있는 계열사 간의 내부거래는 지주회사 구조 하에서 최소화될 것이다. 지주회사제도와 관련된 한국의 규제는 선진국의 규제보다 더 제한적이라는 주장이 제기됐다.[51] 상대적으로 제한적인 법률은 기존의 세제 혜택 외에도 한국의 지주회사제도가 개선되어 더 많은 재벌들이 지주회사 개념을 채택하도록 유도할 수 있음을 의미한다.

8.6.2 기업지배구조 원칙의 낮은 준수

채택된 기업지배구조 원칙의 시행 및 준수와 관련된 개선이 필요하다. 이런 점에서 우선 공정거래위원회의 독립성을 강화하여 규정에서 정한 회장의 임기를 보장해야 한다. 둘째, OECD가 공정위의 심사와 심의 과정에서 투명성과 예측가능성이 결여되어 있다고 주장함과 같이 공정위가 운영하는 투명성과 예측가능성이 개선되어야 한다.[52] 셋째, 소액 주주가 경영을 감시하고 통제하기 위해 보유하고 있는 한정된 자원을 감안할 때 국민연금관리공단, 공무원연금관리공단, 사학연금관리공단 등 공공기관 투자가들이 주주총회와 대주주 감시 등에 보다 적극적인 역할을 해야 한다. 주주총회에서 기관투자가를 개선하려면 이들 공적자금이 보유할 수 있는 상장기업의 최대 지분도 늘려야 한다. 최근 '그림자 투표

(shadow voting)' 제도 폐지로 기관투자가들이 자유롭게 투표할 수 있게 됐다.[53] 하지만 지금까지 그들의 역할은 미미했다. 이러한 점에서 국민연금관리공단을 비롯한 대주주들은 스튜어드십 코드(국민연금기금 의결권 행사 지침)를 도입하고, 보다 책임감 있는 투자관행을 수행하며, 기업의 주요 사업 결정에 대한 의결권을 적절히 행사하여 지배주주를 통한 남용을 방지할 것을 제안한다.

넷째, 사외이사의 수와 그 역할을 확대하여 사외이사 제도를 개선해야 한다. 재벌그룹들이 수용한 제도이지만 사외이사는 기업지배구조 개선과 지배주주 감시 등에 큰 역할을 하지 못하고 있다. 무엇보다도 사외이사의 비율이 낮다. 한 조사연구에 의하면 2003년에서 2004년 동안 재벌그룹의 사외이사의 비율이 평균 39.3%로 나타났다. 또 다른 조사에 의하면 2001년 638개 상장회사의 전체 이사 중 평균 34.8%가 사외에서 채용된 것으로 나타났다.[54] 다음으로 사외이사의 대부분이 지배주주 추천을 받아 선임되어 이사회에서 이의 제기를 못한다. 이를 뒷받침하는 한 조사연구에 의하면 사외이사의 76%가 지배주주 추천을 받았고, 상장기업 중 3.7%만이 사외이사가 이사회에서 이의를 제기한 사례를 보고한 것으로 나타났다. 이는 사외이사가 거의 역할을 하지 않음을 나타낸다.[55] 사외이사의 관행을 개선하기 위해서는 지배주주로부터 사외이사의 독립성을 강화해야 한다. 이를 위해서는 지배주주의 추천을 받는 것이 아니라 소액주주를 대표하는 일정 수의 이사가 자신들에 의해 선출되도록 요구할 필요가 있을 것이다. 소액주주들이 상장기업의 이사들을 일정 수 선출할 수 있도록 하려면 서구 기업에서 사용되는 집중 투표제를 시행해야 한다. 장하성(2014: 559)은 위기를 계기로 집중 투표제가 도입되더라도 상법에 따라 기업은 집중 투표제의 도입을 거부할 수 있다고 밝혔다.

소액주주의 권리를 강화하기 위해서는 집단소송을 추진하고 불법적이고 불공정한 기업 활동에 대한 처벌 수위를 높여야 한다. 외환위기 이후에 진행된 기업 개혁은 다양한 시책을 시행하는 데 요구되는 최저 주식 보유 기준을 낮추고 주주들이 2003년까지 집단소송을 수행할 수 있도록 허용했다.[56] 그러나 집단소송을 허용한 법은 거의 무의미해졌다. 첫째, 집단소송의 대상이 되는 불법행위는 매우 제한적이며, 둘째, 절차는 제한적이고 복잡하며 시간이 많이 걸린다. 기업을 상대로 한 집단소송의 어려움은 지난 10년 동안 단 4건만 제기되었다는 사실로도 알 수 있다.[57] 불법행위에 대한 처벌은 그러한 행위에서 얻은 이익을 몰수하고 환수하는 것 뿐이고 그 이상의 가해가 없기 때문에 너무 관대하다. 이러한 처벌의 정도는 불법행위를 억제하기에 충분하지 않다. 위의 논의에서 보면 기존의 법률을 조정하여 기업지배구조 원칙의 이행에 개선의 여지가 존재한다는 것이 명백하다. 기업지배구조 원칙의 이행을 개선할 뿐만 아니라 전반적인 기업지배구조 제도를 개선하기 위해서는 정치적 의지와 리더십이 요구된다.

8.6.3 불공정한 재벌-중소기업 관계

최근 개별 기업체 보다는 수직적 네트워크로 연결된 기업집단을 기반으로 한 글로벌 경쟁의 추세를 감안할 때 한국은 세계화 아래 국가 경제 경쟁력 전반은 물론 동반성장을 위한 재벌과 중소기업 간의 상생 협력 전략을 마련하는 것이 시급하다. 두 실체 간의 협력 전략은 사업 부문에서 지속가능하고 균형 잡힌 성장을 유지하고, 사회적 갈등과 불공평을 시정하며, 기업에 대한 사회적 신뢰를 높이는 방법이다. 두 실체 사이의 협력 전략의 필요성은 협력사업 활동과 두 실체의 영업이익 사이에 긍정적인 관계를 보여준 한 실증연구가 뒷받침하고 있다.[58] 이 연구는 또한 협력활동이 실체들 간의 상호 신뢰를 증진시켜 결과적으로 그들의 사업성과를 향상시킨다는 것을 발견했다.

재벌과 중소기업 간의 상생 협력을 위한 도전 과제 중 하나는 재벌의 비대칭적 권력 남용을 최소화하고, 그들 사이의 공정거래 관행을 강화하여 보다 공평한 경쟁의 장을 마련하는 것이다. 이와 관련하여 공정거래위원회는 최근 두 실체 간 상생협력을 촉진하기 위해 공정거래협약제도, 하도급공정성평가제도, 표준하도급계약서 및 기타 조치들을 도입했다. 두 실체에서 발생하는 문제를 파악하고 이들 간의 상생 파트너십 문화를 촉진하기 위해 동반성장위원회가 2010년에 설립되었다. 공정거래위원회는 그동안 공정거래 관행이 개선됐다고 주장해 왔지만 2016년 1,111건의 공정거래계약 위반 사례에 의해 입증된 바와 같이 추가 개선이 필요하다.[59] 중소기업이 겪는 가장 큰 어려움 중 하나는 연체와 체납이다. 그러나 2012년에서 2016년 동안 결제조건의 18.8%가 장기어음으로 이루어졌고, 사업 거래의 7.5%가 법정기한에 미지급되어 개선 추세를 보이지 않았다. 공정거래위원회는 불공정거래를 신고하는 '국민신문고'를 설치했지만 중소기업들은 비즈니스 관계의 손실을 우려해 재벌들의 불공정 거래 관행에 대한 내부고발을 주저하고 있다.

재벌과 중소기업 간의 균형성장을 위한 추가적인 개선은 (i) 중소기업 자체를 육성 및 개발하고, (ii) 그들 사이의 동반성장 전략을 더욱 촉진함으로써 모색되어야 한다. 한국이 중소기업의 유연성과 창의성을 활용한다면 지식기반경제를 위한 추진력으로 한국의 경제발전에 중요한 역할을 할 수 있을 것이다.[60] 중소기업이 한국의 경제발전에 이처럼 중요한 역할을 하도록 하기 위해서는 중소기업 육성을 위해 도입된 전통적 정책이나 기존 정책에 대한 전면적인 정비가 필요하다. 한국은 1970년대 후반 중소기업에 대한 사회적으로 버림 받은 자(social pariah)로서의 동정심 때문에 중소기업 진흥정책을 시작했는데, 이는 정부 산업정책의 일환으로 제공되는 다양한 인센티브를 통해 대기업만이 중화학공업 참여를 통해 빠르게 성장하고 있었기 때문이다.

중소기업에 대한 공공정책은 '보호와 촉진'이라는 정치적 캐치프레이즈 아래 경제정책과 사회정책이라는 두 가지 요소를 포함하고 있다. 중소기업에 대한 주요 공공정책 인센티브는 채무보증이었는데 이는 수년간 중소기업이 부담한 부채의 거의 85%에 달한다. 중소기업을 위한 예산 규모는 1992년과 2006년 사이에 80배 늘어났는데 이는 전체 정부 예산의 4배 증가에 불과한 것과 대조된다. 국가의 사회 정책의 일환으로 중소기업과 그 직원들을 보호하기 위해 정부는 사업 전망과 분야에 관계없이 모든 중소기업, 심지어는 한계 중소기업까지 지속적으로 지원함으로써 중소기업의 신규 진입 및 퇴출 범위를 대만의 5분의 1 규모로 낮췄다.[61] 이러한 유형의 보호 및 촉진의 부작용은 중소기업이 보호의 안전지대에서 벗어나 더 성장하려는 시도를 방해한다는 것이다. OECD의 분석에 의하면 한국에서 2011년에서 2014년 사이에 소기업의 0.01%만이 중소기업으로 성장했다(OECD, 2016: 29).

중소기업을 위한 새로운 정책 방향은 네 가지 정책 테마를 바탕으로 해야 한다. 첫째, 사회정책의 목표 효율성의 관점에서 볼 때 중소기업 자체가 사회정책의 목표로는 적당하지 않기 때문에 중소기업 진흥의 사회정책 구성 요소의 범위를 최소화해야 한다.

중소기업 지원의 궁극적인 수혜자는 소유주와 다음 세대이다. 중소기업의 모든 소유주가 가난하고 사회적 지원을 받을 자격이 있는 것은 아니다. 오히려 그들 중 일부는 부유하다. 중소기업 지원의 또 다른 수혜자 그룹은 대기업인 1차 계약회사(밴드) 근로자들이다. 1차 밴드 회사는 그들의 노조와 협약한 임금인상의 재정부담을 하도급 계약자인 중소기업에 이전한다. 1차 밴드 회사는 하도급 회사가 정부의 지원을 받아 생존할 것이라는 기대 하에 중소기업에 재정부담을 떠넘기게 된다. 따라서 중소기업 진흥의 사회적 지원 요소는 중소기업 근로자가 신기술과 혁신에 뒤쳐지지 않도록 기술력 향상을 목적으로 해야 한다. 둘째, 정부는 중소기업에 의해 해고되거나 중소기업 파산으로 실직한 근로자의 사회 안전망을 확충해야 한다. 사회 안전망에는 실업보험뿐만 아니라 개인을 대상으로 새로운 경력을 위한 재교육과 창업을 위한 기업가정신 교육도 포함돼야 한다.

셋째, 중소기업에 대한 정부의 지원은 전반적인 정부 정책 방향에 부합하는 혁신과 필요한 인적자원 개발을 향상시키기 위해 그러한 지식기반 분야에 집중해야 한다. 중소기업의 발전과 성장에 대한 주요 장벽의 일부가 핵심 직원의 채용과 유지라는 것을 발견했다.[62] 정부는 이 분야의 중소기업을 위한 추가 정책 인센티브를 제공함으로써 중소기업의 인적자원 문제를 해결하는 데 도움을 줄 것이다. 넷째, 중소기업 경영의 투명성과 기업윤리 개선이 필요하다. 일반적으로 중소기업의 지배구조가 대기업의 지배구조보다 훨씬 열악한 것으로 인식된다. 위에서 제안한 정책 방향은 중소기업의 구조개혁으로 이어지고, 사양산업에 있어 한계기업의 생존을 최소화하며, 중소기업의 진입, 퇴출 및 인수합병을 촉진함으로써 중소기업의 역동성과 경제에 대한 기여도를 높일 수 있을 것이다. 제조업 분야 중소기업의 구조개혁이 시급하다고 주장하는 연구와 구조조정 중소기업의 사업 성과가 비구조조정 중소기업에 비해 현저히 우수함을 보여준 연구도 있다.[63]

균형성장 정책의 두 번째 부분은 재벌과 중소기업 간의 상생협력과 지속가능한 성장전략을 도모하기 위한 것이다. 비록 두 실체 간의 관계가 사적인 문제일지라도 두 실체 간의 협력이 공정한 상거래와 효율적인 시장 경쟁을 유지하는 데 도움이 되기 때문에 이 점에서 정부의 역할은 정당화 된다. 상생협력은 공급망 개선, 관계에서의 공정성과 정의에 대한 인식 제고, 기업에 대한 신뢰 증진을 통해 상호신뢰와 경쟁력을 강화한다.[64] 이에 정부는 상생 협력을 위해 필요한 법적, 제도적 틀을 마련하고, 그 틀에 부합하는 시장에서의 공정한 거래를 감시하며, 금전적인 인센티브와 함께 상생 협력 프로그램 추진 등 적극적인 역할을 해야 한다.

공정거래 관행을 포함한 관련 법규의 집행은 협력적 파트너십의 핵심 요소다. 소송비용의 상대적 부담은 재벌과 중소기업에 따라 다르다. 전자는 사내 법무팀이나 계약된 법률자문팀이 있는 반면, 후자는 일반적으로 재벌에 법적으로 도전할 수 있는 자원이 부족하다. 따라서 재벌이 노골적으로 계약을 위반하더라도 중소기업은 소송비용과 관련 시간, 사업기회 상실 위험성 때문에 피해 시정을 위한 소송절차를 추구하기가 어렵다. 따라서 정부는 법률자문을 제공하고 중소기업에 대한 법률 비용의 일부를 부담해야 한다.

8.6.4 낮은 기업윤리 수준과 높은 기업 부패 수준

한국 기업은 글로벌 상황에서 윤리경영을 적절하게 수용하고 실천하지 못하고 있다. 윤리경영의 부적절한 수준은 한국의 기업문화, 윤리경영이 가져올 긍정적 편익에 대한 이해 부족, 비윤리적이고 부패한 기업 행동을 방지하지 못하는 정부의 무능 탓으로 보인다. 이와 관련하여 제7장에서 논의한 바와 같이 기업은 세계화 시대에서는 한국 기업문화의 여러 측면이 더 이상 기업의 성공 및 지속가능성과 양립할 수 없음을 인식할 필요가 있다. 그들은 또한 1997년 위기가 비윤리적이고 부패한 기업 행동이 그들의 파산을 초래했다는 것을 증명했기 때문에 과거에 기업문화에서 대부분 무시되었던 윤리적 고려가 기업 생존을 위한 고려 대상의 일부임을 인식해야 한다. 이런 점에서 정부는 윤리경영에 대한 온라인 훈련과 교육뿐만 아니라 세계화 하에서 기업의 활력과 지속가능성에 대한 한국 전통문화의 좋지 않은 결과도 지적해야 한다.

기업과 특히 최고경영자들은 윤리경영을 지속 가능한 기업 성공을 위한 투자로 인식해야 할 뿐만 아니라 새롭게 부상하고 있는 국내외 비즈니스 환경하에서 윤리경영의 필요성이 높아지고 있음을 인식해야 한다. 한국의 소유주와 최고경영자층에서는 윤리경영의 긍정적인 이점에 대한 이해가 여전히 부족한 것으로 보인다. 대한상공회의소의 조사에 따르면 중소기업 응답자의 86.3%가 윤리경영의 긍정적인 이점을 인정하는 반면, 응답자의 55.2%만이 윤리경영을 실제로 수용하는 것으로 나타났다(대한상공회의소, 2006a). 이에 반하여 OECD는 조사대상 기업의 80%가 회사의 청렴정책의 설계와 실행에 이사회가 적극적으로 관여했음을 보여 주었다(OECD, 2015b). 기업이 윤리와 진실성 고려사항을 이사회의 관점에서 기업지배구조 틀, 전략 및 운영을 통합할 것을 권장했다. 또한, 제7장에서 살펴본 바와 같이 새로운 부패방지법(부정청탁 및 금품 등 수수의 금지에 관한 법률)이 시행됨에 따라 기업의 투명성, 진실성 및 윤리경영에 대한 이해관계자의 기대가 높아지고 있다는 점도 유의해야 한다. 전 세계적으로 UN, OECD, WTO와 같은 국제기구를 통한 윤리 지침이 확고하게 제도화되면서 높은 수준의 기업윤리에 대한 요구가 증가하고 있다. 윤리경영을 설계하고 시행함에 있어 한국 기업은 국민권익위원회와 OECD가 제시한 절차와 규칙을 활용할 수 있다.[65]

비록 정부가 반부패 기관(제7장)을 설립하고 제도화된 기업윤리가 증가하고 있지만 주로 두 가지 원천(리베이트 형태의 재벌-중소기업 관계와 대기업과 정부 관계)을 중심으로 높은 기업 부패가 여전히 만연하고 있다. 전자는 위에서 논의한 것처럼 두 실체 간의 공정한 거래를 개선함으로써 해결될 수 있다. 후자는 재벌 집단의 내부거래 방지와 관련이 있으며, 이는 다시 소규모 지분 투자로 재벌 총수 일가의 지배력을 저지할 것을 요구한다. 제7장에서 논의한 바와 같이 부패에 대한 느슨한 처벌은 대기업의 부패를 척결하는데 있어 가장 큰 어려움 중 하나이다. 느슨한 처벌을 야기하는 원인 중 하나는 재벌이 저지른 비윤리적 행위를 처벌하려는 연이은 정권의 정치적 의지가 부족하다는 것이다. 이를 위해 재계는 선진국 수준에 준하는 윤리경영을 실천해야 할 뿐만 아니라 OECD 원칙에 부합하도록 기업지배구조와 투명성을 제고하기 위한 진지한 시정조치를 취해야 한다. 정부 역시 모든 운영 분야를 점검해 투명성과 책임성을 높여 정치적 부패에 덜 노출되도록 해야 한다.

8.7 결론

이 장의 목적은 한국에서의 기업에 대한 신뢰의 정도, 그것이 경제와 사회에 미치는 영향, 낮은 신뢰의 주요 원인, 그리고 낮은 신뢰를 개선할 수 있는 가능한 방법 등을 탐구하는 것이었다. 기업에 대한 신뢰는 사회와 경제발전에 중요한 영향을 미친다. 기업에 대한 신뢰는 기업에 대한 시민들의 신임이며, 이는 결국 경영 성과에 대한 그들의 평가에 달려 있다. 두 가지 핵심 평가 기준은 기업 경쟁력과 경영의 윤리적 가치다. 전자는 경제 전반과 기업 성장에 대한 실효성을 포함한다. 후자는 기업지배구조의 원칙에 내재되어 있는데 여기에는 무엇보다도 투명성, 책임성 및 사업상의 청렴(부패 방지) 등이 포함된다. 시민들은 기업이 자신의 기대에 부응하는지 여부에 따라 기업의 신뢰성에 대한 그들의 인식을 확립한다. 이러한 인식은 기업에 대한 신뢰로 측정된다. 한국의 기업에 대한 신뢰는 최근 몇 년간 지속적으로 낮았고, OECD 국가들 전체의 평균보다 상대적으로 낮았다. 기업에 대한 낮은 신뢰는 한국의 경제 및 사회발전에 악영향을 미친다.

한국의 기업부문은 지난 반세기 동안 중소기업과 대기업(재벌)이라는 두 가지 독특한 기업집단을 발전시키며, 두드러진 방식으로 빠르게 성장해 왔다. 두 실체는 현저하게 불균형적으로 발전해 왔다. 중소기업의 상대적 지위는 시간이 지날수록 악화되는 반면 재벌은 번성했다. 오늘날 많은 중소기업들이 재벌에 대한 투입 공급 하청업체가 되었다. 재벌과 중소기업 사이의 협상력 관계는 수직적이고 일방적이었으며, 대기업은 여러 가지 불공정한 방법으로 중소기업을 착취해 왔다.

한편, 수출주도형 산업화 정책의 일환으로 정부가 제공하는 재정적 인센티브와 제도화된 특권을 활용하여 1960년대 이후 제한된 수의 재벌이 확대되고 다변화 되었다. 그들은 한국경제에서 지배적인 경제 세력이 되었으며, '대마불사'라는 인식을 불러 일으켰다. 이러한 인식에서 초래된 도덕적 해이의 영향을 받아 그들은 지속적인 확장과 다변화를 위해 부채자본에 크게 의존해 왔다. 그 결과 재벌은 1997년 금융위기의 주요 원인 중 하나였으며, 특히 증가하는 경제력 집중과 잘못된 기업지배구조 제도를 바로잡기 위해 과감한 기업개혁을 강요받았다. 기업 개혁은 성공하지 못했고, 경제력 집중은 더욱 높아졌으며, 재벌 총수 일가는 여전히 소수의 지분 투자로 그룹 전체에 대한 경영권을 유지하고 있다.

한국의 기업에 대한 신뢰가 낮은 원인이 여러 가지가 있지만 재벌의 높은 경제력 집중이 결정적인 이유 중 하나이다. 한국의 경제력 집중의 독특한 특징은 재벌의 총수 일가에게 유리하게 발전해 왔고, 그들이 경제력을 다음 세대로 대물림할 수 있게 허용했다는 것이다. 제한된 수의 재벌에 기반한 성장 패러다임이 한국경제의 지속 가능한 성장에 심각한 한계를 초래했다는 사실은 널리 인식되어 왔다. 경제력 집중은 재벌과 중소기업 간에 양극화를 심화시켰고, 결과적으로 소득 불평등, 사회적 불공정, 불공평, 갈등 및 재벌에 대한 적대감을 초래했다. 한국의 기업지배구조 제도를 선진국의 제도와 보조를 맞추기 위해 과감한 기업개혁이 이루어졌음에도 불구하고 그 성과는 여전히 선진국보다 훨씬 뒤처져 있다. 기업에 대한 신뢰가 낮은 또 다른 심각한 원인은 한국사회와 경제를 괴롭히고 있는 높은 기업 부패인데 이것은 다른 이유들 중에서도 재벌의 경제력 집중에 기인한다.

확인된 기업 불신의 원인을 고려하여 (i) 재벌의 경제력 집중을 제한하고, (ii) 재벌과 중소기업 간의 균형성장을 촉진하며, (iii) 기업 부패를 방지하는 데 핵심적인 해결책을 모색해야 한다. 재벌의 경제력 집중은 기업지배구조와 경쟁 정책의 수용된 원칙을 시행함으로써 억제될 것이다. 재벌과 중소기업의 균형 성장은 두 갈래의 접근을 통해 추구해야 한다. 첫째, 중소기업에 대한 기존의 '보호 및 촉진' 정책을 정비하여 중소기업을 지식기반 분야의 창업과 혁신을 촉진하고, 한계 중소기업 지원에서 중소기업 해고 근로자 지원으로 정부 자원을 이전하는 새로운 정책을 지향해야 한다. 둘째, 공정거래를 강화하고, 협력 프로그램에 대한 인센티브를 제공하며, 재벌이 저지른 불공정한 거래에 대해 중소기업에게 법률적 지원을 제공함으로써 재벌과 중소기업 간의 상생협력을 촉진해야 한다. 기업 부패를 막기 위해서는 재벌 집단의 불법적인 계열사 간의 내부거래를 금지하고, 재벌과 중소기업 간의 균형 성장도 추진해야 한다. 또한, 정부는 기업이 윤리경영을 채택할 수 있도록 인센티브와 교육을 제공해야 한다. 이러한 모든 제안을 이행하는 데 있어 가장 중요한 요소는 현재 한국에는 부족한 것으로 보이는 강력한 정치적 의지와 대중의 지지이다.

위에서 논의한 바와 같이 기업에 대한 신뢰를 높이기 위해 필요한 모든 조치에는 경제정책뿐만 아니라 사회적 측면도 포함된다. 이러한 조치에 맞추어 경제정책을 설계하고 실행함에 있어 그들의 사회적 영향, 특히 기업 신뢰에 미치는 영향을 고려해야 한다. 이러한 여러 조치들을 동시에 수행함으로써 한국의 기업에 대한 신뢰는 경제력과 선진국 수준에 상응하는 수준으로 점진적으로 향상될 가능성이 높다.

주

1 한국행정연구원의 조사는 한국행정연구원(2017a: 188) 참조. 외국연구소는 CNBC/Burson-Marsteller(2014) 참조.

2 Song(2004), 장하성(2015: 97) 참조.

3 장하성(2014: 478-88) 참조.

4 중소기업과 대기업의 임금 차이는 장하성(2015:94) 참조. 그들의 영업이익의 차이는 중소벤처기업부(2018c) 참조. OECD의 중소기업과 대기업 생산성 비교는 OECD(2018: 95) 참조. 한국 중소기업의 생산성과 OECD 평균 생산성 대비는 Jones and Lee(2016: 12) 참조.

5 이 두 규제에 관하여 Kwon(2010: 224) 참조.

6 시간이 지날수록 재벌이 되기 위한 총자산의 임계 필요금액이 늘어나면서 재벌의 수도 달라졌다. 예를 들어 2017년 10조 원 기준으로 31개의 재벌과 1,266개의 계열사에 비하여, 2016년 필수 자산규모 5조 원 기준으로 65개 재벌이 1,736개의 계열사를 소유했다(N. Choi et al. 2017: 29-31). 임계 자산금액, 재벌 수 및 1987년부터 2017년까지의 계열사에 대한 역사적 변화에 대해서는 N. Choi et al.(2017: 107) 참조.

7 2010년 55개의 재벌과 626개 계열사의 시장점유율은 이재형(2014) 참조. OECD(2018: 81)에 따르면 상위 30대 재벌의 전체 국가 매출에서 차지하는 비중은 2011년 37%에서 2015년 32%로 최근 소폭 감소했음을 보여준다.

8 GDP 대비 재벌 자산 비율은 N. Choi et al.(2017: 140) 참조. 재벌의 부가가치액이 GDP에 차지하는 비중은 J.G. Kim(2006) 참조.

9 재벌의 확장과 경제력에 대한 철저한 분석은 Kwon(2010: 215-43)과 Jun et al.(2010) 참조.

10 Joh(2001) 참조.

11 1997년 외환위기 직후 재벌 개혁에 관하여 Kwon(2010: 224) 참조.

12 재벌 개혁의 평가에 관하여 Kwon(2010: 225) 참조.

13 이 점에 관하여 Huang and Wilkinson(2013) 참조.

14 OECD가 제안한 기업지배구조의 원칙은 OECD(2015a, 2015b) 참조. 기업에 대한 사회적 신뢰는 '사업 관계에 대한 신뢰'와 다르다는 점에 유의해야 한다. 이들은 서로 관련은 되어 있지만 후자는 사업 관계에서 이해관계자(즉 경영자, 고용주, 직원, 고객, 공동체) 간의 신뢰를 말하며 사업 성공의 중요한 원천이다.

15 이 점에 관하여 OECD(2015b: 25) 참조.

16 이 주장은 De Nicole et. al.(2008)가 했다.

17 이 점에 관하여 OECD(2015b: 26) 참조.

18 이재형(2014: 2) 참조.

19 이재형(2014: 7) 참조.

20 2017년 4대 재벌에 경제력 집중도는 한국일보(2017) 참조. 4대 재벌의 자회사 수에 관하여 N. Choi et al.(2017: 31) 참조.

21 OECD(2018: 83) 참조.

22 S. J. Lee(2008) 참조. 나아가 그룹에 대한 지배력을 유지하기 위해 상위 10대 재벌은 최근 주식을 발행하여 주식시장에서 자금을 조달하지 않고 있다. 오히려 내부 이익준비금에서 필요한 자금을 조달했다(장하성, 2014: 63).

23 OECD(2018: 83) 참조.

24 재벌총수/경영자가 2, 3세들에게 경제력을 물려주는 방법에 관하여 장하성(2014: 479–83)과 이재형 · 박병형(2016: 77–82) 참조.

25 장하성(2014: 480) 참조.

26 OECD(2018: 75) 참조.

27 장하성(2014: 484–5) 참조.

28 이 실증연구는 조영삼 외(2017)이다.

29 이 점에 관하여 Cho and Byun(2008) 참조.

30 이 점에 관하여 조윤제(2009) 참조.

31 갑질은 우월적 지위에 있는 사람이 약한 지위에 있는 사람에게 권력을 남용하는 것을 말한다. 최근 한 여론조사에 따르면 한국 근로자의 97%가 상사로부터 갑질을 목격한 것으로 나타났다(Korea Herald, 2018).

32 기업지배구조가 기업의 시장가치와 국가 경제에 미치는 영향에 관하여 각각 J. Y. Kim et al.(2015)와 De Nicole et al.(2008) 참조.

33 한국 기업의 지배구조가 1988년부터 2006년 사이 개선되었다고 주장하는 연구는 Cho and Youn(2008)이다. GMI가 측정한 한국 기업의 지배구조 관행의 한국 순위는 GMI(2008)와 GMI(2010) 참조.

34 기업지배구조 품질지수를 측정한 연구는 De Nicole et al.(2008)이다. 신흥 아시아 국가들은 홍콩, 싱가포르, 필리핀, 태국, 인도, 말레이시아, 파키스탄 및 중국이다. 오직 중국만이 한국보다 낮은 점수를 받았다.

35 기업의 개혁, 지배구조 모범사례 규약과 규제기관 설립에 관하여 Kwon(2010), KDI(2010), Lim(2004) 참조.

36 이 계량적 측정은 Cho and Youn(2008)임.

37 Kwon(2010: 231) 참조.

38 2011년 대기업과 중소기업 관계의 설문조사는 주현 외(2011)가 실행했다. 한국행정연구원(2017a: 240)의 연례 조사에 따르면 2016년에서 2017년 동안 기업인의 평균 74.6%가 대기업과 중소기업 간의 관계가 불공정하다고 생각했다.

39 한국의 제조업에서 중소기업이 대 기업의 하청업체가 된 비율은 Song(2004), 장하성(2015) 참조. 그 비율의 선진국과의 비교는 조윤제(2009: 207) 참조.

40 조윤제(2009: 208) 참조.

41 이 실증연구는 J. H. Lee(2006)임.

42 한국행정연구원(2016)은 2000년부터 2016년 까지 공공 및 기업(즉, 대기업, 중소기업, 자영업) 부문에 대

한 부패인식수준을 제공했다. 이 수치는 각각 79.9%와 69.0%로 나타났다. 그러나 한국행정연구원(2017b)는 2016년 이후 동일한 분류에 의한 부패 수준을 제공하지 않고있다. 오히려 2017년부터는 공공부문은 입법부, 사법부, 행정부 등 3부로 세분화했고, 기업부문의 경우 부패 수준은 대기업에 대해서만 측정했다(〈표 8-5〉). 일관된 데이터를 구할 수 없지만 대기업, 중소기업, 자영업자 등 기업부문의 부패 수준 69.0%와 비교하면 대기업의 부패 수준은 73.2%로 대기업은 한국에서 기업 부패의 지배적인 부분을 차지하고 있음을 시사한다(〈표 8-5〉).

43 이 주장에 관하여 OECD(2015b: 26-27), 전국경제인연합회(2004), Yoon(2005), T. H. Choi(2012), B.K. Choi et al. (2013), Moon(2014) 참조.

44 전국경제인연합회(2004: 126)와 대한상공회의소(2005) 참조.

45 대한상공회의소(2006a) 참조.

46 기업문화 때문에 윤리경영이 어렵다는 점은 대한상공회의소(2007) 참조. 한국 기업 직원들과 미국 직원들과의 윤리의식 비교는 대한상공회의소(2006b) 참조. 대한상공회의소가 2007년 이후 한국 기업의 윤리경영과 부패에 대한 조사를 하지 않은 것은 흥미로운 일이다.

47 이 점에 관하여 Park and Kang(2014), S. B. Choi et al.(2015) 참조.

48 장하성(2014: 473)은 이건희 삼성전자 회장이 자신의 자산 중 1조 8,000억 원을 삼성의 임원 486명에게서 빌린 1,199개 차명계좌에 숨겼다고 지적했다. 이러한 회계로 그는 불법적인 정치적 요구에 대해 쉽게 응할 수 있었다. 조선일보(2018)는 정부가 2018년 대기업에 2,700억 원의 후원금을 요청해 지속적인 부패가 진행 중이고 규모도 어느 정도인지 알 수 있다고 보도했다.

49 이 점에 관하여 조윤제(2009: 172-3) 참조.

50 지주회사제도의 추진을 주장하는 연구로 조윤제(2009)와 장하성(2014) 참조. 한국 법에 따르면 자산이 1,000억 원 이상인 기업은 지주회사가 될 수 있다. 소유주가 전적으로 소유한 지주회사는 자회사 지분을 40% 이상 보유해야 하고, 그 자회사는 자기 자회사의 지분을 40% 이상 보유해야 한다. 2016년 기준 한국에는 162개의 지주회사가 있다(조성익 · 양용현, 2016).

51 이 주장에 관하여 조성익 · 양용현(2016) 참조.

52 OECD(2004: 143) 참조.

53 그림자 투표(shadow voting)란 기관투자가가 가진 투표권을 주주총회에서 실현되는 '찬반 비율'에 비례하여 그 투표권을 나누어 행사하는 것을 의미한다. 따라서 그림자 투표는 발행회사의 주주총회에서 내린 결정을 변경하지 않고, 주주총회 정족수를 채우기 위해 기관투자자에게 그림자 투표를 요청한다. 그림자 투표의 진전에 관하여 Kwon(2010: 224) 참조.

54 처음과 두번째 조사 연구는 각각 Choe and Pattnaik(2007)와 KDI(2010) 참조.

55 지배주주 추천을 받아 선임된 사외이사의 비율을 KDI(2010) 참조. 영문 원본 저자(권오율)는 한국의 한 기업의 이사였는데, 최고경영자의 추천을 받아 이사가 되었을 뿐만 아니라 이의를 제기하는 고립된 아웃라이어(outlier)가 되어 최고경영자와의 개인적인 관계는 물론 관련 회사 직원의 체면을 해치는 것을 우려해 이의를 제기하기 어렵다는 것을 알게 되었다.

56 이 점에 관하여 Choe and Pattnaik(2007) 참조.

57 장하성(2014 : 545) 참조.

58 이 실증연구는 주현 외(2011) 임.

59 이 점에 관하여 공정거래위원회(2017: 142–54) 참조.

60 이 주장에 관하여 조영삼 외(2017) 참조.

61 중소기업에 대한 공공정책에 관하여 조윤제(2009: 195–207) 참조.

62 이 점에 관하여 조영삼 외(2014) 참조.

63 이 연구는 조덕희 · 양현봉(2017)임.

64 이를 뒷받침하는 연구로 주현 외(2011) 참조.

65 국민권익위원회와 OECD가 제시한 윤리경영의 절차와 규칙은 국민권익위원회(2016)와 OECD(2015b) 참조.

제9장 한국의 노동에 대한 사회적 신뢰와 사회경제적 영향

9.1 머리말

이 장에서는 제도적 신뢰의 구성 요소인 노동에 대한 사회적 신뢰를 알아본다. 1960년대와 1990년대 사이에 한국의 급속한 경제성장은 주로 부지런하고 교육을 잘 받은 풍부한 인적자본과 이들을 활용하는 정부의 능력에 기인했다는 것이 일반적인 의견이다. 산업기반이 한정되어 있고 인구가 많고 실업률이 높은 한국은 1960년대 중반에 잉여노동으로 수출 주도 산업화를 시작했다. 그러나 1970년대 중반 한국 노동시장은 노동력 잉여에서 노동력 부족으로 전환되었다. 노동시장과 노사관계가 정부의 엄격한 통제하에 있었음에도 불구하고 1980년대 후반까지도 노동시장은 효율성을 유지하면서 실질임금과 생산성이 일관성 있게 증가했다.[1]

1987년의 정치적 민주화와 함께 노동시장 민주화가 일어나면서 노동시장에 대한 정부의 영향력이 급격히 떨어졌고 노사관계는 놀랄 만큼 변화했다. 1990년대 초부터 시작된 세계화 추세는 노사관계와 정부 노동정책에 상당한 영향을 미쳤다. 글로벌 경쟁이 심화되면서 정부와 고용주는 노동시장의 유연성을 유지하려고 노력했다. 반면에 노동조합은 국제 기준에 맞춰 노동권을 강화할 것을 요구했다. 노동조합은 자신들의 요구조건을 위해 전투적인 전술을 자주 적용했으며 실질임금은 생산성을 훨씬 상회했다. 그 결과 노동비용은 이웃 국가들의 비용보다 빠르게 상승했다. 기업들은 경영상의 어려움에 직면하더라도 법으로 노동력을 축소할 수 없었다. 이러한 노동력의 경직성과 높은 임금률은 1997년 IMF 외환위기의 한 원인이 되었다.

비록 외환위기 이후 노동시장에서 상당한 개혁이 이루어졌지만 노동계의 유연성은 거의 개선되지 않았다. 이러한 상황에서 기업들은 정규직 근로자와 비교했을 때 여러 측면에서 차별을 받는 비정규직 근로자의 사용을 확대하여 고용의 이중구조를 만들었다. 노동시장 내에서 노조와 비노조 사이뿐만 아니라 정규직과 비정규직 노동자 사이에 갈등이 발생했다. 또한, 끊임없는 노동분쟁과 노동조합의 전투적 전술(법적·불법적)은 사회적 불만과 노동 불신을 키웠다. 이러한 심각한 문제들이 사회적 관점에서 충분한 관심을 끌지 못했기 때문에 이 장에서는 이 과제를 다루려고 한다.

노동에 대한 사회적 신뢰는 한국에서 중요한 사회경제적 이슈 중 하나로 부상했다. 제1장에서 제시한 바와 같이 “A는 X를 수행하기 위해 B를 신뢰한다”라는 신뢰 관계의 개념화에 따라 노동에 대한 사회적 신뢰(이하 노동에 대한 신뢰)는 시민과 사회가 노동시장의 운영, 노사관계 및 노동조합에 대해 갖고 있는 신뢰를 말한다. 다른 유형의 사회적 신뢰와 마찬가지로 노동에 대한 신뢰는 경제와 사회에 중요한 영향을 미친다. 그것은 거래비용과 노동력의 비효율적인 활용 등 다양한 경로를 통해 경제발전에 영향을 미친다. 또한 법치 준수, 사회적 갈등과 통합, 사회적 신뢰의 다른 구성요소와 같은 다양한 사회 분야에 영향을 줌으로써 사회발전에 영향을 미친다.

노동과 노동의 다양한 구성요소에 대한 신뢰는 다수의 국내외 기구에 의해 측정되었으며, 측정된 지표들은 한국의 노동에 대한 신뢰가 낮음을 보여주었다. 한국행정연구원(KIPA, 2017a)이 실시한 조사에 따르면 2017년 한국 국민의 38%만이 노동조합을 신뢰했으며, 중앙정부에 대한 신뢰 수준은 비슷한 40.8%였다.

노동시장은 사회적 갈등의 주요 원인 중 하나이다. 임금의 지니계수가 2000년 0.305에서 2017년 0.335로 상승한 것을 보듯이 임금 분배는 시간이 지남에 따라 악화되었다(한국노동연구원, 2018). 임금 불평등의 증가는 소득 불평등에 기여하고 노동시장에 대한 사회적 갈등과 불신을 키운다. 인구의 80% 이상이 고용주와 피고용인 간의 갈등, 정규직과 비정규직 간의 갈등이 심각하게 높은 것으로 평가하고 있는데, 이는 최근 빈부격차에서 오는 사회적 갈등에 비해 다소 높은 비율이다(한국보건사회연구원, 2017). 이러한 갈등은 노동에 대한 신뢰를 떨어뜨릴 것이다. 한국의 노동 규제와 노사관계 점수가 최근 OECD 평균의 각각 77%와 61%에 달한다는 것을 보여주었다. 노동시장 유연성의 경우 한국의 점수가 OECD 평균의 88%에 달했다. 이러한 모든 정보는 한국에서의 노동에 대한 신뢰 수준이 상대적으로 더 낮음을 나타낸다.[2]

이 장에서는 한국의 노동에 대한 신뢰가 낮은 주요 원인과 해결책을 조사한다. 첫째, 한국 노동시장의 발전과 두드러진 특징 및 정부 정책을 도전적인 관점에서 살펴본다. 둘째, 노동시장, 노동기준 및 노사관계를 관장하는 법률 및 제도적 시스템에 대해 간략하게 검토한다. 셋째, 최근 노사관계의 두드러진 특징에 대해 논의한다. 넷째, 노동에 대한 신뢰가 경제와 사회에 미치는 영향을 분석하는 데 사용되는 개념적 틀을 탐구하기 위해 문헌을 간략하게 검토한다. 다섯째, OECD 국가들과 비교해 한국의 노동에 대한 낮은 신뢰의 심각성을 평가한다. 여섯째, 문헌상의 원인 분석을 바탕으로 한국의 노동에 대한 신뢰가 낮은 주요 원인에 대해 살펴본다. 일곱째, 노동에 대한 신뢰를 높이는 데 사용될 수 있는 공공정책 조치에 대해 논의한다. 여덟째, 한국 노동시장과 노동 신뢰에 대한 결론을 내린다.

9.2 한국 노동시장의 최근 동향

9.2.1 인구통계학적 변화—고령화 및 인구 감소

한국의 노동시장은 1960년대 초반부터 시작된 30년 간의 급속한 경제발전 기간 동안 급격한 변화를 겪었다. 한국은 높은 사망률과 높은 출산율에서 낮은 사망률과 낮은 출산율로 인구통계학적 변화를 겪었고, 인구정책은 산아제한에서 출산장려로 바뀌었다. 인구 증가율은 1960년대에 매년 약 3.0%에서 1990년대 중반 이후 1%의 절반 미만으로 점차 감소하여 2017년에는 5,140만 명에 이르렀다. 인구는 2040년부터 감소하기 시작할 것으로 예상된다(〈표 9-1〉).

표 9-1 1990-2017년 한국 인구구조 변화 및 2050년까지의 전망

	1990	2000	2010	2015	2017	2030	2040	2050
인구(백만 명)	42.9	47.0	49.4	51.0	51.4	52.9	52.2	49.4
성장률(%)	1.0	0.8	0.5	0.5	0.4	0.1	-0.3	-0.7
연령(%)								
0-14세	25.6	21.1	16.1	13.8	13.1	11.5	10.8	9.5
15-64세(A)	69.3	71.7	73.1	73.4	73.1	64.0	56.4	52.4
65세 이상(B)	5.1	7.2	10.8	12.8	13.8	24.5	32.8	38.1
B/A 비율 (%)	7.4	10.1	14.8	17.5	18.8	38.2	58.2	72.6

출처: 한국노동연구원(2018: 16).

가장 두드러진 추세는 한국의 급속한 고령화 추세로, 65세 이상 인구 비중이 1990년 5.1%에서 2017년 13.8%로 증가해 고령화 사회에 접어들었다. 2050년에는 65세 이상 인구의 비율은 38.1%에 이를 것으로 예상된다(〈표 9-1〉). 반면에 생산가능인구(15-64세)는 1990년 69.3%에서 2050년 52.4%로 더욱 감소할 것으로 예상된다. 그 결과 노동인구 대비 고령인구의 부양비가 1990년 7.4%에서 2017년 18.8%로 증가했다. 2050년에는 72.6%로 증가하여 은퇴자 1명당 (거의) 1명의 근로자가 될 것으로 예상된다. 이러한 인구통계학적 경향은 노동시장뿐만 아니라 미래 한국사회에 중대한 도전이 되고 있다.

한국에서 인구 고령화의 중요한 특징 중 하나는 다른 선진국에 비해 유례없이 빠른 속도이다. 제3장에서 논의한 바와 같이 인구 고령화의 빠른 속도로 인해 경제가 준비되기 전에도 실질적인 부양 책임이 개인 가정에서 국가와 사회로 전환돼야 할 것이다. 사회의 관점에서 볼 때 급속하게 고령화되는 인구의 추세는 현재의 관행을 훨씬 넘어서 노동 연령을 연장해야 할 것이다. 이를 위해 민간부문이 이런 고용 관행의 변화를 이행할 수 있도록

정부정책이나 인센티브 제도가 도입되어야 한다.

9.2.2 노동력 감소

노동력 또한 최근 인구통계학적 추세에 따라 크게 변화했다. 1960년대부터 1980년대 말까지 인구 증가, 미취업 농민 동원, 노동력 참여 증가로 노동력이 급격히 증가했다. 그러나 2000년 이후 노동력의 성장세가 크게 둔화되면서 경제의 잠재성장률이 낮아지고 있다. 노동력의 완만한 증가는 인구 증가의 둔화 뿐만 아니라 1990년에서 2017년 사이에 약 62%로 거의 변하지 않은 낮은 노동인구의 참여도 때문이다(〈표 9-2〉). 한편, 한국의 낮은 노동력 참여율은 한국의 약 51%인 낮은 여성 노동력 참여율에 기인한다.

노동력 공급의 또 다른 중요한 원천은 외국인 근로자들이다. 한국은 1960년대와 1970년대에 인력 수출국이었다. 그러나 1980년대 후반 이후로 소위 3D 업종(즉 더럽고, 어렵고, 위험한)에 종사하는 것을 꺼리면서 이 분야에서 노동력이 부족해졌다. 전체 경제에서 급격히 인상되는 임금을 지불할 수 없기 때문에 노동집약적 서비스 분야 소기업들의 노동력 부족은 악화되었다. 노동력 부족으로 인해 정부는 외국, 주로 동아시아 국가의 근로자 고용을 허용했다. 한국은 극심한 국내 노동력 부족으로 값싼 외국인 근로자가 필요한 선진국 증후군 상태에 진입하게 되었다. 외국인 근로자는 2000년 노동력의 1.29%를 차지했으나 2016년에는 3.69%를 차지했다. 외국인 근로자의 중요성이 높아짐에 따라 인권 침해로부터 외국인 근로자를 보호하고 공정하게 대우하는 것과 관련된 많은 사회 문제가 제기되고 있다.

표 9-2 한국 노동시장의 주요 지표(1990-2017)

	1990	2000	2010	2015	2016	2017	평균 (2000–2017)
노동인구(백만 명)	18.5	22.2	25.0	27.2	27.4	27.7	26.1
노동 참여율: 전체(%)	60.0	61.2	61.1	62.8	62.9	63.2	62.3
노동 참여율: 여성(%)	47.0	48.8	49.6	51.9	52.2	52.7	51.1
실업률(%)	2.4	4.4	3.7	3.6	3.7	3.7	3.8
고용률(%)	58.6	58.5	58.9	60.5	60.6	60.8	60.0
여성 고용률(%)	46.2	47.0	47.9	50.1	50.3	50.8	49.3
청년 실업률(%)	5.4	8.1	7.9	9.1	9.8	9.8	9.0
청년 고용률(%)	43.6	43.4	40.4	41.2	41.7	42.1	41.6
주당 근무시간	53.8	50.6	43.4	41.4	40.9	40.9	43.1
임금 지니계수	0.307	0.305	0.328	0.345	0.340	0.335	0.333
노동조합(천 개)	7.7	5.7	4.4	5.8	6.2	-	5.5
조합원(천 명)	1,887	1,527	1,643	1,939	1,996	-	1,802
노조 조직률(%)*	17.2	11.4	9.7	10.2	10.3	-	10.4
노동쟁의 참가자(천 명)	175	178	40	77	226	-	131

주: * 노조조직률은 노동조합원 수를 노조가입이 허용된 전체 직원 수로 나눈 값과 같음.
출처: 국가통계포털(2018), 한국노동연구원(2018).

9.2.3 낮은 고용률

산업화와 경제의 빠른 성장과 함께 1990년대 중반까지 취업자 수는 매년 3.0% 이상 증가했다. 그러나 21세기 초부터 취업자 수 증가율이 미미해 고용률은 약 60.0%에 이르렀다(〈표 9-2〉). 이와 같이 한국경제는 현재 '고용 없는 성장'에 직면해 있으며, 이는 소득의 고용탄력성(즉, GDP 성장률 대비 고용증가율)이 1988년에서

1997년 기간에 0.295에서 1998년에서 2010년 기간에 0.200으로 뚜렷하게 하락한 추세에 반영되고 있다.[3]

고용탄력성이 낮은 것은 한국 경제구조의 독특한 특징을 반영한다. 한국경제의 제조업 부문은 2014년 경제의 33.3%로 OECD 국가 중 가장 큰 반면, 서비스 부문은 64.4%로 가장 작았다(OECD, 2016a). 반도체, 석유화학제품, 자동차 등의 수출을 중심으로 국제무역에 크게 의존하고 있는 한국 제조업은 시간이 지나면서 자본집약화되어 1990년부터 2003년까지 OECD 국가 중 두 번째로 높은 생산성 향상을 달성했다.[4] 또한, 한국의 제조업은 국제 경쟁력을 유지하기 위해 해외투자와 해외 아웃소싱에 크게 의존해 왔으며, 이로 인해 국내 일자리를 잃게 되었다.

한국 재벌의 주력 산업인 제조업의 또 다른 특징은 시간이 지날수록 다른 경제에 큰 파급 효과를 주지 않으면서 재벌의 경제력 집중을 높였다는 점이다. 제8장에서 알 수 있듯이 제조업 상위 30대 재벌의 전체 매출 비중은 1970년대에서 1980년대 동안 35%에서 2010년 49.9%로 점차 증가했다. 기술과 세계화로 인해 재벌의 시장 규모가 커지는 반면, 고용수준을 포함해서 GDP의 노동소득 점유율이 감소하는 즉, 재벌의 '승자독식' 역학이 나타나고 있는 것으로 보인다(OECD, 2018a). 그 결과 2010년에서 2017년 동안 제조업의 고용계수(즉, 1조 원이 창출한 일자리 수)는 10.8명으로 전 산업의 18.2명과 비교해서 훨씬 낮았다(한국노동연구원, 2018: 33).[5] 제조업 부문의 낮은 고용계수는 '고용 없는 성장'의 주범이다.

노동시장에서 한국은 OECD 국가들에 비해 다양한 특징들을 가지고 있다. 첫째, 한국 근로자들은 다른 OECD 국가 근로자들보다 교육 수준이 높고, 근무시간이 더 길다. 〈표 9-3〉에서 보듯이 2016년 고등교육(학사 또는 이와 동등한 학력)의 성취도는 OECD 평균 16.0%에 비해 34.0%로 OECD 국가 중 한국이 가장 높았다. 2017년 한국의 1인당 연평균 근로시간은 2,024시간으로 멕시코 다음으로 높았으며, OECD 국가 평균인 1,759시간과 비교된다.

둘째, 한국의 실업률은 3.8%로 OECD 평균 6.0%에 비해 상대적으로 낮다. 그러나 한국의 고용률은 64.6%로 OECD 평균 66.7%보다 현저히 낮다. 한국의 실업률과 고용률 사이의 불일치는 OECD 국가들에 비해 노동 참여율이 상당히 낮은 것으로 설명된다. 한국의 노동 참여율은 67.2%로 OECD 평균 71.1%와 비교된다(〈표 9-3〉). 문화적 배경에 따른 한국인의 근면성과 높은 취업 의지를 감안할 때 노동 참여율이 낮다는 점은 특히 여성, 조기 퇴직자, 고령자 등이 자신의 자격에 걸맞은 바람직한 일자리를 구할 수 없기 때문에 이들이 구직활동을 꺼린다는 것을 보여준다.

취업 기회가 부족한 이유 중 하나는 구직자의 직업 선호도와 경제에서 고용 수요 사이에 상당한 불일치가 있기 때문이다. 구인율은 2000년 1.3%에서 2017년 2.1%로 증가했다(한국노동연구원, 2018: 53). 구인율은 중소기업이 대기업에 비해 대체로 높은데, 이는 중소기업의 임금과 기타 고용조건을 대기업과 비교할 수 없기 때문이다. 그럼에도 불구하고 대기업의 구인율이 최근 1.2% 밖에 되지 않아 노동자의 능력과 고용주의 요구조건이 일치하지 않는 것으로 나타났다.

셋째, 고용 불확실성은 한국이 다른 OECD 국가들에 비해 상대적으로 높다. 〈표 9-3〉에서 보듯이 2010년 한국의 근로자 이직률은 72.3%로 OECD 평균 37.1%에 비해 OECD 국가 중에서 현저하게 높았다. 또한, 근속기간이 12개월 미만인 직장의 비

표 9-3 한국과 OECD 노동시장의 주요 지표 비교(%)

전체노동시장	한국 값*	한국 순위*	OECD
노동력 참여율	67.2	24	71.1
실업률	3.8	32	6.0
고용률	64.6	24	66.7
25-64세의 교육 성취도(2016)	34	1	16
연간 근무시간(2017)	2,024	2	1,759
근로자 이직률(2010)	72.3	1	37.1
12개월 미만 근속기간의 직장 비중	33.3	1	14.5
임시고용률	22.4	6	11.5
임금분배율(9/1 십분위 비율, 2000, 2016)	4.81	3	3.47
노동시장 프로그램에 대한 공공지출(GDP 비중(%)) (2015-2016)	0.69	19	1.32
실업급여(최초 연평균) (2015)	32.0	31	53.4

주: * 별도의 년도 표시가 없는 한 값은 4년(2000, 2007, 2016, 2017) 동안의 평균값이며, 순위는 별다른 표시가 없으면 2017년 순위임.
출처: OECD(2017a), OECD(2018a: 271).

중이 OECD 국가 중에서 가장 높았다. 한국의 전체 고용 중 임시직(사전 해고일이 정해진 일자리)은 3년(2007, 2016, 2017) 동안 평균 22.4%로 OECD 평균 11.6%의 약 2배 수준이다.

넷째, 최근 한국의 임금 분배 측면에서 노동시장이 양극화 되어 노동에 대한 낮은 신뢰는 물론 소득 불평등에도 기여하고 있다. 임금에 대한 지니계수의 상승(〈표 9-2〉)과 같이 임금 불평등이 증가하고 있는 점을 감안할 때 한국은 다른 OECD 국가들보다 임금 양극화의 정도가 상대적으로 높다. 2016년 한국의 임금 분배율(9/1 십분위 비율)은 4.81로 OECD 평균 3.47에 비해 OECD 국가 중 세 번째로 높았다(〈표 9-3〉).

낮은 고용률, 높은 불확실성, 양극화 등 한국 노동시장의 여러 가지 단점에도 불구하고 이를 완화하려는 정부의 노력은 상대적으로 미미해 보인다. 2015년과 2016년 사이에 GDP 대비 노동시장 프로그램에 대한 공공부문 지출은 0.69%로 OECD 평균의 52%에 불과했다. 한국에서 노동에 대한 지출이 적으면 실업급여가 낮아질 수 있는데, 한국은 첫 해 실업급여가 32.0%로 OECD 평균의 60%였고, 2015년에는 OECD 국가 중 31위를 차지했다. 이러한 노동시장의 부적절한 발전은 한국의 낮은 고용과 노동력 참여율에 기여했을 것이다.

9.2.4 세분화된 노동시장

정규직과 비정규직

한국 노동시장은 1997년 외환위기 이후 (i) 정규직과 비정규직, (ii) 남성 근로자와 여성 근로자, (iii) 대기업 근로자 대 중소기업 근로자 등 세 가지 방향으로 점점 더 세분화되고 있다. 정규직과 비정규직의 고용 여건 차이가 큰 것은 한국 노동시장 실적의 핵심 쟁점의 일부가 되었으며, 소득 불평등, 사회적 불의, 갈등, 신뢰와 밀접한 관련이 있다. 외환위기 이후 노동시장 개혁으로 노조활동 제한은 대부분 풀렸고, '비정규직' 개념이 도입됐으며, 기업들이 경영상의 긴급한 이유로 노조원을 해고할 수 있게 됐다.[6]

비록 노동법이 노조에 가입한 근로자들을 해고하는 것을 허용하지만, 많은 엄격한 요구조건들 때문에 실제로 그렇게 하기는 매우 어렵다. 이 요구조건에는 해고 계획에 대해 노조와 50일 간의 협의 뿐만 아니라 해고된 근로자들에게 막대한 퇴직금을 지불하는 것도 포함되어 있다. 노동조합에는 정규직만 포함되어 있으므로 노동조합에 가입한 정규직 근로자에게만 엄격한 고용

보호가 제공된다. 반면, 비정규직 근로자의 해고는 상대적으로 쉽다.[7] 고용인은 취직 후 조합에 가입하게 하는 유니언 숍(union shop) 고용제도는 노동시장의 경직성을 악화시킨다. 노동시장의 유연성 부족 외에도 기업들은 1997년의 위기 이후 극심한 국제 경쟁과 급속한 기술 변화에 직면해 있다.

노동시장의 이러한 발전은 기업들이 비정규직 근로자에 점점 더 의존하게 만들었다.[8] 비정규직 비율은 한국 정부가 정규직과 비정규직의 수를 공식 추정한 첫 해인 2002년 27.4%에서 2005년에는 36.6%로 증가했으며, 2017년에는 32.9%로 다소 감소했다(〈표 9-4〉).

표 9-4 비정규직 근로자와 보상(%)

	1997	2002	2005	2010	2016	2017
비정규직/전체 종업원	-	27.4	36.6	33.3	32.8	32.9
비정규직 임금/정규직 임금	-	67.1	62.6	54.8	53.5	55.0
여성 비정규직/전체 여성 종업원	37.1	32.9	43.6	41.7	41.1	41.2
남성 비정규직/전체 남성 종업원	-	23.5	31.5	26.9	26.3	26.3
여성 임금/남성 임금	61.0	63.0	63.6	64.2	64.0	-
중소기업 종업원/전체 종업원	76.6	86.5	87.8	86.3	90.2*	-
중소기업 임금/대기업 임금	77.0	67.0	64.3	62.9	62.2	-

주: * 2015년 값

출처: 한국노동연구원(2018), 중소벤처기업부(2018), 장하성(2015), 고용노동부(2017).

따라서 외환위기 이후의 노동시장 개혁은 노동시장에서 '정규직'과 '비정규직' 사이의 이원화를 초래하여 심각한 형평성 문제와 갈등을 야기시켰다. 한국에는 비정규직의 독특한 특징들이 많이 있다. 이들은 주로 중소기업과 서비스 업종에 종사한다. 2011년 비정규직 근로자의 94.4%가 중소기업에 취업한 반면, 대기업에 취업한 비정규직은 5.6%에 그쳤다(OECD, 2013: 112). 같은 해 비정규직 근로자의 79.1%가 서비스업에 종사했다. 여성 비정규직의 발생률이 남성 비정규직보다 높다. 〈표 9-4〉와 같이 전체 여성 고용 대비 여성 비정규직 비율은 2002년 32.9%에서 2017년 41.2%로 증가했다. 같은 기간 전체 남성 고용 대비 남성 비정규직 비율은 23.5%에서 26.3%로 증가했다. 한국의 비정규직은 대부분 상시 근로자(full-time worker)로 모든 연령층에서 비정규직 발생률이 높은 반면, 다른 OECD 국가에서는 주로 젊은 연령층에 집중되어 있음을 보여 주었다.

비정규직 근로자는 고용 안정, 보수, 사회적 및 법적 혜택 측면에서 정규직 보다 훨씬 더 나쁜 대우를 받는다. 첫째, 비정규직 고용의 불안정성은 정규직에 비해 상대적으로 높은데, 2011년 비정규직의 평균 고용기간이 2.2년인 반면, 정규직은 7.6년이었다(OECD, 2013: 112). 또 비정규직의 이직률이 정규직의 약 2배인 것으로 나타났다.[10] 근속기간이 짧고 이직률이 높은 비정규직 근로자의 발생률이 높아 한국은 OECD 평균보다 현저히 높은 전체 노동 이직률을 기록했다(〈표 9-3〉).

게다가 비정규직이 정규직으로 전환될 가능성은 거의 없다. 비정규직에서 정규직으로 전환한 1년차 비율은 12.8%였고, 2002년에서 2009년 사이에 3년차 전환율은 13.9%였다(OECD, 2013: 118). 2011년 한국의 1년차와 3년차 전환율은 각각 11.1%와 22.4%로 OECD 16개국 중 가장 낮았다. 이러한 낮은 전환율은 한국의 비정규직 고용이 정규직 고용의 디딤돌이 아니라 저임금 함정이라는 것을 보여준다.

둘째, 일용직 근로자를 제외한 한국의 비정규직은 정규직에 비해 보수와 부가 혜택이 현저히 낮은 상시 근로자이다. 정규직과 비정규직의 임금 격차가 갈수록 커지고 있다. 2002년 비정규직은 정규직 보수의 67.1%를 지급받았고, 2017년에는 55.0%로 점차 줄어들었다(〈표 9-4〉). 비정규직 가구의 교육비 지출이 정규직 가구의 절반 정도에 불과하기 때문에 임금 격차는 임금 양극화 뿐만 아니라 미래 세대와 그들의 사회적 이동성에도 심각한 영향을 미친다(OECD, 2018b: 37). 〈표 9-5〉에서 볼 수 있듯이 2003년에서 2017년 동안 정규직 임금의 지니계수는 거의 변동이 없는 반면, 비정규직 임금의 지니계수는 현저하게 증가했고, 일용직 임금의 지니계수는 다소 증가했다. 정규직과 비정규직의 임금 격차와 지니계수가 늘어나는 것은 전체 임금 불평등 증가가 정규직 임금에 비해 비정규직 임금이 감소하고 비정규직의 임금 불평등이 높아졌기 때문으로 보인다(〈표 9-5〉).

표 9-5 고용형태별 임금 지니계수: 정규직, 임시직, 일용직

	2003	2005	2010	2016	2017
모든 임금근로자*	0.335	0.339	0.351	0.341	0.329
정규직	0.270	0.272	0.288	0.279	0.270
임시직	0.259	0.259	0.291	0.330	0.337
일용직	0.333	0.329	0.353	0.359	0.349

주: * 표 9-2와 표 9-5의 전체 임금에 대한 지니계수는 조사표본이 다르기 때문에 서로 다름.
출처: 한국노동연구원(2018).

상대적으로 임금이 낮은 서비스업 비정규직의 높은 발생률(79.1%)은 제조업 임금에 비해 서비스업 전체 임금을 낮추었을 것이다. 예를 들어 서비스 부문의 평균 임금은 1990년대 초 제조업의 평균 임금과 거의 대등했지만, 전자는 후자의 비율로 볼 때 2009년에 55%로 떨어졌다(OECD, 2013: 114). 이러한 감소는 다른 OECD 국가들보다 훨씬 더 가파르다. 2011년 기준 중위소득의 3분의 2 미만을 버는 정규직 비율이 22%로 OECD 국가 중 가장

높았다. 전체 임금분배 수준(9분위부터 1분위까지의 정규직 소득 비율)은 OECD에서 미국과 이스라엘에 이어 세 번째로 높았다(OECD, 2013: 121). 제5장에서 논의한 바와 같이 이러한 비정규직 근로자의 상대적 임금 변화는 한국의 임금과 소득분배의 양극화와 관련된 높은 불평등의 원인이 되었을 것이다.

셋째, 한국에는 세 가지 사회 안전망 프로그램(즉, 국민연금, 국민건강보험, 고용보험)이 존재하는데, 여기에는 근로자와 고용주 모두가 기여해야 한다. 많은 비정규직 근로자들은 이러한 사회 프로그램의 적용을 받지 않으며, 초과근무수당, 상여금, 출산휴가 등 회사가 제공하는 법적 혜택을 받을 자격이 없다.[11] 〈표 9-6〉에서 볼 수 있듯이 2002년부터 2017년 동안 평균적으로 비정규직의 36.9%, 41.5%, 39.0%만이 각각 국민연금, 국민건강보험, 고용보험에 가입했지만 보장률은 시간이 지남에 따라 점차 증가했다. 같은 기간 동안 세 가지 사회안전 프로그램에서 비정규직 근로자의 39.1%만 보장돼 정규직 근로자 보장률 74.9%의 약 절반에 지나지 않았다.

표 9-6 계약 유형별 사회보험 가입률(%)

	2002-17년 평균			
	국민연금	건강보험	고용보험	3대 사회보험 평균
정규직	77.7	79.3	67.6	74.9
비정규직	36.9	41.5	39.0	39.1

출처: 한국노동연구원(2018).

성별에 따른 세분화

한국의 노동시장은 성별에 따라 명확히 구분되어 있다. 한국 노동시장에서 여성의 지위는 여러 면에서 남성의 지위보다 뒤처져

표 9-7 한국과 OECD의 여성 및 청년 노동시장의 주요지표 비교(%)

	한국		OECD
	값*	순위*	
여성 노동력 참여율	56.1	31	62.0
여성 고용률	54.1	28	58.0
고용률의 성별 격차(%)	21.0	2	17.6
정규직 소득의 성별 격차(2006, 2016)	38.5	1 (2016)	14.5
관리자 직책의 여성 비율(2015)	0.3	35	4.6
기업 이사회 여성 비율(2016)	2.1	35	20.0
청년(15-24세) 실업률	10.1	24	12.3
청년(15-24세) 고용률	27.5	28	42.9
니트족**(2007, 2015년, 15-29세)	18.3	7	14.1
(비활동 니트족 비율)	(15.4)	(3)	(8.9)
연령별 상대 수익(15-24세/25-54세)	43.5	6	37.5

주: * 별도의 년도 표시가 없는 한, 값은 4년 동안(즉, 2000, 2007, 2016 및 2017) 평균이며, 달리 표시되지 않는 한 순위는 2017년임.

** 교육, 고용 또는 훈련에 참여하지 않는 청년(15-29세)

출처: OECD(2017: 9), OECD(2018a).

있다. 또한, 성별 격차는 시간이 지남에 따라 지속되어 왔고 성별 균형에 대한 전망은 그리 높지 않아 보인다. 첫째, 여성 노동력이 제대로 활용되지 못하고 있다. 여성 고용률은 최근 국가 전체 고용률의 80%를 약간 웃도는 것으로 나타났다(〈표 9-2〉). 둘째, 여성의 일자리가 더 불안정하다. 여성 근로자의 비율이 남성 근로자의 비율 보다 비정규직이 더 많으며, 전자는 후자의 거의 두 배였다(〈표 9-4〉). 셋째, 성별 간의 임금 차이는 시간이 지남에 따라 높고 꾸준히 증가했다. 〈표 9-4〉에서 볼 수 있듯이 2002년에서 2016년 기간 동안 남성 임금 대비 여성 임금은 약 63.7%를 유지하고 있다.

성별에 따른 한국 노동시장의 세분화는 OECD 연구에 의해 뒷받침 되고 있다. 〈표 9-7〉에서 볼 수 있듯이 4년(2000, 2007, 2016, 2017년) 동안 한국의 여성 노동력 참여율은 평균 56.1%로 OECD 평균 62.0%에 비해 현저히 낮았고 OECD 35개국 중 31위를 차지했다. 같은 기간 여성 고용률은 54.1%로 OECD 평균 58.0%에 비해 28위를 기록했다. 위 4년 동안 한국의 성별(남녀) 고용 격차는 21.0%로 OECD 국가 중 두 번째로 높았다.

다른 OECD 국가들에 비해 소득의 성별 격차는 한국에서 예외적으로 더 높다. 2년(2006, 2016년) 동안 평균적으로 정규직 소득의 성별 격차는 OECD 평균 14.5%에 비해 38.5%로 OECD 국가 중에서 현저하게 높았다. 한국에서 성별 소득 격차는 대부분 자녀의 출생 직후 수년 동안 직업적 이동성 측면에서 기회를 놓쳤기 때문이다. 전통적인 한국 문화는 여성들이 가정 문제를 더 중시하고, 자녀 교육에 중점을 두기 때문에 여성들은 자녀 출산 후 직업적인 발전과 직장 내 전환의 기회를 포기하면서 상대적으로 더 오랜 시간 동안 노동력에서 손을 떼게 된다.[12]

또한, 한국에서 관리자 직책과 기업 이사회의 여성 비율은 매우 낮다. 〈표 9-7〉에서 볼 수 있듯이 2015년에는 여성의 관리자 직위는 0.3%로 OECD 평균 4.5%에 비해 OECD 국가 중 가장 낮았다. 대기업 상장기업의 이사회 여성 비율은 2016년 2.1%로 OECD 평균 20.0%에 비해 OECD 국가 중 가장 낮았다.

기업규모별 세분화

재벌과 중소기업 사이의 불균형 발전, 불공정한 관계, 양극화, 이로 인한 두 실체 간의 수익성, 생산성, 임금 격차 등이 제8장에서 논의됐다. 이러한 이슈로 인해 대기업과 중소기업 간에 고용 관행이 달라졌다. 전체 고용자 대비 중소기업 고용자 비율은 2002년 86.5%에서 2015년 90.2%로 증가한 반면, 대기업 고용자 비율은 13.5%에서 9.8%로 감소했다(〈표 9-4〉). 대기업 임금 대비 중소기업 임금 비율은 2002년 67.0%에서 2015년 59.0%로 점차 낮아졌다가 2016년 62.2%로 다소 높아졌다. 위에서 언급 한 것처럼 대부분의 비정규직 근로자(94.4%)는 중소기업에 고용되어 있다. 또한, 비정규직에서 정규직으로의 이동성이 제한돼 있어 중소기업 근로자가 대기업으로 이동할 가능성이 거의 없어 기업 규모에 의한 노동시장 세분화가 유지된다는 점도 유의해야 한다. 두 실체 간의 근로자 이동성이 제한되어 있다는 점은 이들 실체 사이의 임금 격차가 꾸준히 벌어지고 있다는 것에서도 볼 수 있다. 한국의 노동시장에서 이러한 모든 종류의 세분화는 사회적 갈등, 불의 및 노동에 대한 불신의 중요한 원천이다.

9.2.5 높은 청년 실업률과 니트족

한국 노동시장의 또 다른 심각한 문제는 청년 노동시장에 존재한다. 한국의 공식 청년(15-29세) 실업률은 2000년 8.1%에서 2017년 9.8%로 높아졌다. 2017년 청년 실업률 9.8%는 전국 실업률 3.7%보다 현저히 높았다(〈표 9-2〉). 설상가상으로 청년 고용률이 2000년 43.4%에서 2017년 42.1%로 점진적으로 하락했다(〈표 9-2〉). 다시 말해 2017년에는 경제활동 청년층의 57.9%가 일하지 않고 있는 셈이다.

OECD의 국제기준에 따르면 2000년에서 2017년 사이 한국의 청년(15-24세) 실업률은 10.1%로 OECD 평균 12.3%보다 다소 낮았다(〈표 9-7〉). 한국 청년 노동시장에서 더 심각한 문제는 낮은 청년 고용률이다. 〈표 9-7〉에서 볼 수 있듯이 같은 기간 동안 한국의 청년 고용률은 평균 27.5%로 OECD 국가 중 가장 낮은 국가 중 하나로 OECD 평균 42.9%보다 훨씬 낮다.

상대적으로 낮은 실업률과 함께 낮은 청년 취업률은 청년 노동시장의 핵심 이슈 중 하나인 '교육, 고용 또는 훈련에 참여하지 않는 청년(NEET, 니트족)' 비율에 반영된다. 〈표 9-7〉에서 보듯이 2년(2007, 2015년) 동안 한국의 니트족 비율은 평균 18.3%로 OECD 국가 중 7위로 OECD 평균 14.1%보다 높았다.[13] 많은 니트족들이 활동을 하지 않거나 일자리를 적극적으로 찾지 않는다. 2년 동안 비활동 니트족 비율은 한국이 15.4%로 OECD 평균 8.9%에 비해 OECD 국가 중 세 번째로 높았다. 니트족 비율 18.3%에 비해 비활동 니트족 비율 15.4%는 한국의 니트족 중 84.2%가 적극적으로 구직활동을 하지 않는 것을 나타낸다.

한국의 성인(25-54세)의 소득에 비해 청년(15-24세)의 소득은 다른 OECD 국가들보다 상대적으로 낮다. 2년(2006, 2016년) 동안 한국은 OECD 평균인 37.5%에 비해 OECD 국가 중 6번째로 높은 43.5%를 기록했다.[14] 세대 간 임금 격차가 큰 것은 노동시장에서 세대 간 갈등의 원인이 될 수 있다.

높은 청년 실업률과 니트족 비율은 한국에서 심각한 경제적 결과를 초래한다. 청년 실업과 니트족은 시간과 기술을 활용하지 않기 때문에 한국에서 성장 잠재력이 저하되는 중요한 원인이다. 2015년 한국에는 93만 4천명의 니트족이 있었으며, 이는 노동력의 3.4%에 해당한다. 한국에서 이러한 니트족들로 인한 경제적 손실은 상당할 것이다.[15] 적절한 공적 지원이 없을 경우 니트족과 그 가족은 가족 소득이 낮게 되고, 이는 소득 불평등을 악화시킬 것이다. 또한, OECD(2016b: 18)는 조기 실업의 시기를 경험한 청년들이 그들의 경력에서 나중에 실업에 더 취약하고, 또한 더 적은 수입을 얻는다는 증거를 보여주었다.

높은 청년 실업률과 니트족 비율은 한국에서 심각한 사회적 결과를 초래한다. 오랜 기간 니트족 시기를 거친 청년들은 일자리를 확보하고 부모로부터 독립하며 자신의 가정을 꾸린다는 전통적인 성인의 목표에 도달하지 못한다. 청년들이 첫 직장을 갖기 위해서는 졸업 후 11개월이 걸린다. 첫 직장을 구한 후에도 이들의 근무기간은 통상 1.5년에 불과하다. 그들의 경력에 대한 불확실성으로 인해 니트족들은 좌절하고 환멸을 느끼며 사회로부터 고립된다. 이러한 여러 경험을 갖게 되는 니트족들은 불행하고, 타인에 대한 신뢰 수준이 낮아지며, 사회적 통합을 떨어뜨린다. 또한, 경력 초기에 단기간의 비활동과 실업도 지속적인 영향을 미칠 수 있으며, 한 국가에서 높은 수준의 니트족이 더 많은 범죄로 이어질 수 있다.[16]

한국에는 높은 청년 실업률과 니트족 비율에 기여하는 많은 요인들이 있다. 첫째, 학교 교육을 통해 습득한 기술과 산업계가 요구하는 기술 사이에 미스매치가 존재한다. 앞서 지적한 바와 같이 이러한 불일치로 인해 중소기업뿐만 아니라 대기업에서도 상당한 수준의 노동력 부족을 경험하고 있다. 비록 저숙련 근로자들의 일자리가 많이 사라졌지만 현재의 수요도 충분히 충족되지 않았음에도 불구하고 고숙련 근로자에 대한 수요는 꾸준히 증가하고 있다. 청년층이 고용 조건이 만족스럽지 않아 단기간(1.5년)에 첫 직장을 그만두는 것이 노동시장 미스매치의 원인 중 하나다.[17]

둘째, 니트족이 많은 중요한 원인은 노동시장의 이중성과 소위 1차 노동시장의 제한된 일자리 기회이다. 현저하게 높은 임금, 고용안정 및 사회적 명성을 제공하는 1차 노동시장에는 대기업, 공기업, 은행 및 기타 금융기관의 정규직 일자리가 포함된다. 2차 노동시장에는 대기업 비정규직과 중소기업 정규직 및 비정규직 근로자가 포함된다. 이와 같은 노동시장의 이중 구조와 1차 노동시장의 제한된 일자리 기회 때문에 청년 실업률과 니트족 비율이 높다. 경쟁이 치열한 1차 노동시장에서 취업가능성을 높이기 위해 청년들은 해외 어학연수, 연수생 프로그램, 그리고 사설기관(학원)을 통해 자격증 프로그램과 같은 광범위한 취업 준비 활동에 참여하고 있다. 이러한 취업 준비 활동은 고용률을 낮추고, 니트족 비율뿐만 아니라 비활동 니트족을 높인다.[18]

셋째, 교육의 수준과 유형은 니트족 비율과 어느 정도 관계가 있다. 한국 교육의 독특한 특징은 직업교육에 대한 의지가 부족하고 고등학교 졸업 후 받는 고등교육에 대한 열의가 높다는 점이다. 모든 고등학교 교육 중에서 직업교육의 수준은 2014년 16.7%로 OECD 국가 중 가장 낮았고, 고등교육 수준은 2016년 70%로 OECD 국가 중 가장 높았다. 한국에서는 대학 졸업자들이 고등학교 졸업자들보다 취업 가능성이 더 높다. 또한, 대학교육의 투자수익률은 다른 투자수익률보다 높다.[19] 대학 졸업자의 취업 가능성이 높아지고, 교육에 대한 투자수익률이 높기 때문에 고등교육 수준도 높아지고, 직업 관련 교육 역량이 강조되지 않아 노동시장의 일자리 미스매치로 이어진다.

넷째, 한국의 사회 문화는 높은 청년 실업률과 니트족 비율에 기여한다. 한국사회는 고등교육에 높은 가치와 명성을 부여하며, 사람들은 교육수준에 따라 다른 사람들에 대해 편견을 갖는다. 특히, 1997년 위기 이후 청년 실업과 니트족이 심각한 사회적 이슈가 되었고, 대학 교육이 바람직한 일자리를 보장하지 못하는 상황에서 1차 노동시장에서의 취업은 재정적인 성공의 지표이자 가장 권위있는 사회적 성취로 여겨져 왔다. 동시에 저임금과 낮은 고용안정과 관련된 문제들을 복잡하게 만드는 2차 노동시장의 일자리에 어느 정도 사회적 오명이 붙고 있다. 따라서 청년들은 수단과 방법을 가리지 않고 2차 노동시장에서의 일자리를 회피하고 장기간에 걸쳐 1차 노동시장에서의 일자리를 준비하려고 한다.

가족 중심의 집단사회에서 한국인들은 가족의 위신이나 체면(체면 유지)에 관심이 높다. 제7장에서 논의 했듯이 체면을 향상시키는 가장 중요한 방법은 명문대학에 다니는 가족들에 의해서였다. 이제는 명문대학을 졸업한다고 해서 바람직한 일자리가 보장되는 것은 아니기 때문에 1차 노동시장에서 취업하는 것이 가족의 체면을 높이는 중요한 방법이 되었다. 따라서 부모들은 자녀들이 오랜 기간 동안 1차 노동시장에서 일자리를 준비할 수 있도록 기꺼이 지원한다.

니트족과 관련된 이러한 모든 발전은 한국에서 니트족 뿐만 아니라 비활동 니트족의 수를 증가시킨다. 1차 노동시장에서 더 많은 일자리 기회가 창출되지 않고, 1차 노동시장과 2차 노동시장 간의 현저한 고용 조건의 차이가 개선되지 않는 한, 니트족에서 발생하는 경제적, 사회적 문제는 한국에서 해결되지 않고 남아 노동에 대한 사회적 신뢰를 떨어뜨릴 것이다.

9.3 법률 및 행정 시스템—근로 기준 및 노사 관계[20]

9.3.1 근로 기준

헌법을 포함한 한국의 노동법은 노동시장이 운영되는 법적 제도이며, 근로자, 고용주, 노동조합 및 정부 간의 관계를 중재한다. 대한민국 헌법에 따르면 모든 국민은 인간의 존엄성을 보장하는 근로조건 하에서 일할 권리가 있다. 또한, 노조 결성, 고용주와의 단체교섭, 노동쟁의 등 세 가지 기본권을 보장한다. 노동법 중에서 근로기준법과 노동조합 및 노동관계조정법이 가장 중요하다. 전자는 개별 근로자와 고용주 간의 관계를 규제하고 후자는 노사관계를 규제한다.

1953년에 제정된 우리나라 근로기준법은 1987, 1998, 2003, 2018년에 개정됐다. 1987년 개정 이전에 한국 정부는 부도덕한 고용주로부터 개별 근로자의 작업 환경을 보호하고, 집단 영역에서 노동분쟁을 최소화하는 두 가지 정책 과제를 통해 노동시장에 광범위하게 개입했다. 1998년에 개정된 근로기준법은 근로자의 권리와 근로기준을 국제기준 수준까지 향상시키도록 규정하고 있다.[21] 이 법은 근로자의 존엄성, 안전 및 직업 건강을 보장하기 위해 요구되는 최소한의 근로조건을 명시하고 있다. 또한, 최저임금과 사회 안전망 조항을 규정하고, 성차별과 근로자 착취 등 차별적이고 비양심적인 처우를 금지하고 있다. 2003년에는 토요일을 휴무일로 정하도록 법이 개정되어 주당 44시간에서 40시간으로 근무시간을 단축했다. 2018년 개정안은 주로 주당 최대 초과근무시간을 18시간에서 12시간으로 줄이는 것을 목표로 하고 있다.

9.3.2 노사관계

위에서 논의한 세 가지 기본권을 포함한 노사관계의 기본원칙 이행과 관련한 많은 법률이 존재하며, 그 중 1987년의 노동조합 및 노동관계조정법이 가장 중요하고 포괄적이다. 노동관계조정법이 시행되고 있음에도 불구하고 노사관계는 한국 정부가 1980년대 후반까지 광범위하게 개입한 영역이다. 노사관계 정책의 일환으로 정부는 노조 활동을 억제하고 노동분쟁에 개입함으로써 경영진의 편을 들었다. 경영진은 정부 정책과 개입을 이용해 권위주의적인 노동관리 방식을 적용했다. 노동분쟁이 발생할 때마다 경영진은 적절한 분쟁해결 방법을 배우고 실천하는 대신 정부에 의존해 분쟁을 해결하곤 했다. 따라서 비록 한국의 노동시장은 경쟁력 있고 효율적으로 보였지만 정부의 엄격한 통제 하에 있었고, 선진국 노동시장으로 발전하지 못했다.

1987년의 정치적 민주화와 함께 노동시장 민주화가 일어났다. 노동관계조정법은 노사관계의 규제를 완화하고 노동분쟁의 자발적인 해결을 촉진하기 위해 1987년에 개정되었다. 특히, 새로운 노동관계조정법은 2002년부터 복수노조의 설립을 허용하고, 노조의 정치 활동 및 제3자 개입 금지 조항을 삭제했으며, 노조 전임자에 대한 임금 지불을 금지했다. 그 결과 한국의 노사관계가 현저하게 바뀌었고, 노동 관리에 대한 정부의 권력과 영향력이 급격히 떨어졌다. 새로운 노동관계조정법과 그에 따른 노사관계의 변화는 1980년대 후반에 경험했던 노동력 부족과 함께 1987년에서 1989년 동안 수많은 노동분쟁과 놀랄 만한 임금인상으로 이어졌다.

1990년대 초반부터 시작된 세계화 추세는 노사관계와 정부 노동정책에 상당한 영향력을 행사하기 시작했다. 동남아시아, 특히 중국의 경쟁 상대들은 낮은 인건비, 취약한 노동조합, 막대한 저개발 인력 보유로 인해 한국에 비해 상당한 이점을 누렸다. 지역 경쟁이 치열해지면서 정부와 고용주들은 노동시장의 유연성을 유지하기 위해 노력했다. 그러나 기업들은 합법적인 경영상의 이유에도 불구하고 법으로 노동력을 감축할 수 없었다. 이러한 노동시장의 경직성과 높은 임금률은 1997년 외환위기 원인의 일부가 되었으며, 이것은 1998년에 일련의 노동법 개정으로 이어졌다. 이 개정안은 대부분의 노조 활동 제한을 해제하고, 긴급한 경영상의 이유로 노동자를 해고할 수 있도록 하여 노동시장의 유연성을 향상시켰으며, 비정규직 개념을 도입했다. 외환위기 이후의 이러한 노동시장 개혁은 노사관계와 노동시장의 전면적인 개정이었고, 현재 노동법의 기본 틀이 되었다.[22]

9.3.3 노동시장 및 노사관계 관련 제도

한국의 노동권 보장을 위한 행정 제도는 (i) 고용노동부, (ii) 판결 및 중재 메커니즘, (iii) 협의 및 협력 메커니즘 등 세 가지로 구성된다. 한국의 행정 제도는 선진국의 행정제도와 동일하다. 고용노동부는 노동법을 시행하고 근로기준, 노사관계 및 기타 노동 문제와 관련된 정책과 프로그램을 개발하고 시행할 책임이 있다. 1953년에 설립된 노동위원회는 노사관계에서 발생하는 분쟁의 판결과 중재에 중요한 역할을 하는 준사법 행정기관이다. 노동위원회는 동일한 수의 근로자, 고용주 및 공익단체 대표들로 구성되어 있다. 노동위원회는 중앙노동위원회와 지방노동위원회 두 계층이다. 노사분쟁이 발생하면 해당 당사자는 사건 해결을 위해 지방노동위원회에 신청한다. 그 결정에 불복하는 신청자는 중앙노동위원회에 이의를 제기할 수 있다. 그 후 신청자는 지방 민사법원에 소송을 제기한 후 고등법원에 제소할 수 있다. 최고재판소인 대법원은 사건의 사실관계가 아니라 법의 문제에 대한 고등법원의 결정에 대한 항소를 심리한다.

노동문제에 대한 협의 및 협력 노력을 지원하기 위해 (i) 경제사회노동위원회와 (ii) 노사협의회(LMC) 두 주요기관이 있다. 경제사회노동위원회는 노사 협력을 촉진하고 정부정책 수립에 참여하기 위해 대통령의 권한으로 국가 차원에서 설립되었다. 경제사회노동위원회는 노동계, 경영계, 공익단체 및 정부 대표들로 구성되어 있다. 1963년에 도입된 노사협의회는 노동자의 노사관리문제 참여와 노사 간의 협력을 증진시키기 위한 것이다. 노사협의회는 30명 이상의 정규직 근로자가 있는 각 회사에 설립되어야 하며, 고용주와 근로자를 대표하는 동등한 수의 구성원으로 구성되어야 한다. 노사협의회는 3개월마다 한 번씩 회의를 열고 노사관리 및 회사 운영에 관한 다양한 문제에 대한 협의 또는 해결책을 마련해야 한다.

9.3.4 현재 노사 관계

3대 노동 기본권에 대한 헌법적 보장 하에 노동자들은 노동조합을 결성했다. 한국노동연구원의 여론조사에 따르면 응답자의 85% 이상은 노동조합이 필요하다고 답했다. 전체 조합원은 2000년 150만 명에서 2016년 200만 명으로 점차 증가했지만 같은 기간 노조 밀도는 약 10.4% 안팎으로 안정세를 보였고, 노동조합 수는 2016년에 6,164개였다(〈표 9-2〉).[23]

한국의 노사관계는 외환위기 이후 격동기를 거치면서 안정되어 왔다. 2000년대 중반 이후로 노동분쟁 건수와 노동분쟁으로 손실된 근로일수는 모두 크게 감소했으며, 노동분쟁 건수와 손실된 근로일수가 모두 증가한 2016년을 제외하고는 위기 이전 수준에서 안정화 되었다. 2016년의 증가는 당시 박근혜 대통령에 대한 연이은 촛불 집회에 다수의 노동자들이 참여해 2017년 탄핵을 했기 때문이다. 이 탄핵 직후 노사관계는 2017년에 정상 수준으로 회복되었다.

노동관계조정법은 1997년부터 산업 및 국가 차원에서 복수노조를 결성할 수 있도록 허용했다. 한국의 노동조합들은 주로 기업에 기반을 두고 있지만 많은 대기업 노조들이 2000년부터 산업별 노조로의 전환을 승인하면서 한국의 노동운동이 기업별 노조에서 산업별 노조로 차츰 전환되고 있다. 기업별 노조의 수는 2005년 전체 노조 수의 57.8%에서 2013년 47.5%로 감소한 반면, 산업별 노조의 수는 21.6%에서 38.9%로 증가했다. 기업별 노조 및 산업별 노조의 존재와 함께 2011년부터 기업 차원에서 복수노조가 허용되었다. 2013년 기준 복수노조를 가진 기업은 84개로 이는 전체 기업 수의 13.6%에 달한다.[24]

또한, 단체교섭의 목적상 산업별 교섭은 2005년 전체 단체교섭의 30%에서 2013년에는 38%로 증가했다. 기업 차원에서 복수노조는 많은 문제를 일으킬 수 있다. 그들은 기업 내에서 복수노조들 사이에 갈등을 일으킬 수 있다. 그들은 이중적인 노사관계를 만들어 단체교섭 협상 과정에서 복잡성, 불확실성 및 차별을 야기할 수 있다. 단체교섭 문제를 최소화하기 위해 2013년에 복수노조를 보유한 기업의 55.1%가 복수노조 간 단체교섭 및 합의의 통일을 채택했다.[25]

한국에는 한국노동조합총연맹(한국노총)과 전국민주노동조합총연맹(민노총)이라는 두 개의 노동조합연맹이 있다. 한국노총은 2011년에서 2013년에 사이에 전국 조합원의 57.6%를 차지한 반면, 민주노총은 26.7%를 차지했다.[26] 양대 노총은 철학과 태도가 상당히 다르다. 민주노총은 전투적 행동주의에 의지하는 반면, 한국노총은 정부와 고용주에 대해 좀 더 협력적인 입장을 보이고 있다.

한국에는 노동조합에 대응하는 5개 사용자단체가 있는데, 이들은 대한상공회의소, 한국무역협회, 중소기업중앙회, 전국경제인연합회, 한국경영자총협회 등이다. 이들은 모두 경제사회노동위원회와 같은 노사관계와 관련된 모든 위원회에 참석하고 함께 활동한다.

노동조합은 주로 기업에 기반을 둔 노조이기 때문에 노조가 결성되어 있는 대부분 회사의 단체교섭은 주로 기업 차원에서 이루어진다. 따라서 노조연맹이나 사용자단체 모두 단체교섭에 참여할 수 없다. 그럼에도 불구하고 기업 수준의 교섭과 관련된 전국 노조연맹의 영향력은 최근 몇 년 간 증가하고 있다. 한국노총과 민주노총은 매년 초 임금과 기타 계약 변경에 대한 전국적인 요구를 하고 있는데 이는 기업 차원의 단체교섭에 영향을 미치는 지침이 되고 있다. 전국노동조합총연맹의 이러한 제안에 대응하여 사용자단체는 한국경영자총협회를 통해 자체 협상 지침을 회원사에 제공한다.

9.4 노동에 대한 신뢰의 개념, 결정요인, 효과 및 측정

9.4.1 노동에 대한 신뢰의 개념과 결정요인

노동에 대한 신뢰는 노동시장, 노사관계 및 노동조합 등 노동 분야에 대해 시민이나 사회가 가지고 있는 신뢰를 말한다. 그것은 노동부문의 이러한 요소들에 대한 시민들의 신임에서 비롯된다. 시민들의 신임은 결국 이러한 요소들에 대한 시민들의 기대와 평가에 기초한다. 두 가지 핵심 평가 기준은 운영의 역량(competence)과 윤리 또는 가치(ethics or value)다. 역량 측면에는 실효성, 투명성 및 이해관계자의 운영 참여가 포함된다. 한편, 노동부문의 실효성은 고용률과 실업률, 노동생산성, 노사관계의 효율적인 운영, 노동분쟁 및 노동분쟁으로 인한 노동시간 손실과 같은 여러 지표에 반영될 수 있다. 투명성과 참여는 노동시장, 노사관계, 노동조합과 관련된 조직의 운영과 관련 법률과 규정의 이행과 관련된 문제이다. 그것들은 관련 조직의 관련 법률 및 규정을 준수하는 정도에 반영될 것이다.

노동에 대한 신뢰의 가치 차원에는 관련 법률의 공정한 시행과 관련 기관의 윤리적인 운영이 포함된다. 또한, 노동시장의 공정성, 노사관계에서 이해관계자(즉, 경영자, 고용주, 직원, 고객 및 지역사회) 간의 공정성, 노동조합의 공정한 대표성, 그리고 윤리적 운영과 같은 노동의 윤리적 문제를 포함한다. 예를 들어 위에서 언급한 것처럼 세분화된 한국 노동시장에는 다양한 유형의 불공정이 존재한다. 이러한 불공정이 노동에 대한 불신의 원인이 될 수 있다. 만약 노동조합이 임원진에 의해 비윤리적으로 운영된다면 노동조합에 대한 사회적 신뢰가 낮아질 수 있다.

9.4.2 노동에 대한 신뢰가 경제와 사회에 미치는 영향

다른 유형의 사회적 신뢰와 마찬가지로 노동에 대한 신뢰도 경제에 중요한 영향을 미친다. 노동에 대한 낮은 신뢰는 더 많은 노동분쟁, 불안정한 노동시장, 비효율적인 노동력 활용으로 이어져 투자와 경제발전을 방해한다. 노동에 대한 낮은 신뢰는 노동시장과 그 운영과 관련된 제도들에 악영향을 미쳐 노동시장의 효율성에 부정적인 영향을 미친다. 또한, 노동에 대한 낮은 신뢰가 높은 수준의 노동분쟁과 결합되면 외국인직접투자 유입은 감소하는 반면, 외국인직접투자 유출과 역외 아웃소싱은 증가하여 경제와 국내 고용에 악영향을 미치게 된다.[27]

노동에 대한 신뢰는 또한 사회적 신뢰의 다른 구성 요소들, 법치 준수, 사회적 갈등과 통합을 포함한 사회의 다양한 영역에 영향을 줌으로써 사회발전에 영향을 미친다. 비정규직 등 소외계층을 위한 사회보험제도 개선은 노동에 대한 높은 신뢰가 요구되는 사회적 지원 없이는 불가능하다.

9.4.3 노동에 대한 신뢰도 측정

노동에 대한 신뢰는 노동시장, 노사관계 및 노동조합 운영에 대한 시민들의 신임에 의해 결정된다. 시민들은 다양한 경로를 통해 전달되는 노동시장 운영에 대한 평가 결과를 자기들의 기대와 비교하여 노동에 대한 신임으로 인식한다. 따라서, 노동에 대한 신뢰는 일반적으로 시민들에게 노동시장 또는 노동시장의 특정 요소에 대한 능력 있고 윤리적인 운영에 대한 그들의 인식을 묻는 표본조사에 의해 측정된다. 노동에 대한 신뢰가 결정되는 여러 통로가 존재하기 때문에 노동에 대한 신뢰지표를 측정 할 때 수많은 가능한 변수들을 고려해야 한다. 한국의 두 기관(한국행정연구원과 한국보건사회연구원)은 한국의 노동에 대한 신뢰 지표를 측정하기 위해 매년 조사를 실시하고 있으며, 다수의 국제기구들은 국가들의 노동에 대한 신뢰 지표를 측정하고 있다.

9.5 한국의 노동에 대한 신뢰도

9.5.1 한국 기관이 측정한 한국의 노동에 대한 신뢰도

한국행정연구원(2017a)은 2013년부터 매년 8,000명을 대상으로 한 설문조사를 통해 노동에 대한 신뢰도를 나타내는 세 가지 상호 관련된 지표들을 추정한다. 이러한 지표에는 노동조합에 대한 신뢰도, 노동조합의 청렴도, 고용주와 종업원 간의 갈등의 심각성 등이 포함된다(〈표 9-8〉의 첫 세 지표). 비교적 짧은 4년 기간(즉, 2013-2017년) 동안 세 지표 모두 추세를 드러내지 않고 다소 안정된 상태를 유지하고 있다. 이 기간 동안 노조에 대한 신뢰도와 청렴도는 각각 38.9%와 35.0%로 나타났다.[28] 이러한 낮은 청렴도는 노동조합에 대한 낮은 신뢰도에 반영될 것이다. 고용주와 종업원 간 인식된 갈등 수준은 80.2%로 현저히 높았는데, 이는 한국의 노사관계와 노사분쟁의 핵심 원인이 경영자/기업과 종업원들 사이의 신뢰 부족임을 나타낼 수 있다.

표 9-8 한국행정연구원과 한국보건사회연구원이 측정한 한국의 노동에 대한 신뢰 지표(%)*

	2013	2014	2015	2016	2017	평균
노동조합에 대한 신뢰	42.0	38.4	36.7	39.5	38.0	38.9
노동조합의 청렴도	37.9	33.8	32.1	36.5	34.8	35.0
고용주와 종업원 간의 갈등	81.6	79.0	81.6	81.8	77.1	80.2
경영자와 종업원 간의 갈등	-	79.9	-	81.2	81.7	80.9
정규직과 비정규직 간의 갈등	-	76.9	-	81.5	81.9	80.1

주: * 표 9-8의 값은 설문 조사 질문에 '어느 정도' 또는 '아주 많이' 동의한 응답자 비율의 합계를 나타냄.
출처: 한국행정연구원(2017a), 한국보건사회연구원(2017).

한국보건사회연구원(2017)은 매년 약 4,000명을 대상으로 한 설문조사를 통해 노동에 대한 신뢰 지표를 2개 이상 추정하고 있다. 〈표 9-8〉(마지막 2개 지표)에서 보듯이 3년 기간(즉, 2014, 2016, 2017년)에 걸쳐 응답자의 80% 이상이 한국에서 경영자와 종업원 간, 정규직과 비정규직 간의 갈등이 심각하다고 인식했다. 한국행정연구원과 한국보건사회연구원이 측정한 고용주와 종업원 간 인식된 갈등 수준은 거의 동일해 한국에서 노동에 대한 신뢰도가 낮다는 점에 유의해야 한다.[29]

9.5.2 국제기구가 측정한 한국의 노동에 대한 신뢰도

IMD와 WEF는 노동에 대한 여러 가지 신뢰 지표들을 추정한다. 〈표 9-9〉에서 알 수 있듯이 2000년에서 2017년 동안 IMD가 측정한 한국의 노동에 대한 신뢰지표는 모두 OECD 국가 평균보다 현저히 낮은 23-34위를 기록했다. 기업 활동을 방해하는 '노동규제'에 대한 한국의 평균 점수는 3.79로 OECD 평균의 77% 수준이며 2017년 23위에 올랐다. 위에서 언급한 바와 같이 상대적으로 좋은 순위는 노동시장에 대한 법적, 제도적 시스템이 선진국의 시스템과 동등하다는 것을 의미할 수 있다. 정리해고 후 봉급을 지불해야 하는 주를 비교해 볼 때 한국의 정리해고 비용은 OECD 국가들 중에서 큰 차이가 있으면서 가장 높았다. 즉 한국이 23.1주인 데 비하여 OECD 평균은 7.1주였다.

표 9-9 IMD와 WEF가 측정한 한국과 OECD의 노동에 대한 사회적 신뢰 지표

	한국		OECD
A) IMD(평균: 2000-2017, 척도: 1-10)	값*	순위*	
1) 노동 규제	3.79	23위	4.92
정리해고 비용: 주급	23.10	1위	7.10
2) 노사관계	3.97	34위	6.49
노동자 동기부여	5.33	32위	6.13
노동쟁의	20.00	6위	21.70
3) 기업에 대한 신뢰(기업/경영자)	5.44	30.4위	6.45
4) 노동시장 실적			
여성 노동력(%, 2000-2016)	41.60	29위	44.20
숙련 노동	5.53	25위	6.10
국제 경험	4.99	30위	5.49
외국인 고숙련자	4.64	27위	5.40
B) WEF (평균: 2007-2017, 척도: 1-7)			
1) 노동시장 효율성	4.29	27위	4.64
노동시장 유연성	4.02	29위	4.58
효율적인 인재 활용	4.57	25위	4.69
2) 기업의 윤리와 책임	4.29	28.5위	5.08

주:

A) * 값(1-10 척도)은 달리 년도가 명시되지 않는 한 2000-17년 동안의 평균 지표임. 순위는 별도의 년도 표시가 없는 한 2017년의 것임.

A-2): 노동쟁의는 연간 1,000명 당 손실 근로일수임.

A-3): 기업에 대한 신뢰에는 제8장의 <표 8-4>에 표시된 것처럼, 기업에 대한 신뢰(기업/경영자)의 10가지 지표가 포함됨.

B) * 값(1-7 척도)은 2000-2017년 동안의 평균임. 순위는 2017년의 것임.

B-2): 기업의 윤리와 책임에는 제8장의 <표 8-4>에 나타난 바와 같이 기업에 대한 신뢰의 5가지 지표가 포함됨.

출처: IMD(2017), WEF(2017).

IMD 조사에서 보면 한국의 노사관계는 최악이다. 한국은 34개 OECD 국가 중 34위를 차지해 노사관계의 적대성을 여실히 드러냈다. 이러한 열악한 노사관계 속에서 노동자들은 32위라는 순위에서 알 수 있듯이 동기부여가 높지 않다. 한국의 노동쟁의는 2015년 6위로 나타나듯이 여전히 상대적으로 높다. 노사관계는 노동만으로 결정되는 것이 아니라 노동자와 고용주 사이의 상호작용에 의해 결정된다. 제8장에서 논의한 바와 같이 기업과 그 경영자들은 노사관계를 포함한 업무를 신뢰할 수 있는 방식으로 실행하지 않는다. 한국의 10개 기업 신뢰지표 평균은 5.44로 OECD 평균 6.45에 비해 한국이 30.4위를 차지했다(〈표 9-9〉).

마지막으로, 노동에 대한 신뢰 역량 기준의 주요 구성요소인 노동시장 실적은 한국에서 상대적으로 열악하다. 한국의 여성 노동력 비율은 2016년 29위로 상대적으로 낮다. 낮은 여성 노동력 비율은 급속한 고령화, 낮은 출산율 및 노동력의 성장 둔화와 같은 사회적 현상에 역행한다. 숙련노동력은 지식기반 경제발전에 필수적이나 한국은 25위로 상대적으로 부족하다. 세계화에 따른 광범위한 개방경제를 위해 한국은 국제 경험을 가진 노동자와 숙련된 외국인 노동자가 필요하다. 한국 노동시장은 각각 30위와 27위를 차지한 것처럼 두 가지 모두 저조한 실적을 보이고 있다.

WEF가 측정한 지표도 한국에서 노동에 대한 신뢰가 낮다는 것을 보여준다. 한국의 노동시장 효율성(노동시장 유연성 및 효율적인 인재 활용 포함) 가치는 2007년부터 2017년 사이 OECD 평균인 4.64에 비해 평균 4.29로 OECD 국가 중 27위를 차지했다. 특히, 노동시장의 유연성은 상대적으로 저조해 29위에 그쳤다. 동시에 기업의 윤리 및 책임(또는 기업에 대한 신뢰)은 OECD 평균 5.08에 비해 4.29로 상대적으로 낮았다. IMD와 WEF가 노동에 대한 신뢰의 다양한 측면을 추정한 결과 한국의 노동에 대한 신뢰 수준이 상대적으로 낮다는 것을 알 수 있다.

시간 경과에 따른 한국 노동시장의 실적에 대한 다양한 측면을 검토하고 평가한 결과 여러 가지 약점이 드러났다(〈표 9-2〉). 낮은 출산율과 낮은 노동력 참여율과 같은 여러 가지 원인으로 인해 최근 노동시장의 성장이 둔화되고 있다. 낮은 고용률과 특히 낮은 여성 및 청년 고용률은 노동시장의 저조한 성과의 일부이다. 또 다른 심각한 문제는 시간이 지남에 따라 임금의 불평등이 증가하는 것이다.

OECD 국가와 비교했을 때 한국의 전체 노동시장의 실적은 여러 측면에서 훨씬 더 나빴다. 첫째, 〈표 9-3〉에서 볼 수 있듯이 한국의 고용률은 상대적으로 낮고, 고용시장의 불확실성은 OECD 국가들에 비해 훨씬 높다. 한국은 소득 분산 폭이 상대적으로 높다. 그럼에도 불구하고 GDP 대비 노동시장 프로그램에 대한 공공지출은 다른 OECD 국가들에 비해 훨씬 적다. 둘째, 노동시장은 여러 가지 방식으로 세분화되었다. 이러한 세분화된 노동시장에서 임금 및 기타 고용조건 측면에서 양극화가 발생했다. 특히, 노동시장은 성별에 따라 분리되어 있으며, 한국의 성별 격차는 다른 OECD 국가들보다 많은 측면에서 현저히 높다(〈표 9-7〉). 셋째, 한국 노동시장의 또 다른 심각한 이슈는 낮은 청년 고용과 높은 청년 실업률, 니트족 및 비활동 니트족 비율이다. 한국 청년 노동시장의 실적 지표는 대부분의 OECD 국가들보다 현저히 나쁘다(〈표 9-7〉).

위에서 논의한 바와 같이 한국과 국제기구는 다양한 관점에서 한국의 노동에 대한 신뢰지표를 측정해 왔다. 한국의 두 기관(즉, 한국행정연구원과 한국보건사회연구원)은 여러 해에 걸쳐 한국의 노동에 대한 낮은 신뢰의 원천으로서 노동조합과 노동시장의 갈등에 대한 연구를 집중해왔다. IMD와 WEF는 노사관계와 노동시장 실효성을 중점으로 한국 노동시장의 국제적 비교를 보여주었다. OECD는 한국의 노동시장 성과에 대한 광범위한 평가에 초점을 맞추고 있다. 비록 이들 중 어느 단체도 '노동에 대한 신뢰' 그 자체를 측정하지 않았지만, 한국의 노동에 대한 신뢰가 특히 OECD 국가들과 비교했을 때 매우 낮다는 메시지는 분명하고 일관적이다.

9.6 한국의 노동에 대한 신뢰가 낮은 원인

9.6.1 비효과적이고 불공평한 노동시장

한국에는 노동에 대한 신뢰가 낮은 여러 가지 원인이 있다. 이것들은 노동시장, 노동조합 및 노사관계의 세 가지 평가기준으로 분류된다. 첫째, 위에서 언급 한 바와 같이 노동시장의 저조한 성과로 인해 대중이 인식하는 노동시장의 역량 수준이 낮다. 이와 관련하여 비효율적인 노동시장의 수많은 지표는 다음과 같다. (i) 특히, 여성과 청년의 낮은 고용률, (ii) 양질의 일자리 기회의 부족 특히, 여성과 청년의 노동시장 참여 부족, (iii) 높은 수준의 니트족 및 비활동 니트족, (iv) 노동시장의 높은 불확실성과 불안정성, (v) 임금 불평등의 증가와 높은 소득 양극화, 그리고 (vi) 개선의 전망이 없는 세 가지 다른 방식의 노동시장 세분화 심화 등이다. 노동시장 세분화의 심화는 다양한 사회 불평등과 갈등을 발생시킬 뿐만 아니라 한국의 노동시장의 비효율성과 소득 불평등을 야기시킨다. 이렇게 세분화된 각 노동시장의 불평등은 임금 불평등을 높이고 결과적으로 소득 불평등을 초래할 것이다. 세분화된 노동시장 내에서 상한과 하한 사이의 제한된 노동자 흐름을 가진 노동시장의 이중성은 노동력 할당의 효율성 손실을 나타낸다. 예를 들어 비정규직은 비효율적인 노동력 활용의 한 형태로, 그들의 생산 잠재력의 완전한 실현을 방해한다. 이들의 생산성이 정규직에 비해 낮은 것은 직장내 교육훈련 수준이 낮고, 고용 안정성이 낮으며, 일자리나 기업에 대한 헌신이 부족하기 때문이다.

9.6.2 전투적 노동조합

〈표 9-8〉에서 볼 수 있듯이 한국의 노동조합에 대한 신뢰 수준은 40% 미만이다. 사회는 착취적인 고용주들로부터 노동자를 보호하기 위해 필요한 균형추로서 노동조합의 필요성을 받아들인다. 그럼에도 불구하고 노동조합에 대한 대중의 신뢰는 최근 몇 년 동안 낮아지고 있다. 조합 조직률이 약 10%인 상황에서 노동조합은 포괄적인 노동자 대표자로 간주되지 않는다. 오히려 이들은 비조합원과 사회의 이익이 아닌 조합원과 조합 임원들의 이익 증대에만 신경을 쓰기 때문에 지대추구자로 간주되고 있다.[30] 노동조합의 편협한 이해관계는 대체로 노동조합의 성격에 기인한다. 한국의 대다수 노조들은 여전히 정규직 만을 조합원으로 포함하는 기업형 노조이다. 노조 간부들은 같은 기업의 조합원들에 의해 선출되기 때문에 비조합원들과 경제의 나머지 부분을 희생시키면서 기업 조합원의 이익을 극대화할 수 밖에 없다. 노동자들의 국가적 목표를 위한 기업 노조 간의 협력이 어려운 것은 그들

사이의 이해충돌 때문이다. 따라서 기업 노조는 정규직과 비정규직, 대기업과 중소기업 근로자 간의 노동시장 양극화라는 심각한 문제를 해결하는 데 실패했다.

노동조합에 대한 대중의 신뢰는 노조 간부들의 신뢰에 의해 결정된다. 〈표 9-8〉에 나타난 바와 같이 인지된 노동조합의 청렴도는 최근 35.0%에 불과했다. 기업 노조 간부들은 회사의 경영과 사업 전망에 막대한 힘과 영향력을 행사한다. 권력이 부패하는 경향이 있기 때문에 노조 간부들이 저지른 부패 사건이 여러 차례 발생했다. 한국행정연구원이 기업인들을 대상으로 한 조사에 따르면 노조의 부패 심각성 정도는 정부 행정부처의 3.82에 비해 2년(2016-2017) 동안 평균 3.52(부패 최대치 6)로 나타났다. 이와 유사하게 국민권익위원회에 따르면 2017년 일반 국민의 노조 부패에 대한 인식수준이 3.66(부패가 없는 경우 10)인 데 비해 정부 행정부처 부패에 대한 인식수준은 3.47로 나타났다.[31] 이 두 조사는 노조 부패의 인식 정도가 정부 부패의 인식 정도보다 별로 낫지 않다는 것을 보여 주었다. 최근 몇 년 동안 노동조합에 대한 국민의 분노를 불러 일으킨 부패의 한 유형은 회사에서 노조 간부들의 친인척 불법 고용이다.[32] 이러한 부패는 노조에 가입한 기업에서 일자리 확보가 어렵다는 점에서 노동조합에 대한 사회의 불신을 불러일으킨다.

끊임없는 노동조합의 전투적이고 불법적인 전술은 노동에 대한 사회적 불만과 불신을 불러일으켰다. 1980년대 말까지 권위주의 정권에서 정부는 노조의 활동을 억압했다. 그 후 노조는 그들의 대의명분을 위해 거리에서 전투적이고 불법적인 시위를 했으며, 사회는 그들을 사회 정의의 옹호자로 간주했다.[33] 그 당시 많은 노조 간부들은 체포되거나 범죄 기록에 오르는 것에 대해 거리낌이 없었는데, 이는 한국사회에서 하나의 용기있는 훈장으로 여겨졌기 때문이다. 아마도 이런 전통 때문인지 노조가 취하는 전술은 여전히 전투적이고, 대립적이며, 종종 불법적인 경우가 많다. 특히, 민주노총 조합원들의 노조 활동은 정치적 이념에 의해 지나치게 동기부여되고 편향된 것으로 간주된다.[34] 이들 민노총 산하 노조들은 노사 문제가 아니라 정치적 이유로 거리에서 대규모 반정부 집회(법적 또는 불법적)를 자주 벌여왔고, 이들 집회 중 다수는 노조원과 당국 간의 격렬한 대립을 초래했다. 대한상공회의소의 전국적인 조사에 따르면 응답자의 4분의 3 이상이 노조의 노동쟁의 행위가 법을 따르지 않고 있고, 전투적이고, 대립적이며, 경제에 해롭다고 인식했다(대한상공회의소, 2008).

9.6.3 적대적 노사관계

한국 사회에서는 협동적이고 안정적인 노사관계가 경제를 선진국 수준으로 발전시키기 위한 중요한 전제조건 중 하나라는 것이 일반적으로 인정되어 왔다. 그러나 국민의 80% 이상이 노사 간 갈등이 심각하게 높다고 인식하고 있는데(〈표 9-8〉), 이는 노동쟁의의 핵심 원인이 고용주와 종업원 간의 신뢰 부족이라는 것을 나타낸다. 여러 국내 조사들은 노사관계 갈등에 대한 책임은 고용주와 종업원 모두에게 있다는 것을 보여주었다.[35]

첫째, 노동자와 노동조합의 관점에서 보면 적대적인 노사관계는 노사관계의 오랜 역사에 뿌리를 두고 있다. 앞서 논의한 바와 같이 1980년대 후반까지 정부는 경영권 증진, 노조활동 억제, 노동쟁의 개입 등 노사관계에 광범위하게 간섭했다. 정부의 개입을 틈타 경영진은 권위적인 노사 관리 방식을 적용했다. 이러한 형태의 정부 노사관계 정책과 노동자에 대한 고용주의 태도 하에서 노동자와 노조는 정부와 기업에 대한 신임을 잃었다.

1980년대 말 정부의 노사관계에 대한 간섭이 최소화됐음에도 불구하고 노동자와 노조는 여전히 기업을 의심하고 불신하고 있다. 최근 기업들이 불공정한 근로자 파견, 종업원 부당 해고, 임금 체불, 갑질 등 여러 가지 불공정하거나 불법적인 관행을 하고 있다는 사실이 대중의 주목을 받고 있다.[36] 제8장에서 살펴본 바와 같이 경영 투명성이 부족하고 기업지배구조의 원칙을 따르지 않는다. 이러한 모든 유형의 부적절한 경영은 사회와 근로자들이 사업주들에 대한 존경과 신뢰를 잃게 만들었다. 종신고용과 연공서열제도가 성과급제로 전환됨에 따라 기업에 대한 종업원들의 충성도가 낮아졌다. 기업에 대한 종업원의 충성도는 강제 조기퇴직으로 인해 악화되었다. 민간기업의 근로자들은 평균 53세에 회사에서 밀려난다. 이들 근로자들은 사실상 53세 이전에 강제로 은퇴해야 할 것이라고 의심하고 있다. 따라서, 직원들은 자신의 경력의 마지막 황금기를 불안과 불확실성 속에서 보냄으로써 회사에 대한 충성도와 애착이 낮아진다.[37]

둘째, 전통적인 문화적 영향 아래 한국 고용주들은 노동자들에게 일자리를 제공하는 은인으로 생각했고, 노사관계를 수직적 관계로 간주하며, 오랜 기간 동안 직원들의 충성과 복종을 기대하고 있었다. 이런 기업문화하에서 기업들은 노조를 기업 경영의 장애물로 인식해 왔고, 단체 임금 협상을 제로섬 게임으로 간주해 왔다. 이러한 맥락에서 우리나라 노동법의 원래 원칙은 고용주의 독점적 착취로부터 다수의 노동자를 보호한다는 발상에 바탕을 둔 것이라는 주장이 제기되어 왔다. 그러나 이제 노동시장에서 고용주와 종업원 사이에 양자 독점이 사실상 확립되었으므로 노조와 경영진 간에 권력의 균형을 유지해야 하며, 노동시장은 시장원리에 따라 운영되어야 한다.

기업들은 권력 균형이 여러 측면에서 노조에 유리하게 기울어졌다고 주장해 왔다. 실제로 기업들은 길고 힘든 절차상의 복잡성과 집단 해고에 따른 높은 비용(법적으로 요구되는 고액 퇴직금 포함) 때문에 긴급한 경영상의 이유로도 직원 수를 줄일 수 없다(OECD, 2013: 139). 비록 고용주들이 불법 파업기간 동안 경영을 유지하기 위해 임시 대체인력을 고용하는 것이 허용되지만 합법적인 파업에서는 그렇게 할 수 없다. 파업기간 동안 사업이 지속될 수 있다면 노동쟁의 행위의 효과는 분명히 줄어들 것이다. 그러나 기업들은 파업기간 동안 대체인력으로 사업을 진행하더라도 기존 근로자에게 보험 등 비임금 급여를 지급해야 하고, 대체인력의 생산성도 정규직에 비해 낮기 때문에 여전히 비용이 발생한다. 노조의 노동쟁의 행위에 대한 고용주의 권리로서 직장폐쇄는 전면 파업이 시작된 후 허용되며, 부분적인 파업에는 허용되지 않는다. 고용주들은 합법적으로 허용되는 파업의 규모를 결정하기가 어렵기 때문에 노동쟁의 행위의 규모에 관계없이 직장폐쇄를 허용해야 한다고 주장한다.

처벌 조항과 관련하여 또 다른 유형의 권력 불균형을 찾을 수 있다. 노조원 보호를 위해 부당해고나 노동법 위반 등 경영진의 부당노동행위에 대한 처벌조항이 제정됐다. 그러나 사업장의 불법파업, 점거, 훼손 등 노조의 권력 남용이 발생하는 경우 고용주의 손해배상 청구권이나 가처분 신청 권리는 존재하지 않는다.[38] 노동조합에 유리한 이러한 모든 권력 불균형 사례는 고용주가 노동조합을 불신하게 만든다. 더욱이 노조 간부들이 저지른 다수의 부패 사건들은 아마도 기업들이 노동 평화나 회사의 생존을 위해서 노조 간부들의 불법행위에 대해 협력하도록 강요 받고 있다는 것을 보여준다.

셋째, 국가의 평화적 노사관계, 노사상생, 경제사회 발전을 위한 중개자 역할을 통해 건설적인 노사관계의 규칙과 규정을 제정하고, 노사관계를 개선하는 것이 정부의 책임이다. 그러나 한국 정부는 (합법적, 불법적인) 노동쟁의 행위를 예방하고 해결하는데 효과적이지 않았다. 정부는 위에서 논의한 바와 같이 노조의 신임을 잃었기 때문에 중개자 역할의 역량을 상실했다.

정부는 고용주들의 신뢰도 잃었다. 재임중인 고용노동부장관은 현재 진행중인 노동쟁의를 신속하게 해결하려고 노력한다. 노동쟁의가 너무 오래 지속되면 사회는 경제적 피해에 대한 우려를 표명하고 장관의 교체를 주장한다. 일반적으로 재임기간이 짧기 때문에 주무장관은 정부 개입에 의한 노동분쟁 해결의 장기적인 영향에 대해 심각하게 걱정하지 않는다. 노동분쟁 해결 조건의 일환으로 노조는 상법과 형법 위반에 대한 일반 사면과 파업기간 동안의 임금 보상에 대한 요구를 항상 제기한다. 이런 경우 일반적으로 정부는 기업에 대한 영향력이 더 크기 때문에 기업들이 노조의 요구에 굴복하도록 강요한다. 이런 식의 강제적인 결의가 2000년대 중반 이후 드물어졌지만 일부 국회의원들은 여전히 입법 전술을 통해 관련 기업의 강압에 관여하고 있는 것으로 보인다.

또한, 제7장에서 논의한 바와 같이 정부에 대한 사회적 신뢰가 낮기 때문에 정부는 노조나 고용주로부터 협력을 얻는데 어려움을 겪을 것이다. 정부가 직면한 이러한 어려움은 노사정협의회(경제사회노동위원회)가 노동과 경제 문제를 해결하기 위해 노사정간의 사회적 타협과 합의를 이루기 위한 어려움으로 입증된다.[39]

9.7 한국의 노동에 대한 신뢰를 높이는 방법

9.7.1 노동시장 성과 개선 방법

노동시장의 낮은 경쟁력

한국은 노동 규제를 개선하여 노동시장의 경쟁력을 높여야 한다. 〈표 9-9〉에서 볼 수 있듯이 IMD와 WEF는 한국의 노동 규제가 비효율적이며, 노동시장의 유연성 부족으로 노동시장 경쟁력이 낮다고 평가했다. 노동시장의 유연성을 높이기 위해 정부는 노동 규제를 합리화함으로써 정규직의 엄격한 보호를 완화해야 한다. 이를 위해 파산의 경우 노조원 해고를 목적으로 한 노조와의 협의기간을 폐지하고, 그 외의 경우에는 다른 나라의 공통 기간인 30일로 단축해야 한다. 2011년 이후 유니온 숍 제도가 단일 노조 기업(즉, 복수노조가 아닌 기업)에만 적용됐지만 시장원리에 어긋나기 때문에 이를 폐지해야 한다.[40]

낮은 고용

한국 정부의 일자리 창출 정책은 부적절하고 불충분한 것으로 보인다. 지식 및 시장 기반의 개방 경제의 경우 양질의 일자리 창출 전략은 혁신, 기술 및 사업 개발을 장려해야 한다. 이를 위해 2017년 중반 이후 시행된 문재인 정부 정책은 법으로 고용 확대와 공공부문 고용 확대를 시도하는 등 직관에 반하는 것으로 보인다. 문재인 정부는 임기 5년 동안 공무원을 17만 4천 명 늘리고, 비정규직 20만 명을 정규직으로 전환해 공공부문에 81만 개의 신규 일자리를 만들겠다는 정치 공약을 내걸고 출발했다. 이러한 일자리 창출 정책은 단기적으로는 정치적 편의를 충족시킬 수 있지만 시간이 지남에 따라 혁신적이고 첨단기술 분야에서 양질의 일자리를 창출할 수는 없다. 오히려 민간부문에 대한 재정부담을 높여 일자리를 창출하는 데 걸림돌이 될 것이다.[41] 제7장에서 논의한 바와 같이 공공부문은 이미 공무원 수와 임금을 올림으로써 정부에 대한 사회적 신뢰를 낮추어 노사관계와 고용에 악영향을 끼치고 있다.

또한, 문재인 정부는 양질의 일자리 창출을 위해 적립한 공적자금을 잘못 배분하고 있는 것으로 보인다. 문재인 정부는 공무원 수를 늘리기 위해 정부 기금을 전용함으로써 다른 OECD 국가들에 비해 현저하게 부족한 노동시장 프로그램을 위한 공공 지출을 더욱 줄였다(〈표 9-3〉). 앞서 언급했듯이 노동시장에는 상당한 기술 불일치가 존재한다. 따라서 정부는 기술 격차 해소를 위한 인적자원을 개발하기 위해 기술 훈련, 직업 교육, 고용 서비스와 같은 노동시장 프로그램을 확대해야 한다. 더 나은 고용을 향한 노동자들의 이동성을 향상시키기 위해 정부의 지원도 필요하다. 이를 위해 실업급여가 개선돼야 한다(〈표 9-3〉).

무엇보다도 최근 한국에서 고용이 저조한 두 가지 주요 원인은 낮은 경제성장과 '고용 없는 성장'이라는 점에 주목해야 한다. 최근 몇 년 동안 다양한 기치 아래 연이은 정부들이 이러한 어려운 경제문제를 해결하기 위해 다양한 전통적인 경제정책 수단을 적용했지만 아무 소용이 없었다. 정책 입안자들은 최근의 정책 실험을 통해 관습적인 정책수단을 사용하는 전통적인 접근 방식은 이와 관련하여 중요한 요소 중 하나인 사회적 신뢰가 사회에 깊숙이 내재되어 있기 때문에 국가의 경제적 곤경을 바로 잡는 데 한계가 있다는 것을 깨달아야 한다. 이 책을 통하여 조사한 바와 같이 사회적 신뢰는 경제와 중요한 관계가 있다. 그러나 사회적 신뢰는 최근 들어 낮았고 감소하고 있다. 이 장의 앞 부분에서 논의한 바와 같이 노동에 대한 낮은 신뢰와 그에 따른 높은 노동분쟁은 노동시장의 비효율적인 성과의 주요 원인 중 하나였으며, 국내 경제활동과 일자리를 해외로 몰아냈다. 따라서 저고용문제 등 노동시장의 다양한 문제들을 해결하기 위한 핵심 도구로서 사회적 신뢰 뿐 아니라 노동에 대한 신뢰를 높이기 위해 정부의 지원 하에 공공 캠페인을 추진해야 한다.

제8장에서 논의한 바와 같이 최근 몇 년 동안 경제성장의 주된 원인이 재벌 의존적인 수출 주도 성장이었기 때문에 한국에서 '고용 없는 성장' 현상이 일어나고 있으며, 이는 나머지 경제에 최소한의 낙수효과를 발생시키고 있다. 재벌들은 높은 노동력을 대체하는 첨단 기술뿐만 아니라 글로벌 가치사슬의 일부로서 중국과 동아시아 경제에도 크게 의존하고 있는데 이는 중소기업에 의한 일자리 창출뿐만 아니라 혁신과 역동성의 걸림돌이다. 따라서 제8장에서 논의한 바와 같이 서비스 부문과 중소기업을 장려하고 재벌에 의존하는 협소한 경제의 추가 확장을 억제하기 위한 적절한 제도를 만들어야 한다.

임금 양극화

최근 몇 년 동안 노동시장은 임금 분배 측면에서 양극화 되어 왔다. 이러한 양극화는 고임금 발생률이 높기 보다는 저임금 발생률이 높기 때문에 나타나는 것으로 보인다. 한국은 상대적으로 높은 5/1분위율(OECD 5위)과 저임금 발생률이 상대적으로 높은 것(OECD 4위)으로 알 수 있듯이 중위소득 이하인 사람들 사이에서도 높은 소득 분산을 보인다.[42] 한국경제가 성숙해지면서 사회복지, 소매업, 식당, 청소 등 서비스 부문의 저임금 일자리가 크게 증가하고 있다. 고령 인구와 여성 노동자들은 이 분야의 증가하는 근로자 수요를 충족시키고 기존의 저임금 상승을 막았다. 일단 이러한 저임금 및 저숙련 직업에 종사하게 되면 근로자들은 더 나은 직업으로 이동할 기회가 거의 없어 저임금 직업의 함정에 빠지게 된다.

임금 양극화를 완화하기 위해서는 먼저 이들 서비스 부문의 임금이 개선돼야 한다. 서비스 분야의 근로자 중 상당수가 공식 최저임금 전후로 임금을 받고 있다. 따라서 1997년 근로기준법, 1986년 최저임금법과 같은 법률 제도와 비정규직 관련 법률이 제대로 시행되고 감시될 필요가 있다. 서비스 부문에서 근로자가 임금을 제대로 받지 못하는 규칙 위반 사건이 많이 존재한다. 둘째, 법정 최저임금 조정은 정치적으로 관련된 과제이기 때문에 물가상승률이나 중위소득과 같은 일정한 객관적 기준에 근거하여 시간이 지남에 따라 정기적으로 조정되어야 한다. 셋째, 모든 근로자는 국민 복지 프로그램에 의해 보장되어야 한다. 넷째, 이러한 노동자들의 노조 결성은 정부에 의해 장려되고 지원되어야 한다.

고령화 및 인구 감소

한국이 직면한 중요한 도전과제 중 하나는 고령화와 인구 감소에 맞서 어떻게 노동력을 유지할 것인가 하는 것이다. 한국의 급속한 고령화로 인한 심각한 결과를 최소화하기 위해서는 특히 여성의 노동 참여율을 높여야 한다. 여성 노동 참여율이 낮은 것은 육아, 여성이 주로 가사를 부담하는 사회문화, 불리한 고용조건 등 여러 가지 이유 때문이다. 여성의 참여를 높이는 과제는 세 가지 측면에서 동시에 수행되어야 한다. 첫째, 제5장에서 논의한 바와 같이 정부는 자녀를 낳는 것과 관련된 교육비에 대한 부모의 재정적 부담을 완화해야 한다. 이는 모든 저소득층 가정이 양질의 유아 교육 및 돌봄 프로그램을 저렴하고 쉽게 이용할 수 있도록 함으로써 가능하다. 또한, 한국은 육아휴직 규정이 상대적으로 취약한 만큼 개선해야 한다. 필요한 예산 지출은 사회복지지출을 OECD 국가 평균 수준으로 올려 재정을 조달해야 한다. 둘째, 사회는 대중의 도움을 받아 부모의 자녀 돌봄을 포함한 가족의 책임을 공평하게 나누기 위해 남녀 간의 행동 변화를 장려하는 사회 캠페인을 촉진해야 한다. 셋째, 기업은 여성 근로자의 요구를 수용하기 위해 시간제, 탄력근로제 등 보다 유연한 고용조건을 제공해야 한다. 문화적 편견 뿐만 아니라 고용조건에서도 여성에 대한 편견을 해소하지 않는다면 여성들은 노동력에 참여하는 것을 여전히 주저하게 될 것이다. 이러한 모든 조치는 2016년 OECD 국가 중 최저 수준인 한국의 출산율을 높이는 데 도움이 될 것이며, 저출산율은 한국의 인구 증가율 감소의 주요 원인이다.

정규직과 비정규직 간의 노동시장 이중성

노동시장의 이중성을 해결하고 동시에 노동시장의 유연성을 개선하기 위한 많은 제안이 제시되었다.[45] 이러한 제안의 공통된 주장은 정규직에 대한 엄격한 고용 보호를 완화하고 동시에 비정규직에 대한 보호 및 고용조건을 개선하자는 것이다. 정규직 보호를 완화하기 위한 방안으로는 (i) 합법적인 사유로 인한 정규직 해고 절차 간소화 및 가속화, 유니온 숍 제도 폐지 등 한국의 정규직 보호 수준을 다른 OECD 국가의 보호 수준에 맞추는 방안, (ii) 위에서 논의한 바와 같이 노조와 경영진 사이의 권력관계의 균형을 맞추는 방안, 그리고 (iii) 정리해고와 사회 안전망이 밀접하게 상호 관련되어 있기 때문에 사회 안전망의 개선 등이다. 비정규직 보호를 개선하기 위한 제안은 (i) 비정규직 근로자에 대한 세 가지 사회 프로그램 및 기타 기존 재정적 인센티브 제공, (ii) 고용보험 가입자가 이용할 수 있는 직업훈련을 비정규직으로 확대, 그리고 (iii) 정규직만 받을 수 있는 퇴직금을 기업 연금으로 대체 등이다.

노동시장의 이중성 문제는 노동시장만으로 해결될 수 없다. 오히려 그 해법은 경제와 사회 전반에 걸쳐 모색되어야 한다. 첫째, 위에서 언급한 바와 같이 비정규직의 상당 부분이 최저임금을 받고 있으므로 최저 임금법을 제대로 시행하고 최저임금 수준을 정기적으로 적절하게 조정해야 한다. 둘째, 비정규직의 압도적 다수가 서비스 부문과 중소기업에 고용되어 있기 때문에 제8장에서 논의한 재벌-중소기업 관계를 포함한 서비스 부문과 중소기업의 개선이 정부 정책의 일부가 되어야 한다. 셋째, 비정규직 고용의 불확실성이 높은 점을 감안할 때 비정규직에 대한 사회 안전망이 개선되어야 한다. 넷째, 비정규직은 노조의 구성원이 아니므로 기업노조에서 산별노조로의 전환을 장려함으로써 비정규직을 노동조합원의 일부로 포함시켜야 한다. 다섯째, 비정규직 관련 노동법을 제대로 시행하고 감시함으로써 노동법 위반을 방지해야 한다.[46] 정규직 근로자에 대한 고용 보호를 완화하고 동시에 비정규직 근로자의 고용 조건을 높임으로써 정규직과 비정규직의 임금격차는 줄어들고, 기업은 인건비 절감을 위해 비정규직을 고용할 동기를 잃게 될 것이다.

문재인 정부의 정책은 먼저 비정규직을 공공부문의 정규직으로 전환한 다음 그 정책을 하청업체로서 공공부문과 거래하는 민간기업으로까지 확대하는 것으로 보인다.[47] 그러나 문재인 정부는 정규직 근로자의 보호를 완화하는 데 거의 관심을 기울이지 않는 것으로 보인다. 앞에서 논의한 바와 같이 정부가 추진하는 비정규직의 정규직 전환은 전체 비정규직에 대한 장기적인 해결책이 될 수 없다. 오히려 공공부문에서 비정규직 근로자를 급격히 줄이면 가뜩이나 낮은 공공부문의 효율성을 떨어뜨리고 정부에 대한 사회적 갈등과 불신을 불러 일으켜 정부 정책에 대한 사회적 지원이 위축될 것이다. 반면, 민간부문에서는 기업에 대한 과도한 인건비, 고용시장의 경직성, 필수 수출부문의 경쟁력 약화 등으로 이어지기 때문에 이러한 접근방식은 실패할 수밖에 없다. 따라서 문재인 정부의 일자리 창출 정책은 국내 전체 일자리 수를 줄일 가능성이 높다.

성별 노동 불평등

한국은 OECD 국가 중 노동시장의 남녀 성별 격차가 가장 심각한 나라 중 하나이다. 위에서 논의한 바와 같이 여성의 노동참여율을 늘리기 위한 제안과 상당히 유사한 많은 제안들이 OECD를 포함한 문헌에서 제안되었다.[48] 이미 우리 사회에 뿌리내린 성별 격차가 지속적으로 이어져 왔기 때문에 이러한 모든 제안들은 한국에서 별로 효과가 없는 것으로 보인다. 한국의 성 격차의 핵심 원인은 여성에 대한 편견을 가진 가부장적 문화가 전통사회에서 현대에 이르기 까지 오랫동안 이어져 왔기 때문이다. 이러한 남성 지배 문화는 제3장에서 논의한 바와 같이 오랜 역사 동안 한국의 가족법에 의해 수용되었다. 비록 관련된 법이 2008년에 없어졌지만 전통이 남아 있어 여성들이 여전히 가사와 육아에 주로 책임을 지고 있다. 남성들은 주방이 여성의 공간이고, 남성적인 자아를 만족시키기 위해서는 여성들 보다 더 많은 돈을 벌어야 한다는 인식을 갖고 있다. 이러한 가부장적이고 계급적인 전통 때문에 여성 지도자들은 정치와 사업현장에서 잘 받아들여지지 않는다.

일반적으로 한국사회는 기존의 문화적 전통을 받아들이고 있는 것으로 보인다. 사회의 어떤 여성단체도 성 평등을 위한 강력한 사회운동을 생각해내지 못했다.[49] 따라서 정부는 성 평등에 낮은 우선순위를 두고 있는데, 이는 정부 지출에서 상대적으로 적은 부분이 할당되어 있고, 어떤 정당도 성 평등에 대한 정치적 공약을 제시하지 않고 있다는 것을 보여준다. 마찬가지로, 재계는 공식 근무시간 외에 장시간의 노동을 요구하고, 근무시간 이후에 비즈니스 관련 사교 행사에 참여해야 하는 전통을 여전히 유지하고 있다. 남성 직원들은 회사의 그러한 요구에 더 잘 따를 수 있다.[50] 이러한 유형의 문화적 측면과 함께 아동 교육을 매우 강조하는 문화로 인해 여성들은 상대적으로 더 긴 시간 동안 노동력에서 철수하고, 가족과 함께 시간을 보내기 위해 전문적 발전을 위한 기회를 포기한다. 여성의 이러한 노동력 철수는 낮은 여성 노동 참여율에 잘 반영되어 있다. 2017년 20세에서 29세의 여성 중 64.9%의 여성이 노동시장에 참여했는데, 이는 남성보다 약간 높은 수치이다(한국노동연구원, 2018: 22). 그러나 30세에서 39세 중 여성 참여율은 61.4%로 감소한 반면, 남성 참여율은 93.2%로 증가했다.

성 평등을 제고하기 위해서는 첫째, 정부가 경제사회 발전을 위한 성 평등의 중요성에 대한 대중의 이해를 촉진시키는 사회적 캠페인을 실시해야 한다. 둘째, 서구 선진국처럼 사회가 여성의 리더십을 촉진하고 남성과 여성이 가사 책임을 분담하는 문화적 변화를 위한 사회적 캠페인이 추진되어야 한다. 셋째, 공공부문에서의 적극적인 성차별 시정조치 정책의 시행은 깊이 뿌리 박힌 전통에서 벗어나 여성들이 공적 생활에서 지도적 역할을 맡을 수 있는 기회를 창출하기 위해서 필요하다.[51] 그렇게 되면 민간부문이 공공부문의 관행을 모방하고 그 뒤를 따를 것이다.

낮은 청년 고용률과 높은 니트족 비율

낮은 청년 고용률과 높은 니트족 비율을 해결하기 위해 문헌에는 노동시장의 불일치를 줄이고 직업교육훈련을 촉진하는 것을 포함한 제안들이 풍부하다.[52] 그러나 문헌에 제시된 개선조치가 너무 광범위하고 제안된 조치의 근본 원인이 적절하게 분석되지 않은 것으로 보인다. 한국 정부는 직업 훈련, 취업 촉진(즉, 인턴십, 취업성공 패키지, 청년 창업 지원), 해외 취업 프로그램 등 청년 고용 개선을 위해 적극적인 노동시장 프로그램을 시행하고 있다. 이러한 프로그램을 관리하는 데 여러 부처가 참여하고 있으며, 2003년에서 2017년 사이에 정부 예산이 매년 14.9% 증가했는데 이는 공공부문의 연간 총 예산 증가율 6.3%에 비해 크게 증가한 것이다. 그것들은 청년 고용과 청년 노동시장과 격리된 니트족을 해결하려는 임시방편적인 프로그램으로 보인다. 이 프로그램들은 시간이 지나면서 안정성이 떨어지고, 프로그램 성공 여부에 대한 정보가 미진하며, 유관기관 간의 조정이 적절하지 못해 청년 고용 문제를 해결하는 데 전반적으로 성공하지 못했다. 일부 비양심적인 기업들에 의한 프로그램 남용 사건들도 프로그램의 성공을 떨어뜨렸다.[53]

한국의 고유한 근본 원인에 근거하여 낮은 청년 고용률과 높은 니트족 비율에 대한 몇 가지 개선책을 다음과 같이 제안한다.

첫째, 낮은 청년 고용률과 높은 니트족 비율의 핵심 원인 중 하나는 임금과 기타 고용 조건에서 현저한 차이를 보이는 세분화되고 양극화된 노동시장이다. 따라서 노동시장의 세분화 뿐만 아니라 이러한 양극화를 해소함으로써 해결책을 모색해야 한다. 앞서 언급한 바와 같이 청년 고용이 낮은 주요 원인은 청년들이 2차 노동시장에서 일자리를 기피하고, 1차 노동시장에서 일자리를 찾기 때문이다. 실패하는 경우 그들은 1차 노동시장에서 취업을 하기 위해 준비 기간을 연장한다. 임금 양극화와 정규직과 비정규 사이의 시장 이중성을 해결하기 위해 위에서 논의된 모든 제안들은 청년 고용 문제의 해결책으로 다시 강조되어야 한다.

둘째, 1차 노동시장에서 더 많은 일자리가 창출되어야 한다. 위에서 논의한 바와 같이 전통적인 거시경제 정책은 한국에서 양질의 일자리를 창출하는 데 한계가 있다. 왜냐하면 이러한 정책은 기껏해야 소수의 재벌들이 지배하는 글로벌 통합 수출 주도 경제로 인해 '고용 없는 성장'을 낳기 때문이다. 한국은 모든 유형의 사회적 신뢰를 강화하고, 공평한 소득분배를 개선하여 1차 시장의 일자리를 확대하기 위해 노력해야 한다. 높은 사회적 신뢰와 소득 평등이 국내 수요를 확대하고, 외국인직접투자의 유입을 유도하며, 해외직접투자와 해외 아웃소싱을 억제하여 국내 일자리를 창출할 것이다.

셋째, 교육과 직업에 따라 사람들에 대한 사회적 편견을 완화시키기 위해 사회적 캠페인이 필요하다. 제3장에서 논의한 바와 같이 한국사회는 오랜 역사를 통해 공무원과 학자는 가장 선호하는 직업인 반면, 상공인 같은 직업인을 무시하는 사회적 계층화를 가져왔다. 1960년대와 1970년대 산업화 이후 전통적인 사회 계급 제도는 교육과 직업에 기초한 미묘한 계급제도로 대체되었다. 따라서 한국인들은 고등교육을 경제적 복지 뿐만 아니라 사회적 지위를 높이기 위한 필수조건으로 간주하고 있다. 이런 교육 전통은 OECD 국가 중 한국 청년(25-34세)의 고등교육 참여율을 가장 높게 만들었다(OECD, 2018c). 한국사회는 여전히 블루칼라 노동자에 대한 편견을 갖고 있는데, 이는 고등교육기관으로 진학하는 고등학교 졸업생의 대부분(81%)이 사무직 같은 근무 조건을 가진 전문직과 관리직을 얻기 위한 것으로 나타난다.[54] 블루칼라 노동자에 대한 편견 때문에 2013년 한국 청년(16-29세)의 18%만이 직업교육훈련 프로그램에 참여했는데, 이는 OECD 국가 중 두 번째로 낮은 비율이다. 반면에 일반대학의 참여율은 82%로 OECD 국가 중 두 번째로 높았다(OECD, 2016b: 50). 대학의 전문 분야(이공계, 자연계, 의학계, 교육계)가 자녀에게 너무 어려운 경우 부모들은 취업 전망이 좋지 않은 상황에서도 대학에서 사회과학과 인문학을 전공하도록 자녀들을 밀어붙인다. 또한, 부모들은 자녀들이 집에 머무르고 오랫동안 사설학원에 다니면서 더 좋은 직업을 준비하는 것을 허용해 비활동적인 니트족을 증가시킨다. 교육과 직업에 따른 사회적 편견이 사라질 때까지 한국인의 직업 교육에 대한 일반 고등교육 선호도는 여전히 높을 것이며, 그로 인한 고용시장의 불일치는 해결되지 않을 것이다.

직업 교육을 촉진하고 고용시장의 불일치를 줄이기 위해 정부는 일반 대학에 대한 지원을 줄이면서 직업학교(직업대학 포함)에 대한 공공 재정 지원을 대폭 늘려야 한다. 직업 불일치의 일부는 직업의 가용성과 그들의 요구조건에 대한 학생들의 오해에서 비롯된다. 청년들은 1차 노동시장에서 일자리를 구하기 위한 오랜 준비가 사회의 관점에서 볼 때 제로섬 경쟁이며, 비용편익분석 측면에서 성과를 거두지 못한다는 점을 인식할 필요가 있다.[55] 그들은 오히려 노동시장에 일찍 진입하도록 장려되어야 한다. 이를 위해서는 대학 뿐만 아니라 고등학교에서도 적절한 진로지도가 필요하다.

넷째, 대학 교육은 노동시장의 증가하는 요구사항을 보다 잘 충족시키고, 고등교육과 노동시장 사이의 연결을 개선하기 위해 조정되어야 한다. 한국은 고등교육이 가장 폐쇄적인 분야 중 하나이며, 국제적으로 개방되어야 한다는 것을 깨달아야 한다. 수출에 대한 의존도가 높은 한국의 글로벌 통합 경제 하에서 대학들은 증가하는 고용시장의 요구조건을 수용할 수 있도록 품질과 유연성을 향상시키기 위해 글로벌 경쟁에 개방되어야 한다. 몇 개의 외국 기관들에 의해 증명되듯이 한국 대학의 국제적 개방은 아직 행해지지 않았다. 국제 경쟁 없이는 한국 대학의 질을 국제적 수준으로 끌어올리기는 어렵다. 그 결과 많은 수의 한국 학생들이 대학원 공부를 위해 해외로 가는 반면, 한국에 있는 외국인 학생들은 상당히 제한적이다. 또한, 4년제 고등교육 제도는 국내 직업전문대학에도 상당히 폐쇄적이어서 전문대에서 일반대학으로 편입할 기회를 제한하고 있다. 이것은 일반대학과 비교할 때 직업전문대학의 역할을 제한하고, 일반대학에 비해 열등한 기관으로 남아있게 만든다. 일반 고등교육기관으로 편입할 가능성이 없기 때문에 사람들은 수년간 대학 입시를 반복하는 등 모든 수단을 동원하여 일반 고등교육기관으로 진학하려고 한다.

노동시장 변화에 대응하는 고등교육의 유연성이 부족하고, 노동시장 요구에 대한 대학 교육방식과 교과과정의 적응이 느리다. 한국의 지식 기반 글로벌 통합 경제 하에서 모든 직종과 직업에서 고용에 필요한 두 가지 핵심 요건은 창의성과 영어 능력이다. 한국의 대학 졸업생들은 이 두 가지 중요한 취업 요건을 충족시키지 못하는 것 같다.[56] 영어는 상업 및 일반 의사소통을 위한 국제적인 언어다. 하지만, 일부 대학에서는 제한된 수의 과정만이 영어로 강의를 제공한다. 청년층의 약 90%가 영어로 사업을 수행할 수 없는 것으로 알려졌다.[57] 창의력을 가르치는 데 열악한 교수법으로 여겨지는 암기 학습이 대학 교육에서 만연해 있다. 창의성을 가르치려면 문제 또는 프로젝트 기반의 탐구, 팀워크, 학생 참여 등이 필요하다. 그러나 대부분의 대학 강의는 여전히 전통적인 일방향 강의 방식으로 제공된다. 대학 교육을 포함한 교육이 여전히 정부에 의해 통제되고 있고, 연간 기금 배분은 할당제 맥락에서 과거 수요 구조의 추론에 기초로 하기 때문에 고등교육은 노동시장의 새로운 요구조건에 대응하여 유연성을 향상시킬 수 없다. 시간이 지남에 따라 등록 패턴을 유지한다.[58]

9.7.2 노동조합에 대한 신뢰 향상 방법

위에서 논의한 바와 같이 노동조합에 대한 신뢰도가 낮은 세 가지 주요 원인은 노동조합의 제한된 대표성, 노조 간부의 부패, 불법적이고 대립적인 노조활동이다. 첫째, 기업노조는 정규직 만을 대표하고, 임금과 근로조건은 회사차원에서 노조원들을 위해 협상한다. 이로 인해 노조와 그들의 노동쟁의 활동은 노조원과 비노조원들 사이에 갈등을 일으켰다. 따라서 노조는 정규직과 비정규직 모두에게 회원 자격을 개방해야 한다. 이러한 목표를 달성하기 위해 기업노조는 산업 차원에서 노동 협상이 이루어지고, 비정규직을 포함할 수 있는 노동조합으로 탈바꿈하도록 유도해야 한다.

그러나 현재 한국의 산별노조 제도는 서구 국가들과는 상당히 다르며, 정규직과 비정규직의 양극화 해소에 도움이 되지 않는다는 점을 유념해야 한다. 한국에서는 전국 산별노조연맹 산하에 기업이나 지역에 지부 노조가 있다. 지부 차원에서는 정규직과 비정규직을 위해 노조가 별도로 조직되어 있다. 단체교섭의 경우 전국 단위에서 전국 연맹과 업계 대표 간의 합의가 먼저 이루어진다. 이 전국 합의에 근거하여 지부 노조는 정규직 노조와 비정규직 노조를 위해 별도로 단체교섭을 실시하고 있다. 단체교섭에는 두 세 단계가 있으며, 어느 단계에서든 단체교섭 결렬은 합법적인 파업 명분이 된다. 한편, 노동조합은 최근 몇 년 동안 인적자원관리에 노동조합 참여와 같은 받아들일 수 없고 불공정한 요구를 함으로써 노동쟁의 행동을 취해 왔다. 사회적으로 파괴적이고 대립적인 전술을 적용하는 잦은 노동쟁의, 비정규직에 대한 차별, 노사관계에 대한 높은 불확실성으로 인하여 노동과 특히 노조에 대한 불신을 불러 일으킨다. 노조의 단체교섭과 노동쟁의와 관련된 이러한 모든 발전은 한국의 노사관계가 세계적으로 좋지 않은 평가를 받는 이유일 것이다(〈표 9-9〉). 따라서 정규직과 비정규직을 구분하지 않는 서구 제도로 산별노조의 단체교섭을 개선할 것을 강력히 시사하고 있다.

둘째, 노조 간부들의 비리는 그들이 회사 운영에 대해 너무 많은 권한을 가지고 있음을 의미한다. 앞서 논의 했듯이 1987년 이후 민주화를 통해 한국의 권력구조가 바뀌었다. 국가 권력은 쇠퇴한 반면, 재벌과 노동조합의 권력은 증가했다. 노조가 대부분의 대기업에 조직되어 있으며, 대기업의 경영에 영향력을 행사하고 있다. 권력이 증가함에 따라 노조 간부들은 비조합원과 나머지 경제와 사회를 희생시키면서 조합원들에게 더 나은 혜택을 주기 위해 그들의 우월한 권력을 휘두를 뿐만 아니라 자신의 권력을 사익을 위해 남용하여 부패를 초래한다. 따라서 위에서 논의한 바와 같이 기업이 파업 기간 동안 임시 대체인력을 고용하고 직장폐쇄를 할 수 있도록 함으로써 노조와 기업 간 권력 균형을 회복해야 한다. 또한, 벌칙은 고용주 뿐만 아니라 노조에도 공정하게 부과되어야 한다. 비리를 저지른 노조 간부들은 법에 의해 적절한 처벌을 받아야 하며, 노조 집행부가 되는 것을 금지해야 한다. 현재 언론에는 부패 혐의로 노조 간부 기소와 관련된 보도가 거의 없다.

셋째, 공권력에 대한 대립 전술을 포함한 불법적 노동쟁의는 다른 불법 행위와 마찬가지로 법에 의해 엄격하게 처벌되어야 한다. 그러나 실제로는 노조의 불법행위에 연루된 사람들이 사법 처리되지 않는 경우가 많다. 당국은 너무 강력해서 통제할 수 없는 노조의 불법행위에 관한 법률 시행을 두려워하는 것으로 보인다. 또한, 위에서 논의한 바와 같이 이러한 노동쟁의를 해결하기 위해 일부 국회의원과 정부는 기업에게 상법과 형법 위반에 대한 일반 사면 등 노조의 요구에 굴복하도록 강요하고 있다. 국회와 정부가 이러한 노동쟁의 개입을 중단하고 불법 노동행위에 대한 형법과 상법을 공정하고 적절하게 집행하지 않는 한 노사관계 평화는 결코 한국에 뿌리를 내리지 못할 것이며, 노조에 대한 신뢰는 낮아질 것이다.

9.7.3 노사관계 개선 방안

위에서 논의한 바와 같이 노사관계는 시간이 지남에 따라 지속적으로 적대적이었으며, 매우 심각한 사회경제적 문제 중 하나였다. 적대적 노사관계는 상호 신뢰의 부족에서 비롯되며, 이러한 관계에 대한 책임은 노조, 기업, 그리고 정부에 있다. 노동자들과 노조들은 기업의 경영 투명성과 신뢰가 부족하고, 때로는 불법적이고 불공정하다고 생각한다. 제8장에서 논의한 것처럼 기업에 대한 사회적 신뢰는 현저히 낮다. 기업부문이 기업에 대한 사회적 신뢰를 개선하지 않는 한 근로자로부터 높은 신뢰를 얻거나 건설적인 노사관계를 위한 협력을 받지 못할 것이다.

노동자와 노조는 세계적으로 통합된 한국경제에서 기업부문이 치열한 국제 경쟁에 직면해 있고, 기업의 건전한 생존을 통해서만 그들의 복지를 유지할 수 있음을 인식해야 한다. 또한, 노동조합에 대한 대중의 신뢰와 그들의 대의에 대한 대중의 지지는 노동조합의 법규 준수, 노사분쟁 해결과 관련한 노조의 능력과 타협 의지, 노조 간부들의 청렴성에 의해 결정된다는 사실을 깨달아야 한다. 그러므로 그들은 고용주와의 갈등에 대해 호혜적이고 상생적인 접근방식을 채택해야 한다. 무엇보다도 노동쟁의 활동은 법적 테두리 안에서 이루어져야 하며, 노조는 전투적인 전술을 피해야 한다. 노조의 정치적 참여가 자신들의 대의명분에 대한 대중의 지지를 잃게 할 수도 있기 때문에 그들의 과도한 정치 참여를 자제해야 한다.

정부는 고용주와 종업원 사이의 중개 역할을 개선해야 한다. 첫째, 정부는 노동시장에서 세분화 방지, 차별 방지 등 자체 과제 해결과 관련해 실효성을 높여야 한다. 정부는 노동시장 정책의 일환으로 사회 안전망도 개선해야 한다. 둘째, 정부는 양측의 협력을 증진시키기 위해 공정한 심판관이자 노사간의 공정한 중재자가 되어야 하며, 이를 위해 노사간의 권력 관계는 균형을 유지해야 한다. 부패에 관한 법률과 규정을 포함한 관련 법규는 노동계와 재계 양쪽 모두 엄격하게 시행되어야 하며, 정부는 노동쟁의에 대한 간섭을 최소화해야 한다. 셋째, 정부는 노동 문제뿐만 아니라 사회경제 발전에 관한 정부정책 수립을 위해 노동계와 기업계의 사회적 대화와 협력을 이끌어 내기 위해 경제사회노동위원회를 활성화해야 한다.

9.8 결론

이 장은 경제와 사회에 중요한 영향을 미치는 노동에 대한 사회적 신뢰를 조사했다. 노동시장, 노사관계, 노동조합에 대한 국민들의 인식된 신뢰 수준으로 측정되는 노동에 대한 신뢰도는 한국에서 지속적으로 낮았고, OECD 국가들보다 상대적으로 낮았다. 이 장의 목적은 한국의 노동에 대한 신뢰의 정도, 그것이 경제와 사회에 미칠 수 있는 영향, 노동에 대한 신뢰가 낮은 주요 원인, 그리고 그것을 강화하기 위한 가능한 방법들을 조사하는 것이었다. 이러한 과제를 수행하기 위해 노동에 대한 신뢰와 밀접하게 관련되어 있는 최근 노동시장의 발전, 노동시장을 관장하는 법률 및 행정기관, 그리고 정부의 노동정책 등이 조사되었다.

노동시장, 노동조합, 노사관계 분야에서 노동에 대한 신뢰가 낮은 여러 가지 원인이 확인되었다. 낮은 노동력 참여, 낮은 고용률, 노동시장의 심층 세분화, 그리고 각 세분화된 시장의 고용조건 측면에서 현저한 양극화로 알 수 있듯이 노동시장의 성과는 만족스럽지 못했다. 노동시장의 또 다른 비효과적인 유형은 높은 니트족 비율과 함께 지속적으로 낮은 청년 고용이다. 청년 노동시장의 이러한 문제들은 노동시장에 대한 신뢰 뿐만 아니라 한국 청년들의 행복과 그들의 미래에 악영향을 미친다. 노조는 부도덕한 지대추구 태도, 호전적이고 불법적인 노동쟁의, 부당한 정치 참여, 간부들의 부패 등으로 인해 다양한 사회적 분노를 불러일으켰다. 마지막으로, 노사관계는 역사적으로 적대적이었으며, 노동시장의 문제뿐만 아니라 중요한 사회적, 경제적 문제들을 해결하기 위해 양측으로부터 호혜적이고 상생하는 접근법을 이끌어내기가 어려웠다.

이 장에서는 한국의 노동에 대한 신뢰를 높이는 데 수반되는 복잡한 과제를 정부뿐만 아니라 노동계와 기업계도 해결할 수 있도록 돕기 위한 포괄적인 틀을 제안했다. 관련된 문제들은 사회와 문화에 내재되어 있으며, 정부, 기업 및 노동의 성과와 진실성과 밀접한 관련이 있다. 따라서 이 난제들은 정부 혼자서는 해결할 수 없다. 오히려 기업, 노동, 교육 당국, 사회 및 정부는 협력적이고 협동적인 방식으로 자신의 몫을 수행해야 한다.

노동시장의 여러 어려운 문제들을 다루는 데 있어서 가장 중요한 과제는 1차 노동시장에서 양질의 일자리를 창출하는 것이다. 앞서 살펴본 바와 같이 전통적인 거시경제 정책은 그렇게 하지 못했다. 이러한 맥락에서 노동에 대한 신뢰 뿐만 아니라 사회적 신뢰도 주요 정책 변수로 간주되고 강화되어야 한다는 점이 강조된다. 이를 위해 정부는 성과를 높이고 정부에 대한 사회적 신뢰를 강화해야 한다. 정부의 가장 중요한 임무는 노동시장뿐만 아니라 경제의 나머지 부분과 관련된 법치를 엄격하고 공정하게 이행하는 것이다. 정부가 노동에 대해 일관된 정책을 수행하는 것도 필수적이다. 노동문제는 대통령 임기가 5년 단임제인 한국의 정치에 매우 민감하기 때문에 연이은 정부들은 그들의 정치적 편의성을 위해 노동정책에 현저한 차이를 가지고 있다. 이러한 정책 불일치는 노사관계의 불확실성과 정부와 노동에 대한 불신을 초래했다.

기업부문에 부과되는 과제는 경영의 투명성과 법률 준수 및 널리 채택되고 있는 기업지배구조 원칙을 개선함으로써 기업에 대한 사회적 신뢰를 높이는 것이다. 마찬가지로 노동계와 노동조합은 노동쟁의를 위한 전투적이고 불법적인 전술을 자제하고 법을 준수할 필요가 있다. 특히, 대학 교육을 위해서 교육당국은 교육 체제와 교과과정을 세계화된 지식기반경제의 필수 요구사항에 맞게 조정하는 데 중요한 역할을 한다. 사회는 교육과 직업에 따라 사람들에 대한 편견과 차별을 없애야 한다. 한국사회의 모든 조직이 노동에 대한 신뢰를 높이는 공동의 목표를 위해 서로 협력하고 각자의 임무와 책임을 다하지 않는 한 한국은 평화롭고 건설적인 노동시장을 유지하지 못할 것이며, 가까운 장래에 선진국의 문턱을 넘으려는 열망도 이루지 못할 것이다.

주

1 한국의 노동시장에서 노동력 잉여에서 부족으로 전환한 것과 효율성 있는 노동시장에 관하여 S. K. Kim(2001) 참조.

2 OECD 평균 대비 한국의 노동규제와 노사관계 및 한국 노동시장 유연성은 각각 IMD(2017)와 WEF(2017) 참조.

3 고용탄력성에 관하여 JH Kim et al.(2011) 참조.

4 배규식(2007)에서 발췌.

5 장하성(2014: 32)에 따르면 2011년 한국의 제조업과 서비스업의 고용계수는 각각 5.5명과 11.5명으로 나타났다.

6 이러한 경영상의 이유로는 파산, 재정악화, 생산성 향상을 위한 기술혁신과 구조조정, 제품 라인 변경과 같은 절대 피할 수 없는 문제가 포함된다. 또한, 기업의 양도, 합병 및 인수의 결과로 인해 발생하는 경우도 포함된다(Kwon, 2010: §11).

7 중소기업에 종사하는 많은 수의 근로자는 비조합원 또는 비정규직 근로자이다. 따라서, 그들은 노동법에 따라 적절하게 보호되지 않는다.

8 비정규직에는 임시직(임기 유무에 관계없이), 시간제 근로자(주 36시간 미만) 및 비정형 근로자가 포함된다. 비정형 근로자에는 파견 근로자(업무 대행사를 통해 간접 임시 고용), 하도급 근로자, 일용 근로자, 독립 계약자, 일용/대기 근로자 및 사내 근로자가 포함된다(OECD, 2018b). OECD(2018b: 37)는 2007년에서 2017년 사이 세 가지 형태(즉, 임시직, 시간제, 비정형 근로자)가 비정규직 근로자의 각각 58.6%, 31.2%, 36.8%(세 가지 형태 간 상당 부분 중복으로 인해 합계는 125.6%임)를 차지했다고 밝혔다.

9 한국의 비정규직 근로자의 79.1%가 서비스업에 종사한다는 것과 비정규직 대부분이 상시 근로자라는 것에 대하여 Jones and Tsutsumi(2009: 7) 참조. 또한, Jones and Tsutsumi(2009: 7)는 한국의 임시 고용이 서비스 부문에 집중되어 있는 반면, 제조업과 농업 부문의 비율은 다른 OECD 국가와 비슷하다는 것을 보여주었다.

10 S. T. Kim(2007)에서 발췌.

11 비정규직 근로자는 국내에서 합법적으로 시행되고 있는 퇴직금과 유급휴가를 받을 수 있다.

12 OECD 평균에 비하여 한국의 남녀 소득의 큰 차이와 그 이유에 관하여 OECD(2018a) 참조. OECD에 의한 남녀 임금 차이는 남성의 중위소득 대비 남성과 여성의 중위소득의 차이로 계산된다.

13 한국의 많은 대학생들이 원하는 직업을 얻을 때까지 휴학을 하면서 졸업을 미루고 있다. 그들은 니트족 수에 포함되지 않는다.

14 25–54세와 15–24세의 평균 소득의 차이는 전자와 비교된다. 이 비율이 높을수록 청년층의 상대적 소득

은 낮아진다.

15 2015년 니트족 수는 Yoon et al.(2017: 9)에서 발췌. OECD(2016b: 9)는 OECD 국가 전체에서 15%의 니트족이 OECD 전체 GDP의 0.9–1.5%에 달하는 총소득 손실을 초래했다고 추정했다. 한국의 니트족의 소득 손실은 니트족 비율이 높기 때문에 OECD 평균보다 높을 것이다.

16 대학졸업 후 첫 직장을 잡는데 11개월 걸리고, 근무기간이 1.5년이라는 정보는 Yoon et al.(2017: 11)에서 발췌. 높은 청년 실업률과 니트족 비율이 사회에 미치는 영향에 관하여 OECD(2016b: 12–36) 참조. 니트족의 사회문제의 일면으로 최근 한국인들은 괜찮은 직업을 갖지 않고는 아무도 결혼 상대를 찾을 수 없다는 말을 자주 한다.

17 Yoon et al.(2017) 참조.

18 노동시장 이중구조와 높은 청년 실업률 및 니트족 관계에 관하여 Yoon et al.(2017) 참조. Y. B. Kim(2015)은 높은 기회비용을 감안하지 않더라도 연장된 취업준비 활동은 임금수준 측면에서 성과를 거두지 못한다고 주장했다.

19 OECD 중 대학 교육 수준이 제일 높은 것과 대학 교육 투자수익에 관하여 Yoon et al.(2017: iv–v) 참조.

20 이 장의 나머지 부분에서 저자는 개정된 노동법, 그 시행 및 정부 노동정책에 대한 정보 제공과 이 장 전체에 대한 건설적인 논평을 해주신 김 · 장 법률사무소의 김헌수 고문에게 많은 빚을 지고 있다.

21 1998년 근로기준법 개정에 관하여 US Dept. of Labor(2011) 참조.

22 1998년 이후 노동법 개정에 관하여 H.S. Kim(2005) 참조.

23 한국노동연구원의 여론조사에 관하여 Jung(2018: 3) 참조. 한국의 노조 가입률은 OECD 국가 중 가장 낮은 수준이다. 2016년 한국의 노조 밀도는 10.1%였고, 일본, 미국, 영국은 각각 17.3%, 10.3%, 23.7%였다(OECD.Stat, 2017).

24 기업별 및 산업별 노조의 수는 조성재 외(2017)에서 발췌. 이 두 노조 외의 노동조합은 지역별 노조이며, 그 비율은 2013년 13.6%였다. 복수노조를 가진 기업에 관해서 김정한(2010) 참조.

25 복수노조의 단체교섭에 관하여 조성재 외(2017) 참조. Jung(2018)은 문재인 정부는 노동정책의 일환으로 산별 협상을 장려하고 있다고 주장하였다.

26 이들 비중은 조성재 외(2017: 187)에서 발췌. 공공부문 노조와 한국노총이나 민주노총에 가입하지 않은 노조를 대표하는 두 개의 다른 전국 연맹이 있다. 그들은 나머지 15.7%를 차지한다. 한국노총과 민주노총은 공식적인 추정치는 아니지만 2017년 12월 31일 현재 각각 41.8%와 34.0%를 차지하고 있다.

27 한국은 2017년 외국인직접투자 유출로 인해 44만 개의 일자리를 잃었다(Korea Herald 2018).

28 노동조합의 신뢰 수준은 38.9%로 중앙정부의 신뢰 수준인 33.1%보다 다소 높았다.

29 2017년 노동시장의 갈등 수준은 한국 사회 전체의 사회적 갈등 수준과 거의 동일하며, 빈부 갈등 수준 보다 다소 높다(한국보건사회연구원, 2017).

30 대기업들은 노조원들의 요구에 굴복하고, 경직성과 임금 상승으로 인한 부담을 비정규직과 하청 중소기업의 노동자에게 전가하는 경향이 있다. 또한, 노조가 주관하는 거리 시위를 자주 하면 교통 혼잡, 소음, 도로변 상점의 상업적 손실과 같은 사회적 비용이 증가한다는 점에 유의해야 한다.

31 한국행정연구원과 국민권익위원회 조사는 각각 한국행정연구원(2017b: 202)와 국민권익위원회(2018:

6) 참조.

32 한국 사회에서 노조 간부들은 세습 노동 귀족이라는 조롱을 받고 있다.

33 조성재(2007)는 1980년대 말 대부분의 파업은 불법이었고, 1990년대에는 3분의 1이 불법이었으며, 이후 2006년에는 불법 파업이 전체 파업의 17.4%로 감소했다고 지적했다. 대기업 노조들의 불법 파업이 더 많다.

34 2011년에는 노동쟁의의 약 90%가 민주노총(KCTU) 산하 노조 사업장에서 발생했다(Y. B. Park, 2011).

35 정홍근 외(2017: 14) 참조.

36 H J Jung(2018: 5) 참조.

37 민간기업에서 밀려나는 평균 나이 53세는 OECD(2016c: 12)에서 발췌. 서구 선진국과는 달리 중간관리자들이 다양한 사회적, 기업문화적인 이유로 일단 퇴직하면 같은 분야에서 새로운 일자리를 찾기가 사실상 불가능하다. 그들은 결국 질 낮은 일자리와 자영업에 종사하게 된다. 따라서 강제 조기퇴직은 국가의 노동인구 감소세에 직면한 심각한 인적자원 낭비이다. 짧은 근로 생활은 또한 높은 노인 빈곤율에 기여한다.

38 노동조합의 불법행위나 불공정한 요구가 많다(S. J. Park, 2007). 여러 측면에서 정부는 노동법 시행에 있어 노조 편에 서는 것으로 보인다. 정부는 기업의 노동법 위반에 대한 압수수색을 강행하는 반면, 노조의 법률 위반에 대해서는 아마도 정치적 편의를 위해 관대하다.

39 이 점에 관해 정홍근 외(2017: §7) 참조.

40 협의기간을 30일로 단축한다는 주장은 S. J. Park(2007) 참조. 유니온 숍에 관하여 호주, 영국 및 뉴질랜드는 클로즈드 유니온 숍(closed shop)에 대한 법적 지원을 철폐했으며, 선진국들은 클로즈드 유니온 숍에 대한 지원을 줄였다(de Turberville, 2007).

41 문재인 정부의 일자리 창출 공약은 연합뉴스(2017) 참조. 문재인 정부의 일자리 창출 정책의 부적절성은 현실에서 입증된 것으로 보인다. 새 정부 들어 2년 동안 정부의 일자리 창출 정책에 따른 일자리 감소와 실업률 증가세가 두드러졌다(Korea Herald, 2018). 한국경제신문(2018)은 공무원 1명 증가가 민간부문 일자리 1.5명을 감소시킨다는 OECD 연구를 인용했다. 또한, 문 정부는 최저임금을 대폭 인상하고 주당 최대 근무일수를 낮췄다. 이러한 조치는 올바른 방향으로 나아가는 것이지만 실행이 너무 갑작스러워 보인다. 어떤 새로운 정책 수단의 부정적인 영향을 최소화하기 위해 민주주의 사회에서 시장경제의 전형적인 정책 실행 지침인 점진주의가 제대로 지켜지지 않았다.

42 저임금 발생률은 중위소득의 3분의 2 미만인 근로자의 비율을 의미한다. 한국의 저임금 발생률에 관하여 OECD(2018a: 291) 참조.

43 이 점에 관하여 황덕순 외(2014) 참조.

44 한국의 유급 출산휴가의 주수는 2016년 12.9주로 OECD 국가 평균 18.0주에 비해 OECD 국가 중 다섯 번째로 낮았다. 출산 및 육아휴직에 대한 한국의 공공지출은 현재의 가격과 현재의 구매력평가(PPP) 기준으로 OECD 국가 중 세 번째로 낮았다(OECD, 2017b).

45 이 점에 관하여 S. J. Park(2007), Grubb et al.(2007), OECD(2013), K. J. Kim et al.(2018) 참조.

46 한국에서는 약 30-40%의 기업이 '사내' 하도급업체를 이용하고 있는데 이는 규제를 피하는 방법이 될 수 있다. 2011년 최저임금법 위반 혐의는 19,518건이다(OECD, 2013: 137, 145).

47 이 정책에 관하여 KJ Kim et al.(2018) 참조.

48 OECD(2018a: §6) 참조.

49 젊은 여성들이 결혼 파트너를 찾을 때 자기들보다 더 나은 객관적인 자격(예: 대학 학위 및 기타 스펙 등)을 가진 나이 많은 남성 파트너를 갖기를 희망한다.

50 이러한 유형의 기업문화로 인해 기업은 여성 직원보다 남성 직원을 선호한다. 이러한 선호도는 전문직과 관리직 분야의 대기업 사무실에서 쉽게 관찰할 수 있다.

51 저자는 중국의 개방정책이 시작된 직후인 1985년에 중국을 방문했을 때, 마오쩌둥(Mao Zedong)의 공산주의 양성평등 교리에 따른 중국의 적극적인 정책으로 인해 문화적 전통이 상당히 유사했음에도 불구하고 중국이 한국에 비해 정부 내 성 균형이 훨씬 우수했다고 지적했다. 캐나다 쥐스탱 트뤼도(Justin Trudeau) 총리는 2015년에 성 평등 긍정 정책의 일환으로 캐나다 최초의 성 균형 내각을 구성했다.

52 OECD(2013), OECD(2016b), OECD(2016c) 참조.

53 한국의 청년 공용 개선을 위한 정책에 관하여 S. Y. Lee et al.(2017) 참조.

54 이 정보는 Grubb et al.(2007: 48)에서 발췌.

55 1차 노동시장에 취업하기 위하여 장기간 준비의 비용편익분석은 Y. B. Kim(2015) 참조.

56 저자는 15년 넘게 한국의 여러 대학에서 매년 개최한 공개 강의를 통해 한국 학생들의 창의성과 영어실력이 부족하다는 것을 관찰해 왔다.

57 이 정보는 중앙일보(2009)에서 발췌.

58 대학 교육이 정부의 통제를 받고 있음은 Grubb et al.(2007: 49)도 지적하고 있다. 이 외에도 Grubb et al.(2007)은 이 장에서 제안되지 않았지만 한국 정부와 대학들이 반드시 알아야 할 적절한 제안들을 많이 했다.

참고 문헌

국내 문헌

공정거래위원회(KFTC) (2017). *Korea Fair Trade Commission Annual Report*, Seoul: KFTC.

고미석(2017). 〈장수의 새로운 비결〉. 《동아일보》. 2017년 10월 31일.

국가통계포털(KOSIS) (2015). 《어린이집 비용》. 대전: 통계청.

______(KOSIS) (2017). 《학교별, 유형별 사교육 참여율》. 대전: 통계청.

______(2018a). 《2018 종합경기순환지수》. 대전, 한국: 통계청.

______(2018b). 《국제 통계연보 2018》. 대전: 통계청.

______(2018c). 《한국 사회지표 2017》. 대전, 한국: 통계청.

______(2018d). 《한국 통계연보 2017》. 대전: 통계청.

국민권익위원회(ACRC) (2016). 《2016 국민권익백서》. 국민권익위원회.

______(2018). 〈2017년도 부패인식도 조사 종합결과〉. 국민권익위원회.

국민대통합위원회(PCNC) (2015). 《2015 국민대토론회 백서》. 국민대통합위원회.

국토교통부. 2015. 인구 및 가구 현황(Status of Population and Households). 국토교통 통계누리(https://stat.molit.go.kr/portal/main/portalMain.do).

권오율(2011). 〈개천에서 용이 못 나는 한국〉. 《한겨레신문》. 2011년 4월 29일.

______(2014). "Effects of Social Trust in Economic Development among the Four Asian Tigers." 《경영경제연구》. 충남대학교 경영경제연구소. 36(2), 3-30.

______(2016). 〈선진국 진입을 위한 인성교육〉. 《우리시대 지성과의 대화》(중원원로담론 4). 중원대학교출판부, 57-89.

김대중(2016). 〈한국의 사회적 발전: 그게 다인가?〉. 《조선일보》 2016년 6월 21일.

김윤종, 이새샘(2014). 〈미래세대까지 불신의 늪… 중고생 12%만 "한국사회 신뢰"〉. 《동아일보》. 2014년 9월 2일.

김정한(2010). 〈복수노조의 두 얼굴〉. 《노동리뷰》(한국노동연구원), 제69호(2010. 12), 1-2.

김호기, 고동현, 김영범, 최성수(2015). 《한국사회 계층 갈등과 해소방안 연구》. 국민대통합위원회(PCNC).

대한상공회의소(KCCI) (2005). 〈글로벌기업의 윤리경영현황과 경영성과 연구〉, 대한상공회의소 연구보고서(2004년 2월).

______(2006a). 〈중소기업 윤리경영 추진실태 설문조사〉. 대한상공회의소 보도자료. 2006년 6월 21일.

______(2006b). 〈'직장인 윤리의식' 설문조사〉. 대한상공회의소 보도자료. 2006년 11월 14일.

______(2007). 〈윤리경영 딜레마, 사례와 해법〉. 대한상공회의소 보도자료. 2007년 10월 24일.

______(2012). 〈대기업 인재 채용 트렌드 조사〉. 대한상공회의소 조사보고서. 2012년 12월 12일.

박상식(1995). 〈문화와 발전: 한국 실험〉. 《한국과 세계 문제》. 19(3), 510-521.

박성준(2017). 〈IX. 노사관계〉. 《한국의 대기업정책(하)》(한국경제연구원). 07-13, 217-262.

박준, 김용기, 이동원, 김선빈(2009). 〈한국의 사회갈등과 경제적 비용〉. 《CEO 인포메이션》(삼성경제연구소) 제710호. 7-9.

배규식(2007). 〈OECD 국가들의 제조업〉. 《국제노동브리프》(한국노동연구원). 제5집 제3호(2007. 3). 110-115.

새로운 사회를 여는 연구원(2014). 《분노의 숫자》. 동녘.

강원택 외(2014). 《한국형 사회 갈등 실태 진단 연구》. 서울대학교 사회과학연구원 한국정치연구소.

송장준(2004). 《중소기업 입장에서 바라본 대 · 중소기업 협력방안》(한국중소기업연구원(KOSBI)). 2004. 11.

______(2004). 《중소기업제품 공공구매제도 개선방안 — 대 · 중소기업 협력강화를

중심으로》(한국중소기업연구원(KOSBI)). 기본연구 2004-15.

송호근(2015). 《나는 시민인가 — 사회학자 송호근, 시민의 길을 묻다》. 문학동네.

신광영(1996). 〈한국의 계급과 사회 불평등〉. 한완상, 권태환 편. 《한국사회학 — 한국 사회에 대한 이해와 전망》. 민음사. 305-325.

여유진, 김미곤, 김문길, 정해식, 우선희, 김성아(2013). 《국민통합의식에 관한 연구》. 국민대통합위원회.

오호영(2017). 〈민관임금격차의 실태와 과제〉. 2017년 재정패널 학술대회 발표자료. 한국조세재정연구원.

윤대혁(2005). 《글로벌 시대의 윤리경영》. 무역경영사.

윤평중(2014). "Politics of collective corruption." *Korea Focus*, November, 1-3.

이근희(2016). 《총요소생산성 국제비교 2016》. 한국생산성본부.

이동원, 정갑영(2009). 《제3의 자본》. 삼성경제연구소(SERI).

이상영(2014). 〈한국사회의 갈등 및 병리현상의 발생현황과 원인분석 연구〉. 한국보건사회연구원.

이재형(2014). 〈기업집단의 경제적 비중과 시장지배력〉. 《KID정책포럼》. 262(2014-04). 1-8.

이재형, 박병형(2016). 《기업집단 내부거래의 평가와 정책대응》(정책연구시리즈). 2016-07, KDI.

장경섭(1996). 〈가족과 사회 구조〉. 한완상, 권태환 편저. 《한국사회학 — 한국사회에 대한 이해와 전망》. 민음사, 199-228.

장덕진(2014). 〈소셜네트워크의 세계에는 비밀도 독점도 없다〉. 《서울대 명품강의》. 글항아리, 17-34.

장성근(2013). 〈신상품 개발은 팀워크에 달려 있다〉. 《LG비즈니스 인사이트》. 2013년 11월 13일, 20-28.

장성근(2015). 〈개방형 혁신 전략이 성공하지 못하는 이유〉. 《LG비즈니스 인사이트》. 2015년 12월 2일.

장재임, 추호정(2015). 〈계획된 행동이론을 적용한 명품 복제품의 사용과 재구매 행동에 관한 연구〉. 《한국의류학회지》, 39(3), 433-445.

장하성(2014). 《한국 자본주의—경제민주화를 넘어 정의로운 경제로》. 헤이북스.

______(2015). 《왜 분노해야 하는가—한국 자본주의 II》. 헤이북스.

장후석(2015). "Public tolerance foments corruption." *Korea Focus*, October, 14-38.

정흥근, 이정희, 정흥준, 설동훈(2017). 〈2017년 노사관계 국민의식조사 연구〉. 《정책연구》(한국노동연구원). 2017-15.

조덕희, 양현봉(2017). 〈소기업의 기업구조조정 실태 및 촉진방안〉. 연구보고서 2017-839, 산업연구원.

조선일보(2015). 〈광복 70년 국민의식조사〉(상, 하). 2015년 8월 11-12일.

______(2017a). 〈실물 자산에서 얻는 불로소득 300조 원, 소수의-기업과 부자들이 대부분 차지〉. 2017년 4월 6일.

______(2017b). 〈한국인, 가벼운 병으로 병원 찾아〉. 2017년 10월 2일.

______(2018). "Government orders large corporations to donate 270 billion won." *The Chosun Ilbo*, 1 May.

조성익, 양용현(2016). 〈계열기업 간 출자에 있어 새로운 규율방안에 관한 연구〉. 연구보고서 2016-05, KDI.

조성재(2007). 〈조직과 분규 통계로 본 노사관계 20년〉. 《노동리뷰》(한국노동연구원), 통권 제30호(6월호), 3-29.

조성재, 김기민, 김정우, 노용진, 류성민, 부가청, 송민수, 이상민, 이정희, 전병유, 홍민기(2017). 《한국 고용관계의 현단계—2005~2013년 사업체패널 자료분석》. 한국노동연구원.

조영삼, 양현봉, 이영주, 홍석일, 지민웅, 신종원, 한창용(2014). 〈중소기업의 성장장벽 유형과 정책과제〉. 연구보고서 2014-704, 산업연구원.

조영삼, 지민웅, 신종원, 박상인, 강민지, 박진(2017). 〈대기업체제의 한계와 중소·중견기업의 신성장동력화 연구〉. 연구보고서 2017-829, 산업연구원.

조윤제(2009). 《한국의 권력구조와 경제정책》. 한울.

좌승희, 이인실(2001). 〈한국 금융위기—평가와 교훈〉. O.Y. Kwon and W. Shepherd (eds), *Korea's Economic Prospects: From Financial Crisis to Prosperity*, Cheltenham, UK and Northampton, MA, USA: Edward Elgar Publishing, 73-98에서 재인용.

전상준(2015). 〈FDI와 SAARC 회원국 성장 사이의 결점〉. 《동아시아경제리뷰》(대외경제정책연구원).

정미경(2015). 〈한국교육정책, 최선을 가다〉. 《교육개발》(한국교육개발원(KEDI)),

42(2), 84-87.

정해식(2014). 〈국민통합의 개념과 필요성〉. 《보건복지포럼》(한국보건사회연구원), 2014년 12월호(통권 제218호), 6-17.

정해식, 김미곤, 여유진, 전진아, 김문길, 우선희, 최준영(2017). 《사회통합 실태 진단 및 대응 방안 연구(Ⅳ) - 사회문제와 사회통합》(한국보건사회연구원), 2017-52.

주현, 홍지승, 홍석일(2011). 〈대 · 중소기업 동반성장을 위한 정책과제〉. 연구보고서 2011-590, 산업연구원.

중앙일보(2009). "In depth interview: English more than just a resume-builder." *The JoongAng Ilbo*, 7 October.

차동세, 김광석, D.H. 퍼킨스(1997). 《한국경제 1945-1995—21세기의 성과와 비전》. 한국개발연구원. 541-585.

최 광, S. W. 권(1997). 〈사회복지 및 분배정책〉. 차동세, 김광석, D.H. 퍼킨스(1997). 《한국경제 1945-1995—21세기의 성과와 비전》. 한국개발연구원. 541-585에서 재인용.

최난설헌, 이창민, 손혁상(2017). 〈대기업집단 지정기준에 관한 연구—상호출자제한기업집단 지정기준을 중심으로〉. 《공정거래위원회 보고서》, 연세대.

최성근, 이준엽(2015). 〈우리나라 중산층 삶의 질 변화〉. 《현안과 과제》(현대경제연구소). 2015년 2월 11일, 15-06호.

코리아타임즈(2013). 〈한국은 사회 갈등 2위〉. 2013년 8월 21일.

______(2015). 〈한국 웰빙지수 1년 새 75위서 117위로 추락…파나마 1위〉. 2015년 6월 24일.

______(2018). 〈'노-쇼'로 고민하는 레스토랑 주인들〉. 2018년 3월 21일.

한국개발연구원(KDI, Korea Development Institute) (2010). *Corporate Restructuring in Post-Crisis Korea*. KDI.

한국노동연구원(KLI, Korea Labor Institute) (2018). 《KLI 노동통계 2018》. 한국노동연구원(KLI).

한국보건사회연구원(KIHASA) (2017). 《빈곤통계연보》. 한국보건사회연구원.

______(2013). 《사회 통합의식에 관한 연구》. 한국보건사회연구원.

______(2014a). 《경제발전과 성장에 관한 사회적 갈등과 갈등관리》. 한국보건사회

연구원.
한국보건사회연구원(KIHASA) (2014b). 《국민대통합계획》. 한국보건사회연구원.
______(2016). 《사회통합지수 개발연구》. 한국보건사회연구원.
______(2016). 《사회통합실태진단 및 대응 방안(III)》. 한국보건사회연구원.
______(2016). 〈노인복지정책 진단과 발전전략 모색〉. 2016-09.
한국산업연구원(2014). 《주요산업지표》. 한국산업연구원(KIET).
한국은행(2017). 〈한국의 잠재성장률 전망〉. 《한국은행 월보》, 2017년 8월, 16-32.
______(2018). 《경제통계연보 2018》. 한국은행.
한국일보(2015). 〈국민 81%, 우리나라에선 노력해도 계층 상승 어렵다〉. 2015년 8월 27일.
______(2017). "Bipolarization among chaebols: weakness of industrial structure." *The HankookIlbo*, 1 May.
한국행정연구원(KIPA) (2017a). 《2017년 사회통합 실태조사》.
______(2017b). 《정부부문 부패실태에 관한 연구》.
한세희, 김혜승, 이희선(2011). "Social Capital and Its Association with Health and Well-Being: An Individual-Level Analysis in Seoul, South Korea." *Korea Journal*, 한국학중앙연구원, 51(4), 132-161.
현대경제연구원(2014a). 〈국민의 안일한 인식이 부정부패를 키운다〉. 《VIP 보고서》 현안과 과제 14-38호(589호). 2014년 10월 29일.
______(2014b). 〈당신은 중산층입니까?〉 《VIP 보고서》 14-20호, 2014년 6월 12일.
______(2017). 〈한국, 더 이상 경제성장의 모범국이 아닌가?〉 《경제주평》 No 17-19(통권 744호).
현주(2015). 〈외국의 인성 수업 및 평가 사례〉. 《교육개발》(한국교육개발원(KEDI)). 42(2), 52-59.
호주한국일보(2014). 〈인구 76%는 학력이 성공의 결정요소라고 믿어〉. 2014년 12월 8일.
황덕순, 윤자영, 전병유, 윤정향(2013). 〈노동시장 양극화 해소방안 연구—저임금근로를 중심으로〉. 한국노동연구원.
e-나라지표(2016a). 연령별 어린이집 참여율. 대전: 통계청.
______(2016b). 학교 출석과 진학 현황. 대전: 통계청.

해외 문헌

Acemoglu, D., J. Robinson and S. Johnson (2001). "The colonial origins of comparative development: an empirical investigation." *American Economic Review*, 91, 1369–1401.

Acemoglu, D., and J.A. Robinson (2012). *Why Nations Fail: The Origins of Power, Prosperity and Poverty*. New York: Crown Publishing Group.

Adelman, I. (1997). "Social development in Korea, 1953–1993." in D.S. Cha, H.S. Kim and D.H. Perkins (eds). *The Korean Economy 1945–1995: Performance and Vision for the 21st Century*. Seoul: Korea Development Institute, pp. 509–540.

Akcomak, S., and B. ter Weel (2009). "Social capital, innovation and growth: evidence from Europe." *European Economic Review*, 53, 544–567.

Alesina, A. and D. Rodrik (1994). "Distributive politics and economic growth." *Quarterly Journal of Economics*, 109, 465–490.

Alesina, A., and E. La Ferrara (2002). "Who trusts others?." *Journal of Public Policy*, 85(2), 207–234.

Algan, Y., and P. Cahuc (2013). "Trust and growth." *Annual Review of Economics*, 5, 521–549.

Allen, M.W., S.H. Ng, K. Ikeda, J.A. Jawan, A.H. Sufi, M. Wilson and K.S. Yang (2007). "Two decades of change in cultural values and economic development in eight East Asian and Pacific Island nations." *Journal of Cross-Cultural Psychology*, 38(3), 247–269.

Australian Collaboration (2009). "A Fair Australia." http://www.australiancollaboration.com.au/_factsheets/1.%20FairAustralia.pdf

Barone, G., and S. Mocetti (2016). "Inequality and trust: new evidence from panel data." *Economic Inquiry*, 54(2), 794–809.

Batabyal, S., and A. Chowdhury (2015). "Curbing corruption, financial development and income inequality." *Progress in Development Studies*, 15(1), 49–72.

Benabou, R. (1996). "Inequality and growth." *NBER Macroeconomics Annual*, 11, 11–74.

Benhabib J. (2003). "The trade-off between inequality and growth." *Annals of Economics and Finance*, 4, 491-507.

Berggren, N., and C. Bjornskov (2009). "Is the importance of religion in daily life related to social trust? Cross-country and cross-state comparisons." *Ratio Working Paper* 143, the Ratio Institute.

Bernstein, J. (2013). "The impact of inequality on growth." *Center for American Progress Paper*.

Bjornskov, C. (2007). "Determinants of generalised trust: a cross-country comparison." *Public Choice*, 130(1–2), 1–21.

______(2012). "How does social trust affect economic growth." *Southern Economic Journal*, 78(4), 1346–1368.

Blind, P.K. (2007). "Building trust in government in the twenty-first century: review of literature and emerging issues." paper presented at the 7th Global Forum on Reinventing Government, Building Trust in Government, June 2007, Vienna.

Bloom, N., R. Sadun and J.V. Reenen (2012). "The organization of firms across countries." *Quarterly Journal of Economics*, 127(4), 1663–1705.

Chang, C.D., and Y.H. Chu (2006). "Corruption and trust: exceptionalism in Asian democracies?." *Journal of Politics*, 68(2), 259–271.

Chang, Ha-Joon, and E. Grabel (2008). *Reclaiming Development: An Alternative Economic Policy Manual* (translated into Korean). London: Bookie Publishing House.

Chang, H.S. (2015). "Public tolerance foments corruption." *Korea Focus*, Jan 2015.

Chanley, Virginia A., T.J. Rudolph and W.M. Rahn (2000). "The origin and consequences of public trust in government: a times series analysis." *Public Opinion Quarterly*, 64, 239–257.

Cheon, B.Y., J.H. Chang, G.S. Shin, J.W. Kang, S.W. Lee, B.H. Kim and H. Joo (2013). *Growing Inequality and its Impacts in Korea*. Amsterdam: Gini Growing Inequalities' Impacts.

Chesbrough, H.W. (2003). *Open Innovation*. Boston: Harvard Business School Press.

Children's World (2015). "Children's views on their lives and well-being in 15 countries: a report on the Children's Worlds survey, 2013–14." *Children's World Report 2015*, Jacobs Foundation.

Cho, D.Y., B.M. Kim and D.E. Rhee (2014). *Inequality and Growth: Nonlinear Evidence from Heterogeneous Panel Data*. Korea Institute for Economic Policy (KIEP), Working Paper 14-01.

Cho, Lee-Jay (1994). "Culture, institutions and economic development in East Asia." in L.J. Cho and Y.H. Kim (eds). *Korea's Political Economy: An Institutional Perspective*. Boulder: Westview Press, 3–41.

Cho, Sungbin, and M.S. Byun (2008). "Relationship between ownership concentration of corporate ownership/control and corporate value in Korea after 1997." *Working Paper*, 08-07, Seoul: Korea Economic Research Institute.

Cho, Sungbin, and T.H. Youn (2008). "Changes in corporate governance of Korean enterprises after the financial crisis." in Dongsoo Kang (ed.). *Government Policies and Corporate Strategies under Structural Changes and Dynamism: The Cases of Korea and China*. Seoul: Korea Development Institute, pp.15–38.

Choe, Soonkyoo, and C. Pattnaik (2007). "The transformation of Korean business groups after the Asian crisis." *Journal of Contemporary Asia*. 37(2), 232–255.

Choi, B.K., M.H. Koo and W. Ko (2013). "An organization's ethical climate, innovation, and performance: effects of support for innovation and performance evaluation." *Management Decision*, 51(6), 1250–1275.

Choi, E.J., and J.S. Woo (2015). "Bureaucrats' perception of corruption and political trust in South Korea." *Korea Observer*, 46(4), 669–698.

Choi, K., and S.W. Kwon (1997). "Social welfare and distribution policies." in Dong-Se Cha, Kwang Suk Kim and D.H. Perkins (ed.). *The Korean Economy 1945-1995: Performance and Vision for the 21st Century*. Seoul: Korea Development Institute, 541-585.

Choi, S.B., S.M.E. Ullah and W.J. Kwak (2015). "Ethical leadership and followers' attitudes toward corporate social responsibility: the role of perceived ethical work climate." *Social Behavior and Personality*, 43(3), 353–365.

Choi, T.H. (2012). "Do ethical companies have lower implied cost of equity capital:

evidence from the Korean stock market." *Asian Business & Management*, 11(2), 219–46.

CNBC/Burson-Marsteller (2014). *Corporate Perception Indicator 2014*. New York: CNBC/Burson-Marsteller.

Coleman, J. (1988). "Social capital in the creation of human capital." *American Journal of Sociology*, 94, S95–S120.1.

______(1990). *Foundation of Social Theory*. Cambridge, MA: Harvard University Press.

Corning, P. (2011). *The Fair Society: the Science of Human Nature and the Pursuit of Social Justice*. Chicago: University of Chicago.

Credit Suisse (2014). *Global Wealth Report 2014*. Zurich, Switzerland.

______(2017). *Global Wealth Databook 2017*. Zurich, Switzerland.

Dabla-Norris, E., K. Kochhar, N. Suphaphiphat, F. Ricka, and E. Tsounta (2015). "Causes and consequences of income inequality: a global perspective." *IMF Staff Discussion Note*, June.

De Nicole, Gianni, L. Leaven and K. Ueda (2008). "Corporate governance quality: trends and real effects." *Journal of Financial Intermediation*, 17(2), 198–228.

De Turberville, S. (2007). "Union decline and renewal in Australia and Britain: lessons from closed shops." *Economic and Industrial Democracy*, 28(3), 374–400.

DeBruine, Lisa (2002). "Facial resemblance enhances trust." *Proceedings of the Royal Society of London*. U.K, 269(1498), 1307–1312.

DeConick, J. B. (2010). "The effect of organizational justice, perceived organizational support, and perceived supervisor support on marketing employees' level of trust." *Journal of Business Research*, 63, 1349–1355.

Delhey, J., and K. Newton (2003). "Who trusts? The origin of social trust in seven societies." *European Societies*, 5(2), 93–137.

Delhey, J., and K. Newton (2005). "Predicting cross-national levels of social trust: global pattern or Nordic exceptionalism." *European Sociological Review*, 21(4), 311-327.

DeSteno, D., and P. Valdesolo (2011). *Out of Character: Surprising Truths about the*

Liar, Cheat, Sinner (and Saint) Lurking in All of Us. Random House LLC.

Doney, P.M., J. Cannon and M.R. Mullen (1998). "Understanding the influence of national culture on the development of trust." *Academy of Management Review*, 23(3), 601–620.

Dowling, J.M., and M.R. Valenzuela (2004). *Economic Development in Asia*, Singapore: Cengage Learning.

Dragolov, G., Z. Ignácz, J. Lorenz, J. Delhey, K. Boehnke (2013). *Social Cohesion Radar: Measuring Common Ground – An International Comparison of Social Cohesion*. Gutersloh: Bertelsmann.

Dyer, Jeffrey H., and W. Chu (2002). "The role of trustworthiness in reducing transaction costs and improving performance: empirical evidence from the United States, Japan, and Korea." Mimeograph.

Edsall, T.B. (2017). "What does it take to climb up the ladder?." *The New York Times*, 23 March.

Ermisch J., D. Gambetta, H. Laurie, T. Siedler, and S.S.N. Uhrig (2009). "Measuring people's trust." *Journal of Royal Statistical Society*, Series A, 172(4), 749-69.

Esteban, J. and D. Ray (1994). "On the measurement of polarization." *Econometrica*, 62: 819-851.

Fairbrother, M., and I.W. Martin (2013). "Does inequality erode social trust? Results from multilevel models of US states and counties." *Social Science Research*, 42(2), 347–360.

Financial Post (2016). "The richest 1% are now wealthier than the rest of the world combined, Oxfam say." *The Financial Post*, January 18, 2016.

Financial Times (2014). "Samsung whistleblower returns to court." *Financial Times*, 14 April.

Florida, R. (2005). *The Flight of the Creative Class*. New York: Harper Collins.

Foa, Roberto (2011). "The economic rationale for social cohesion – the cross-country evidence." International Conference on Social Cohesion and Development, 20-21 January. OECD Development Centre, Paris: OECD.

Fukuyama, F. (1995). *Trust: The Social Virtues and the Creation of Prosperity*. New

York: Simon & Schuster.

Fukuyama, F. (1995). *Trust: The Social Virtues and the Creation of Business*. New York: Simon & Schuster.

______(2004). *State-Building: Governance and World Order in the 21st Century*. Ithaca, New York: Cornell University Press.

______(2010). "Social capital, civil society and development." *Third World Quarterly*, 22(1), 7–22.

Gachter, Simon (2007). "Conditional cooperation: behavioral regularities from the lab and the field and their policy implications." in B.S. Frey and A. Stutzer (eds). *Economics and Psychology: A Promising New Cross Disciplinary Field*. The MIT Press Cambridge, Massachusetts US, London, England, 19–50.

Gachter, S., and J.F. Schulz (2016). "Intrinsic honesty and the prevalence of rule violations across societies." *NATURE: International Journal of Science*, 532, 496–9.

Galor, O. and J. Zeira (1993). "Income distribution and macroeconomics." *Review of Economic Studies*, 60, 35-52.

Garfinkel, I. and R. Haveman (1974). "Earnings capacity and the target efficiency of alternative transfer programs." *American Economic Review*, 64(2), 196-204.

Gigliarano, C. and K. Mosler (2009). "Constructing indices of multivariate polarization." *Journal of Economic Inequality*, 7: 435-460.

Glaeser, E., J. Scheinkman and A. Shleifer (2003). "The injustice of inequality." *Journal of Monetary Economics*, 50(1), 199–222.

Glove and Mail (2018). "Samsung scion Lee walks free as South Korea court suspends jail term." *The Glove and Mail*, 5 February.

GMI (2008). GMI Country Rankings: Average Overall Rating by Country. Available at: www.gmiratings.com.

GMI (2010). List of Countries by Corporate Governance. Available at: https://en.wikipedia.org/wiki/List_of_countries_by_corporate_governancetriess.

Gould, E.D., and A. Hijzen (2016). "Growing apart, losing trust? The impact of inequality on social capital." *IMF Working Paper*, WP/q6/q176.

Grubb, David, J.K. Lee and P. Tergeist (2007). "Addressing labour market duality in Korea." *OECD Social, Employment and Migration Working Papers* No. 61, Paris.

Gupta, S., H. Davoodi and R. Alonso-Terme (2002). "Does corruption affect income inequality and poverty?" *Economics of Governance*, 3(1), 23–45.

Gustavsson, M., and H. Jordahl (2008). "Inequality and trust in Sweden: some inequalities are more harmful than others." *Journal of Public Economics*. 92(1–2), 348–65.

Hall, Joh, E. Giovannini, A. Morrone and G. Ranuzzi (2010), 'A framework to measure the progress of societies', OECD Working Paper no. 34.

Hall, R., and C. Jones (1999). "Why do some countries produce so much more output per worker than others?" *Quarterly Journal of Economics*, 114, 83–116.

Han, C.H., and S.H. Kim (2017). "The changing modes of administrative reforms in South Korea." *Transylvanian Review of Administrative Science*, 13(50), 54–72.

Han, Sehee, H. Kim and H.S. Lee (2011). "Social capital and its association with health and well-being: an individual level of analysis in Seoul, South Korea." *Korea Journal*, 51(4), 132–161.

Harrison, Lawrence E. (1985). *Underdevelopment Is a State of Mind.* Cambridge: Harvard University Press.

Helliwell, J.F., and R.D. Putnam (2004). "The social context of well-being." Philosophical Transactions of the Royal Society B, 359, 1435–1446.

Helliwell, J.F., and S. Wang (2011). "Trust and well-being." *International Journal of Wellbeing*, 1(1), 42–78. Available at: www.internationaljournalofwellbeing.org/index.php/ijow/article/view/3/85.

Helliwell, J., R. Layard and J. Sacks (2018). *World Happiness Report 2018*. New York: UN Sustainable Development Solution Network.

Heritage Foundation (2018). 2018 Index of Economic Freedom Rankings. Available at: http://www.heritage.org.

Hira, A. (2016). "Broken windows: why culture matters in corruption reform." *Journal of Developing Societies*, 32(1), 1–16.

Hlasny, V. (2008). "Regulatory climate change." *Korea Policy Review*, (4)1, 55–58.

Hofstede, G. (1991). *Cultures and Organizations: Software of the Mind*. London: McGraw-Hill.

Holcombe, R.G., and C.J. Boudreau (2015). "Regulation and corruption." *Public Choice*, 164(1–2), 75–85.

Huang, Y., and I.F. Wilkinson (2013). "The dynamics and evolution of trust in business relationships." *Industrial Marketing Management*, 42(3), 455–465.

IMD (International Institute for Management Development) (2017). *World Competitiveness Online, 1995–2017*. Lausanne: IMD.

______(2000–2017), *IMD World Competitiveness Yearbooks, 2000–2017*. Geneva, Switzerland: IMD.

______(2017). *World Competitiveness Yearbook 2017*. Lausanne: IMD.

IMF (2015). *World Economic Outlook Database*. Washington, DC: IMF.

______(2018). *World Economic Outlook Database*. Washington, DC: IMF.

Jeong, Hakyung, D.K. Kim, K.H. Kim and J. Rinne (2005). "South Korea." *World Bank Administrative and Civil Service Reform Country Reform Summaries*, http://www1.worldbank.org/publicsector/civilservice/rsSouthKorea.pdf.

Jha, C., and B. Panda (2017). "Individualism and corruption: a cross-country analysis." *Economic Papers*, 16(1), 60–74.

Joh, Sung Wook (2001). "The Korean corporate sector: crisis and reform." in O.Y. Kwon and W. Shepherd (eds). *Korea's Economic Prospects: From Financial Crisis to Prosperity*. Cheltenham, UK and Northampton, MA, USA: Edward Elgar Publishing, 116–132.

Jones, R.S. (2013). "Education reform in Korea." *OECD Economics Department Working Papers*, No. 1067, OECD Publishing.

Jones, R.S., and J.W. Lee (2016). "Raising Korea's productivity through innovation and structural reform." *OECD Economic Department Working Papers*, No. 1324.

Jones, R.S., and M. Tsutsumi (2009), "Sustaining growth in Korea by reforming the labour market and improving the education system." *OECD Economics*

Department Working Papers, No. 672, Paris.

Jun, I., P. Sheldon and J.H. Rhee (2010). “Business group and regulatory institutions: Korea’s chaebols, cross-company shareholding and the East Asian Crisis.” *Asian Business & Management*, 9(4), 499–523.

Jung, Heungjun (2018). “Employment and labor policies in a transitional period: assessment and outlook of Korea’s industrial relations.” *KLI Working Paper* 2018-02, Seoul.

Katz, H.A., and J.B. Rotter (1969). “Interpersonal trust scores of college students and their parents.” *Child Development*, 40, 657–661.

KCCI (2008). “Citizens’ interpretation of union activities.” *KCCI Report*, No. 1313 (2 June).

Kelleher, C.A., and J. Wolak (2007). “Explaining public confidence in the branches of state government.” *Political Research Quarterly*, 60, 707–721.

KIHASA (2016). *A Study of Development and Application of Social Cohesion Index* (2016–48). Seoul: KIHASA.

Kim, H.M., H.J. Cho and H.A. Lee (2014). “Educational disadvantage and access to the best universities in Korea.” *Korea Journal*, 54(1), 30–59.

Kim, Ho-ki, D.H. Ko, Y.B. Kim and S.S. Choi (2015). *Class Conflicts in Korean Society and Strategies to Resolve Them*. Seoul: PCNC.

Kim, Hun-soo (2005). “Contemporary reform of industrial relations in Korea.” paper presented at the 19th Conference of the Association of Industrial Relations Academics of Australia and New Zealand, Sydney University, 9–11 February.

Kim, Jeong Ok (2013). “The normative phenomenon of public sector in Korean society.” in H. Yang (ed.), *Law and Society in Korea*. Cheltenham, UK and Northampton, MA, USA: Edward Elgar Publishing, 67–92.

Kim, J.H., S.T. Kim, W.Y. Kim, S.C. Park, J.B. Oh, Y. Lee and D.K. Jang (2011). “Economic policy to the effect of economic growth on employment.” *KLI Policy Analysis*, 2011-15, Korea.

Kim, Joongi (2006). “The next stage of reforms: Korean corporate governance in the post-Asian financial crisis era.” *Asian Journal of Comparative Law*, 1(1),

1–23.

Kim, J.Y., J.Y. Kwak and Y. Lee (2015). "Estimating Tobin's Q for listed firms in Korea (1980–2005): comparing alternative approaches and an experiment with investment functions." *Seoul Journal of Economics*, 28(1), 1–29.

Kim, K.J., S.T. Kang, K.C. Park, E.J. Park, S.K. Jo, I.Y. Jo and Y.H. Jung (2018). *Current Status and Issues of the Public Policy for Non-Regular Workers*. Seoul: KLI.

Kim, Sookon (2001). "Korea's industrial relations in transition." in O. Yul Kwon and W. Shepherd (eds). *Korea's Economic Prospects: From Financial Crisis to Prosperity*. Cheltenham, UK and Northampton, MA, USA: Edward Elgar Publishing, 207–224.

Kim, Sung-teak (2007). "Prospects for increasing labor market flexibility in Korea." *Korea's Economy* 2007, 23, 29–43.

Kim, Yoo Bin (2015). "The youth labor market in Korea: current situation and employment policy." *e-Labor News*, KLI, 162, 1–11.

KIPA (2016). *Study of Public Sector Corruption*. Korea: KIPA.

______(2017a). *Korea Social Integration Survey 2017*. Seoul: Korea.

______(2017b). *Survey Research on the Level of Public Sector Corruption in Korean Society*. Korea: KIPA.

KLI (2018). *KLI Labor Statistics 2018*. Korea: KLI.

Knack, S., and P. Keefer (1997). "Does social capital have a payoff? A cross-country investigation." *The Quarterly Journal of Economics*, 112(4), 1251–1288.

Knack, S., and P.J. Zak (2003). "Building trust: public policy, interpersonal trust, and economic development." *Supreme Court Economic Review*, 10, 91–107.

KOF Swiss Economic Institute (2018). *KOF Index of Globalisation*, 2000–2018, accessed at http://globalization.kof.ethz.ch.

Korea.Net (2017). "Policy roadmap of the Moon Jae-in administration." Press Release, Korea.Net, http://www.korea.net/NewsFocus/policies.

______(2018). *Korean Culture and History*. Available at: http://www.korea.net.

Korea Economic Daily (2018). "Increases in civil servants, twice that by previous government." *The Korea Economic Daily*, 14 October.

Korea Herald (2018). "440 000 jobs lost due to investment outflow." *The Korea Herald*, 22 June.

______(2018). "97% of Korean workers have witnessed 'gapjil': poll." *The Korea Herald*, 18 April.

Korea Times (2013). "Korea ranks 2nd in social conflicts." *The Korea Times*, 21 August.

______(2015). "S. Korea ranked 117th in global well-being index: Gallup." *The Korea Times*, 1 July.

KOSIS (2018). *Korea Statistical Yearbook 2017*. Korea: Statistics Korea.

Kotzian, Peter (2010). "Conditional trust: the role of individual and system-level features for trust and confidence in institutions." *Zeitschrift fur Vergleichende Politikwissenshaft*, 5(1), 25–49.

KRX (2018). Global KRX/Marketdata/Equity/Statistics/Foreign Investors' Holding. Available at: http://global.krx.co.kr/contents/GLB/05/0503/0503050400/GLB0503050400.jsp.

Krugman, P. (2017). "Tax-cut Santa is coming to town." *The New York Times*, 21 December.

Kuznets, S. (1955). "Economic growth and income inequality." *American Economic Review*, 45, 1-28.

Kwon, O.Y. (1997). "Korean economic developments and prospects." *Asian-Pacific Economic Literature*, 11(2), 15–39.

______(1998). "The Korean financial crisis: diagnosis, remedies and prospects." *Journal of the Asia Pacific Economy*, 3(3), 331–57.

______(2008). *International Business in Korea: The Evolution of the Market in the Globalization Era*. Cheltenham, UK and Northampton, MA, USA: Edward Elgar Publishing.

Kwon, O.Y. (2010). *The Korean Economy in Transition: An Institutional Perspective*. Cheltenham, UK and Northampton, MA, USA: Edward Elgar Publishing.

______(2012). "An assessment of Korea's post-crisis public sector reforms." *Korea and the World Economy*, 13(3), 1–31.

La Porta, R., F. Lopez-de Silanes, A. Shleifer and R. Vishny (1997). "Trust in large organizations." *American Economic Review*, 87(2), 333–338.

Larzelere, R.J., and T.L. Huston (1980). "The dyadic trust scale: toward understanding interpersonal trust in close relationships." *Journal of Marriage and the Family*, 42, 595–604.

Le, Stephen H.T. (2013). "Societal trust and geography." *Cross-Cultural Research*, 47(4), 388–414.

Lederman, D., N. Loayza and A.M. Menendez (2002). "Violent crime: does social capital matter?" *Economic Development and Cultural Change*, 50(3), 509–539.

Lederman, D., N. Loayza and R. Soares (2005). "Accountability and corruption: political institutions matter." *Economics & Politics*, 17(1), 1–35.

Lee, D.R. (2015). "Directions and improvements in anti-corruption policy." *KIPA Research Forum*, 15(Winter), 32–41.

Lee, Ilhyung (2013). "Korean perception(s) of pyungdeung (equality)." in H.A. Yang (ed.). *Law and Society in Korea*. Cheltenham, UK and Northampton, MA, USA: Edward Elgar Publishing, 67–92.

Lee, Jae-Hyung (2006). "Business corruption, public sector corruption, and growth rate: time series analysis using Korean data." *Applied Economics Letters*, 13(13), 881–885.

Lee, Kwang-Chun (1995). "Back to the basis! : new interpretation of Confucian values in Korea's economic growth." *Korea Observer*, 16(2), 97–114.

Lee, Sook Jong (2008). "The politics of chaebol reform in Korea: social cleavage and new financial rules." *Journal of Contemporary Asia*, 38(3), 439–452.

Lee, S.Y., S.W. Kim, J.Y. Kim, J.M. Seong, S.J. Oh and M.K. Hong (2017). "Comprehensive assessment of youth labor market policies." *KLI Policy Analysis*, 2017-07, Seoul.

Lee, W.S., and C. Guven (2013). "Engaging in corruption: the influence of cultural values and contagion effects at the microlevel." *Journal of Economic Psychology*, 39(2013), 287–300.

Leigh, A. (2006). "Does equality lead to fraternity? *Economic Letters*, 93(1), 121–125.

Lim, Y.J. (2004). "Implementation and enforcement of corporate governance." presented at the 6th Asian Roundtable on Corporate Governance, 2–3 November 2004.

Lyubomirsky, S., K.M. Sheldon and D. Schkade (2005). "Pursuing happiness: the architecture of sustainable change." *Review of General Psychology*, 9(2), 111–131.

Marien, S., and M. Hooghe (2010). "Does political trust matter? An empirical investigation into the relation between political trust and support for law compliance." *European Journal of Political Research*, 50(2), 267–291.

Mauro, P. (1995). "Corruption and growth." *Quarterly Journal of Economics*, 110(3), 681–712.

Micheli, P., and A. Neely (2010). "Performance measurement in the public sector in England: searching for the golden thread." *Public Administration Review*, 70(4), 591–600.

Mimicopoulos, M.G. (2007). *Public Governance Indicators: A Literature Review*. Department of Economic and Social Affairs, the UN, New York: UN.

MOEL (2017). Labor Statistics Portal: Hourly Wages by Firm Size. Seoul.

Moon, H.K. (2014). "How an organization's ethical climate contributes to customer satisfaction and financial performance: perceived organizational innovation perspective." *European Journal of Innovation Management*, 17(1), 85–106.

Morrone, Adolfo, N. Tontoranelli and G. Ranuzzi (2009). "How good is trust? Measuring trust and its role for the progress of societies." *OECD Statistics Working Paper* 2009/03, Paris.

MSS (2018). Statistics DB: Number of Employees by Firm Size, Region, and Industry. Seoul.

______(2018a). Number of Enterprises by Size, Region, and Industrial Classification. Korea: MSS.

______(2018b). Number of Employees by Size, Region, and Industrial Classification. Korea: MSS.

MSS (2018c). Comparison of Operation Results between Large Enterprises, SMEs, and Venture Enterprises. Korea: MSS.

Murphy, K.M., A. Shleifer and R.W. Vishny (1993). "Why is rent-seeking so costly to growth?" *American Economic Review*, 83(2), 409–414.

Nagy, T.F. (2011). *Essential Ethics for Psychologists: A Primer for Understanding and Mastering Core Issues*. Washington, DC: American Psychological Association.

Nakamura, A., and S.H. Kim (2010). "Public trust in government in Japan and South Korea: does the rise of critical citizens matter?" *American Society of Public Administration*, 70(5), 801–10.

Nam, Duck Woo (1994). "Korean's economic takeoff in retrospect." in S.Y. Kwack (ed.). *The Korean Economy at a Crossroad*. London: Praeger, 1–19.

Nam, E.Y., and M.S. Woo (2015). "Who is willing to pay more taxes for welfare? Focusing on the effects of diverse types of trust in South Korea and Taiwan." *Development and Society*, 44(2), 319–343.

Nee, V. (2005). "The new institutionalism in economics and sociology." in N.J. Smelser and R. Swedberg (eds). *The Handbook of Economic Sociology* (2nd edition). NJ, USA: Princeton University Press, 49–74.

Newton, K. (2001). "Trust, social capital, civil society, and democracy." *International Political Science Review*, 22(2), 201–214.

______(2006). "Political support: social capital, civil society and political and economic performance." *Political Studies*, 54, 846–864.

______(2013). "Social and political trust." Norwegian Social Science Data Services, retrieved from the website of European Social Survey Education Net, accessed at http://essedunet.nsd.uib.no/cms/topics/2/.

Moon, P.Y., and K.E. Sul (1997). "Agricultural policies and development." in D.S. Cha, K.S. Kim and D.H. Perkins (eds). *The Korean Economy 1945–1995: Performance and Vision for the 21st Century*. Seoul: Korea Development Institute, 468–505.

North, D.C. (1990). *Institutions, Institutional Change and Economic Performance*. Cambridge, UK: Cambridge University Press.

North, D.C. (1993). "Economic performance through time." Douglass C. North – Nobel Prize lecture.

Nucci, L., D. Narvaez and T. Krettenauer (2014). "Introduction and overview." in L. Nucci, D. Narvaez and T. Krettenauer (eds). *Handbook of Moral and Character Education* (2nd ed.). New York: Routledge, 1–8.

Obama, B. (2006). *Audacity of Hope*. New York: Crown/Three Rivers Publishing.

O'Donnell, M., and M. Turner (2013). "Leading the world: public sector reform and e-government in Korea." *Economic and Labour Relations Review*, 24(4), 533–548.

OECD (2004). Economic Surveys: Korea. Paris: OECD.

______(2007). *Korea: Progress in Implementing Regulatory Reform*. Paris: OECD.

______(2011). *Perspectives on Global Development 2012: Social Cohesion in a Shifting World*. Paris: OECD.

______(2013). *Strengthening Social Cohesion in Korea*. Paris: OECD.

______(2013). *Government at a Glance 2013*. Paris: OECD.

______(2014). *Society at a Glance 2014*. Paris: OECD.

______(2014). *Economic Surveys: Korea 2014*. Paris: OECD.

______(2015). *How's Life? 2015: Measuring Well-Being*. Paris: OECD.

______(2015a). *In It Together: Why Less Inequality Benefits All*. Paris: OECD.

______(2015b). *Health at a Glance*. Paris: OECD.

______(2015a). *G20/OECD Principles of Corporate Governance*. Paris: OECD.

______(2015b). *Trust and Business: Corporate Governance and Business Integrity*. Paris: OECD.

______(2015b). *Working Age Population to Total Population, 1970–2014*. OECD Data, Paris: OECD.

______(2016). *Society at a Glance 2016*. Paris: OECD.

______(2016). *OECD Economic Surveys of Korea*. Paris: OECD.

______(2016a). *Income Distribution Database* (IDD). Paris: OECD.

______(2016c). *Going for Growth*. Paris: OECD.

______(2016a). *Factbook 2016*. Paris: OECD.

OECD (2016b). *OECD Factbook 2015–2016, GDP Growth Rates*. Paris: OECD.

______(2016b). *PISA 2015: Result in Focus*. Paris: OECD.

______(2016). *Committing to Effective Whistleblower Protection*. Paris: OECD.

______(2017). *PISA 2015 Results: Students' Well-Being*. Paris: OECD.

______(2017). *Trust and Public Policy: How Better Governance can Help Rebuild Public Trust*. Paris: OECD.

______(2017a). *Education at a Glance*. Paris: OECD.

______(2017b). *Government at a Glance 2017*. Paris: OECD.

______(2017b). *National Accounts at a Glance, 2017*. Paris: OECD.

______(2017c). *Health at a Glance 2017*. Paris: OECD.

______(2017b). *Digital Economy Outlook 2017*. Paris: OECD.

______(2017a). *OECD Better Life Index 2017*. OECD.StatExtreacts, Paris: OECD.

______(2017a). *Social Expenditure: Aggregate Data*. Paris: OECD.

______(2017c). *International Direct Investment Statistics*. Paris: OECD.

______(2017d). *OECD Compendium of Productivity Indicators 2017*. Paris: OECD.

______(2017b). "Key characteristics of parental leave systems." Social Policy Division, Paris: OECD.

______(2018). *OECD Economic Surveys: Korea*. Paris: OECD.

______(2018a). *Education at a Glance 2018*. Paris: OECD.

______(2018b). *Employment Outlook 2018*. Paris: OECD

OECD Data (2018a). *Real GDP Forecast*. Paris: OECD.

______(2018b). *Saving Rates*. Paris: OECD.

OECD.Stat (2017). *Employment Database-Earnings and Wages: Incidence of Low Pay*. Paris: OECD.

______(2018). *Health Statistics 2018*. Paris: OECD.

______(2018). *Fertility Rates*. Paris: OECD.

Offe, Claus (1999). "How can we trust our fellow citizens?" in Mark E. Warren (ed.). *Democracy and Trust*. Cambridge, UK: Cambridge University Press, 42–87.

Okun, A.M. (1975). *Equality and Efficiency: the Big Trade-Off*. Washington: Brookings Institute Press.

Olson, M. (2000). "Big bills left on the sidewalk: why some nations are rich, and others poor." in M. Olson and S. Kahkonen (eds). *A Not-So-Dismal Science: A Broad View of Economies and Societies*. Oxford: Oxford University Press, 37–60.

Osborne, S.P. (2006). "The new public governance?" *Public Management Review*, 8(3), 377–387.

Ostry, J.D., A. Berg, C.G.Tsangarides (2014). "Redistribution, inequality, and growth." *IMF Staff Discussion Note*, February.

Paldam, M., and G.T. Svendsen (2000). "An essay on social capital: looking for the fire behind the smoke." *European Journal of Political Economy*, 16(2), 339–366.

Park, H.J., and S.W. Kang (2014). "The influence of the founder's ethical legacy on organizational climate: empirical evidence from South Korea." *Social Behavior and Personality*, 41(2), 211–222.

Park, K.K., W.H. Lee and S.H. Lee (2016). *Understanding Korean Public Administration: Lesson Learned from Practic*e. Abingdon, UK: Routledge.

Park, Rufina (2015). "South Korea's young social entrepreneurs: a solution to a broken education system?" *Kennedy School Review*, 15, 90–94.

Park, Young-bum (2011). "Are Korea's trade unions too powerful?" *The Korea Herald*, 11 November.

Pellegrini, L., and R. Gerlagh (2004). "Corruption's effect on growth and its transmission channels." *Kyklos*, 57(3), 429–456.

Porter, M.E., S. Stern and M. Green (2017). *Social Progress Index*. Washington, DC: Social Progress Imperative.

Power, D., T. Schoenherr and D. Samson (2009). "The cultural characteristic of individualism/collectivism: a comparative study of implications for investment operations between emerging Asian and industrialized Western countries." *Journal of Operations Management*, 28, 206–222.

Putnam, R.D. (1993). *Making Democracy Work: Civic Traditions in Modern Italy*. Princeton University Press.

______(1995). "Bowling alone: America's declining social capital." *Journal of Democracy*, 6, 65–78.

Putnam, R.D. (2000). *Bowling Alone: The Collapse and Revival of American Community*. New York: Simon and Schuster.

Reader's Digest (2015). "Art of living: one is the loveliest number." *Reader's Digest*, October 2015, 29–31.

Richey, S. (2010). "The impact of corruption on social trust." *American Politics Research*, 38(4), 676–690.

Rodrik, D. (1998). "Globalization, social conflict and economic growth." *The World Economy*, 21(2), 143–158.

______(1999). "Where did all the growth go? External shocks, social conflict, and growth collapses." *Journal of Economic Growth*, 4, 385–412.

Roth, F. (2006). "Trust and economic growth: conflicting results between cross-sectional and panel analysis." *Ratio Working Papers* 102, the Ratio Institute.

Rothstein, B., and D. Stolle (2008). "The state and social capital: an institutional theory of generalized trust." *Comparative Politics*, 40(4), 441–459.

Rothstein, B., and E.M. Uslaner (2005). "All for all: equality, corruption, and social trust." *World Politics*, 58(1), 41–72.

Seleim, A., and N. Bontis (2009). "The relationship between culture and corruption: a cross-national study." *Journal of Intellectual Capital*, 10(1), 165–184.

Seligman, M.E.P. (2002). *Authentic Happiness*. Australia: Random House.

Serritzlew, S., K.M. Sonderskov and G.T. Svendsen (2014). "Corruption and social trust affect economic growth? A review." *Journal of Comparative Policy Analysis: Research and Practice*, 16(2), 121–139.

Spolaore, E., and R. Wacziarg (2013). "How deep are the roots of economic development?" *Journal of Economic Literature*, 51(2), 325–369.

Steijn, S., and B. Lancee (2011). "Does income inequality negatively affect general trust." *GINI Discussion Paper* 20, GINI Growing Inequalities' Impacts, European Commission.

Stiglitz, J. (1997). "The state and development: some new thinking." accessed at www.worldbank.org.

______(1999). "Back to basics: policies and strategies for enhanced growth and equity in post-crisis East Asia." accessed at www.worldbank.org.

Stiglitz, J., A. Sen and J.-P. Fitoussi (2009). Report by the Commission on the Measurement of Economic Performance and Social Progress. accessed at www.stiglitz-sen-fitoussi.fr/documents/rapport_anglais.pdf.

Tabellini, G. (2008). "The scope of cooperation: values and incentives." *Quarterly Journal of Economics*, 123, 905–950.

______(2010). "Culture and institutions: economic development in the regions of Europe." *Journal of European Economic Association*, 8(4), 677–716.

Tai, Hung-Chao (ed.) (1989). *Confucianism and Economic Development: An Oriental Alternative?* Washington DC: The Washington Institute Press.

Tatman, R., S. Edmonson and J.R. Slate (2009). "Character education: a critical analysis." *International Journal of Educational Research*, 4(4), 1–31.

Throsby, David (2001). *Economics and Culture*. Cambridge: Cambridge University Press.

TI (Transparency International) (1995–2018). *Corruption Perception Indicators 1995–2017*. Available at: www.transparency.org.

______(2018). *Corruption Perception Index 2017*. Berlin, Germany: Transparency International.

Tiwari, A.K., and M. Mutascu (2011). "Economic growth and FDI in Asia: a panel-date approach." *Economic Analysis & Policy*. 41(2), 173–187.

Tudor, D. (2012). *Korea: The Impossible Country*. North Clarendon, VT, USA: Tuttle Publishing.

UNDESA (2016). *UN E-Government Survey 2016*. New York: UN Department of Economic and Social Affairs.

UNDP (United Nations Development Programme) (2014). *2014 Human Development Index Reports*. New York: UNDP.

US Department of Labor (2011). "The Republic of Korea: labor rights reports." September.

Uslaner, Eric M., and M. Brown (2003). "Inequality, trust, and civic engagement." *American Politics Research*, 31, 1–28.

Uslaner, Eric M., and M. Brown (2008). *Corruption, Inequality, and the Rule of Law*. NY: Cambridge University Press.

______(2008). "The foundations of trust: macro and micro." *Cambridge Journal of Economics*. 32(2), 289–294.

______(2009). "Corruption." in G.T. Svendsen and G.L.H. Svendsen (eds). *Handbook of Social Capital: The Troika of Sociology, Political Science and Economics*. Cheltenham, UK and Northampton, MA, USA: Edward Elgar Publishing, 127–142.

______(2013). "Trust, corruption revisited: how and why trust and corruption shape each other." *Quality and Quantity*, 47(6), 3603–3608.

Villoria, M., G.G. Van Ryzin, C.F. Lavena (2013). "Social and political consequences of administrative corruption: a study of public perceptions in Spain." *Public Administration Review* 73(1), 85–94.

Wang, C.H. (2016). "Government performance, corruption and political trust in East Asia." *Social Science Quarterly*, 97(2), 211–231.

Wang, Ning (2003). "Measuring transaction costs: an incomplete survey." Ronald Coast Institute, Working Paper 2.

Warren, Mark E. (1999). "Introduction". in Mark E. Warren (ed.). *Democracy and Trust*. Cambridge, UK: Cambridge University Press, 1–21.

Wasserman, E., Q. Cheng and G.X. Jiang (2005). "Global suicide rates among young people aged 15–19." *World Psychiatry*, 4(2), 114–120.

WBG (World Bank Group) (1996–2017). *World Governance Indicators 1996–2016*. Available at: www.govindicators.org.

______(2016). *All the Gini Dataset*.

______(2017). *World Governance Indicators*. Washington, DC: World Bank Group.

Weber, Max (1950). *The Protestant Ethic and the Spirit of Capitalism*. New York: Charles Scribner's Sons.

Westphal, L.E. (1990). "Industrial policy in the export-propelled economy: lessons from South Korea's experience." *Journal of Economic Perspectives*, 4(Summer), 44–54.

WEF (World Economic Forum) (1998–2017). *Global Competitiveness Reports 1998–2017*. Geneva: WEF.

______(2017). *The Global Competitiveness Reports, 2017–2018*. New York: Oxford University Press and Geneva: WEF.

______(2017). *The Global Gender Gap Report 2014*, Switzerland: World Economic Forum.

______(2017). *The Global Competitiveness Report, 2017–2018*. Geneva, Switzerland: WEF.

Wei, S.J. (2000). "Local corruption and global capital flows." *Brookings Papers on Economic Activity*, 31(2), 303–354.

Whitley, Richard (1999). "Competing logics and units of analysis in the comparative study of economic organizations." *International Studies of Management and Organization*. 29(2), 113–126.

Whiteley, P.F. (2000). "Economic growth and social capital." *Political Studies*, 48(3), 443–466.

Wilkinson, R.G. and K. Pickett (2009). *The Spirit Level: Why Greater Equality Makes Societies Stronger*. NY: Bloomsbury Press.

Williamson, J. (1999). "What Washington means by policy reform." in John Williamson (ed.). *Latin American Adjustment: How Much Has Happened?* Washington, DC: Institute for International Economics, 7–20.

Wong, T., P.S. Wan and H.H.M. Hsiao (2011). "The bases of political trust in six Asian societies: institutional and cultural explanations compared." *International Political Science Review*, 32(3), 263–281.

World Bank (1993). *The East Asian Miracle*. Washington, DC: World Bank.

______(2017). *Economi.3c Freedom Index: Overall Index, World Bank*. accessed at www.theglobaleconomy.com/rankings/economic_freedom/.

WVS (World Values Survey) (2014). *World Values Survey (2010–2014)*. UK: World Values Survey.

______(2015). *WVS 1981–2014 Longitudinal File*. UK: World Values Survey.

______(2015). *World Values Survey (2010–2014): Crossings by Country*. Madrid,

Spain: World Values Survey Association.

Yang, Hyunah (2013). "Colonialism and patriarch: where the Korean family-head (hoju) system had been located." in H. Yang (ed.). *Law and Society in Korea*. Cheltenham UK and Northampton, MA, USA: Edward Elgar Publishing, 45–63.

Yee, J.Y., and D.J. Chang (2009). "Social quality as a measure of social progress." presented at OECD World Forum on 'Statistics, Knowledge and Policy', Busan, Korea, 27–30 October.

Yeganeh, H. (2014). "Culture and corruption: a concurrent application of Hofstede's, Schwartz's and Inglehart's frameworks." *International Journal of Development Issues*, 13(1), 2–24.

Yonhap News Agency (2017). "Transferring 200,000 non-regular workers to regular workers in the public sector." *Yonhap News Agency*, 18 October.

Yoon, Y.K., Y.B. Kim, S.J. Oh, D.W. Kang and S.W. Kim (2017). "The current status of the youth labour market: issues and policy tasks." *KLI Policy Analysis*, 2017-12, KLI.

You, J.S. (2015). *Democracy, Inequality and Corruption: Korea, Taiwan and the Philippines Compared*. Cambridge, UK: Cambridge University Press.

You, J.S., and A. Khagram (2005). "A comparative study of inequality and corruption." *American Sociological Review*, 70(2), 136–157.

Yu, S., S. Bengelsdijk and J. de Haan (2015). "Trade, trust and the rule of law." *European Journal of Political Economy*, 37(3), 102–115.

Zak, P.J., and S. Knack (2001). "Trust and growth." *Economic Journal*, 111(April), 295–321.

Zhang, X. and R. Kanbur (2001). "What difference do polarisation measures make? An application to China." *Journal of Development Studies*, 37:3, 85-98.

옮긴이 후기

2021년 7월 2일 유엔무역개발회의(UNCTAD)는 한국의 지위를 개발도상국에서 선진국으로 변경했고, 2022년 1인당 GDP는 3만 5,000달러를 달성할 것으로 전망되고 있다. 이러한 경제적 대 약진에도 다수의 국민은 이를 인정하지 않으려 한다. 양적인 성장에도 불구하고 삶의 질에 대한 의문 때문이다. 경제 규모는 선진국 반열에 올랐지만 사회적 신뢰 등 정신적 성숙이 덜 된 상태라는 것이다.

그렇다면 경제발전과 사회적 신뢰는 어떤 관계가 있을까? 2019년 엘가 출판사(Edward Elgar Publishing)에서 출간된 권오율(O. Yul Kwon) 박사님의 *Social Trust and Economic Development: The Case of South Korea*는 사회적 신뢰와 경제발전 사이의 상호 역학 관계를 한국의 사례를 통해 명쾌하게 제시하고 있다.

이 책은 지속 가능한 사회와 경제발전을 위해 사회적 신뢰가 경제발전에 미치는 영향뿐만 아니라 경제발전이 사회적 신뢰에 미치는 영향을 동시에 고려해야 함을 명시적으로 보여준다. 5개의 장으로 구성된 제1부는 사회적 신뢰뿐만 아니라 사회적 진보와 경제발전 사이의 역동적인 관계를 거시적 관점에서 탐색한다. 4개의 장으로 구성된 제2부에서는 대인관계 신뢰와 정부, 기업, 노동에 대한 신뢰를 포함하여 최근 한국의 경제발전과 사회적 신뢰 사이의 미시적인 관계를 탐구한다. 이를 위해 기존 문헌뿐만 아니라 50여 년간 경제학자 및 컨설턴트로 활동한 저자의 경험과 기고문, 출판물 등에 근거하여 실증자료를 제시하고 선진 OECD 국가들과 비교 분석함으로써 한국의 경제정책 목표와 사회적 신뢰 수준을 평가하고 그 극복 방안을 제시하고 있다.

이 책의 저자는 한국에서 태어나 서울대학교 상과대학을 졸업한 후 캐나다 맥마스터(McMaster)대학에서 경제학 석·박사 학위를 받고 캐나다 연방정부 재무성 수석정책관, 리자이나(Regina)대학 경영학 교수를 거쳐, 호주 그리피스(Griffith)대학 석좌교수로 선발되어 한국학연구소를 설립하고 18년간 소장을 맡으면서 전문서적 15권, 논문 100여 편, 신문칼럼 120여 편 이상을 저술하였다. 현재에도 캐나다 사이몬 프레이저(Simon Fraser)대학의 겸임교수, 호주 그리피스대학과 캐나다 리자이나 대학의 명예교수로 있으면서 왕성한 저술활동과 봉사활동, 그리고 해외 여러 대학에서 특강을 통해 후학들에게 가르침을 선사하고 있다. 이러한 세계적인 석학의 명저를 한국 사회에 소개하게 된 것은 큰 축복이자 영광이다.

이 책을 번역하면서 많은 분들의 도움을 받았다. 우선 이 책을 만나게 해주고, 졸고를 검토·교정·감수해서 지금의 모습으로 탈바꿈시킨 권오율 박사님께 감사드린다. 번역 및 출판 과정에서 세심하게 배려해 준 고려대학교출판문화원 김상용 원장님과 출판문화원의 여러 선생님들에게도 고마움을 전한다.

끝으로 이 책이 사회적 신뢰 형성을 통해 국민통합을 이끌어야 하는 신정부뿐만 아니라 중진국 함정(middle income trap)에 빠져 있는 개발도상국가들에게도 매우 귀중한 통찰을 제공할 수 있기를 기대한다.

2022년 3월

조영석·이석인

찾아보기

사회적 신뢰와 한국 경제

초판 발행 1쇄 2022년 3월 30일

지은이 권오율
옮긴이 조영석·이석인
펴낸곳 고려대학교출판문화원
www.kupress.com
kupress@korea.ac.kr
(02841) 서울특별시 성북구 안암로 145
Tel 02-3290-4230, 4232
Fax 02-923-6311
찍은곳 (주)동화인쇄

ISBN 979-11-91161-90-8 93300

값 32,000원